新世纪高等学校教材

中国社会学系列教材

景天魁 总主编

福利社会学

FULI SHEHUIXUE

景天魁 等 著

北京师范大学出版集团
BEIJING NORMAL UNIVERSITY PUBLISHING GROUP
北京师范大学出版社

图书在版编目(CIP) 数据

福利社会学／景天魁等著.—北京：北京师范大学出版社，
2010.7重印（2022.1重印）
（中国社会学系列教材）
ISBN 978-7-303-10590-8

Ⅰ.①福…　Ⅱ.①景…　Ⅲ.①社会福利－教材
Ⅳ.① C913.7

中国版本图书馆 CIP 数据核字(2009)第 184946 号

营 销 中 心 电 话　010-58802181 58808006
北师大出版社高等教育分社网　http://gaojiao.bnup.com.cn
电 子 信 箱　beishida168@126.com

出版发行：北京师范大学出版社 www.bnup.com.cn
　　　　　北京新街口外大街 19 号
　　　　　邮政编码：100875
印　　刷：北京虎彩文化传播有限公司
经　　销：全国新华书店
开　　本：170 mm × 230 mm
印　　张：29.5
字　　数：488 千字
版　　次：2010 年 7 月第 2 版
印　　次：2022 年 1 月第 2 次印刷
定　　价：44.00 元

策划编辑：李雪洁　　责任编辑：李雪洁
美术编辑：毛 佳　　装帧设计：毛 佳
责任校对：李 菡　　责任印制：马 洁

总　序

　　1999年，费孝通先生在为一套翻译丛书①撰写的总序中说："社会学恢复有20年了，我希望我国学者自己在积累教学经验和研究成果的基础上，也能够陆续出版一批我们自己编写的、更加结合中国国情的优秀教材。逐步做到以我们自己的教材为主、翻译教材为辅，立足本土，放眼世界。在这样的基础上，中国的社会学就会真正逐步成熟起来。"本来是为翻译丛书作序，老先生却深情地提到并寄厚望于"我们自己编写的、更加结合中国国情的优秀教材"，特别是把这件事与他晚年大力倡导的"文化自觉"、一直强调的"中国社会学者的责任"联系起来，情也殷殷，责也切切！

　　如今，又有10年过去了，费先生仙逝也已4年了，重温他的教诲，感受到莫大的激励。费先生在90高龄时，尚能提出"文化自觉"这样的大创造，有"美美与共"这样的大胸怀，有"扩展社会学的传统界限"这样的大构想，我们应该学习他的精神，鼓起勇气，做一些应该做而又能够做到的事情。

　　费先生以及许多老一代、新一代的中国社会学家，寄厚望于"我们自己编写的、更加结合中国国情的"教材，并不是出于狭隘的民族情感，也不是刻意坚持中外之别，可能首先是出于对社会学这门学科的理解。为什么开创了中国社会学的老一代社会学家在把社会学引入中国的同时，就提出了社会学中国

---

　　① 华夏出版社出版"高校经典教材译丛·社会学"时，作为该套丛书学术顾问的费孝通先生为该丛书作了总序。

化的任务，① 并且身体力行、矢志不渝？为什么费老说，中国社会学应该从中国自己的土壤里生长出来？

1999年春节，费老把他新出版的文集《从实求知录》签赠给我，其中有多篇文章谈到社会学中国化。1988年在《旧燕归来》一文中，他谈到"社会学中国化"的含义，"用现在的语言来说，意思就是主张中国的社会学应当联系中国的社会实际。社会科学理论的来源是当时当地的社会实际，而且应当为当时当地社会发展服务。"②

1995年在《开风气，育人才》一文中，费老指出了提出社会学中国化的历史原因和现实意义。他说，社会学中国化是针对当时在大学里所讲的社会学不联系中国社会的实际而提出来的。要使社会学这门学科能为中国人民服务，即对中国国计民生有用处，这门学科里所包括的知识必须有中国的内容。提出"社会学中国化"，正反映了当时中国大学里所讲的社会学走向了错误的路子。那么，这个在60多年前提出的问题到今天是否还有现实意义？费老作了肯定的回答。他指出，时至今日，"社会和文化科学的教材以本国的材料为主的似乎还说不上是正宗"③。其实，"社会学中国化"的现实意义远不仅仅在于教材的内容，而是在于它是中国社会学的发展道路和目标。1996年在《但开风气不为师》的访谈中，他说，老一代社会学家提出"社会学中国化"，"立下了要建立一个'植根于中国土壤之中'的社会学，使中国的社会科学和人文科学'彻底中国化'的决心"。回到北大，就是"为了要在重建社会学中贯彻早年我在燕京学得的社会学中国化的路子"。很明确，费老是把"社会学中国化"作为中国社会学的发展道路和目标予以强调和坚持的。

开创了中国社会学的元勋们之所以如此强调和坚持"社会学中国化"，在"理"与"情"这两个方面都是很容易理解的。在"理"的方面，他们那代人既对中国学术、中国文化有深厚的造诣，根扎得很深；又大都接受过西方教育，对中西学术、中西社会的差异有清楚的认识。因而，他们既对中国学术和文化有足够的自信，又不拘泥传统，开放而不失自我，包容而明于取舍。在"情"

---

① 在社会学中国化的过程中，康宝忠、许仕廉、陶孟和、李景汉、孙本文、吴文藻、费孝通等作出了重要贡献，20世纪20—40年代，社会学中国化成绩斐然，曾有一个生气勃勃的发展时期。

② 费孝通：《从实求知录》，2~3页，北京，北京大学出版社，1998。

③ 同上书，11~12页。

的方面，他们对近代以来国家的落后和屈辱深有感受，大都满怀着救国救民、强国富民的抱负和豪情。今天的情形虽然与六七十年前大不相同，但前辈们的这一"理"一"情"仍给我们以启迪，值得我们深思。

一、中国有条件为社会学作出重大贡献

1. 中国悠久的历史和文化蕴涵着极为丰富的社会思想。费老在《略谈中国社会学》一文中曾说，20 世纪 30 年代拉德克利夫•布朗教授在燕京大学讲学时说过，中国在战国时代已由荀子开创了社会学这门学科，比西方的孔德和斯宾塞要早 2500 年。不管我们是否同意他的看法，不容否认的是，对人际关系的重视，一直是中国文化的特点。① 其实，即使孔德已经拥有了社会学创始人的名分，法国人还是努力追寻社会学思想的源头，不过他们竭尽全力，也不过追溯到孟德斯鸠，再往前，大概只能追溯到法国之外，去求助于古希腊了。而中国自先秦诸子就有了灿烂的社会思想，并且成熟到了令西方人吃惊的程度，承认是"早熟的"形态，实际是承认了它的超前的价值。而且几千年来连绵不断，既一脉相承，又丰富发展，在世界文明史上无有敢于比肩者。2003 年在《试谈扩展社会学的传统界限》一文中，费老明确指出："中国丰厚的文化传统和大量社会历史实践，包含着深厚的社会思想和人文精神理念，蕴藏着推动社会学发展的巨大潜力，是一个尚未认真发掘的文化宝藏。从过去二十多年的研究和教学的实践来看，深入发掘中国社会自身的历史文化传统，在实践中探索社会学的基本概念和基本理论，是中国学术一个非常有潜力的发展方向，也是中国学者对国际社会学可能作出贡献的重要途径之一。"费老还明确指出了研究中国社会思想的路径和意义："'人'和'自然'、'人'和'人'、'我'和'我'、'心'和'心'等等，很多都是我们社会学至今还难以直接研究的东西，但这些因素，常常是我们真正理解中国社会的关键，也蕴涵着建立一个美好的、优质的现代社会的人文价值。社会学的研究，应该达到这一个层次，不达到这个层次，不是一个成熟的'学'（science）。"② 特别值得重视的是，费老满怀着对人类将来必将走向美美与共的"大同世界"的坚定信念，他非常清楚西方社会学的单向性思维、二元化逻辑、过分强调对立和冲突的局限性，因而预见中国社会学正

---

① 费孝通：《从实求知录》，232 页。
② 费孝通：《试谈扩展社会学的传统界限》，载《北京大学学报》，2003（3）。

是在建立这一美好社会中可以大显身手的成熟的"学"。

2. 中国复杂的社会结构和巨大的社会变迁是无与伦比的社会学资源。正如一位作者在评论北京这座城市时所说的，像这样的城市只能用"复杂"这个词来概括，因为"北京，用古老概括不了，用现代概括不了，用四合院概括不了，用摩天大楼概括不了。用'今天的话题'概括不了，用'昔日的印象'仍然概括不了，用老北京的人情世故概括不了，用它的尘世沧桑也概括不了。总之，它是多元的，复杂的。"① 整个中国社会也是如此，它的成分、它的结构、它的形成、它的演变，如果用一个词来概括，那只能是"复杂"。而对社会学这样的学科来说，研究对象越是复杂，探究、想象的空间就越是广阔，发展前景就越是无可限量。因为科学的发展不会止于简单，而是从简单到复杂不断求索。在中国发生的事情，不用说历史上的盛世和现在的改革开放，就是那些我们称为"教训"的事情，例如"大跃进"、"文化大革命"，也因其复杂，因其规模，因其影响力，而引起了西方学者浓厚的研究兴趣。而中国学者坐享近水楼台之利，到处都是值得开采的"富矿"，不乏世界级的学术难题，客观条件是非常优越的，问题就在于我们自己是否善于提炼，是否能够驾驭。

3. 中国社会学虽然历经坎坷，但传统优秀。由于坚持了社会学中国化的道路，从20世纪20年代末到40年代，中国成了"世界上最繁荣的社会学所在地"②。前辈们的这一成功实践，证明了"中国化"是发展和繁荣社会学的正确道路，是我们应该继承的伟大传统。那些开辟了这条道路的先辈们所处的时代，中国经济是何等的衰败？国力是何等的孱弱？但是他们却没有沾沾于对西方学术的一知半解，津津于西方概念的所谓"普适性"，而是塌下心来，到农村、到工厂作调查，到乡间做实验；挺起身来，在讲台上努力用中国话讲清楚中国事、探讨对中国有用的道理。今天，我们国运昌盛了，连西方学者都承认中国创造了经济"奇迹"，转而尊重中国的经验，我们何苦非要把西方学者在对不比我们复杂的社会对象的研究中形成的概念奉为圭臬，而把我们自己的成功经验视为敝屣呢？

二、有必要增强中国社会学家大胆创新的自信心

1. 中国学者的研究条件是得天独厚的。我们有幸身处中国社会大转型的历

---

① 周振华：《新北京颂歌》，载《北京日报》，2009-03-06。

② 莫·弗里德曼：《中国的以及关于中国的社会学》，载《英国社会学杂志》，1962 (13)。

史时期，得以观察和体验到传统的、现代的、后现代的大时空跨度、时空交错下的社会冲突和融合、继承和扬弃、压缩与延伸，并且我们得以在个体的有限生命时间和活动范围内，亲身"参与旷世难逢的大变局"，这是那些生活在西方已经定型化了的社会中的学者们难以得到的机遇和条件。

　　然而，我们这一独特的优势，并没有充分地转化为大胆创新的强烈的自信心。恰恰相反，这一优势却被掩盖了、弱化了。在当今世界体系中，正如在经济上，发展中国家处于被边缘化的地位一样，在学术上，我们也没有什么话语权。对此，著名美籍华人、社会学家林南教授深有体会。他指出："许多社会科学研究反映出一种偏重北美或西欧传统的种族中心主义。西方传统被看成参照物而其他传统被视为需要加以特殊说明和修正的'偏差'。"林南一针见血地揭露了西方中心主义的文化殖民主义本质："西方这种对待不同社会、文化的'不公正'而'褊狭'的态度……有意无意地反映了西方对东方和世界上的其他地区一直存在的征服欲和文化殖民。"所谓"公认理论"绝大部分源自西方，由于历史和制度的原因，"使得巩固、维护公认理论形成一种很强的趋势"。西方学术的这种强势地位，对学术话语、学术评价标准的霸权，迫使非西方学者就像"聪明能干的孙悟空总在唐僧的咒语和控制下"一样不得不屈从和就范。①

　　复旦大学邓正来教授在回顾和反思改革开放 30 年来中国哲学社会科学发展历程的基础上，呼吁"要从西方思想支配下解放出来"。他指出：中国哲学社会科学以往 30 年经历了三个阶段：知识引进、复制西方知识、全面和国际接轨。"这 30 年里，主要是以西方哲学社会科学为评判标准的，而在这种评判标准下的研究成果不仅忽视了对中国本身的关注，实际上也根本没有办法与西方进行实质性的交流和对话。"他感叹道："我们事实上只是西方论者们的'复印机'或'留声机'而已。"邓正来不仅呼吁"我们要从西方思想支配下解放出来，主动参与全球话语权的争夺"，而且指出："现在流行的普世知识实际上是西方先发达国家发展经验的知识，而经过我们的知识努力，我们也完全有可能把包括中国在内的发展中国家或后发现代化国家的发展经验的知识提升为另一种普世的知识。"②

---

　　① 林南：《中国研究如何为社会学理论做贡献》，转引自《中国社会学网》，2007-09-05。
　　② 邓正来：《中国社会科学想"走出去"必须先争夺话语权》，载《瞭望东方周刊》，2008-12-09。

2. 中国社会学恢复重建已有30年，中国社会学家已经形成了可观的阵容，学术成果有了比较丰厚的积累。无论是社会学专业人员的数量、专门的教学和科研机构的数量，学术出版物的数量，在世界上都已名列前茅，问题是要提高质量，而提高质量的关键在于学术创新。

还在中国社会学的恢复和重建阶段，费老就对年青一代的学术创新提出过殷切期望："你们这一代主要不是继承，而是开创，要开创中国式的社会学。""我们只有在创建具有中国特色的社会学的过程中，用自己的成果和实力来表明这门学科的真正价值，这是一项极其艰巨的任务，绝不是哪几个人能凭空想出来的。它的建设要比其他学科更困难，需要几代人为之艰苦奋斗。"①

3. 中国化的社会学绝非固守国故、封闭褊狭，而是要开放开明、广泛吸收一切外来优秀文化成果。因为中国文化的最大特点就是包容、尊重、宽容、多样，而又自成一格。其实，所谓"中国化"的首要含义，就是怎样使外来的好东西变得能够适合中国社会的需要，让社会学这个舶来品能够在中国土地上开花结果，这就首先要学习借鉴、消化吸收；当然也有进一步的含义，那就是在此基础上，根据中国的实践经验，创造出具有中国特质和风格的社会学。这种社会学也不是故步自封的，而是能够与国外社会学对话、交流和开放的。

所谓学习借鉴，也有不同的阶段、不同的形式。在以往30年引进和借鉴的基础上，社会学的发展应该可以进入新的阶段。新阶段的主要特点是：第一，从以引进为主转变为以创新为主；第二，从以倾听为主转变为平等对话；第三，从追求新奇，到追求真正能够说明问题、解决问题。用中国话说中国事，即使能够说得明白，也可能有耳熟之感，似乎不够新鲜，不够刺激。而我们的标准应该是能不能说清楚中国的事情，能不能回答真正有价值、有意义的"真问题"，而不是听着是否有趣，或者是否使用了一般概念，是否符合某些八股类的规范，是否适合狭小的学术圈子的口味。

2005年2月21日，胡锦涛同志在中共中央政治局关于建设社会主义和谐社会的学习会上作出一个重要论断：中国社会学的春天来到了。这是从建设社会主义和谐社会的伟大任务出发，对中国社会学的发展机遇、发展阶段、发展前景的明确判断。当时，胡锦涛同志提出了九个需要研究的重大理论问题，其中主要是具有重大实践意义的理论问题。意思是说，如果社会学能够回答那些

---

① 费孝通：《从实求知录》，506页、503页。

以及那一类的重大问题，社会学就可以抓住机遇，获得大发展。从发展阶段来说，一个像社会学这样与社会发展息息相关的学科，其自身的发展阶段往往是与社会的发展阶段相契合的，中国经济进入了形成自己的发展模式的阶段，中国的科学技术进入了自主创新的阶段，中国的社会学也要进入回答建设有中国特色社会主义的现实问题、在建设和谐社会中发挥重要作用的新阶段。如果说20世纪20—40年代是中国社会学的初创阶段，那么，现在的新阶段，应该是有中国特色、气派和风格的社会学的形成阶段；如果社会学能够抓住这个机遇，提升到新的阶段，发挥新的作用，那么，它就能够迎来灿烂的发展前景。

为了迎接社会学的春天，有许多事情要做，推出"我们自己编写的、更加结合中国国情的"作品，就是应该做的事情之一。本套丛书的出版，只是在这方面所做的一点努力。我在这篇序言中既谈到了前辈大师们的遗愿，又谈到了党和国家领导人的嘱托，毋庸讳言，是为了表明心志。自己经历的事情，有些感想也是很自然的，趁机抒发一下而已。我们这套丛书不敢奢求"优秀"，但确是"我们自己编写的、更加结合中国国情的"。我们鼓励作者们：第一，在结构安排上，既要顾及学科知识的整体性和系统性，又可以突出重点，结合中国的实际有所突破、有所发挥；第二，在内容上，既要顾及知识的完整性和全面性，又要尽量运用中国材料，结合中国实践，反映中国经验；第三，在风格上，既鼓励自主发挥，各呈异彩，又希望尽量反映中国学术特色，体现中国气派。尽管作者们都是很努力的，但一定还有很多不足，难免有不少错误，希望在广大读者的批评和帮助下，能够"真正逐步成熟起来"。

景天魁

2009年3月11日

于北京昌运宫

前言：福利社会学的兴起

　　一个学科的兴起，总要得到社会实践的推动，或者说是对社会需要的一种回应。中国改革开放已经30年了，我们社会的主要问题、主要关切点是什么？社会学和社会政策研究如何对之作出回应？前段时间学界有个提法，就是经过30年的改革开放，中国已经从经济政策时代进入到社会政策时代。这个提法的含义和重点显然还需要进一步明确。如果问"这个'社会政策时代'的价值追求是什么"，"社会政策进一步发展的动力是什么"，应该说，是对民生问题的重视，是对福利的追求。改革开放以前，人们基本上避谈福利，只谈生产，好像福利完全是一种享受，而享受在那时候是忌谈的。改革开放以后，为了强调发展，人们也很少谈福利，好像谈福利就有影响经济发展之嫌。现在，我们应该从过去那种忌谈福利、避谈福利、少谈福利的状况，走向视福利为权利、为责任、为基本要求、为发展目的这样一种新认识、新境界。

　　按照科学发展观，我们要努力实现经济与社会、生产与消费、发展与福利的协调发展，使它们相互促进而不是相互对立。在重视经济增长的同时推动社会发展和进步，社会发展也可以发挥对经济增长的保证和促进作用；在大力发展生产的同时，努力扩大消费，增强全体人民的消费能力，促进经济由投资拉动型向消费拉动型转变；在实现经济持续较快增长的同时，适时适度地增进福利，让广大人民群众共享经济发展的成果。这就是说，在我国人均 GDP 超过 3000 美元，进入中等收入国家（尽管还是较低水平的）行列之后，我们开始完善和发展有中国特色社会主义的全民共建共享、公正公平的福利体系，也可以说是走向普遍福利的时代。

有中国特色社会主义的福利体系，不同于"福利国家"和"高福利"制度，它不追求所谓"福利最大化"，不片面强调福利水平，而是从中国的具体国情出发，既保持经济发展的强大活力，又让广大人民普遍从经济发展中获益，及时提高生活品质，提升生活满意度和幸福感；它不追求绝对平等和抽象公平，而是追求底线公平，即在追求基本公共福利和公共服务均等化的同时，承认个人、群体和阶层之间依贡献等合法因素的不同，而导致的合理的、适度的福利差别，目的是激励每个人积极性、创造力的充分发挥，并视此为保持社会健康永续发展的前提；它不追求片面的、不计长远利益的经济增长，而是坚持经济、政治、文化和社会的协调发展，维持生态平衡，通过提倡健康的、体现中国文化特点的生活方式，实现人与自然的和谐。

这就意味着，服务于中国特色社会主义福利社会建设的福利社会学，其研究主题应该有所转变。它既不是片面地研究怎样追求福利最大化，也不是研究怎样做到福利最小化；既不是孤立地研究怎样增进福利，也不是研究怎样降低福利；而是在整体上，即社会、经济、政治、文化、生态相互关联和统一的基础上，着重研究福利与社会的关系，探讨它们实现协调和均衡的机理，将福利发展真正建立在科学的基础上。以此为主题和己任的福利社会学，才有可能促成福利社会学的新兴。

我们所说的福利社会学的兴起，其背景和意义与过去有所不同，不仅仅是工业化、城市化要求发展社会福利，当前和今后全球化时代的新社会风险，对于社会福利提出了更高的要求。首先，社会福利已经超出了国家范围，变成了全球性的共同问题。例如，全球变暖危及每一个人的生存状况，需要发达国家和欠发达国家共同面对。艾滋病等传染性疾病、吸毒、恐怖主义等严重的社会问题，都在世界范围内蔓延，危及人类的共同福利，需要我们携手应对。其次，全球不平等、穷国和富国的两极分化、不公正的国际政治经济秩序，造成了日益严重的粮食危机、水危机等，越来越发展的世界却有越来越多的人陷入生存危机，数亿人的基本人权得不到保障。所以，必须针对全球性的不公平、不公正确立新的福利观念。再次，随着经济全球化、信息化的发展，人们的跨国流动加剧，福利需求的满足越来越要求形成全球性的社会保障体系。现在，发达国家的养老医疗需求，已开始采取跨国的形式来提供；将来，随着需求量的不断增加，我们不仅要求解决社会保障关系在一国内部的接续和转移的问题，还要解决跨国的转移和共享的问题。

最后，我们所说的福利社会学的兴起，主要是与中国、印度等发展中国家的发展过程相伴随的，主要解决的不是发达国家的只占世界人口一小部分的富人的问题，而是要解决占世界人口大多数的发展中国家人民的福利问题。回答这个问题的福利社会学的理念和思路、需要建立的制度、所要采取的措施，必然与俾斯麦、贝弗里奇有所不同，也应该与第二次世界大战以后的那个时期有所不同。

福利社会学是在20世纪伴随着西方社会的工业化、城市化而出现的，在那种情景中，社会政策只是经济政策的陪衬和附庸。尽管福利国家制度曾盛极一时，但福利议题如果遇上了经济议题，那是要退避三舍的。那种情景在学术上的反映，就是人们的兴趣集中在工业社会学、城市社会学等，福利社会学基本处于边缘地带。如今所说的福利社会学的新生，场景不同了，经济的独角戏唱不成了，社会福利的含义也不仅仅只在于经济层面上了，社会福利的作用也不仅仅只是补台了。当然，福利社会学的新生有赖于对经济和社会的关系、全球化的本质、社会公平和国际公正、新的社会风险与人类命运和责任的深入思考。本书只是一个初步尝试，就算是抛砖引玉吧。

本书写作安排和分工如下：

本书是我和我的学生们共同完成的。他们都是我国第一批（最初的几届）专门学习社会保障、社会福利和社会政策的博士生和博士后，并且现在都在大学讲授相关课程或在研究机构从事相关研究。

写作分工如下：

前言、第十章，景天魁（中国社会科学院学部委员、社会学所研究员）。

第一章，高和荣（厦门大学公共事务学院副教授）。

第二章，第一节，梅哲（中国社会科学院博士后、重庆市政府政策研究室处长）；第二节，邓万春（武汉理工大学副教授）；第三节，何健（西南大学文化与社会发展学院副教授）。

第三章，萧仕平（集美大学副教授）。

第四章，崔凤（中国海洋大学法政学院副院长、教授）。

第五章，邹珺（卫生部卫生经济研究所副研究员）。

第六、第九章，毕天云（云南师范大学社会政策研究所所长、教授）。

第七、第八、第十一章，顾金土（河海大学社会学系讲师）。

第十二章，杨宜勇（国家发展改革委员会社会发展研究所所长、教授）。

本书写作和修改过程:

2007年末,由景天魁提出写作构想,梅哲、高和荣分别拟出写作提纲初稿。

2008年2月,景天魁整合出一份统一的提纲,发给其他作者;3月,邹珺、毕天云等对提纲提出了修改意见。

2008年4月5—6日,在京召开"转型时期中国福利与社会"学术讨论会,集体修改了提纲并明确了写作分工。

2008年7月4日,景天魁对提纲提出了补充修改意见,主要是增加了第七、第八、第十章,并对第一、第五、第六章的重点作了调整。

2008年9月30日—10月2日,在毕天云的精心组织和安排下,写作组在昆明召开了第一次统稿会。出席的作者有景天魁、毕天云、崔凤、高和荣、顾金土、邓万春、何健。

2008年12月20—21日,在高和荣的精心组织和安排下,写作组在厦门召开了第二次统稿会,出席的作者有景天魁、高和荣、梅哲、毕天云、崔凤、邓万春、何健。

2009年2—3月间,崔凤、毕天云、高和荣对有的章节作了加工修改。

2009年4月2—3日,毕天云、高和荣、顾金土协助景天魁在北京完成了第三次统稿。4月6—12日在毕天云、高和荣的组织下,对全书文字和体例做了技术处理。

鸣谢:

本书是在国内社会福利研究和福利社会学日渐兴起的背景下写作的,本书作者都是这一过程的参与者,同时,从参与这一过程的其他学者、政策制定者和实践者那里得到了许多启发。例如,参加已经连续举行数届的由国务院发展研究中心举办的高层发展论坛、人力资源和社会保障部举办的社会保障高层论坛、由中国社会科学院社会政策研究中心等单位举办的社会政策国际论坛、由中国人民大学等单位举办的社会保障国际论坛等,以及大量的学术交流和讨论,都使作者们获益良多。

国内学者们已经出版的一些关于社会福利的研究著作,提出了中国社会福利研究的本土观点,对我们从社会学的角度研究社会福利颇有启发。这些著作主要有:《中国社会福利》(王思斌等,1998)、《儒家文化背景中的福利模式:社会福利的文化阐释》(林卡,1999)、《基础整合的社会保障体系》(景天魁等,2001)、《中国社会福利概论》(孙炳耀等,2002)、《社会福利》(陈银娥,2004)、

《福利社会学》（范斌，2006）、《社会福利社会化的理论与实践》（易松国，2006）、《中国社会福利与社会进步报告——社会福利黄皮书》（民政部政策研究中心，多卷本）、《儿童福利社会化重构"昆明模式"》（王彦斌，2006）、《社会福利体系研究》（周沛，2007）、《福利三角中的社会排斥》（彭华民，2007）、《社会福利与需要满足》（彭华民，2008）、《中国社会福利》（周良才主编，2008）等。一些学者还对国外社会福利理论和制度进行了研究，如《国外社会福利制度》（周弘等，2003）、《社会福利思想》（钱宁等，2006）等，对我们的研究提供了有价值的参考。港台地区学者出版的著作也对我们有所启发，例如，周永新著《社会福利的观念和制度》（1995）、江亮演著《社会安全制度》（1990）、林万亿著《福利国家——历史比较的分析》（1994）等。在此谨对以上作者一并表示感谢！

参与本书写作的各位作者都以强烈的责任感承担有关章节的写作，对写作提纲和各章的修改贡献了宝贵意见，体现了难得的创新意识和感人的团结合作精神。

我的一些没有执笔写作的学生也积极参加讨论会，提供了许多宝贵意见，对本书写作给予了关心和支持。参加2008年4月讨论会的除上述作者外，还有李炜、赵一红、王保庆、张志英、孙希有、梁光严、王俊秀、何智能、孙晶、白文飞、黄佳豪、蔡静。蔡静还为写作组查找了一些参考书目。在此也对他们表示衷心的谢意！

衷心感谢北京师范大学出版社总编辑杨耕教授、责任编辑李雪洁女士对本书出版给予的大力支持和帮助！

景天魁

2009 年 4 月 3 日于北京

目　录

第一章
绪　论

内容提要：

　　福利体现着人们在基本生活需求获得满足、生活质量得到提高之后的幸福感。从福利与社会相互关系的角度看，社会福利就是政府或社会向社会成员提供基本生活资料、增强其生存能力而进行资源调配的一种制度安排。福利社会学是一门从社会学角度研究社会福利、探讨福利与社会相互关系的分支学科，具有继承性、综合性、应用性特征。它是一门研究作为社会基本构成要素的社会福利产生与发展、社会福利设置与安排等规律的社会学二级学科。福利社会学在研究过程中主要运用主观与客观、经济与非经济、理论与实践等基本方法。

学习目标：

1. 了解福利的基本含义
2. 理解社会福利的分析维度
3. 理解福利社会学学科性质
4. 理解福利社会学研究方法
5. 掌握社会福利概念内涵

第一节　福利社会学基本概念

　　任何一门学科都有自己的研究范围与研究对象，并因此而具有相对独立性。福利社会学就是把福利置于社会关系或社会结构之中，应用社会学理论和方法研究福利与社会相互关系的一门社会学分支学科。因此，从社会结构、社会群体、社会组织、社会运动以及社区建设等角度探讨福利供给与需求等问题就成了这门学科的主要内容。为了准确地把握福利社会学基本概念，我们有必要对与福利有关的几个基本概念进行界定。

一、福利的词源考察

　　"福利"是一个既古老又常新的概念，也是与我们日常生活息息相关的一个社会概念及文化事项。但是在当代中国，以"福利"为核心、把福利作为研究对象的福利社会学仍然属于一门比较年轻的学科，尽管作为一种社会事实的"福利行为"自人类诞生之日起就已经出现了。当然，早期人类的"福利活动"更多的是以慈善救助形式嵌入当时的社会结构以及社会情境之中的。

　　一提起"福利"这个概念，人们往往想到的是学者们对工业革命以来西方发达国家的各种社会福利政策以及由此形成的各种福利模式的论述，似乎"福利"是西方发达国家的专利，好像只有它们才需要建立起社会福利制度。其实，"福利"这个概念在中国早已被使用。

（一）福利的中文含义

　　汉语"福利"这个概念是由"福"和"利"两个字组成的。按照《说文解字》的理解，"福，佑也。以示畐声。"[1] 事实上，"福"与"祸"紧密相关，"福"本来就针对"有祸"，古人为了避免灾祸而用酒器祭祀神灵。我国台湾学者王顺民发现，古人拿酒器祭神，就是希望能够免除灾祸得到幸福[2]。老子为此曾经说过："祸之，福之所倚；福之，祸之所伏。"后来，"福"进一步被引申为"神降吉祥以助人获取幸福"。所以，像"富、贵、寿、考"、"子孙繁盛"以

---

　　①　许慎：《说文解字》，3 页，上海，上海古籍出版社，2007。

　　②　王顺民：《社会福利的说文解字及其福利思想与福利作为的历史性考据》，（中国台湾）《国政研究报告·社会》（研）097—009 号，2008-02-20。

及"身体健康"等都被称为"福"。①

《荀子·天论》说:"师其类者谓之福。"②《礼记·祭统》解释为:"福者,备也;备者,百顺之名也。"③ 汉代的贾谊则把"安利"称为福,因为"安利"者"常乐易"。《韩非子》卷六中说"全寿富贵之谓福"。"寿"指生命,也就是要活得长久;"富"是指富裕而不贫穷;"贵"则指尊贵。④

随着社会的发展,"福"字内涵越来越丰富。《尚书洪范》中也讲过与"六极"相对应的"五福":"一曰寿,二曰富,三曰康宁,四曰攸好德,五曰考终命"⑤,即努力达到长寿、富贵、健康安宁、遵行美德、高寿善终。把"福"的形式与内容具体化为"天下第一福"的则是清朝康熙皇帝。康熙皇帝为孝庄皇后60大寿写的"福"字构思独特,寓意深刻。一个"福"字包含了"多子、多才、多田、多寿、多福"五种寓意。这也广为今天的人们所接受。

"利"字有三层含义。甲骨文的"利"字指刀剑的"锋利","中从秉,右从刀,下从土"。秉为"束禾","从刀"表示像刀那样割取,"从土"则表示"禾为土所出",而会"所得束禾为利"之意,实际上就是表示刀剑锋利。我国台湾学者把"从刀刈禾"为"利"理解为"赢"⑥。"利"的第二层意思是仁义道德。《易经·文言》中讲作为君子应当具备"元、亨、利、贞"四种德性,认为"利者,义之和也"、"利物足以和义"⑦。意思是说,利是仁义的聚合,施利于人完全符合道义,能够成就事业。"利"的第三层意思则是与"道义"相对的"财货"、"利益"。《论语》中就讲"君子喻于义,小人喻于利"。后来,《说文解字》把"利"进一步引申为"好处、顺利、吉祥",指一种美好的人生愿望。从这个角度看,"利"指向两个维度,一是指给予他人物质或精神上的某种帮助,使对方实现自身的生存目标;二是在对方获得"好处"或"吉祥"的同时施予者实现了自己的道德理想和道德价值。

尽管"福利"这个词是由"福"和"利"组合而成。但是"福利"这个词最初却来源于"福祉"并与"福祉"相互使用。《易·大有》篇中讲"赐我福

---

① 除此之外,"福"还表示"福禄"、"造福"、"佑之使得福"、"佐助"以及"有福气"等含义。

② 张以文:《荀子全注》,318 页,长沙,三环出版社,1991。

③ 闫红卫:《四书五经简注》,1341 页,济南,山东友谊出版社,2004。

④ 韩非子校注组:《韩非子校注》,188 页,南京,江苏人民出版社,1982。

⑤ 闫红卫:《四书五经简注》,664 页,济南,山东友谊出版社,2004。

⑥ 高树藩:《正中形音义综合大字典》,144 页,台北,正中书局,1995。

⑦ 闫红卫:《四书五经简注》,423 页,济南,山东友谊出版社,2004。

祉，寿算无极"①。西汉初年的燕国人韩婴在《诗》中提到"是以德泽洋乎海内，福祉归乎王公"②。这里的"福祉"就包含着物质和精神两个层面上的好处。"福利"这个名词最早出现在《后汉书·仲长统列传》中，该著作收录了东汉末年仲长统的《理乱篇》一文，其中便有"使奸人擅无穷之福利，而善士挂不赦之罪辜"的论述③。在这里，"福利"主要就是指物质层面上的"幸福和利益"，这也成为今天"福利"含义的一部分。除此以外，福利还指向精神层面，强调人们的幸福感与满足感。韩愈在《与孟尚书书》中也说到，"何有去圣人之道，舍先王之法，而从夷狄之教，以求福利也"！

新中国成立之后的一段时期内，为了体现社会主义制度的优越性，我们借鉴苏联社会管理体制，建立起以单位为实施主体的城乡二元社会福利制度体系，排斥和否定西方国家业已建立的社会福利制度以及社会福利模式④。改革开放以后尤其是 20 世纪 90 年代以来，随着社会主义市场经济体制的建立，福利的重要性以及在经济社会生活中的意义与作用才逐渐为人们所认识。福利往往包括两层含义：一是表示状态，指"生活上的利益，特指对职工生活（食、宿、医疗等）照顾"。二是表示过程，主要指"使生活上得到利益"。

（二）福利的英文含义

西方学者同样很早就使用了"福利"这个概念。从词源上看，英文"福利"来源于拉丁文，由 well 和 fare 组合而成。well 表示"好"，fare 的意思是"生活"，合起来就是"美好的生活"。早在古希腊罗马时代，这个单词就为人们所熟知。柏拉图在《理想国》中勾画了理想国家的图景，指出福利是一种总体性的概念，表示生活在理想国家的人们都应当过着衣食无忧的生活，这是人们进行社会政治生活的前提，否则"如果未来的统治者是一些个人福利匮乏的穷人，那么，当他们投入公务时，他们想到的就是要从中攫取自己的好处；如果国家

---

① 焦延寿：《焦氏易林》，49 页，北京，中华书局，1985。
② 赖炎元：《韩诗外传今注今译》，99 页，台北，商务印书馆股份有限公司，1980。
③ 王先谦：《后汉书解集》，579 页，北京，中华书局，2006。
④ 例如，当时的《辞海》就没有专门的"福利"条目，而是把"福利"放到"福利国家"、"福利经济学"等条目中并赋予这些概念意识形态层面上的理解。认为"福利国家"就是那种"标榜全民福利以掩盖国家垄断资本主义本质的一种谬论"，"福利经济学"主张"实施所谓的社会福利政策，如社会保险、失业津贴等，以提高人民生活，缓和阶级矛盾"等。当然，这个时期人们的社会福利活动以及福利待遇仍然存在。

由这种人统治，就不会有好的管理"①。因此，他说："我们的立法不是为了城邦任何一个阶级的特殊幸福，而是为了造成全国作为一个整体的幸福"②。

在英文中，"福利"主要有 welfare、wellbeing、benefit、interest 四个单词对应，现在最常用的是前两个单词。牛津高阶英汉双解词典把福利解释为"个人或群体的健康、幸福与安全"以及"政府给予个人所必要的经济援助"。韦伯斯特新世界词典把福利当成一种"健康、幸福和舒适的良好状态"（wellbeing）。美国学者詹姆斯·米基利（James Midgley）也坚持这样的看法。按照马歇尔的观点，福利实质上是对"状况良好、幸福的体验"，它与这种"良好状态的形成条件有着复杂的联系"③。所以，在西方学者那里，福利不仅包含着《济贫法》时代遗留下来的"救济"性福利，阿玛蒂亚·森（Amartya Sen）等人所说的一种"基本的物质生活"、"必需的医疗保障"等"生存状态"，而且还包含着诺曼·巴里（Norman Barry）所说的物质上的"幸福"与"满足"④，更包含着人对这种"幸福"或"满足"状况的理解、体验与认同等几个主观方面⑤。这样看来，就"福利"这个词本身来说，西方学者是在较为宽泛的含义上使用它的。

（三）福利的一般含义

对"福利"进行词源考察之后发现，不同的社会结构及文化背景使得中西方学者对于"福利"这个概念的理解存在着三点差异。

1. 在基本的物质生活资料满足上存在着差异

从横向上看，福利的供给与特定的经济发展水平相一致，几乎所有的国家都从救济型福利逐步向发展型福利转变，从来也没有一个国家实行超越本国经济发展水平的福利政策。从纵向上看，由于中国长期处于农业社会，人们通常把福利界定为必需的、基础性的、无法回避的物质生活资料。在古代社会里表现为获得必要的土地、子女、财货、长寿等几个方面。到了今天，福利则表现为解决温饱问题的基本生活需求、解决看病难以及公共卫生服务的基本健康需求、解决基础教育问题的基本发展需求等；在福利层次上优先建立最低生活保障和各种社会救助项目。当然，西方发达国家的福利制度经过百年来的建设，

---

① 柏拉图：《理想国》，281 页，北京，商务印书馆，1997。
② 同上书，279 页。
③ T. H. Marshall, *Social Policy in Twentieth Century*, London, Hutchinson, 1985, p. 12.
④ ［英］诺曼·巴里：《福利》，17 页，长春，吉林人民出版社，2005。
⑤ 参见杨伟民：《论个人福利与国家和社会的责任》，载《社会学研究》，2008 (1)。

其内容与形式、供给与需求等方面都已经发生了很大的变化，人们越来越追求体面性、体现政府责任的福利。

2. 在福利权利获得方面存在着差异

工业革命以来，西方发达国家凭借自身良好的经济基础，福利已经日益内化为公民的自觉行动以及自身一项基本的政治、生活权利，进而演变成为一种福利权利。相应的，能否拥有这些福利权利、在多大程度上拥有这些福利权利以及由此所形成的满足感与幸福感则是理解和衡量西方民众福利意识的基础。从这个意义上讲，福利已经逐渐成为西方发达国家民众的生活方式与生存权利，也构成了他们彰显人权的重要方面。但是，中国人通常不是从意识形态以及政治权利而更多的是从文化习俗的角度去理解福利，甚至从道德层面上去理解福利，把福利当成实现社会理想与社会价值的手段。也就是说，西方社会主要从个人意识而中国主要侧重于集体意识去理解福利；西方社会主要从政治权利角度去认识福利而中国侧重于从文化层面上认识福利。

3. 在幸福与满足的理解与认同上存在着差异

幸福与满足不仅是个经济学概念，同样也是一对社会心理学范畴，这样它就包含着对幸福与满足的体验与认同等心理问题。在这一点上，西方国家往往强调福利的两个方面，即"自我幸福感"和"生活满足感"。中国不仅强调福利的这些方面，也非常注重福利供求的"社会认同感"，努力实现"自我幸福感"、"生活满足感"与"社会认同感"的有机统一，实现个体主观需求与社会客观可能的有机统一。

上述这些差异表明，福利从来就不是一个固定不变的名词，福利的内涵与外延总是与特定的社会结构紧密联系在一起。福利的供求常常针对特定的社会群体，反映着特定社会阶层的要求，它也要受到特定的社会心理与社会文化等因素影响。因此，福利就是满足人们的基本生活需要、提高其生活质量、增强人们对自身以及社会产生满足感与幸福感的一种状态。它主要包括以下三层基本含义：

一是获得基本的物质生活资料。着力解决社会群体尤其是一些特殊群体如残疾人、老年人、婴幼儿、妇女等物资匮乏、身体疾病、生存能力不足等问题，确保他们在衣、食、住、医等日常生活资料方面获得最基本的保障，以便使他们能够立足于社会。这类似于社会救济层面上使用的福利，它是为特定群体提供的最基本的生存福利，也是学术界所说的狭义上的福利。

二是提高全体社会成员的生活质量。无论是中国古代社会那种注重民本、关注民生、最终强调幸福的"福利"，还是西方社会的救济性以及普惠性"福利"；也无论是社会着力解决部分群体的物质生活困难、增强他们社会生存能力的福利，还是普遍提高社会民众生活待遇的福利，实质上都是以提高全体社会成员的生活质量为基本价值尺度，把福利作为提高全体民众生活质量的一种手段。

三是在物质生活得到保障、全体社会成员生活质量得到保障基础上的"幸福"与"满足"，这是福利的最高目标。此时的福利就包含着对这种生存状态的心理体验、主观评价与主观认同。所以，它不是一种消极被动的福利，而是一种积极主动的福利。从个体角度来看，这种主观上的福利主要包括自我幸福感、生活满足感以及社会认同感三个方面。正如安东尼·吉登斯（Anthony Giddens）所说，"福利在本质上不是一个经济学的概念，而是一个心理学的概念，它关乎个人的幸福"①。因为纯粹的经济利益获得以及物质生活富裕本身从来都不足以创造出人们的幸福感与满足感，不足以使人们感到良好的福利状态。

二、社会福利

"社会福利"与"福利"这个概念紧密相关，我们可以把它当成"社会"与"福利"的合成词。它是福利社会学这门学科的基础性概念，英语单词为"social welfare"，是一个经常使用却又难以界定的多义词，在不同的国家、不同的时代甚至不同的场合都有不同的理解。与"福利"概念不完全相同的是，世界各国政府以及学术界借助于不同的价值理念与研究维度，对"社会福利"的内涵与外延至今还没有形成统一的认识。

（一）社会福利内涵

美国、日本以及中国等更多的是从社会福利的社会性质出发在狭义层面上界定了社会福利。例如，美国社会工作者协会（NASW）1999年出版的《社会工作词典》认为，社会福利是"一个宽泛和不准确的词，它经常地被定义为旨在改善弱势群体状况的有组织的活动、政府干预、政策或项目……社会福利可能被理解为一种关于一个公正社会的理念，这是社会为其成员提供合理程度的安排，使他们免受匮乏和暴力，促进公正和基于个人价值的评价系统，这一社会在经济上是富于生产性的和稳定性的。这种社会福利的理念基于这样的假设：通过组织和治理，人类社会可以生产和提供这些东西，因为这一理念是可行的，

---

① ［英］安东尼·吉登斯：《第三条道路》，121页，北京，北京大学出版社，2000。

社会有道德责任实现这样的理念"①。这一定义包括了社会福利理念、道德责任、制度实体以及实施对象四个方面，成为美国、日本等国通行的定义。但是，以英国为代表的欧洲福利国家则强调社会福利的国家责任，在较为宽泛意义上界定了社会福利内涵。在英国出版的《新大不列颠百科全书》中，"社会福利"主要包括为个人尤其是特殊群体，如为儿童、老年人、残疾人等提供专业服务的社会工作以及政府的各种社会福利项目。

学术界的看法与政府的界定也不完全一致，很多学者更多的是按照自己的价值理念去探讨社会福利概念。詹姆斯·米基利把社会福利看成是"当社会问题得到控制时，当人类需要得到满足时，当社会机会最大化时，人类正常存在的一种情况或状态"②。美国学者拉尔夫·多戈夫（Ralph Dolgoff）认为，社会福利从功能上看主要在于"减轻受助者的贫穷，从而改善社会中受害者的生存状况"③。美国另一位学者威廉姆·费尔莱（O. William Farley）认为，社会福利的内涵比较宽广和丰富，包括社会工作、公共福利以及其他相关的行动或计划，它着重强调人们获得良好的状态，包括身体的、教育的、精神的、情感的、心理的以及经济的等诸方面的良好需求④。

新中国成立后尤其是改革开放以来，适应中国社会保障与社会福利事业的发展，中国学者不断对社会福利加以关注和研究。我国老一代社会福利与社会保障问题专家侯文若先生认为，社会福利表现为"国家以及各种社会群体举办的种种公共福利设施、津贴补助、社会服务以及种种集体福利事业，目的在于增进群体福利，改善国民的物质和文化生活"⑤。郭崇德认为，社会福利是"国家、集体和社会为保障全体公民的基本生活，提高人们的物质文化生活水平而提供的福利性物质帮助、福利性设施和社会服务"，它"不仅要保障人们的基本生活，更重要的在于不断满足人们日益增长的物质文化生活需求，提高人们的生活质量"⑥。

郑功成认为，中国的社会福利有着特殊的含义。它特指"国家和社会通过社会化的福利设施和有关福利津贴，以满足社会成员的生活服务需要并促使其

① 转引自陈银娥：《社会福利》，1～2页，北京，中国人民大学出版社，2004。
② Midgley, James, *Social Welfare in Global Context*, London, Sage, 1997.
③ Ralph Dolgoff, *Understanding Social Welfare*, New York, Longman, 1997.
④ O. William Farley, *Introduction to Social Work*, 5th Edition, New York, Prentice-Hall, Inc., 2000, p.3.
⑤ 侯文若：《现代社会保障学》，27页，北京，红旗出版社，1993。
⑥ 郭崇德：《社会保障学概论》，35页，北京，北京大学出版社，1992。

生活质量不断得到改善的一种社会政策。"① 在尚晓援看来，广义的社会福利制度指"国家和社会为实现社会福利状态所作的各种制度安排"，也包括旨在促进收入安全的社会保障制度；而狭义的社会福利则指"为帮助特殊的社会群体，疗救社会病态而提供的社会服务"②。

从现有的资料看，国内学术界对"社会福利"一词主要有这样三种不同的理解③：一是公共政策或社会政策视角中的社会福利概念。认为只要与国家财政所支付的"公共"或"社会"计划有关的都属于社会福利，包括各种社会救助、津贴补助、社会保险、公共卫生、社会关怀等服务项目。这是在最宽泛意义上使用的社会福利概念。二是狭义层面上的社会福利。从实施对象上看，这种社会福利既可以全体国民为对象，但更多的是以社会弱势群体为对象；从社会福利内容上看，仅仅涉及社会救助、社会服务等项目，如针对老年人、残疾人、孤儿、优抚对象提供的福利服务，针对社会一般大众所提供的教育、住房、医疗、司法等方面的救助与服务等。三是民政部门的社会福利。这是在特定背景下使用的概念，特指国家为老弱病残、鳏寡孤独以及其他社会弱势群体所提供的收入或服务保障。在这个层面上，社会福利甚至成为社会保障的一部分④。

事实上，由于社会福利内涵的丰富性以及使用这个概念的差异性，各个国家形成了不同的社会福利制度运行体系。有的学者从内容以及制度本身出发对社会福利类型与模式进行了研究，H. 维伦斯基（H. Wilensky）将社会福利分为剩余型和制度型两种模式。R. 蒂特姆斯（R. H. Titmuss）则在此基础上又增加了工业成就型，用来特指苏联以及东欧社会主义国家所实行的社会福利制度。有的学者从社会福利背后所支撑的意识形态出发，将社会福利分为"自由主义、保守主义以及社会民主主义"三种形式⑤，或者将社会福利分为"新右派、凯恩斯和贝弗里奇福利国家、合作主义、社会民主主义、马克思主义"模式等⑥。有的学者从社会福利所依赖的理论思潮出发将它分为"古典经济学的"、"重商

---

① 郑功成：《社会保障学》，20页，北京，商务印书馆，2000。

② 尚晓援：《"社会福利"与"社会保障"再认识》，载《中国社会科学》，2001（3）。

③ 周良才总结为五种，但是这五种概括有些交叉。参见周良才：《中国社会福利》，1～2页，北京，北京大学出版社，2008。

④ 参见陈良瑾：《中国社会工作百科全书》，北京，中国社会出版社，1994；唐钧：《市场经济与社会保障》，哈尔滨，黑龙江人民出版社，1995。

⑤ 参见［丹］艾斯平—安德森：《福利资本主义的三个世界》，6～35页，北京，法律出版社，2003。

⑥ 参见李明政：《意识形态与社会政策》，52页，台北，洪叶文化事业有限公司，1998。

主义的"以及"马克思主义的"等模式。还有的学者按照社会政策起因把社会福利分为"机制模式"与"补救模式";按照政党主张将社会福利分为"社会民主主义"、"自由主义"以及"社团主义"等模式;按照责任主体将社会福利分为"政府、市场、个人"三种责任模式①。田凯在把西方社会福利分为"剩余型、制度型以及发展型"基础上针对中国社会福利研究与实践探索情况提出了"混合性社会福利"概念。认为中国的社会福利强调"国家和社会为增进与完善社会成员尤其是困难者生活的一种社会制度。旨在通过提供资金和服务保证社会成员一定的生活水平并尽可能提高他们的生活质量",强调社会福利要能够为社会成员"因年老、疾病、生理或心理缺陷而丧失劳动能力导致生活困难时向其提供的服务",进而改善和提高"全体社会成员的物质生活和精神生活的各种社会服务措施"②。

(二) 社会福利维度

上述这些情况表明,社会福利概念之所以有广义和狭义以及在此基础上形成的折中主义之分,人们之所以能够将社会福利划分为不同的模式并日益创造出种种社会福利类型,主要就在于社会福利内容与模式背后隐藏着不同的价值理念,形成了多样性的社会福利分析维度。总结社会福利的分析维度,主要包括以下三个方面:

1. 作为经济社会政策的社会福利

作为一项政策制定以及制度安排的社会福利首先是一种公共财政支出,它必须与特定的经济发展水平尤其是财政收入情况紧密相关。从历史上看,人类社会的福利设施、福利活动尽管早已有之,但是在相当长的一段时期内,这种社会福利更多地表现为对困难群体的社会救助,不仅救助对象局限于鳏、寡、孤、独、废、疾者,救助内容仅限于最基本的物质供养以及最简单的疾病医治。救助层次相对比较低下,社会福利所设定的目标自然也就比较低,往往仅限于为特殊群体提供最基本的物质生活资料。其原因就在于当时的公共财政极其匮乏,统治者无法提供那种体现"美好幸福生活"的福利。所以在相当长的一段历史时期内,西方社会福利在自由主义价值理念支配下坚持私人善行原则,认为政府提供社会福利将会增加经济发展的成本,削弱整个国家的经济竞争力,

---

① 参见周弘:《国外社会福利制度》,49 页,北京,中国社会出版社,2002。

② 参见田凯:《关于社会福利的定义及其与社会保障关系的再探讨》,载《上海社会科学院学术季刊》,2001 (1)。

社会福利于是成为少数群体的事业，社会福利更多地表现为社会济贫与社会慈善。

工业社会以来，随着制造业的兴起及其在整个国民经济体系中的地位和作用与日俱增，西方国家的民众逐渐从依靠自然生存转变为主要依靠工业产品生存，整个社会的经济日益从农业经济走向工业经济，从匮乏型经济走向丰裕型经济，这样，政府就有可能将更多的财政投入到改善民生之中。同时，在向工业社会转型过程中，民众面临着更多自身无法控制的不确定性和风险因素，这就需要政府必须提供相应的福利以保障民众的基本生存。为此，这些国家不仅重视对特殊群体提供基本生活保障，而且建立、健全相关福利设施、服务项目以便改善这些特殊群体的生活，减少社会群体对立、社会阶层对抗，防止爆发大规模的社会运动。还有一些政府将社会福利上升为整个社会的意志，强调社会福利就是政府对全体民众在收入、就业、医疗、教育、住房以及社会工作服务等方面提供的制度性安排，减少民众的不幸福感和不满足感，确保他们获得正常的生存状态，在此基础上逐渐增进民众的幸福满足感。这样，社会福利就从选择性概念拓展为普惠性概念，从剩余性概念转变为全面性概念，从狭义性概念扩展为广义性概念，针对全体民众的各种社会福利设施、社会福利项目以及社会工作服务日益完善。当然，有些发达国家并没有实行普惠性、全面性的社会福利，原因不在于作为一种经济社会政策的社会福利本身失效，也不在于这些国家的公共财政无法承担这些费用支出，而在于社会福利制度安排与实施要受到多种因素的共同影响，尤其要受到社会结构、社会文化以及社会心理等因素的影响，只不过经济因素更具有根本性和前提性。

2. 作为公民权利的社会福利

从总体上看，西方学者更多的是从民主政治或者公民权利这个视角来研究社会福利的，由此形成了社会福利的第二个分析视角。在西方学者看来，无论是剩余型、工业成就型还是制度型社会福利（R. 蒂特姆斯）；是放任主义、自由主义还是社会主义的社会福利（J. 帕克）；是反集体主义、费边社会主义还是马克思主义的社会福利（V. 乔治、P. 威尔定）；是新右派、合作主义还是社会民主的以及马克思主义的社会福利（R. 米拉什）[1]；也无论是反集体主义、社会改造主义、激进的社会行政、非社会主义、政治经济学的社会福利（F. 威

---

① 参见李明政：《意识形态与社会政策》，52页，台北，洪叶文化事业有限公司，1998。

廉姆斯）还是自由主义、保守主义、社会民主主义的社会福利①等。他们都在强调公民权利如何得到体现与彰显。

事实上，嵌入西方国家独特的政治社会和文化结构，这些国家在社会福利概念界定、社会福利制度出台以及社会福利项目实施过程中始终重视社会福利的政治视角，尤其强调福利是一种天赋人权。他们认为，社会福利是公民的一种政治权利，是经济社会发展所赋予公民最直接的人权。正因为如此，西方国家往往从普遍的人权出发不断建立起新的社会福利意识形态，变革着社会福利价值取向与价值导向，并以此来扩大社会福利项目内容、社会福利服务体系，甚至把包括社会保险在内的各项社会保障项目纳入社会福利之中；社会福利不仅着重解决特殊群体的特殊需求，而且社会福利的对象越来越扩展到"泛化的他人"（the general others）。另外，这些国家常常也从意识形态、国家权力、政治组织、政治过程以及政治民主等角度来探讨社会福利的多样性模式与类型，不断深化社会福利的理解，社会福利已经成为政党政治的一个重要砝码。

3. 作为社会结构的社会福利

欧美国家虽然经济比较发达，但是这些国家对于社会福利概念的理解与界定、社会福利制度的内容与体系、社会福利项目的划分与认同等存在着诸多差异。这些差异并不表明经济（经济制度）与政治（公民权利）在一个国家社会福利制度安排与实施过程中起着唯一作用，恰恰表明社会福利的供给与需求、社会福利制度的安排与运行、社会福利实施的对象与目标以及人们对社会福利的理解与认同等方面更多地要受到各个国家特定的社会结构、社会文化以及社会心理等因素的影响。因此，我们提出理解社会福利概念的社会结构维度，认为特定国家的社会结构是社会福利最重要的分析维度。

从社会结构维度来理解社会福利就是要从福利与社会的关系角度看待福利，把福利放在特定的社会结构以及文化事项中分析社会福利体系、社会福利功能以及社会福利实现方式，分析与特定社会结构以及社会文化相适应的社会福利项目和内容，探讨社会福利制度以及社会福利项目的实施对于整个社会结构、社会组织、社会群体以及社会阶层的影响，思考社会福利制度及项目的实施对于规制社会运动、减少社会冲突、促进社会稳定、彰显社会安全等方面的功能，提出经济增长、社会福利以及社会结构和谐之间的良性互动关系，从而努力在福利与社会关系基础上构建更加科学的福利社会学理论体系，体现福利社会学

---

① 参见［丹］艾斯平—安德森：《福利资本主义的三个世界》，6～35页，北京，法律出版社，2003。

自身应有的理论目标。

（三）福利与社会相互关系

我们坚持社会福利分析的社会结构维度，其主旨并不是排斥或否定社会福利的经济、政治等维度，也不是认为社会福利项目的制定与实施可以完全抛弃一个国家的经济基础以及民众特定的政治权益。从福利社会学角度出发，"社会结构维度"应当成为我们分析社会福利的重要尺度。因为社会结构维度更能体现福利社会学自身所应有的社会学学科性质。这样，我们的重点不是探讨社会福利概念所具有的不同内涵，也不是去讨论不同类型的社会福利制度所具有的独特性质等，而是立足于社会学理论与方法，着重从社会福利与社会的相互关系出发去分析社会福利概念，探讨社会福利结构，把握福利与社会群体、社会组织、社会阶层之间的相互关系，分析社会福利供给对社会分层以及社会运动的影响，从而为构建中国自己的福利社会学理论体系与框架结构打下坚实基础，并为正在进行的中国社会福利改革实践提供理论与方法指导。

从福利与社会的相互关系角度出发，福利与社会相互作用、相互影响。一方面，福利是整个社会结构的一部分，社会的存在需要福利作为支撑以便解决社会成员的基本生存需求，离开了福利要素，整个社会结构体系必然残缺不全。另一方面，社会是福利赖以生存的土壤，福利供求总离不开特定的社会结构体系，福利的供求必须要依赖特定的社会政治经济以及文化等条件或要素。具体来说，福利与社会的相互关系表现在以下三个方面：

1. 要把福利当成整个社会系统的一个有机组成部分

本书认为，福利与社会互相制约、相互影响。

第一，福利是社会结构体系的一部分，一个完整的社会结构内在地包含着福利要素，向社会成员提供福利以满足他们的福利需求，解决他们最基本的生存问题，促进社会结构的稳定以及社会的发展，离开了福利要素社会结构的稳定必然遭到破坏。

第二，社会结构尤其是社会的政治、经济、文化以及人们的心理等因素共同制约着福利的供求方式，使得福利的供求被打上社会结构的烙印。这样，不同的社会以及同一个社会在不同的发展阶段就会产生不同的福利项目设置、福利项目安排，有着不同的福利供求内容。

第三，社会福利总是针对处于特定社会结构中的群体与个体而设置的，这些群体福利需求的种类、层次以及方式等也要受到特定社会的政治、经济以及文化等因素影响。也就是说，整个福利的供求都要受到社会结构、社会关系等要素的制约。同时，社会福利体现着特定社会群体的价值取向与利益诉求，反映着特定的社会地位与社会运动，代表着特定社会阶层的经济利益和政治态度。它是政府或社会为满足社会成员的特定需要而调配经济社会资源、提供基本生活资料、增强社会成员生存能力的制度安排与制度设置。

这样看来，社会福利不能独立存在，它的生存基础以及类型差异在于社会结构，社会福利项目、内容以及实施等都要依据于特定的社会结构、社会网络以及作为一种场域的社会文化。总之，社会结构是福利赖以生长的土壤，社会福利作为整个社会结构系统中的一个重要子系统而存在并发挥作用，具体的福利制度安排与福利项目实施通常要受到非福利因素尤其是社会诸因素的制约。

2. 要探讨与特定社会结构相适应的社会福利项目与内容

这就要求我们要研究社会福利制度的安排对于整个社会结构、社会组织、社会地位、社会阶层以及社会流动的影响，分析社会福利项目的实施对于减少或扩大社会冲突、促进或破坏社会稳定等方面所具有的双重功能，在此基础上提出经济增长、社会福利以及社会和谐之间的良性互动关系。从历史上看，社会福利最初就是以解决社会部分群体贫困、促进人口就业、减少社会动荡的面孔出现的。因此，某种社会福利项目一旦实施就会影响人们的行为选择，使得原有的社会问题、社会关系发生变化，进而影响着整个社会结构发生变化。比如在一些不发达国家里，很多人往往把生儿育女作为提高自身福利水平、改善自身生活质量的重要手段，多子（女）多福思想根深蒂固。然而如果政府提供良好的社会福利设施能够提高人们的生活水准，增强人们抗击生存风险的能力，那么必将改变人们的生育观念，使得人们越来越倾向于少生优生，从而使得这些国家的家庭结构由原来的大家庭、联合家庭逐渐向核心家庭乃至丁克家庭转变。当然，这种以核心家庭为代表的社会家庭结构反过来又对福利提出新的要求，要求社会必须将各种社会福利项目加以系统化、全面化、政府化、责任化乃至强制化，否则就会对整个社会结构造成危害。

3. 要探讨它所赖以生存的社会关系与社会结构

社会福利促进整个社会形成自己的价值理想与价值目标。人类最初制定各种社会福利政策，实施相关社会救济项目，其目的就是要解决社会困难群体的基本生存能力不足问题。而这些问题的解决促进了经济发展与社会安宁，保障了人们的经济政治权益，变革着原有的社会阶层、社会关系以及社会结构，产生出新的社会力量，使得作为社会结构中的社会福利越来越成为社会成员提高物质生活水平、提升政治地位，进而促进人的全面发展的一种手段。于是，人的全面发展就成为社会福利的最高目标，社会福利越来越成为实现人的价值与目标的手段与措施，成为体现人的社会功能的重要尺度，进而成为人的存在方式，使得整个社会日益形成尊重人权、凸显人的存在价值这个发展维度。

因此，从福利与社会相互关系角度看，社会福利就是政府或社会向社会成员提供基本生活资料、增强其生存能力而进行资源调配的一种制度安排。通过这种制度安排，努力改善全体社会成员的生活待遇，提高他们的生活质量，使他们对自身以及整个社会产生幸福、满足与认同，减少社会矛盾与社会冲突，促进整个社会处于良好状态，实现人与社会的和谐发展。

三、社会保障

社会福利与社会保障是两个相互联系又相互区别的概念，它们同时存在于一个国家的社会制度设置以及社会制度安排之中。在国内外学术界，关于社会福利与社会保障始终存在着争论，这种争论主要体现在这两个概念究竟谁大谁小以及它们内涵是否一致、是否可以相互替换等问题①。这些争论恰恰表明我们研究社会福利无法回避社会保障；反过来，探讨社会保障也不能绕过社会福利。

（一）社会保障含义

作为一种制度安排与制度设置的社会保障制度尽管可以上溯到 1883 年德国的《疾病社会保险法》，但是，社会保障这个概念首次出现在 1935 年美国的《社会保障法》中，并在 1942 年的《大西洋宪章》中得到进一步明确。它最初强调政府通过建立制度性、强制性的社会保险制度确保社会安全，努力使处于工作年限中的社会成员从疾病、失业、贫困、战争等原因所引发的恐惧、危险以及不安全等因素中解脱出来，它更多的与社会保险以及社会安全相对应。

目前，国际上有两个比较权威的社会保障定义，分别从广义和狭义的层面上来界定。1984 年国际劳工局在《社会保障导言》中主要从狭义的层面上进行了规定，认为社会保障是"社会通过一系列的公共措施对其成员提供保护，以防止他们由于疾病、妊娠、工伤、失业、残疾、老年及死亡而导致的收入中断或大大降低而遭受经济和社会困窘，对社会成员提供的医疗照顾，以及对有儿

---

① 在当代中国一般在三个层面上理解社会福利和社会保障：一是把社会福利当成社会保障的一部分，即狭义上的社会福利与广义上的社会保障；二是把社会福利等同于社会保障；三是把社会福利包括在社会保障内，即广义上的社会福利与狭义上的社会保障。我们认为，这三种理解都是片面的，有简单化倾向。

童的家庭提供的补贴"①。

而《新大不列颠百科全书》则在比较宽泛的层面上界定,把社会保障界定为"所有已经为立法建立的集体措施,以便当个人或家庭的部分或全部收入来源受到损害或中止时,或当他们必须支付大笔开支时(如抚养子女或支付医疗费用),维持他们的收入或者对他们提供收入帮助。因此,社会保障可能是对病残、失业、作物歉收、丧偶、妊娠、抚养子女或退休的人提供现金待遇。对医疗、康复、疾病护理、法律帮助和丧葬待遇以现金或实物(服务)的形式提供。社会保障可以按法庭的命令提供(如对事故受害者的赔偿),也可能由雇主、中央或地方政府,或其他半公共或独立的机构提供"②。这两个经典定义经常被中外社会保障领域研究者们所引证,成为各国制定或研究社会保障制度的重要依据。

新中国成立后,一批中国学者结合我国社会保障实践,在吸收国外社会保障概念基础上提出了自己的观点。侯文若把社会福利当成社会保障的一部分,在比较宏观的层面上指出,社会保障可以理解为"对贫者、弱者实行救助,使之享有最低生活,对暂时和永久失去劳动能力的劳动者实行生活保障并使之享有基本生活,以及对全体公民普遍实施福利措施,以保证福利增进,而实现全社会安定,并让每个劳动者乃至公民都有生活安全感的一种社会机制。"③

陈良瑾等人从狭义层面上界定了社会保障内涵。认为社会保障是"国家和社会通过国民收入的分配与再分配,依法对社会成员的基本生活权利予以保障的社会安全制度"④。孙光德、董克用认为,社会保障是以国家或政府为主体,依据法律规定,通过国民收入再分配,对公民在暂时或永久失去劳动能力以及由于各种原因生活发生困难时给予的物质帮助,保障其基本生活的制度⑤。郑功成也认为,社会保障是"各种具有经济福利性的、社会化的国民生活保障系统的统称",是国家在国民"失业、疾病、伤害、老年以及家庭收入锐减、生活

---

① 转引自陈银娥:《社会福利》,3页,北京,中国人民大学出版社,2004。

② Encyclopedia Britannica Inc. ed., *The New Encyclopedia Britannica*, Chicago, Encyclopedia Britannica Inc, 1990, Vol. 27, p. 427. 转引自尚晓援:《"社会福利"与"社会保障"再认识》,载《中国社会科学》,2001(3)。

③ 侯文若:《社会保障理论与实践》,11页,北京,中国劳动出版社,1991。

④ 陈良瑾:《社会保障教程》,5页,北京,知识出版社,1990。

⑤ 孙光德、董克用:《社会保障概论》,4页,北京,中国人民大学出版社,2000。

贫困时予以生活保障"①。

周沛认为，社会保障是以国家和政府为主体，以立法为基础，以全体社会成员为对象，在公民遇到困难时以特定的形式如社会保险、社会救助等为他们提供福利的一种社会制度②。

香港大学周永新认为，社会保障是政府为保障国民最低生活需求所采取的政策措施，包括非供款的社会救助、供款性的社会保险和普遍津贴制度③。

在我国台湾，人们常常把"社会保障"直接翻译为"社会安全"。江亮演就认为，社会安全主要是建立全民保险、全民年金等体系，由国家担负起保障全体国民最低生活，使全体国民免陷于贫困，而促进社会安定，达到安全和乐利生活的一种制度④。总结国内外学术界对于社会保障概念的争议性理解，主要有如下几个维度：

1. 经济学立场上的社会保障

经济学从马克思的《哥达纲领批判》中吸收剩余产品扣除思想，强调社会保障是对国民收入进行再分配之后形成社会保障基金，并以此来对生活困难的社会成员给予物质上的帮助。在这种思维方式作用下，社会保障被当成一种消费品，是社会分配领域中的一个特殊方面，它协调政府、企业以及个人之间的财富分配关系。经济学在坚持效率优先基础上强调社会保障体现着一定的社会经济关系，比较关注社会保障与经济发展之间的内在联系，十分注重对社会保障基金的筹集与运营、分配与使用、管理与监控，确保社会保障能够促进劳动力的再生产以及整个经济的发展。

2. 社会学视角中的社会保障

社会学从社会公平理论出发，强调社会保障是整个社会结构有机组成部分，人类保障方式实现从自我保障、家庭保障到社会保障的转变是社会文明与进步的标志。社会保障保护和预防处于工作阶段中社会成员的物质生活安全。因此，它更多地被当成整个社会的"减震器"与"减压阀"。它以国家的财政收入为后盾，借助于对国家财政的再分配来体现整个社会的公平与正义，减少社会矛盾

① 郑功成：《社会保障学——理念、制度、实践与思辨》，11、5页，北京，商务印书馆，2000。

② 周沛：《社会福利体系研究》，39～40页，北京，中国劳动社会保障出版社，2007。

③ 周永新：《社会福利的观念和制度》，27页，香港，中华书局，1995。

④ 江亮演：《社会安全制度》，1页，台北，五南图书出版公司，1990。

和冲突，促进经济、政治、社会结构的稳定协调发展。所以，社会学视野中的社会保障强调它的强制性、社会性以及发展性功能。

3. 政治学和法学视野中的社会保障

以洛克、卢梭、孟德斯鸠为代表的西方启蒙思想家认为，国家是人们创立的为人们谋福祉的工具，国家为个人而存在。因此，确保民众获得基本生活保障既是国家的责任，也是民众最基本的人权。在政治学、法学等学科中，人权保障构成了社会保障的理论基础，社会保障成为人权保障的重要措施与体现。《世界人权宣言》第二十二条规定，"每个人作为社会的一员，有权享受社会保障"。《联合国人权公约》第九、第十一条明确规定，"人人有权享有社会保障，包括社会保险"，"享受本人及其家属所需之适当生活程度，包括适当的衣食住及不断改善之生活环境"。这种理论基础也构成了社会保障法的立法原则。

在这里，我们主要在狭义层面上理解社会保障，把社会保障当作国家和政府为了防止民众因老年、疾病、工伤、失业或者失收、生育、残疾、丧偶和失怙等方面发生风险而给予的制度安排与制度设置。强调社会保障的提供主体是国家和政府，社会保障的手段是借助于建立各种正式的社会保险制度以及社会救助制度，社会保障的目的是减少社会矛盾与社会冲突，确保社会安全，减少民众可能出现的社会风险，实现经济、政治与社会的和谐发展。

（二）社会保障与社会福利的联系

社会福利与社会保障是一对紧密相关、相互交织的概念①。从联系的角度看主要有以下三点：

1. 社会保障与社会福利相互依存

一方面，社会福利离不开社会保障，社会福利建立在社会保障基础之上。社会保障是整个社会福利体系中一个重要组成部分，它通过对社会成员可能面临的生老病死进行必要的保障，确保整个社会得以正常运转，为社会福利的供给以及社会成员产生幸福感和满足感提供保证。另一方面，社会保障也离不开社会福利，社会保障仅仅是面向未来的种种安全预防措施，社会成员当下生活状态的幸福与满足程度、对自身生活秩序的感受与评价好坏程度要依赖于社会

---

① 在国内外学术界，社会福利究竟是属于社会保障下面的一个子概念，或者反过来社会保障是社会福利的一个子概念一直存在着争议。我们在这里坚持"大福利、小保障"概念的前提下讨论社会福利与社会保障之间的联系与区别。

福利供给情况，如果没有社会福利的提供，仅仅有社会保险意义上的社会保障供给，也不能满足社会成员的福利需求。离开社会福利，社会保障不能促进整个社会的和谐发展，无法使社会成员产生幸福感和满足感，社会保障进而也会失去存在的意义。

2. 社会保障与社会福利相互作用

一方面，社会福利作为一个整体对社会保障起着决定性作用，社会福利的基本目标决定着社会保障的实现目标，它规定着社会保障主要内容以及结构体系，规范着社会保障制度的发展方向，努力使社会保障制度更好地推进社会福利事业。另一方面，以社会保险为核心的社会保障制度本身也具有相对独立性，社会保障影响着整个社会的福利建设，社会保障实现途径与实现方式同样影响着社会福利的实现目标，社会保障项目、社会保障待遇以及社会保障提供方式等变化也影响着社会福利的供给。

3. 社会保障与社会福利的实施对象与责任主体基本一致

一方面，两者的实施对象都针对民众，具有普遍的国民待遇原则，它们都是为了通过解决民众基本生活需求、防止民众出现收入锐减风险、提高民众生活质量，使民众对这个社会产生认同，减少社会群体或社会阶层之间的对立。当然，社会福利还涉及对特殊群体如残疾人、老年人、妇女、幼儿等人群的特殊待遇，而社会保障主要通过对那些处于工作年龄阶段中的民众提供社会保险以及对社会弱势群体提供救助等措施，以便对整个国民的生存安全提供保障。另一方面，它们都是国家和社会为了解决民众基本生活需要问题而设置的一种正式制度安排，它们是整个社会建设制度体系中的两个不同方面。其中，面向特殊群体以及整个民众的社会福利以及面向弱势群体的社会救助制度等都强调政府和社会的责任。同时，任何一个政府都有义务不断满足人民群众日益增长的物质文化等生活需求，通过建立完善的社会福利与社会保障制度体系，规范社会福利与社会保障待遇、标准、范围以及对象，提高整个民众的福利水平，实现整个社会的和谐发展。

（三）社会保障与社会福利的区别

社会福利与社会保障尽管具有联系，但是它们毕竟属于一个国家，有两种不同的社会制度设置与制度安排。我们认为，它们主要有如下三个方面的区别：

1. 两者保障的侧重点与内容有所不同

一方面，社会福利的享用对象没有年龄界限。它包括所有需要帮扶的个体，帮助他们解决生活问题，提高其生活质量，增强其幸福感与满意度。但是以社会保险为核心的社会保障主要侧重于通过为处于工作年龄阶段中的民众建立各种保障制度，确保这些群体在遇到年老、疾病、工伤、失业等问题时能够提供必要的帮助，使他们顺利地渡过生活难关。另一方面，社会保障主要进行经济保障①，尤其采取货币支付的形式对社会成员提供经济资助。而社会福利不仅包括适当的货币帮助，也包括通过各种社会工作服务以及社会福利设施的提供，如为老年人、残疾人、孤儿和弃婴、精神病患者提供养护、托管、教育、康复、安老、咨询等服务，确保民众获得物质上、精神上以及心理上的满足感等。

2. 两者的经费构成渠道与责任不同

以社会保险为核心的社会保障资金构成主要包括政府、企业的投入以及员工个人的缴费，一般实行政府、企业和个人三方共同负担方式。它既强调民众在社会保障中的权利，也特别强调民众自身在应对生存风险问题中所应有的责任与义务。社会救助资金主要由政府财政以及社会捐赠两部分构成，其中政府承担着最终责任。而社会福利则不同，它的经费主要来自于政府的财政拨款、公司企业的捐赠、社会团体（第三部门）的募集、员工单位的提供等，与社会个体成员的缴费关系不大。事实上，很多社会福利服务项目民众缴费很少甚至不需要缴纳任何费用就可以享用。这样，社会福利强调政府的责任以及社会的义务，它更多地关注个人在社会发展与社会进步中所享有的改善生活质量、提高自身幸福满意度的福利待遇与权利问题。

3. 两者保障的着力点也有所不同

社会福利与社会保障都存在着提供待遇高低问题②。但是，以社会保险为核心的社会保障面向未来，它是为了防止和解决社会成员在将来可能面临的种种生存风险和不确定性因素所引发的收入锐减乃至生活无着问题设立的制度安排，从而维护社会有机体的稳定。各国政府通过为社会成员尤其是处于工作年龄阶段的社会成员提供必要的生活保障制度，解决他们将来可能出现的生活无着问题，确保他们将来的生存安全。社会福利不是解决将来的收入风险以及生

---

① 新加坡的中央公积金保障制度是由政府提供的一种国家保险形式，它实质上也是一种社会保险制度。

② 学术界常常以为社会保障所提供的待遇低而社会福利提供的待遇要高，或者社会保障待遇高而社会福利待遇低。其实，两者都有可能提供高水准或者低水平的待遇，待遇上的水平高低并不构成它们之间的差异。

活困难问题，而是着重解决社会成员当下所面临的生活困难以及幸福满足感程度低下等问题；社会福利不仅覆盖处于工作年龄阶段的个体以便能够不断改善他们的生活待遇，同样也覆盖未成年人、老年人以及其他所有社会群体；社会福利不仅解决社会成员当下所面临的基本生存问题，同样它还致力于提高他们当下的生活水准，增强整个社会成员的幸福感与满意度。

第二节　福利社会学研究对象

按照学术界普遍的看法，早在 19 世纪晚期，随着欧美国家在工业化、现代化进程中所面临的问题越来越突出，这些国家或政府为了解决民众所面临的经济社会问题而制定一系列社会政策尤其是社会福利政策，从而标志着原来被经济学、政治学、社会学等学科所遮蔽的社会福利逐渐显示出自身独特地位，福利社会学由此便成为社会学一个重要的分支学科。当然，在福利社会学这门学科产生以前，斯宾塞、迪尔凯姆、韦伯、帕森斯以及默顿等人也研究了社会福利问题，为学科意义上的福利社会学提供了丰厚的学术资源。1979 年，欧洲社会政策研究中心的格拉汉姆·罗姆（Graham Room）出版了《福利社会学》，1987 年米切尔·萨利文（Michael Sullivan）也出版了《社会学与社会福利》①，使得欧美国家的福利社会学日益成熟起来。不过，作为社会学分支学科的福利社会学在中国的兴起却是最近几年的事情，因而，对中国而言则是一门比较年轻的学科。我们要把握福利社会学研究对象、学科定位以及结构体系，就应当在了解福利社会学发展历程基础上对福利社会学进行定义，归纳出福利社会学研究对象以及研究范围。

一、福利社会学的产生

从历史上看，早期的社会学家没有直接撰写福利社会学同名著作，也没有明确提出福利社会学概念、定义以及学科性质等问题，自然也就没有清楚地提出福利社会学的研究对象与研究范围。但是，他们的福利社会学思想、主要内容以及基本观点散见在其他一些相关著作中。孔德在《实证哲学教程》中，只是将社会学区分为研究社会秩序的静态社会学以及研究社会进步的动态社会学两部分，而没有提出福利社会学概念与研究对象。斯宾塞的福利社会学思想也

---

① 参见 Room, Graham, *The Sociology of Welfare*. New York, ST. Martin's Press, 1979; Sullivan, Michael, *Sociology and Social Welfare*, London, Allen£Unwin, 1987.

隐蔽在他的社会静力学之中，认为个人福利与社会福利密不可分，它们能够促进个体的生存能力、社会有机体的生长发育以及整个社会结构的进化①。

1896年，埃米尔·迪尔凯姆（Emile Durkheim）在其主编的《社会学年鉴》中划分了社会学所涉及的七大分支学科，即普通社会学、宗教社会学、道德社会学、犯罪社会学、经济社会学以及人口社会学和法律社会学，并且给这七种分支社会学规定了各自的研究范围与研究对象。然而，迪尔凯姆并没有明确提出福利社会学学科，原因就在于他认为解决社会贫困问题的福利制度固然重要，但是这些制度的制定、执行以及监督等都需要依靠良好的道德制约，所以他就把福利当成一种社会道德因素，因而福利社会学从属于道德社会学之中。之后，他的外甥马塞尔·莫斯（M. Macuss）于1934年在《社会学年报》中对社会学分支学科问题进行了探讨。他认为，社会学可分为普通社会学和特殊社会学两种类型。其中，特殊社会学就是从社会的某一特殊方面来研究社会问题。他的这种理解与当时远在美国的索罗金（Pitirim A. Sorokin）基本一致。他们对社会学的这个定义为福利社会学研究对象的产生提供了基础②。后来，美国社会学家英格尔斯（Alex Inkeles）把社会学分为三个方面，包括"社会生活的基本单位"、"社会基本制度"以及"基本的社会过程"。其中，社会学在"社会基本制度"方面主要包括家庭、亲属、经济、政治、法律、宗教、教育、科学、福利、美学、娱乐11种类型，福利社会学名列其中。

马克斯·韦伯（Max Webber）在1903年和桑巴特（Werner Sombart）合作创办的《宗教与社会福利档案》学术期刊中，经常讨论福利供给与社会文化之间的关系，并陆续发表了《新教伦理与资本主义精神》有关内容。在这里，韦伯结合自己的研究给出了福利社会学的研究内容、研究范围，不自觉地形成了福利社会学的研究对象。他认为，福利社会学应当讨论福利与社会结构尤其是社会文化之间的关系。为此，他分析了科层制度对社会福利供求的影响等问题。桑巴特则认为社会福利的获取和提供与特定的经济结构、社会地位、社会分层以及社会文化等因素有关。以帕森斯、默顿为代表的功能主义把福利社会学当成一般系统理论的一个组成部分，揭示了福利社会学所具有的社会整合功能，认为由政府提供的福利机构以及向社会提供的各种福利服务项目能够促进整个社会系统的整合，维持社会有机体的运转。

在20世纪30年代，中国社会学家孙本文将社会学分为纯理社会学、应用

---

① 参见［英］斯宾塞：《社会静力学》，252~257页，北京，商务印书馆，1996。

② 因为按照这个观点，从福利的角度研究社会自然就叫做福利社会学。

社会学、历史社会学以及社会学方法论。其中，应用社会学就是研究社会学理论应用于社会各部分以期社会得到改良。在他看来，社会学的分支学科很多，如地理社会学、生物社会学、心理社会学、政治社会学、经济社会学、宗教社会学、艺术社会学、农村社会学、都市社会学、教育社会学、犯罪社会学、社会工作学等。按照他的这种不完全列举法，福利社会学也应该名列其中并能够获得自己的研究对象。

新中国成立之后，为了适应当时计划经济体制以及整个社会与国际形势的需要，中国借鉴苏联社会福利制度模式以及社会福利供给方式，逐渐建立起以城镇职工为主体、以各个单位为载体的城乡二元社会福利制度供给体系，有效地解决了社会成员基本的生活需求，使民众充分感受到社会主义制度的优越性。但是这个制度在"文革"期间遭到了不同程度的破坏，单位制福利制度体系名存实亡。

改革开放之后，中国对原有的单位制福利制度进行了与时俱进式改革，从福利社会学、福利经济学等多学科角度研究社会福利制度建立健全问题，努力建立与社会主义市场经济体制相适应的社会福利制度。这为福利社会学的产生与勃兴、福利社会学的主题与对象、福利社会学的内容与实现提供了现实基础。与此相对应，20 世纪 90 年代以来，福利社会学逐渐成为国内部分高校社会学、社会工作等专业课程。

二、福利社会学研究对象

福利社会学（Welfare Sociology）起源于 100 多年前欧洲国家的社会福利实践当中，并与经济学、政治学、社会学以及福利经济学等学科密切相关[1]，最近几年逐渐在中国兴起成为一门社会学分支学科。秉承社会学方法论传统，吸收经济学、政治学等学科内容，福利社会学在分析社会福利现象、解决社会福利问题等方面逐渐形成了具有鲜明特色的应用性质，凝结了独特的学科研究方法，逐渐得到其他社会学分支学科的重视。

（一）福利社会学

福利社会学是一门从社会学角度研究社会福利、探讨福利与社会相互关系

---

① 国内有些学者认为福利社会学翻译成 Sociology of Welfare 比较好，而且与庇古的福利经济学翻译相对应，否则容易变成"福利的社会学"。本教材采用近年来学者们通行的称谓，仍然翻译成 Welfare Sociology。

的分支学科，它是一门研究作为社会基本构成要素的社会福利产生与发展、社会福利设置与安排等规律的社会学学科。

本书认为，福利社会学就是"福利"社会学①。它运用社会学理论和方法关注和研究社会福利现象以及社会福利问题，掌握福利社会学发展历程以及演变规律，对社会福利指标体系进行测量，探讨社会福利的供求对社会组织、社会群体、社会分层、社会运动以及社区建设的影响，分析社会福利供给在解决社会成员的基本生活需求、提高他们的生活质量、增强他们的满足感与幸福感中的作用，了解不同的社会群体社会福利需求的多样性与丰富性，从而不断探索社会福利与社会结构稳定之间的关系，努力使社会福利能够促进经济、政治与社会的协调发展。

从理论内容上看，福利社会学主要来源于社会学家们关于社会福利供给对象、社会福利实现方式以及社会福利与社会公正等问题的论述。从理论目标上看，福利社会学则主张通过社会福利的提供维护社会结构的稳定，促进社会的公平正义，减少社会不平等。从方法上看，主要借助于社会学实证方法分析社会福利供求问题，实现社会福利资源的合理配置，最大限度地增强社会群体的满足感。国内有学者认为福利社会学是一门"研究通过资源再分配和社会投资等方式，促进社会公平和均衡发展的应用性学科"。它"运用社会学的理论和方法去研究社会福利的基本问题，包括社会福利思想、社会福利产生缘由、社会福利对象、社会福利供给、社会福利实现方式、社会福利组织、社会福利制度和社会政策等"②。这样看来，作为福利社会学研究对象的社会福利主要探讨以下三个方面：

1. 社会救济层面上的社会福利

这是最基本的社会福利，也是最低层次的社会福利。它是政府对生活在最低生活保障线以下的贫困居民给予最基本的生活保障措施，主要包括对那些生活困难的社会贫困成员进行的定期救助以及对遭受意外灾害的社会成员提供临时的救济。从历史上看，早期的社会福利都是围绕社会救济进行的，社会救济成为各国社会福利实施的重要方面。因此，福利社会学要研究社会救助的各种形式、主要内容、演变规律以及时代要求，从而丰富福利社会学学科体系。

---

① 本书中的福利社会学就是指"福利"社会学而不是"福利社会"学或者"社会"福利学。

② 范斌：《福利社会学》，27～28 页，北京，社会科学文献出版社，2006。

2. 政府提供的各种公共福利项目

为了适应经济社会发展以及提高民众日常生活水平等需要，政府兴办教育文化、医疗卫生、公共交通、体育健身、环境保护等社会事业。这些福利项目的实施不是着眼于解决民众的基本生存需求，而是要提高民众的生存质量；不是要解决民众的物质生活问题，更主要地是提高民众的生存待遇，进而提高民众的整体生活水平；不是着眼于个别群体的某种特殊福利需求，而是针对社会大众的整体福利需求。当然，政府提供的公共福利除此而外还包括为残疾人举办的福利工厂、孤儿院、养老院等福利项目。所以，福利社会学对这些社会福利项目的研究，不断拓展社会福利供求领域，掌握社会福利供求规律，努力深化福利社会学内容。

3. 专业化的社会工作服务以及社会化的福利援助

福利社会学借助于小组社会工作、个案社会工作以及社区社会工作等专业方法为社会成员尤其是老年人、青少年、残疾人以及其他困难群体提供专业的社会工作治疗、社会康复护理、心理健康辅导、能力提高训练等，帮助他们解决社会适应能力以及社会生存能力不足等问题，增进个人、团体以及社区的福利事业，调适社会关系，预防社会问题，促进社会功能的正常发挥。同时福利社会学也要总结邻里之间的互相援助、志愿者的志愿服务等方面的规律，把它们当成整个社会福利体系的重要组成部分和有益补充，不断拓展福利社会学供给内容和形式，进一步完善社会福利体系。

但是，国内外学术界往往把福利社会学与社会福利学以及福利经济学等同起来，以为这三门学科的研究对象、研究范围、研究领域以及研究方法完全一致。其实，作为一门社会学分支学科的福利社会学与社会福利学以及作为经济学分支学科的福利经济学存在着许多不同之处。因此，我们在探讨福利社会学研究对象的时候也应当关注一下福利经济学以及社会福利学这两个紧密相连的概念。

（二） 福利经济学

在西方国家，福利经济学出现在 19 世纪晚期、20 世纪早期庇古的《财富和福利》以及在此基础上扩展出版而成的《福利经济学》等著作中。庇古非常明确地把福利分为经济福利和社会福利两种类型，认为财富、自由、幸福、精神愉快、友谊、正义等项目属于广义的社会福利，而纯粹物质财富的增长则属于狭义上的经济福利。在他看来，经济福利对整个社会福利具有更为基础性和前提性作用①。因此，经济学不仅要研究资源如何有效地配置，关注整个经济运行过程，而且也要研究国家财政如何对经济福利进行分配，因而学术界往往把他的学说称为福利经济学。

那么，究竟什么是福利经济学？西方经济学界的意见并不完全一致。很多学者以为，福利经济学就是从经济运行、经济活动等角度去研究个人福利或社会福利问题的经济学学科，它着重强调经济活动与社会福利之间的协调关系。从历史上看，在第二次世界大战之前，微观经济学家对福利问题进行了一些研究。他们认为，过去那种强调"典型市场状态是纯粹竞争"以及"最好的经济政策是自由交易"的观点其实是不正确的，因为完全自由的市场竞争不会增进整个社会福利，也不会带来民众的幸福。霍布森就主张通过政府干预提高社会福利。他认为，社会福利是经济学研究的中心，福利经济学是经济学的发展方向。后来，以帕累托（Vilfredo Pareto）、埃奇沃思（Francis Ysidro Edgeworth）、费雪尔（Irving Fisher）等人为代表的经济学家发展出"无差异曲线"，从而建立了序数边际效用理论，认为商品的效用只能按照序数进行相对比较而不能用基数度量其绝对价值，个人福利同样也不能用基数衡量而只能用序数来比较，进而得出了著名的"帕累托最优"原则。在他们看来福利经济学是一门以边际效用理论为基础去分析社会福利问题的经济学分支学科。

在这个时期，英国经济学家 F.J. 米香（F.J. Mishan）给福利经济学下了一个定义。认为它是"从社会福利角度评价各种经济配置的原理。"E. 曼斯菲尔德（E. Mansfield）也认为，福利经济学研究"经济学家所可能提出的各种政策建议的实质"②。

第二次世界大战之后，随着福利国家理论的兴起与实践探索，福利经济学在西方得到了更快发展。约翰·希克斯（John Hicks）、蒂博尔·西托夫斯基（Tibor Scitovsky）、肯尼斯·阿罗（Kenneth J. Arrow）、伊斯特林（Richard Easterlin）、米尔顿·弗里德曼（Milton Friedman）、约翰·罗尔斯（John Rawls）、阿瑟·奥肯（Arthur M. Okun）以及阿玛蒂亚·森等人在坚持原有的研究领域基础上不断拓展福利经济学研究范围，在较为宏观的层面上围绕"公平与效率"、"个人与社会"、"自由与选择"等福利经济学命题进行了探讨，形成了次优理论、相对福利理论、选择理论以及公平与效率理论等，这些理论深

---

① Arthur C. Pigou, *The Economics of Welfare*, Fourth Edition, Macmillian £ co. London，1932，I. I. 5.

② 转引自井润生：《西方福利经济学的发展演变》，载《学术研究》，2002（8）。

化了原有的福利经济学研究领域与研究范围。为此，哈维·S·罗森（Harvey S. Rosen）认为，福利经济学就是"研究不同经济状态的社会合意性的经济理论"①。黄有光更是明确指出，福利经济学"力图系统地阐述一些命题。根据这些命题，我们可以判断某一经济状况下的社会福利高于还是低于另一经济状况下的社会福利"②。

福利经济学发展历程表明，福利经济学作为一种分析工具，是经济学家从福利最大化原则出发研究经济运行规律的经济学分支学科。因而是一门用来分析不同经济状态下社会或者个人发展合理性的学问。福利经济学定义的演变同样表明福利经济学在发展过程中要不断拓展自身的理论和方法基础，与福利社会学结合起来，形成更加具有解释力度的理论框架和理论体系。

（三）社会福利学

社会福利学与福利社会学密切相关。在日本以及我国台湾等地，"社会福利学"、"社会福祉学"、"社会福祉原论"以及"社会福利原论"等名称经常出现在高校相关专业课程设置以及社会福利（福祉）工作服务机构中。③ 但是，国内学术界有时把社会福利学与福利社会学不加区别地等同使用④。因而，我们在分析福利社会学的时候也要注意与社会福利学的差别。

日本学者一番ケ濑康子认为，20世纪20年代以后，随着现代社会问题的层出不穷，尤其是家族共同体以及宗教共同体的解体使得人与社会的关系发生了根本性变化，这样，便产生了以协调个人与社会关系为己任的社会福利学。1955年前后，日本社会逐渐将人权与个人生活相联系起来，由此成为社会福利学的研究主题和研究内容⑤。沈洁把行动者在日常社会生活中所遇到的问题当成社会福利学的研究主题，指出，现代社会生活问题尤其是社会贫困、人口老

---

① ［美］哈维·S·罗森：《福利经济学》，3页，北京，中国友谊出版社公司，1991。

② ［澳］黄有光：《福利经济学》，2页，北京，中国友谊出版公司，1991。

③ 参见日本学者牛津信忠、星野政明等：《社会福祉原论》，黎明书房，2001；冈崎右司、藤松素子、坂本勉：《社会福利原论》，佛教大学通信教育部，2002；星野贞一郎：《社会福利原论》，有斐阁，2002。

④ 例如，高鸣放出版的《社会福利学》、范斌出版的《福利社会学》等著作中都没有涉及这两个概念的区别，其实都不自觉地隐含着两者一致的前提。但是我们认为，社会福利学与福利社会学概念并不完全相同，在下面的叙述中将体现出这些差别。

⑤ ［日］一番ケ濑康子：《21世纪社会福利学的展望》，载《华中师范大学学报》，1996（5）。

龄化等问题应当成为社会福利学的研究主题①。

从日本学者近 20 年来出版的各种社会福利（福祉）学著作或教材来看，他们主要从社会工作服务角度出发，认为社会福利学研究乳幼儿、儿童、少年、残疾人、妇女、老龄人、经济贫困者等弱势群体的福利增进与权利维护问题。通过对援助方法、技术支持、行政政策的探讨，研究关于福利性的社会构造的一门学问。

综上所述，与福利社会学不同，社会福利学就是研究社会福利问题及其表现形式的学问，它是一门综合运用各种社会科学尤其是社会工作以及医学护理等方法研究社会福利历史与现状、社会福利运行及其规律、社会福利问题产生与社会工作服务的学问②。也就是说，社会福利学把社会福利作为自己的研究对象，探讨社会福利的产生与发展一般规律。因此，它着重分析日常生活中带有普遍性、规律性的社会福利问题，揭示社会福利主要内容及其结构体系，展示社会福利运作逻辑与运行方式，探讨社会福利供给和需求方式方法，从而形成关于社会福利的规律性认识。

三、福利社会学学科定位

学科定位是一个学科最基本的问题，它涉及这个学科性质与方向。只有学科定位明确，学科定位科学合理，这个学科才有可能得到很好的发展。反之，学科定位不准确，学科定位模糊则影响和制约着这个学科的发展。通常，学科定位主要涉及学科性质、学科内容以及学科理论体系等几个方面。

作为社会学的一个分支学科，福利社会学的学科定位是指福利社会学在整个社会学学科体系中处于什么位置，居于何种地位，或者说它属于何种性质的社会学，它怎样与社会学学科有机地结合起来，与其他社会学分支学科有什么样的关系，在与其他社会学分支学科对话中自身的位置、目标和方向如何等。一般来说，一个学科的名称往往能够体现这个学科的研究对象、研究范围。同时，只有界定出这门学科的研究领域，明确这门学科性质与学科特色，才能给这门学科进行学科定位。

---

① 沈洁：《现代生活问题是社会福利学的研究对象》，载《华中师范大学学报》，1997（6）。

② 例如，高鸣放就认为，社会福利学是研究"社会福利现象和规律的科学，是一门交叉运用经济学、社会学、政治学等学科的综合性的应用社会科学"。参见高鸣放：《社会福利学》，7 页，武汉，湖北人民出版社，2004。

（一）福利社会学学科性质

一般认为，判断一门学科的学科性质，可以从其研究对象、研究内容、研究方法等几个方面来加以考虑。按照这种判定方法对福利社会学进行考察发现，由于福利社会学就是把福利置于社会结构之中，运用社会学理论和方法研究福利与社会相互关系的一门社会学分支学科。因此，福利社会学既是社会学分支学科又具有相对独立的性质，福利社会学具有继承性、综合性以及应用性等性质特征，是一门应用性社会学分支学科。具体来说：

1. 福利社会学是一门继承性的社会学分支学科

福利社会学在批判地继承以往人类社会福利理论研究与实践探索基础上不断推陈出新，逐渐形成自己的理论框架和理论体系。福利社会学是从社会学中产生和分化出来，它必然具有社会学学科特点，继承社会学百年发展过程中所形成的基本概念以及基本理论，尤其是社会整合理论、社会结构理论、社会功能理论以及社会冲突理论，运用社会学研究基本方法特别是社会调查、统计分析等方法去分析社会福利问题，研究社会福利与社会组织、与社会群体、社会分层、社会运动以及社会发展等之间的关系，探讨社会福利对社会群体的影响以及社会结构对社会福利的建构，揭示社会福利与社会结构之间的规律，掌握社会福利在促进社会稳定、引导社会运动、减少社会冲突方面的功能，从而能够更加准确地分析社会与福利的关系。

2. 福利社会学是一门综合性的社会学分支学科

由于社会福利供求涉及一个国家的经济发展水平、社会的公平正义以及个体的福利需求心理等诸多因素，社会福利项目、社会福利待遇以及福利服务的供给等直接涉及国家或社会的财政支出，社会福利供求也要涉及公民的民主政治权利以及特定国家与社会的意识形态等。因此，福利社会学要想得到更好的发展，必须在坚持社会学方法论基础上以海纳百川的胸襟，综合经济学、政治学以及伦理学等诸多学科的优秀成果，吸收这些学科的研究优长，将这些学科的优秀成果以及研究方法整合到福利社会学当中去，揭示社会福利与社会结构整合、社会稳定和谐以及社会体系建构等方面的关系，同时克服它们在理论与方法等方面的局限性，从而使之成为一门综合性的社会学分支学科。

3. 福利社会学是一门应用性的社会学分支学科

福利社会学是研究福利与社会相互关系的一门应用性学科，它随着社会学的分化逐渐形成和发展起来，它一旦成立就着眼于解决社会群体或个体在发展过程中所面临的各种社会福利问题，增进整个社会成员的物质福利、精神愉悦以及心理满足。因此，福利社会学在加强理论研究以及理论建构的同时必须致力于应用研究，切实解决社会成员的社会福利问题。事实上，自第二次世界大战结束以后，西方国家为了建立所谓的福利国家不断加强社会福利与经济增长、群体需求、社会运动的研究，建立社会福利评估指标体系，不断进行社会福利改革。在强调国家与政府在社会福利供给主导地位的同时，积极引导和发挥社会尤其是第三部门在社会福利供给以及社会福利建设中的作用，开展社会福利建设，不断进行社会福利绩效评估，完善社会福利事业。在某种程度上，我们可以说应用性是福利社会学的归宿。

（二）福利社会学学科定位

从学科定位角度看，福利社会学是社会学二级学科，属于社会学分支学科。这就规定了福利社会学是一门以社会福利为研究主题、以福利与社会的相互关系为研究对象的社会学二级学科。它要求研究者要有社会学方面的基本训练，能够运用社会学理论和方法去分析社会福利问题，把握福利与社会的相互关系，不断提升社会群体的满意度，增强社会群体的幸福感，彰显社会的公平正义，维护社会的和谐稳定，促进社会更好的发展。这样的定位无论从社会学学科历史以及发展趋势还是社会学学科分类的内在逻辑而言都是比较恰当的。

把福利社会学定位为社会学二级学科可以完善社会学学科布局，优化社会学学科门类。自20世纪上半期以来，以梁漱溟、晏阳初、吴文藻、丁文江、费孝通等为代表的老一辈社会学家致力于社会学中国化以及社会学学科建设，围绕政治、经济、文化、社会、民族、人口、社区以及农村等主题进行了探索，在他们的研究领域中已经自觉或不自觉地涉及社会保障以及社会福利问题，涉及经济发展与社会福利水平之间的关系问题，涉及社会福利与社会阶层之间的关系问题，这为福利社会学的产生提供了学科基础。新中国成立之后尤其是改革开放以来，越来越多的社会学工作者不断拓展社会学研究领域，深化分支社会学学科研究，对社会福利问题进行了大量探索，促进了作为社会学分支学科的福利社会学[①]的形成和发展。

把福利社会学定位为社会学二级学科也可以更好地促进社会学学科与国际接轨。从历史上看，尽管中国思想家们早就开始了对社会问题进行探索，但是，作为一门独立学科的社会学则是从西方国家移植的产物。在近百年的发展过程

---

① 有的学者称为社会福利学。尽管提法不同，但从内容上看也是试图站在社会学二级学科视角下来界定。

中，中国社会学不断吸收国外社会学的研究理念与研究方法，加强与国外社会学的交流与对话，积极推进社会学研究的国际化。当然，毫无疑问，中国社会学尤其包括福利社会学在内的社会学二级学科目前还刚刚与国际接轨，正处于亟待加强阶段。把福利社会学定位为社会学二级学科可以进一步明确福利社会学的学科性质和学科定位，更便捷地与国外福利社会学进行学术交流和学术对话，促进福利社会学学科发展以及社会学学科建设。

把福利社会学定位为社会学二级学科还可以明确福利社会学学科发展方向。在学科发展方向上，福利社会学应当在为服务社会、增进民众幸福中促进学科发展，而不是为了发展而发展。福利社会学学科建设就是为了协调社会发展过程中不同群体的利益诉求，满足社会群体的福利需求，促进福利供给与经济发展水平相适应，促进社会福利供给有助于社会和谐发展。为此，福利社会学应当依托社会学理论和方法，结合中国经济社会发展实际，开展社会福利供给与社会群体、社会阶层、社会运动以及社区发展等问题的研究，更直接地服务于社会建设。从这个角度看，应用性正是福利社会学得到发展的保证。

第三节 福利社会学研究方法

每一门学科都有自己的具体研究方法（基本技术）、基本研究方法（基本方法）以及在此基础上形成的学科方法论。方法论、基本方法以及具体方法是三个密切相关但又不完全相同的概念，它们结合在一起共同对这一门学科进行研究。就福利社会学而言，方法论是研究者认识社会福利、把握福利与社会关系的元方法，它处于福利社会学方法体系中的最高层次，指导着人们进行福利社会学研究。基本研究方法是福利社会学方法体系的中间层次，是用来研究福利与社会关系问题的主要方式，如主观与客观、经济与非经济、理论与实践等方法。具体研究方法（基本技术）是福利社会学方法体系中最低层次，主要包括研究对象以及研究内容的测定、资料的收集与整理以及其他各种统计分析工具的使用等。例如，以问卷设计、访谈为主的调查法与观察法，以统计表设计、抽样设计为主的统计法以及文献法，以观察技术为主的实验法等。下面我们就从这三个层面来分析福利社会学研究方法。

一、福利社会学方法论

福利社会学方法论在整个福利社会学方法体系中处于最高层次。由于福利社会学属于社会学的一个分支学科，因此，福利社会学在方法论上与社会学方法论一致，主要包括实证主义、反实证主义以及马克思主义三种方法论。

1. 福利社会学实证主义方法论

实证主义方法论认为，一切社会文化现象都可以还原为自然现象，因此，在社会科学领域可以运用自然科学规律加以研究，强调对福利社会学研究对象以及研究内容采取客观主义立场，坚持"价值中立"或"价值无涉"。在实证主义方法论看来，社会文化现象与自然现象在本质上是同一的，福利社会学应当以自然科学为基础，运用自然科学方法去分析社会福利问题，揭示福利与社会的相互关系，得出福利社会学基本结论。实证主义方法论强调，包括福利社会学在内的所有社会科学知识体系应该抛弃形而上学传统，按照自然科学模式解释经验、感觉以及其他可实验性的知识，从而使得福利社会学知识具有经验性特性。同时，实证主义方法论在研究过程中坚持价值中立原则，它要求社会科学家放弃对研究结果作任何的预设和想象。

福利社会学实证主义方法论把人类的福利需求以及社会福利体系的建立类比为一种自然现象，认为社会个体或群体仅仅是社会的一个基本单元，他们与生物有机体一样也需要获得基本的生活水平以及基本的福利待遇，社会福利制度由此便成为社会有机体实现某种社会功能、确保社会有机体得以延续下去的方式。这种方法论传统在孔德、斯宾塞那里表现得非常明显。

孔德之后，迪尔凯姆最先系统、详细地论述了社会学方法论问题，坚持整个社会学客观主义方法论立场，注重对社会学实证主义方法论的继承与发展。迪尔凯姆认为，无论是一般社会学还是七种分支社会学，它们的研究对象就是那种"能够从外部给个人以约束"的"社会事实"[①]，它构成了整个社会学研究的逻辑起点。它既包括社会、政党、教会、组织等物质形态的社会事实，也包括道德、集体表象、社会潮流等非物质形态的社会事实；既包括社会形态学方面的社会事实，也包括社会生理学方面的社会事实。按照他的理解，"福利"就属于社会生理学以及物质形态方面的社会事实。这些社会事实对社会群体的行动产生制约性和强制性作用。后来，马克斯·韦伯在《社会科学方法论》中提出社会学应当在价值倾向性基础上保持价值中立，对社会学实证主义方法论进行了发展。

20世纪30年代，随着社会学中心从欧洲大陆迁移到美国，实证主义方法论也来到了美国并与美国的实用主义哲学方法论紧密地结合在一起，加上当时美国面临着较为严峻的失业、犯罪以及人口流动等社会问题，社会学方法论中

---

① ［法］埃米尔·迪尔凯姆：《社会学方法论准则》，53页，北京，商务印书馆，1995。

大量运用自然科学经常使用的试验和统计技术，直接探讨社会贫困、社会幸福、社会不平等、社会福利供给水平以及社会福利需求标准等福利社会学问题，努力提高研究过程以及研究结果的准确性、可靠性以及可证实性。这既发展了实证主义方法论，在某种程度上也提高了实证主义方法论的科学性。

2. 福利社会学反实证主义方法论

社会学实证主义方法论把自然科学研究方法直接移植到对社会现象的研究，并且在研究过程中试图排斥社会行动者的价值、情感等主观因素，这实际上是一种不切实际的幻想。在这种情况下，社会学反实证主义方法论开始了对实证主义方法论的批判，提出从个体的心理动机或心理体验去认识社会现象。

在方法论渊源上，反实证主义方法论继承了德国古典哲学家康德以及现代西方哲学家尼采、叔本华等人的思想，认为实证主义方法仅仅是人们探寻自然现象的一般方法，而社会现象具有不可重复性以及主观能动性，因而无法用自然科学方法研究社会现象。反实证主义方法论强调，社会现象以及社会行动是个体现象以及个人行动的总和，个体的行动动机、行动规范以及所坚持的价值理念决定着社会行动方式、社会行动类型以及社会行动结果。在社会学经典三大家中，马克斯·韦伯就特别强调社会学是行动者致力于"解释性地理解社会行动并因而对原因和结果作出因果说明的科学"[①]。这里的"理解"既可以包括"逻辑"、"理性"、"数学"等方法，也可以包含"重新体验其意义"的方法。

韦伯的社会学方法论同样为福利社会学反实证主义方法论的产生提供了基础。因为福利不仅包括可见的物质性福利，而且还包括不可见但是可以感知的精神福利或精神满足；福利不仅直接包含着政府对穷人提供救助的社会福利项目、社会救助金，而且也包含着福利的场域，因为福利总是在特定的场域中发生的[②]。这就是说，对福利获得进行分析同样更要包含对获得福利群体的自我分析，如他们自身所坚持的价值理念与意识形态，所体会到的幸福与满足感；对福利的分析也要包含对幸福与满足的评价，还要包含对特定的社会结构与福利文化进行分析等。这同样为社会福利的反实证主义分析提供了方法论基础。这样看来，福利社会学恰恰包含着"价值中立"与"价值无涉"的方法论统一。

反实证主义方法论还强调包括福利社会学在内的所有社会学研究方法应当注重把整体与部分、描述与概括、理解和解释等方法结合起来进行分析社会现

---

① ［德］马克斯·韦伯：《社会科学方法论》，35页，北京，华夏出版社，1999。

② 参见毕天云：《社会福利场域的惯习——福利文化民族性的实证研究》，95～96页，北京，中国社会科学出版社，2004。

象，试图解释整体与部分、系统与要素、整体与个体之间的关系。这样，反实证主义方法论到了帕森斯、默顿等人那里就试图寻求方法论的综合，从而形成了功能主义方法论。

3. 福利社会学马克思主义方法论

作为经典社会学三大家之一，马克思的《资本论》以及历史唯物主义等学说成为包括福利社会学在内的社会学方法论经典。马克思认为，一方面，社会现象、社会问题同自然现象一样都是不以人的意志为转移的客观存在，社会现象以及社会问题之间同样会存在着因果必然性，它们完全可以被科学所认识；另一方面，社会现象和社会问题是由人有目的、有意识、有计划的实践活动构成，这就决定了分析社会现象与社会问题不能简单地按照自然科学方法那样，而应当关注社会现象与社会问题产生的社会规范与社会情境①。

所以，在马克思看来，人是社会发展的主题与主体，社会发展在某种程度上就体现为人的发展，体现为在人的实践活动中所展示出来的生产力与生产关系、经济基础与上层建筑辩证发展过程。因此，马克思认为，认识社会现象与社会问题就要学会辩证的、历史的观点，运用辩证的、历史的以及实践的方法。马克思的这些方法成为包括福利社会学在内的一切社会科学乃至自然科学研究的方法论基础。在《资本论》中，马克思正是站在辩证唯物主义以及历史唯物主义等方法论立场上分析了资本主义社会的福利制度，认为资本主义的社会福利对于缓和劳资矛盾、进而缓和阶级矛盾与阶级对立具有历史的进步性，但是它本质上仍然是资产阶级为了巩固和维护本阶级统治而进行的制度安排，资本主义社会福利的设置实质上是对剩余产品的两种扣除，它无法改变整个社会的性质，无法改变无产阶级被剥削、被奴役的命运。

具体来说，马克思的辩证唯物主义以及历史唯物主义强调要注意研究过程的经验性与实践性，努力从客观的历史事实出发去研究社会规律。同时把社会作为一个有机的整体来加以分析，着重分析社会结构及各个分系统之间的相互关系，以便对社会变化与发展的原因作出科学的解释，从而"在批判旧世界中发现新世界"。所以，马克思指出，"哲学家只是用不同的方式解释世界，而问题在于改变世界"②。为此，马克思将社会科学的研究过程分为分析与综合两个阶段。在分析阶段，它要求我们要占有大量的资料尤其是充足的历史事实，对

---

① "规范"与"情境"是社会学家库利、布鲁默以及帕森斯等人提出的一个概念，强调行动者行动的制约性。

② 马克思：《马克思恩格斯选集》，第1卷，59页，北京，人民出版社，1995。

研究对象进行详细的考察，找出各种社会现象之间的内在联系；在综合阶段，则要求研究者借助于逻辑判断，揭示出隐藏在各种资料背后的本质关系。为此就要能够对各种相关资料予以综合，形成对社会现象与社会问题的全面性和整体性认识。

总之，福利社会学方法论就是在综合社会学实证主义与反实证主义基础上，坚持马克思主义的辩证唯物主义与历史唯物主义方法论。

二、福利社会学基本方法

基本方法是一门学科在发展过程中所凝聚而成的中层方法，它主要探讨在某种方法论指导下本学科所坚持的一般方法。基本方法是对研究主题与研究内容的概括与总结，不仅学科方法论决定着基本研究方法，而且从根本上讲，研究内容直接规定着基本研究方法。上面我们已经谈到，作为社会学分支学科的福利社会学方法论是在借鉴社会学实证主义以及反实证主义方法论基础上、以马克思主义辩证唯物主义以及历史唯物主义方法论为准则，坚持福利社会学的主观与客观的有机统一。所以，福利社会学基本方法就包括主观与客观、理论与实践、经济与非经济三个方面。

（一）主观与客观相统一的方法

主观与客观相统一是马克思主义辩证唯物主义与历史唯物主义方法论准则指导下一个重要的方法。按照马克思主义的基本观点，主观与客观是一对既相互对立又相互统一的哲学范畴，也是我们思考其他社会问题的基本方法。客观决定主观，主观反映客观又能动地反作用于客观。

以辩证唯物主义和历史唯物主义方法论指导的福利社会学，坚持主观与客观相统一的研究方法，认为社会福利作为一种客观存在的社会现象与社会问题，同样会涉及福利供求对行动者的影响问题，因而涉及主观与客观相互统一的问题。

一方面，个人与群体所获得的某项社会福利涉及对自由、公正、友爱等精神性福利和心理性福利方面的感受与认同，由于个体心理或社会群体在以往实践中所形成的知识经验、个性心理的不同，也就是他们所形成的心理状态不同，他们对社会福利的认同与感受程度也就不尽相同，对获得社会福利所产生的满足感与幸福感也不完全一致，甚至同一个体或群体在不同的时期对社会福利项目也会产生不同的偏好心理与预期，他们在对福利项目的选择性、全面性和深刻性上都会有所差异。这样，人对社会福利的认知并不是简单的机械反映，也不是消极的被动反映，而是一种积极的自觉活动，社会福利必然要涉及主观方面。

另一方面，由于福利必然要包括收入、住房、教育以及环境等物质性福利，个体或群体对社会福利的感受与认同仍然是经济社会发展的现实在人脑中的反映，经济社会发展水平、发展阶段以及发展程度等是福利感受与认同的源泉，也是社会福利项目与社会福利待遇供给的基础，它们对个体或群体的社会福利需求起着直接的制约作用。脱离了经济社会发展这个客观现实，离开了这个国家的经济社会发展水平以及社会福利供求的历史情况，不仅社会福利项目的供给就成了无源之水、无本之木，而且对社会福利心理需求等也将产生不利影响，同时还无法解释各个国家丰富性的社会福利项目与制度安排。这就是社会福利供求的客观性。

社会福利客观性与主观性相统一的方法要求我们在分析福利供求主体时，既要看到个体或群体的福利项目需求心理来源于经济社会客观的现实，是经济社会发展水平以及社会福利文化等多种因素在社会福利需求主体中的心理反映、心理感受以及心理认同，分析社会福利心理产生所依赖的经济、政治、社会以及文化等因素；又要分析不同的社会福利项目安排以及社会福利制度设置对于个体或群体的心理福利结构、心理福利产生原因以及心理福利功能等方面的影响[①]，减少社会福利供给对个体或群体的消极心理作用，从而努力把握社会福利供求规律，更好地推进社会福利事业。

(二) 理论与实践相结合的方法

理论与实践相结合与主观和客观相统一的方法一脉相承。福利社会学坚持主观与客观相统一方法，也就应当坚持理论与实践相结合方法，以便更好地完善福利社会学研究方法。

一方面，我们应当重视福利社会学理论研究，把握中西方福利社会学历史发展过程，从整体上加强福利社会学基本理论的研究，明确福利社会学的研究主题、研究对象以及研究内容，努力从理论上厘清福利与社会、社会福利与社会群体、社会阶层以及社会运动之间的相互关系，社会福利与社会目标、社会理想以及社会价值之间的相互关系，进而研究福利社会学与其他社会学分支学科的相互关系，福利社会学与其他经济学分支学科之间的相互关系，从而掌握

---

① 参见范为桥：《心理福利的概念与范畴——关于福利的心理学思考》，载《社会科学》，2000（2）。

福利社会学的逻辑结构，形成具有鲜明特色的福利社会学理论框架。

另一方面，福利体现着不同个体的差异性需求，建立在不同福利需求基础之上的社会福利体现着社会的总体目标与基本价值。福利社会学就要去研究作为一种公共物品的社会福利如何分配、如何获得以及如何享用等问题，它着重探讨社会福利的供给对整个国家的经济结构、财政分配、就业结构以及产业布局等因素的影响，分析不同的社会阶层、社会群体以及社会个体对社会福利的不同需求。这样，福利社会学既与一个国家的经济发展水平有关，也与整个社会的结构密切相关，还与社会的福利文化、福利需求心理等现实性因素密切相关。因此，我们既要注重福利社会学基本理论研究，更要重视福利社会学的应用研究，明确福利社会学理论研究的最终目的在于实际应用，在实际应用中使理论进一步得到充实和提高。

根据这种方法，福利社会学就要从我国社会福利的实际情况出发，结合我国社会福利供需的政治、经济、社会以及文化等多种要素，认真梳理我国社会福利思想的演变轨迹，总结新中国成立后尤其是改革开放以来中国社会福利事业的建设成就以及福利社会学的学科建设，注意吸收国外福利社会学最新科学成就，做到古为今用，洋为中用，努力建设有中国特色的福利社会学。

（三）经济与非经济相一致的方法

在福利社会学研究过程中，我们既要重视经济的方法，也要关注社会和心理的方法。因为福利包含着经济、社会以及心理三个层面，包括用货币衡量的经济福利、用道德和价值衡量的社会福利以及用满足与幸福来衡量的心理福利等，福利是三者的有机统一。因此，以福利作为研究内容的福利社会学基本研究方法应当采取经济与非经济相一致的方法，它同样是福利社会学的基本研究方法。

1. 社会福利与经济因素相连

社会福利的供求直接涉及对整个经济体系的运行如何进行评价问题，政府对公司企业经营活动的税收征缴问题，以及政府如何进行财政税收分配努力确保这种分配不能使社会上一部分人的福利增进而另一部分人的福利受损，实现消费者（个体或群体）福利、企业利润以及社会效益最优化的有机统一。也就是说，福利社会学涉及对财政税收分配、福利项目设定、福利标准确定以及福利待遇调整等一系列经济问题，由此也就涉及对整个国民经济体系进行调控以便能够最大限度地扩大经济总量、提高经济效益、增加经济福利分配等经济问题，同样也会涉及检验经济运行好坏标准，实现经济运行目标所需的生产、交换、分配一般条件等经济学问题，这些问题就需要我们应当吸收经济学方法，积极吸收福利社会学所关联的消费者行为、边际效用递减、生产者行为、市场结构、要素价格以及一般均衡等方法。

2. 社会福利与社会结构相关

社会福利的供求关系到特定的社会结构以及社会福利获得者的心理等因素。社会福利供求必须促进社会整合、社会稳定以及社会和谐，减少社会震荡与社会冲突。同时，社会福利项目的提供需要其他志愿性组织的介入，努力为社会成员提供良好的社会工作服务，增强他们对社会的认同感与满足感。另外，社会福利的供求最终要落脚到社会个体和社会群体之中，接受社会成员的自我评价。因此，社会福利的供求必将涉及社会成员的心理感受问题。所有这些充分表明，福利社会学要吸收社会、文化、历史以及心理的等多种非经济方法。

总之，福利社会学坚持经济与非经济方法的一致要求我们站在经济与社会耦合立场上，在探讨经济福利的时候挖掘各种非经济成分，如个人情感与动机，社会的习俗、文化与环境等，分析经济福利的政治、社会以及文化等因素，防止福利的"过度经济化"以及经济福利"低度社会化"[1]，而是把它们当作社会结构中的一个变量或变项加以分析。同时也要求我们在研究过程中要能够关注社会福利的经济因素，防止福利的"过度社会化"以及社会福利"低度经济化"[2]，努力寻求经济与非经济方法的相互一致性。

三、福利社会学具体方法

从上面的叙述中我们不难发现，福利社会学方法论与福利社会学基本方法以及具体方法并不完全相同。一个完整的学科方法体系包含着方法论、基本方法以及具体方法。其中，方法论是我们认识福利社会学方法的理论形态，也是我们进行福利社会学研究的理论基石；基本方法构成了福利社会学研究的一般原则和基本要求，它是在方法论指导下所形成的基本方法与基本原则；而具体方法则是研究福利社会学的各种手段与技术工具。结合福利社会学方法论准则以及基本方法，福利社会学具体方法主要包括调查法、实验法、统计法、社会

---

① Granovetter M，1985. "Economic Action and Social Structure: the Problem of Embeddedness". American Journal of Sociology. Vol. 91，pp. 481-510.

② "过度经济化"以及"低度经济化"是从美国新经济社会学家格兰诺维特在《经济行为与社会结构：嵌入性问题》一文中"过度社会化"以及"低度社会化"等概念中引申出来的。

工作方法等。

1. 福利社会学调查法

福利社会学调查法是指调查者通过访谈、问卷、座谈等形式了解社会福利供求现状，掌握不同社会阶层、社会群体或个体对社会福利项目的不同需求，以便能够发现社会福利供求中存在的问题，及时总结社会福利供求规律，从而更好地推动社会福利事业的发展，为福利社会学学科建设提供科学的材料。它主要包括问卷调查、访谈调查以及文献研究等方法。

问卷调查法就是把所要调查的福利社会学内容设计成问卷形式发给调查对象作答，然后收回问卷进行社会学统计分析以便能够得出某种结论的研究方法。由于社会福利供给的内容和种类较多，社会福利需求差异性又比较明显，社会福利供给主体尤其是政府和社会很难全面掌握民众的社会福利需求种类、需求层次以及待遇标准等，只有通过对若干社会群体进行调查与统计分析，从而为社会福利供给主体制定社会福利政策提供比较科学的依据。从问卷设计的内容来看，主要围绕社会福利供给种类、项目类型、待遇标准，社会福利需求者的自然属性、职业属性、福利需求层次、需求项目以及需求的量等方面设计相关问题，掌握福利需求者的基本需求。

由于社会福利的供给、社会福利的实施最终总是要落实到各具差异性与特殊性的个体上，而不同的个体甚至同一个个体在不同的时空范围内他们的福利需求并不完全相同。因此，那种缺少与调查对象亲密接触、调查题目被限定在几个书面问题中而无法根据不同的情境、不同的个体设置相应问题的问卷调查就存在着缺陷。这样就需要访谈调查以及文献研究等方法作为问卷调查法的有益补充。

访谈法是调查者对调查对象通过访问或谈话等形式获得调查资料的一种方法[1]。为此，调查者要根据不同的社会福利项目以及不同的调查目的选取恰当的访谈对象，拟订访谈提纲、基本内容以及需要访谈的主要问题等。在访谈过程中尽量从被访者关心的社会福利话题入手，紧密结合所要调查的主题，耐心地听取访谈者的谈话，即使离题也不要贸然打断，并通过被访者的言谈、表情、举止、动作以及行为等去分析他们的社会福利需求，从而获得活生生的调查资料，掌握问卷答题者所填写答案背后的意义。不仅如此，福利社会学同样需要从有关的文献资料中去选择、提炼、整理、分析，形成有机制的研究资料。例如，我们要研究历史上社会福利供给对社会运动的影响，我们就无法通过问卷

---

① 参见风笑天：《社会研究方法》，北京，高等教育出版社，2000。

调查与直接的访谈法进行，只有借助于文献搜集相关案例及文献，从而为我们制定相关社会福利政策提供更加科学的依据。

2. 福利社会学实验法

社会福利总是针对某个阶层的特定人群，社会福利的获得不仅对这些群体的日常生活发挥作用，而且对他们的心理也将产生某些影响。同时，社会福利的供给也会对其他社会群体的物质生活、精神心理带来深远的影响，他们可能对政府的某些社会福利项目和社会福利政策表达意见。为此，福利社会学就应当采取实验法去准确把握社会群体的心理，掌握社会福利供求对社会群体身心影响规律，努力促进社会福利供给有助于阶层整合、社会和谐以及社会发展，发挥社会福利"帕累托最优"效益，减少社会福利供求对社会造成的消极影响。

实验法是实验者对被实验者增减某种社会福利项目或内容以便能够观察他们的物质生活、精神心理等方面发生变化规律的方法。这种方法可以采取实验室实验、现场实验、心理测验以及案例实验等具体办法。在实验室条件下，实验者借助于某种实验仪器或设备来观测被实验者真实的社会福利需求心理，掌握被实验者言语背后的真实含义，从而为制定和实施某种社会福利政策提供可靠的依据。现场实验主要是指在日常生活中，通过创造特定的情境，对被实验者进行心理研究。心理测验依据社会福利因素与心理活动之间总是存在着某种联系，通过对个体的心理形成起作用的福利因素进行研究，分析与社会福利活动有关的社会群体或个体的心理变化与发展规律。当然，这种方法要结合具体的案例分析，努力从各类有代表性的社会福利案例中找出一般规律。当然，通过实验法所形成的结论的可靠性与科学性依赖于能否选取出有代表性的案例。

3. 福利社会学统计法

在福利社会学领域，社会福利供求水平、社会福利供给对社会群体的日常生活、心理感受的影响程度不仅需要定性分析，更需要进行数量关系分析。这样，作为一种用来描述社会福利数量表现的统计法就成为福利社会学具体的研究方法，它包括对社会福利供求规模、水平、结构比例，福利与社会相互影响进行定量分析，以便能够准确地计算出社会福利供求水平，对各种社会福利指标体系进行对比，并对社会福利供求规律做出科学预测。它也包括对社会群体以及个体的福利水平、心理感受进行量化分析。

实际上，研究福利供求变化规律以及福利与社会结构、社会群体、社会运动等要素之间的关系时，统计法尤其是图形分析以及频数分析法更为形象和直观，回归分析则更为精确。因此，统计分析方法在具体应用过程中既有以频数分析、图形分析为主的描述性统计方法，也有包括方差分析、线性回归、非线性回归在内的推断性统计方法。

另外，作为一门社会学分支学科的福利社会学，它也涉及个案工作、小组工作以及社区工作等社会工作方法。将这些社会工作方法运用到社会福利服务当中去，在助人自助理念下为社区老人、妇女、儿童、伤残、穷人以及其他社会弱势群体提供专业的社会工作服务，解决他们在养老、医疗、就业、教育、住房等方面的问题，解决他们的精神慰藉、社会关怀、康复训练等方面的难题，切实增强这些群体的能力建设，促进他们的个人发展，使他们尽快融入到社会当中去，增强他们的幸福感与满足感。所以，福利社会学也需要社会工作方法。

思考题

1. 什么是社会福利？
2. 社会福利与社会保障的区别是什么？
3. 如何理解福利社会学学科性质？

第二章
社会福利思想（上）

内容提要：

马克思主义创始人通过剖析无产阶级贫困化问题的实质，批判了资本主义的社会福利制度，提出了未来共产主义的社会福利构想。西方古典时期的社会福利思想主要包括英国的古典政治经济学、功利主义以及新自由主义的福利思想，法国的古典政治经济学福利思想，德国的历史学派、费边社会主义等福利思想以及空想社会主义的社会福利思想。西方现代社会的福利思想则包括以德国新历史学派、福利经济学为代表的国家干预主义，新自由主义以及以吉登斯为代表的第三条道路等福利思想。

学习目标：

1. 了解马克思对资本主义社会福利的批判
2. 理解英国古典时期的社会福利思想
3. 理解法国古典时期的社会福利思想
4. 理解西方现代社会福利思想
5. 掌握第三条道路社会福利思想
6. 掌握马克思对未来社会福利的构想

第一节　马克思、恩格斯的
社会福利思想

马克思和恩格斯所处的时代，还没有建立起完整的、现代意义上的社会福利制度，但是，由于马克思和恩格斯毕生为之奋斗的事业，就是争取无产阶级的解放，最终实现共产主义社会制度。因此，在他们一些重要的著作中，诸如有关改善工人生活状况，改善社会福利政策的主张，关于资本主义社会福利所采取的一系列社会福利政策的认识和批判，关于未来理想社会中建立社会福利的设想等，形成了马克思主义创始人的社会福利思想。

一、马克思、恩格斯社会福利观

马克思认为，建立社会福利，采取社会福利政策是一切社会生产方式所共有的基础。马克思指出："如果我们再把剩余劳动和剩余产品，缩小到社会现有生产条件下，一方面为了形成保险基金和准备金，另一方面为了按社会需求所决定的程度来不断扩大再生产所必要的限度；最后，如果我们把那些有劳动能力的人必须为社会上还不能劳动或已经不能劳动的成员而不断进行的劳动，包括 1. 必要劳动和 2. 剩余劳动中去，也就是说，如果我们把工资和剩余价值，必要劳动和剩余劳动的独特的资本主义性质去掉，那末，剩下的就不再是这几种形式，而只是它们的为一切社会生产方式所共有的基础"。① 这种共有的基础就是劳动者的个人消费；有劳动能力的人为社会上还不能劳动的儿童和已经不能劳动的老人、病人、残疾人而劳动。这也就是说，在去掉社会福利政策的阶级属性以后，社会福利所采取的社会福利政策为一般社会形态所共有。

1. 从人的需要出发建立社会福利

马克思认为，只要人存在，社会就要为之服务，人就需要基本的生存权和发展权。从社会关系层次看，人的需要是人追求自己的对象的一种本质力量。这种力量由人的一切社会关系的总和决定，通过人的实践活动产生和发展。从社会发展层次看，需要构成一切社会活动的内在动力，它是主体对客体能动关系的内在化。社会福利政策就其本质来讲，是解决人的需要问题。马克思曾经

---

① 马克思：《马克思恩格斯全集》第 25 卷，990 页，北京，人民出版社，1974。

批评旧唯物主义由于忽视人的需要而导致对人的忽视。他指出：人"对自然界的独立规律的理论认识本身"，其目的是使自然界"服从于人的需要"。满足人的需要是社会生产活动的基本动力，是社会主义生产的根本目的。"在现实世界中，个人有许多需要"，"他们的需要即他们的本性"，"而人的类特性恰恰就是自由自觉的活动"，① 任何人的职责、使命、任务就是全面地发展自己的一切能力。这里，"自由自觉的活动"就是满足人的需要的各种社会实践活动，其中劳动是最基本的活动。人的需要是多样的、多层次的。

恩格斯把人的需要分为生存资料需要、发展资料需要和文化享受资料的需要。不断满足人的这些需要，才能充分发挥人在社会生产中的积极性和创造性，而生存的需要是劳动者必须得到的最低限量和最基本的需要，是人类赖以生存和发展的基本条件。但是，人的需要只有在生产力高度发达的社会才会得到。社会发展的目的和出发点都是为了满足人的需要，对人类生存和发展需要的满足程度便成为衡量一个社会发展的基本尺度。可见，无论在何种社会制度下，社会生产首先要保证人的生存需要，这是社会福利政策建立的本质要求，也是马克思社会福利基本理论观点。

2. 社会福利和两种生产有密切的关系

马克思认为，物质生产是社会福利建立的经济基础，人口生产与社会福利也有重要联系。恩格斯明确地表述了"两种生产"的理论："根据唯物主义观点，历史中的决定因素，归根结底是直接生活的生产和再生产。但是，生产本身又有两种：一方面是生活资料即食物、衣服、住房以及为此所必需的工具的生产；另一方面是人类自身的生产，即种的繁衍。一定历史时代和一定地区内的人们生活于其下的社会制度，受着两种生产的制约，一方面受劳动的发展阶段的制约；另一方面受家庭的发展阶段的制约。"② 马克思在社会再生产理论中论述了两个方面的重要思想：一是物质资料的再生产是社会再生产的重要内容；二是劳动力再生产是社会再生产的必要条件。

在论述劳动力再生产过程中，马克思认为，物质资料再生产是人类生存和发展的物质基础，而物质资料再生产是劳动者和劳动资料结合的过程，在进行物质资料再生产的同时，进行着劳动力的再生产，只有在再生产中将劳动力源源不断地再生产出来，社会再生产才能不断地进行下去。劳动力再生产的基本手段是消费，在商品经济条件下，消费的条件主要从两方面得到满足：一是由

---

① 马克思：《马克思恩格斯全集》第 42 卷，96 页，北京，人民出版社，1979。
② 马克思：《马克思恩格斯全集》第 21 卷，29～30 页，北京，人民出版社，1965。

个人通过提供资本或劳动从市场上获取；二是通过社会福利政策来满足他们的基本消费需求。在社会化大生产条件下，劳动者的劳动风险逐渐增加，失业、工伤等都使家庭保障越来越无法应付新的风险，为了确保劳动力扩大再生产以适应现代经济发展的需求，必须通过社会福利制度框架下一系列社会福利政策，来减少劳动力在其生命历程中经受的各种风险，保证社会再生产的顺利进行和社会的协调发展。

3. 社会福利政策是资本主义和共产主义制度的共有现象

马克思认为，无论是在资本主义社会，还是在共产主义社会，都必须有剩余劳动，必须有积累，为了建立社会福利所需要的基金，都必须进行社会总产品的扣除。马克思的分配理论从产品分配的扣除出发，将产品分配进行了两次扣除，分别满足生产正常进行的需要和社会稳定的需要。建立社会福利所需要的基金，"从整个社会的观点来看，必须不断地有超额生产，也就是说，生产必须按大于单纯补偿和再生产现有财富所必要的规模进行——完全撇开人口的增长不说——以便掌握一批生产资料，来消除偶然事件和自然力所造成的异乎寻常的破坏"，① 而"为了对偶然事故提供保险，为了保证必要的、同需要的发展以及人口的增长相适应的累进的扩大再生产（从资本主义观点来说叫做积累），就需要一定量的剩余劳动。"② 马克思指出："不变资本在再生产过程中，从物质方面来看，总是处在各种会使它遭到损失的意外和危险中，因此，利润的一部分，即剩余价值的一部分……从而只体现新追加劳动的剩余产品（从价值方面来看）的一部分，必须充当保险基金。"③ 因此，剩余劳动和超额生产是建立社会福利的基金来源，是"一切社会生产方式所共有的基础"。④ 这是马克思、恩格斯从社会福利存在的物质基础出发，对社会福利存在于一般人类社会形态的论述。

二、资本主义社会福利批判

马克思主义创始人关于资本主义社会福利的剖析，直接贯穿于对资本主义生产方式的解剖之中，是在对资本主义批判中形成矫正其"社会病"的思想武器。基本内容包括：

---

① 马克思：《马克思恩格斯全集》第24卷，198页，北京，人民出版社，1972。
② 马克思：《马克思恩格斯全集》第25卷。
③ 同上书，958页。
④ 同上书，990页。

（一） 社会福利是资本主义社会存在的一种外部条件

资本主义采取一系列"社会福利"政策，其根本作用在于以公共手段来防范工业化带来的新风险，并在收入再分配等市场机制没有作用的环节上发挥作用。资本主义创造了有史以来人类历史上最发达的生产力，用资本主义生产关系破坏、代替了以农业社会为主要特征的封建社会关系，为社会进步起到了积极的革命性作用，为人类征服自然创造了更多的手段。马克思、恩格斯在考察资本主义生产关系以及资产阶级社会下工人阶级状况的时候，深刻地认识到在资本主义社会形态下，由于社会化大生产逐步打破了农业社会人身依附的主从关系，家庭的生产职能退化，家庭结构变小，核心家庭越来越多。传统的主从保障与家庭保障的形式越来越不适应生产与生活的社会化发展的需要，保障社会化的要求由此产生。马克思认为在资本主义生产方式下，为降低社会化大生产所带来的社会风险，缓解社会矛盾，必须采取一系列社会福利政策。这些社会福利政策是资本主义存在的外部条件。

在资本主义社会化大生产条件下，大工业瓦解了旧的家庭关系，家庭的保障功能缩小了，家庭主要是靠劳动工人的工资来维持。工人依附于"资本"，成为资本的附属物。资本家靠牺牲工人的利益、健康甚至生命来实现提高社会劳动生产力。资本积累的结果，是劳动工人失业率和贫困的增加，甚至生活越来越没有保障。马克思曾以社会救济为例，对资本主义社会福利的实质进行过分析："相对过剩人口的最底层陷于需要救济的赤贫的境地。……这个社会阶层由三类人组成。第一类是有劳动能力的人。只要粗略地浏览一下英格兰需要救济的贫民统计数字，就会发现，他们的人数每当危机发生时就增大，每当营业复苏时就减少。第二类是孤儿和需要救济的贫民的子女。他们是产业后备军的候补者。在高度繁荣时期，如在 1860 年，他们迅速地大量地被卷入现役劳动军的队伍。第三类是衰败的、流落街头的、没有劳动能力的人。属于这一类的，主要是因分工而失去灵活性以致被淘汰的人，还有超过工人正常年龄的人，最后还有随着带有危险性的机器、采矿业、化学工厂等的发展而人数日益增多的工业牺牲者，如残废者、病人、寡妇等。需要救济的赤贫形成现役劳动军的残废院，形成产业后备军的死荷重。……工人阶级中贫苦阶层和产业后备军越大，官方认为需要救济的贫民也就越多，这就是资本主义积累的绝对的、一般规律"。[①] 资本主义这种"社会病"是它走向灭亡的原因。

---

① 马克思：《马克思恩格斯全集》第 23 卷，706～707 页，北京，人民出版社，1972。

马克思、恩格斯认为，在资本主义条件下，资产阶级掌握生产资料，劳动者附属于资本，处于被奴役的地位。资产阶级按其本性决定他们不会管劳动工人死活，但为了缓和社会矛盾，维持劳动力的再生产，维护资本主义政治统治和社会稳定，从维持人类社会发展的一般要求和资本主义社会生产的外部条件出发，不得不采取社会福利政策救济贫民、抚恤伤残等赤贫阶层。正如马克思所说"只要资本的力量还薄弱，它本身就还要在以往的或随着资本的出现而正在消逝的生产方式中寻求拐杖……当资本开始感到并且意识到自身成为发展的限制时，它就在这样一些形式中寻找避难所，这些形式虽然看来使资本的统治完成，同时由于束缚自由竞争却预告了资本的解体和以资本为基础的生产方式的解体"。① 资本主义的社会福利政策仅仅是资本力量薄弱时的拐杖，它对资本主义生产方式的统治作用是有限的，"而一旦资本感到自己已强大起来，它就抛开这种拐杖，按它自己的规律运动"②。所以，资本主义社会福利的社会福利政策，只是国家用来帮助资本家迷惑工人阶级的一个工具，同时也是工人阶级经过长期斗争的产物，它起到的是缓和劳资矛盾、延缓资本主义体系崩溃的作用，当然，它客观上也有利于改善陷于困境中工人家庭的生活。马克思、恩格斯也正是在揭露资本主义生产方式的同时，肯定了工人阶级能够从资产阶级"官方济贫事业"福利政策中获得好处。虽然资产阶级认为过剩人口对于资本主义生产是必要的，那么他们也必然会为这个劳动力的蓄水池提供生存条件，"建立国家工厂，保证所有的工人都有生活资料，并且负责照管丧失劳动力的人。实行普遍的免费的国民教育"，③ 所以，资本主义社会福利的实质是为了资本主义的发展创造条件。

（二）资本主义社会福利建设费用来源于工人创造的剩余价值

建立社会福利制度，实施社会福利政策是需要基金支撑的。在资本主义制度下，用于社会福利政策的费用表面看来是资本家提供的，但是实际上，资本家只是将这部分费用转嫁到了工人身上，因为这项费用"是资本主义生产的一项非生产费用，但是，资本家知道怎样把这项费用的大部从自己的肩上转嫁到工人阶级和下层中产阶级的肩上"。④ 虽然这一部分社会福利政策所需要的费

---

① 马克思：《马克思恩格斯全集》第46卷下册，160页，北京，人民出版社，1980。
② 同上。
③ 马克思：《马克思恩格斯全集》第5卷，4页，北京，人民出版社，1958。
④ 马克思：《马克思恩格斯全集》第23卷，706页。

用，对于资本家毫无用处，但从长远观点看来，对资本家和资本主义的发展都
是有益的。

马克思认为，资本主义社会福利建设的基金来源，只能是剩余价值的一种
扣除。"哪个资本家把利润理解为必要的资本支出？（亚当·斯密说：）'人们所
说的总利润，往往不仅包括这个余额，而且也包括补偿这种意外损失后保留的
部分。'这不过是说，一部分剩余价值，作为总利润的一部分，必须形成一个生
产保险基金。这个保险基金是由一部分剩余劳动创造出来的，就这一点说，剩
余劳动直接生产资本，就是说，直接生产那种要用在再生产上的基金。至于固
定资本的'维持'费用等等……那末，用新的固定资本补偿消费掉的固定资本，
并不是什么新的投资，而仅仅是旧资本价值以新的形式更新。至于固定资本的
修理，亚当·斯密把它也算在维持费用以内，那末，这种费用也应算在预付资
本的价格中。资本家无须一次支出这种费用，他只是根据资本执行职能期间的
需要逐渐地支出，并且可以用已经赚得的利润支出，这个事实并不改变这个利
润的源泉。产生这个利润的价值组成部分，只是证明，工人既为保险基金，也
为修理基金提供剩余劳动。"① "防止'损失'的保险费确实是从剩余价值中提
取的，但它算在利润之外……"

马克思得出结论说："保险必须由剩余价值补偿，是剩余价值的一种扣
除"。② 在分析社会福利基金的来源后，马克思进一步指出："使商品变贵而不
追加商品使用价值的费用，对社会来说，是生产上的非生产费用，对单个资本
家来说，则可以成为发财致富的源泉。另一方面，既然把这些费用加到商品价
格中去的这种加价，只是均衡地分配这些费用，所以这些费用的非生产性性质
不会因此而消失。例如，把单个资本家的损失在资本家阶级中间分配。"③ 一旦
资本主义生产和与之相联的保险事业发展起来，风险对一切生产部门来说实际
上都一样了；风险较大的部门要支付较高的保险费，但会从他们的商品的价格
中得到补偿。这些论述说明了资产阶级为了自己的切身利益，尽可能地将社会
风险分散到工人阶级中去，分散的成本是工人阶级创造的剩余价值。马克思通
过这段论述深刻地告诉人们，资产阶级为什么也"关心"广大劳动者的利益，
"保障"他们的生活。这些论述，对我们理解资本主义社会福利制度及其实质提
供了方法论指导。

---

① 马克思：《马克思恩格斯全集》第 24 卷，404 页。

② 同上书，198 页。

③ 同上书，154～155 页。

（三）资本主义社会福利政策有很大的迷惑性、欺骗性

正因为工人阶级得到的福利是自己剩余劳动的一部分，而不是来源于资本家的恩惠。马克思、恩格斯对资本主义社会福利的本质是持批判态度的。虽然这些社会福利政策在表面上看起到一定作用，但实质上带有很大的欺骗性。因为资本主义制度下采取社会福利政策的目的，不是为了从根本上改变工人阶级的生活、工作状况，仅仅是为了缓和阶级矛盾。因为"在工人自己所生产的日益增加的并且越来越多地转化为追加资本的剩余产品中，会有较大的份额以支付手段的形式流回到工人手中，使他们能够扩大自己的享受范围，有较多的衣服、家具等消费基金，并且积蓄一小笔货币准备金，但是，吃穿好一些，待遇高一些，持有财产多一些，不会消除奴隶的从属关系和对他们的剥削，同样，也不会消除雇佣工人的从属关系和对他们的剥削"。① 从阶级地位来看，工人阶级永远是贫穷的。"如果说工人阶级仍然'穷'，只是随着他们给有产阶级创造的'财富和实力的令人陶醉的增长'而变得'不那么穷'了，那也就是说，工人阶级相对地还是像原来一样穷。如果说穷的极端程度没有缩小，那么，穷的极端程度就增大了，因为富的极端程度已经增大"。② 马克思这些论述，证明了资本主义社会福利政策并不能够从根本上改变工人阶级的命运。

马克思、恩格斯指出，资本主义社会福利政策是"资产阶级装出一副大慈大悲的样子……但也只有他们自己的利益需要这样做的时候才会如此"。"他们不会白白地施舍，他们把自己的施舍看做一笔买卖。他们和穷人做买卖，对穷人说：我为慈善事业花了这么多钱，我就买得了不再受你们搅扰的权利……至于慈善行为的效果，帕金逊掌教就亲口说过，穷人从他们的穷弟兄那里得到的帮助，比从资产阶级那里得到的要多得多。"③ 因此，恩格斯对资产阶级公布的需要救济的数字进行了批判："根据济贫法委员会委员们的报告，这种'多余的人'在英格兰和威尔士平均有150万人……而这150万人只是那些真正向济贫所请求过救济的，大批勉勉强强可以活下去而不采取这种最后的非常令人讨厌的办法的人未包括在内。"④ 恩格斯接着指出："穷人们拒绝在这样的条件下接

---

① 马克思：《马克思恩格斯全集》第23卷，677～678页。

② 同上书，715页。

③ 马克思：《马克思恩格斯全集》第2卷，567～568页，北京，人民出版社，1972。

④ 同上书，371页。

受社会救济，他们宁愿饿死也不愿到这些巴士底狱里去，这还有什么可以奇怪的呢？"[1] 马克思后来也注意到官方颁布的关于赤贫现象规模的数字过低，并在《几份重要的英国文件》一文中，指出："必须看到，工人阶级中有很大一部分人真是宁愿挨饿也不入习艺所。"[2] 他在《资本论》中分析批判英国官方统计公布的赤贫现象数字时，认为"需要救济的贫民实际人数的官方统计也就越来越带有欺骗性。"[3] 例如，以伦敦地区为例，伦敦饿死的人数惊人地增加了，"这无疑证明工人是更加憎恶贫民习艺所这种贫民监狱的奴役了"[4]。

马克思、恩格斯这些批判性的论述，充分地说明了资本主义社会福利的欺骗性，有助于我们正确认识在帝国主义和资本主义总危机时期，资产阶级不得不考虑已经壮大的和有组织的无产阶级，不得不考虑到民主运动而采取一些缓和阶级矛盾的社会福利政策的实质。这有助于我们认识当代资本主义社会，在来自下层的强大压力下，通过了许多关于劳动保护、社会保险、保健和普及教育等社会福利方面的法律，并广泛地进行蛊惑社会宣传的真正动机。

三、未来社会福利的展望

马克思、恩格斯没有构建未来社会的完整模式，他们是在批判旧世界中发现新世界，在这一过程中形成了对未来社会的社会福利问题的科学预见，为后来社会主义社会福利建设提供了原则性指导。

1. 共产主义社会是实现共同富裕，促进人的全面发展的社会

马克思、恩格斯提出的共产主义价值目标是实现共同富裕。实现共同富裕的物质前提是生产力的高度发展，生产资料归社会占有。马克思认为，人们不是在理想而是在现有生产力决定和所容许的范围之内取得自由的。生产力的高度发展是每个人自由而全面发展的条件，而最有利于人的自由而全面发展的生产方式和分配方式，也最有利于生产力的发展。生产力的发展和人的自由而全面发展不仅在原则上是一致的，而且在越来越大的程度上互为条件，在生产力发展的基础上，采取有效的社会福利政策是实现共同富裕的重要途径。

马克思曾指出过，当工人阶级自己占有自己的剩余劳动时，社会生产力的发展如此迅速，以致尽管生产将以所有人的富裕为目的，所有的人可以自由支

---

① 马克思：《马克思恩格斯全集》第2卷，581页。
② 马克思：《马克思恩格斯全集》第12卷，491页，北京，人民出版社，1962。
③ 马克思：《马克思恩格斯全集》第23卷，717页。
④ 同上书，718页。

配的时间还会增加。因为真正的财富就是所有个人的发达的生产力。恩格斯也认为，在资本主义造就的生产力的基础上，在实现生产资料归社会占有之后，"通过社会生产，不仅可能保证一切社会成员有富足的和一天比一天充裕的物质生活，而且还可能保证他们的体力和智力获得充分的自由的发展和运用"①。这里所说的"所有人的富裕"、"一切社会成员有富足的生活"就是共同富裕，它正是共产主义应当追求的终极价值目标，也是共产主义社会福利建立的根本目的。因此，共产主义仍然需要实行社会福利，共产主义要在创造出高于资本主义的生产力的基础上，建立比资本主义更为完善、更为充分的社会福利。

2. 共产主义的社会福利基金来源于人民创造的财富

关于共产主义社会形态下社会福利基金的来源，马克思认为它是劳动人民剩余劳动的积累，它是通过社会总产品的分配和再分配最终形成的。他认为："如果我们把'劳动所得'这个用语首先理解为劳动的产品，那末集体的劳动所得就是社会总产品。现在从它里面应该扣除……用来应付不幸事故、自然灾害等的后备基金或保险基金。从'不折不扣的劳动所得'里扣除这些部分，在经济上是必要的，至于扣除多少，应当根据现有的资料和力量来确定，部分地应当根据概率论来确定，但是这些扣除根据公平原则无论如何是无法计算的"②。"剩下的总产品中的其他部分是用来作为消费资料的。在把这部分进行个人分配之前，还得从里面扣除：第一，和生产没有关系的一般管理费用。……第二，用来满足共同需要的部分，如学校、保健设施等。……第三，为丧失劳动能力的人等等设立的基金，总之，就是现在属于所谓官办济贫事业的部分。"③ 后备基金、教育、保健等福利设施以及济贫事业正是社会福利的重要内容。

从这里可以看出：在共产主义社会物质资料生产过程中，需要消耗掉一定量的生产资料用来补偿消耗掉的部分，以保证社会再生产的顺利进行。建立后备基金或者保险基金，也就是社会福利基金来防备各种社会风险和不幸事故的发生，这是保证社会再生产顺利进行的必要条件。同时，在个人消费分配之前，还要为教育、保健等共同需要部分以及丧失劳动能力的人等设立基金，用来建立福利设施和社会救济制度。马克思不仅指出共产主义社会必须建立社会福利制度，而且论证了共产主义社会形态下社会福利基金是社会总产品的一种必要扣除，取之于民用之于民。这一思想是共产主义社会形态下建立社会福利的重

---

① 马克思：《马克思恩格斯全集》第20卷，307页，北京，人民出版社，1971。

② 马克思：《马克思恩格斯全集》第19卷，19页，北京，人民出版社，1963。

③ 同上书，19～20页。

要理论基础。

3. 共产主义社会福利必须建立在生产力高度发达基础之上

共产主义社会之所以还要利用资本主义社会福利所取得的成功经验，同样是基于社会福利必须建立在发达的社会生产力水平基础上。因此，马克思肯定了资本主义生产力发展的历史功绩：创造一个普遍的劳动体系，创造出一个普遍利用自然属性和人的属性的体系。这两个体系，都是马克思设想的未来社会中人的自由而全面发展所必需具备的前提，而这一切又都依赖于社会生产力的高度发展。

马克思说，保险基金，"这也是在剩余价值、剩余产品，从而剩余劳动中，除了用来积累，即用来扩大再生产过程的部分以外，甚至在资本主义生产方式消灭以后，也必须继续存在的唯一部分。当然，这要有一个前提，就是通常由直接生产者消费的部分，不再限于它目前的最低水平。除了为那些由于年龄关系不能参加生产或者已不能参加生产的人而从事的剩余劳动以外，一切为养活不劳动的人而从事的劳动都会消失。"① 这可以看出马克思关于未来社会福利的设想是建立在生产力必须高度发展的基础上，这就是目前我们应该学习西方发达国家社会福利政策中某些成功经验的原因。

恩格斯在《反杜林论》中指出："劳动产品超出维持费用而形成的剩余，以及生产基金与后备基金从这种剩余中形成的积累，过去和现在都是一切社会的、政治的、智力的继续发展的基础"② 。在这里，恩格斯不仅说明了社会福利基金的来源，而且着重指出社会福利所需后备基金对未来社会的稳定发展、政治安定、国民教育有基础性的作用，因而在社会生产中建立社会福利后备基金是非常必要的。

第二节 西方古典社会
福利思想

西方古典社会福利思想，是指从 17 世纪至 19 世纪西方学者关于社会福利的思想观点。主要包括英国古典政治经济学、英国功利主义、法国古典政治经济学、英国新自由主义、德国历史学派、费边社会主义、空想社会主义的社会福利思想。

---

① 马克思：《马克思恩格斯全集》第 25 卷，958 页。
② 马克思：《马克思恩格斯全集》第 20 卷，220~221 页。

一、英国古典政治经济学的社会福利思想

英国古典政治经济学派强调自由放任主义，国家不干预经济社会事物。认为社会问题是个人的责任，反对国家通过济贫法来解决社会贫困问题。代表人物有威廉·配第、亚当·斯密、大卫·李嘉图、马尔萨斯等人。

（一）自由放任主义

英国古典政治经济学派在经济社会事物方面主张自由放任，反对国家干预。亚当·斯密认为应该让市场机制自由地发挥作用，这种市场机制就是价值规律这只"看不见的手"。不仅在经济领域，斯密认为"看不见的手"的机制还广泛地作用于人类社会。他说："棋盘上的棋子除了手摆布时的作用之外，不存在别的行动原则；但是，在人类社会这个大棋盘上每个棋子都有它自己的行动原则，它完全不同于立法机关可能选用来指导它的那种行动原则。如果这两种原则一致、行动方向也相同，人类社会这盘棋就可以顺利和谐地走下去，并且很可能是巧妙的和结局良好的。如果这两种原则彼此抵触或不一致，这盘棋就会下得很艰苦，而人类社会必然时刻处在高度的混乱之中。"①

李嘉图也持自由放任观点，反对国家干预经济社会事物。他在谈到工资问题时说："工资正像所有其他契约一样，应当由市场上公平而自由的竞争决定，而绝不应当用立法机关的干涉加以统制。"他认为这种"支配工资的法则，也就是支配每一社会绝大多数人的幸福的法则"②。

（二）最低限度工资

工资是劳动者生活保障的主要来源和劳动力再生产的物质基础，古典政治经济学家们大都认识到了这一点，并提出最低限度工资或最低工资标准的主张。

配第主张政府对工资的规定，要考虑劳动者生存和延续后代所必需的最低限度的生活资料，工人的工资等于最低限度的生活资料价值是一个规律。③

斯密提出劳动者最低工资的观点。他说："劳动工资有一定的标准，在相当

---

① ［英］亚当·斯密：《道德情操论》，蒋自强、钦北愚等译，302 页，北京，商务印书馆，1997。

② ［英］大卫·李嘉图：《政治经济学及赋税原理》，郭大力、王亚南译，88 页，北京，商务印书馆，1962。

③ 陈红霞：《社会福利思想》，147 页，北京，社会科学文献出版社，2002。

长的期间内，即使最低级劳动者的普通工资，似也不能减到这一定标准之下"。① 他说："需要靠劳动过活的人，其工资至少须足够维持其生活。在多数场合，工资还得稍稍超过维持生活的程度，否则劳动者就不能赡养家室而传宗接代了。"因此他说："至少这一点似乎是肯定的：为赡养家属，即使最低级普通劳动者夫妇二人劳动所得，也必须能稍稍超过维持他俩自身生活所需要的费用。"②

斯密指出，英国各地的劳动工资"不是以符合人道标准的最低工资为准则的"。主要表现在：第一，夏季工资与冬季工资的区别不合理。夏季所需生活费最低，但工资反而最高，冬季生活费开支在一年中最高，却没有最高工资；第二，劳动工资"不随食品价格变动而变动"；第三，劳动工资的变动不合理。"就不同年度来说，食品价格的变动，大于劳动工资的变动；而就不同地方来说，劳动工资的变动，却大于食品价格的变动"；第四，劳动价格的变动往往与食品价格的变动正相反。③

李嘉图认为，工资应该让劳动者大体能够生活下去，并能够延续其后代。他说："劳动的自然价格是让劳动者大体上能够生活下去并不增不减地延续其后裔所必需的价格。"劳动的自然价格"取决于劳动者维持其自身与其家庭所需的食物、必需品和享用品的价格。"④

（三）对济贫法的态度

古典政治经济学家们对政府实施济贫制度解决社会贫困问题大多持反对意见。

李嘉图旗帜鲜明地反对济贫法，认为济贫法不仅不能改善贫民的生活状况，而且会使富裕者也变穷。他说：济贫法"与立法机关的善良意图相反，它不能改善贫民的生活状况，而只能使贫富都趋于恶化；它不能使贫者变富，而使富者变穷。"⑤ 他认为济贫法鼓励了不谨慎、不节制的行为。"如果贫民自己不注意、立法机关也不设法限制他们的人数的增加，并减少不审慎的早婚，那么他

① ［英］亚当·斯密：《国民财富的性质和原因的研究》（上卷），郭大力、王亚南译，62页，北京，商务印书馆，1972。
② 同上书，62页。
③ 同上书，67~69页。
④ ［英］大卫·李嘉图：《政治经济学及赋税原理》，郭大力、王亚南译，77页，北京，商务印书馆，1962。
⑤ 同上书，88页。

们的幸福与享受就不可能得到巩固的保障。这一真理是无可置疑的。济贫法制度所起的作用和这刚好相反。由于将勤勉谨慎的人的工资分一部分给他们，所以就使得节制成为不必要而鼓励了不谨慎的行为。"他说："当现行济贫法继续有效时，维持贫民的基金自然就会愈来愈多，直到把国家的纯收入全部吸尽为止。"①

因此，李嘉图坚决主张废除济贫法。他说："每一个同情贫民的人必然都殷切地希望将其废除……所有赞成废除济贫法的人都一致同意：只要应该不让贫民——济贫法就是为了替这些人谋福利而被错误地制订出来的——遭受最严重的灾难，废除济贫法时就应该采取极为渐进的方法。"②

李嘉图提出的解决贫民问题的办法是使贫民认识自立的价值，依靠自己的努力维持生活。他说："只要逐渐缩小济贫法的范围，使贫民深刻认识自立的价值，并教导他们决不可指靠惯常或临时的施舍，而只可依靠自己的努力维持生活，使他们认识谨慎和远虑决非不必要或无益的品德，我们就可以逐步接近更为合理和更为健康的状态。"③

马尔萨斯反对国家以济贫制度解决贫困问题。他反对英国的济贫法制度，认为这个制度存在很多弊端，使穷人的一般境况趋于恶化。他说："无疑，英国济贫法的颁布是出于最仁慈的目的，但我们却有充分理由认为，济贫法未达到其预期目的。济贫法固然使一些极为贫困的人生活好过了一点，然而从总的方面来看，靠救济为生的贫民却远未摆脱贫困。"④

第一，济贫法往往使人口趋于增长，而养活人口的食物却不见增加。他认为"在某种程度上可以说，是济贫法在产生它所养活的穷人"。⑤

第二，"济贫院收容的人一般不能说是最有价值的社会成员，但他们消费的食物却会减少更为勤劳、更有价值的社会成员本应享有的食物份额，因而同样也会迫使更多的人依赖救济为生。"⑥

第三，济贫法削弱了人们的自立精神。他说："对于英国来说，幸运的是农民们仍具有自立精神。济贫法力图根除这种精神，并在某种程度上获得了成

---

① ［英］大卫·李嘉图：《政治经济学及赋税原理》，88～89 页。

② 同上书，89 页。

③ 同上书，89～90 页。

④ ［英］马尔萨斯：《人口原理》，朱泱、胡企林、朱和中译，36 页，北京，商务印书馆，1992。

⑤ 同上书，33 页。

⑥ 同上。

功。"因而他认为"应该形成一种风气，把没有自立能力而陷于贫困看做是一种耻辱，尽管这对个人来说似乎很残酷。对于促进全人类的幸福来说，这种刺激似乎是绝对必需的"。①

第四，济贫法削弱了人们勤俭节约的动机。他说："教区法大大助长了穷人的那种漫不经心和大手大脚的习气，这恰与小商人和小农场主的谨慎小心、克勤克俭的脾性形成了鲜明对照……因而可以说，英国的济贫法削弱了普通人储蓄的能力与意愿，从而削弱了人们节俭勤勉度日、追求幸福的一个最强烈的动机。"②

第五，济贫法影响了民众的自由。他说："反对济贫法的一个主要理由却是，为了使一些穷人得到这种救济（这种救济本身未必是好事），英国全体普通人民不得不忍受一整套令人讨厌的、给人带来不便而又暴虐的法律的折磨，这种法律与英国宪法的精神实质是背道而驰的。整个来看，这种救济穷人的方法，即便是就目前经过修改的方法而论，也是与自由思想格格不入的。"③

马尔萨斯因此认为："济贫法的弊害也许太大了，无法予以消除，但我确信，如果根本就没有颁布济贫法，虽然非常贫穷的人也许要多一些，但从总体上看，普通人却要比现在幸福得多。"④

马尔萨斯提出了解决贫困的方案。

第一，废除济贫法。他说："假如要我提出一种缓和痛苦的方法（按病的性质来说也只能提出缓和痛苦的方法），则首先是要完全废除所有现行的教区法。"认为这将使英国农民享有行动自由。⑤

第二，鼓励人们开垦新土地，鼓励农业、耕种，而不是制造业和畜牧。废除与同业公会、学徒制有关的制度，这些制度使农业劳动的报酬低于工商业劳动的报酬。鼓励农业有助于改善劳动者的生活状况，使劳动者更有能力为防备自己或家人患病而结成互助团体。⑥

第三，"各郡可以为极端贫困的人设立济贫院，由全国统一征收的济贫税提供经费，收容各郡乃至各国的贫民。济贫院中的生活应该是艰苦的，凡能够工作的人，都应强迫他们工作。不应把济贫院看做困难时期过舒适生活的避难所，

---

① ［英］马尔萨斯：《人口原理》，34 页。
② 同上书，34～35 页。
③ 同上书，36 页。
④ 同上书，37 页。
⑤ 同上。
⑥ 同上书，37～38 页。

而只应看作可以稍微缓和一下严重困苦的地方"。①

（四）社会福利的国家责任

古典政治经济学家们虽主张自由放任，但并不是绝对地反对国家干预。认为在社会福利方面，国家还是要做一些有限的、必要的干预。

作为英国古典政治经济学的创始人，威廉·配第虽主张自由放任，但认为国家在某些情况下应干预经济生活。他认为国家的公共经费应包括救济费与基础设施和福利事业经费。而且他认为这两项经费应该增加。他说："对这两项，我们却主张增加。大体说来，我把这两项之中的头一项叫做贫民救济。这包括身体健康的老年人、盲者、跛者之类的收容所，以及麻烦的、慢性的、可能治愈以及不能治愈的内科及外科各种疾病的医院。此外，还有急性及传染性疾病的医院；孤儿、无家可归的儿童及弃婴的收容所。"②

斯密也不是绝对地反对国家干预。他认同必不可少的、在可接受范围之内的政府干预。在社会福利方面，斯密认为政府应该建立司法机关保护公民的权益；举办和维护那些私营企业不愿从事的公共福利事业和公共设施；强制实行初等教育。③

（五）人口与社会福利

古典政治经济学家们注意到了人口与社会财富、社会福利的关系，认为人口的过多或过快增长会影响到民众的社会福利。

马尔萨斯认为，人口的增殖力总是大于土地为人类提供生活资料的能力，这使得人类常常处于贫困的压力之下。他说："人口若不受到抑制，便会以几何比率增加，而生活资料却仅仅以算术比率增加。"④ 他认为这一法则"便是阻碍社会自我完善的不可克服的巨大困难。与此相比，所有其他困难都是次要的，微不足道的。"他认为人类无法摆脱这一法则的制约，对人类全体成员过上幸福生活持悲观态度。他说："我看不出人类如何能逃避这一法则的重压。任何空想出来的平等，任何大规模的土地调整，都不会消除这一法则的压力，甚至仅仅

---

① ［英］马尔萨斯：《人口原理》，38 页。

② 王亚南主编：《资产阶级古典政治经济学选辑》，24 页，北京，商务印书馆，1979；转引自曾国安：《论 17 世纪以来西方社会保障思想的演进》，载《江汉论坛》，2001（11）。

③ 陈红霞：《社会福利思想》，152 页。

④ ［英］马尔萨斯：《人口原理》，7 页。

消除100年也不可能。所以，要使全体社会成员都过上快活悠闲的幸福生活，不为自己和家人的生活担忧，那是无论如何不可能的。"①

同样认为人口的增长和生活资料的增长会产生矛盾，但李嘉图较马尔萨斯对此持更为乐观的态度。

李嘉图区分了有利条件和不利情形。在有利条件下，生活资料或者资本的增加是有可能快于人口增长的，这时劳动工资就会上涨。他说："据估计，在有利条件下，人口可以在二十五年内增加一倍；但在同样有利条件下，一个国家的全部资本却可能在更短的时期内增加一倍。在这种情形下，工资在整个时期中都有上涨的趋势，因为劳动的需求会比供给增加得更快。"②

但是在一些不利的情形下，人口的繁殖速度就会超过资本增加的速度。他说："但随着这种国家的人口繁殖、品质较劣的土地投入耕种，资本增加的趋势就会成比例地降低……在最有利的条件下，生产力虽然可能仍大于人口的繁殖力，但这种情形不会长期继续下去。因为土地的数量有限，质量也各不相同，土地上所使用的资本每增加一份，生产率都会下降，而人口繁殖力却是始终继续不变的。"③

民众的素质和农产品供给率的递减也会造成人口压力，带来贫困和灾害。李嘉图说："有些国家肥沃土地很多，但由于居民愚昧、懒惰和不开化而遭受着贫困与饥馑的一切灾害，人们说这里的人口对生活资料发生了压力。有些定居已久的国家，则是由于农产品供给率递减而遭受着人口过密的一切灾害。"对于这两种情况，他认为应该有不同的解决问题的办法。他说："在前一种情形下，灾害来自政治不良、财产不安全和各阶层人民缺乏教育。只要刷新政治、改良教育，便可以增进他们的幸福……在后一种情形下，人口的增加比维持人口所必需的基金增加更快。每一努力勤劳，除非伴随着人口繁殖率的减退，否则便足以助长灾害，因为生产赶不上人口的增殖。"④

李嘉图给出了解决人口压力的一些办法。其一是减少人口，其二是更迅速地积累资本。但是他认为"在一切肥沃土地都已投入耕种的富庶国家中，第二种补救方法既非十分实际可行，也非十分有好处"。因为这种办法一直推广下去会使所有的阶级都陷于贫困状态。但在有肥沃土地尚未耕种的贫穷国家，这是

---

① ［英］马尔萨斯：《人口原理》，8 页。
② ［英］大卫·李嘉图：《政治经济学及赋税原理》，81 页。
③ 同上书，82 页。
④ 同上书，82～83 页。

安全有效的方法。第三种办法是刺激民众的享受性消费。他说："仁爱的人们都不能不希望一切国家的劳动阶级全都喜爱舒适品与享用品，并且要用一切合法手段来鼓励他们努力获得这一切。要防止人口过剩最好的办法莫过于此。"①

英国古典政治经济学家们的自由放任主义思想使得他们在社会福利方面更多地将社会问题归结为个人因素，反对国家干预，例如济贫法。但是要注意的是，他们对国家干预的反对并不是要完全否认社会福利问题的存在或者置社会福利问题于不顾，而是从他们的自由主义理念出发，认为国家的干预解决不了社会福利问题，甚至会适得其反。因而，英国古典政治经济学家们并不否认国家在社会福利问题上的必要干预，例如工人的最低工资、贫弱人群的收容所，等等。

二、英国功利主义社会福利思想

英国功利主义思想的代表人物有边沁、约翰·斯图尔特·穆勒、赫伯特·斯宾塞等人。

（一）功利主义原则

功利主义学说的奠基人边沁指出，人的本性是求乐避苦的，在此基础上，他提出了功利原则："功利原理是指这样的原理：它按照看来势必增大或减小利益有关者之幸福的倾向，亦即促进或妨碍此种幸福的倾向，来赞成或非难任何一项行动。"② 他认为"功利是指任何客体的这么一种性质：由此，它倾向于给利益有关者带来实惠、好处、快乐、利益或幸福（所有这些在此含义相同），或者倾向于防止利益有关者遭受损害、痛苦、祸患或不幸（这些也含义相同）。"③

穆勒认为功利主义就是"承认功用为道德基础的信条，换言之，最大幸福主义，主张行为的是与它增进幸福的倾向为比例；行为的非与它产生不幸福的倾向为比例。幸福是指快乐与免除痛苦；不幸福是指痛苦与丧失掉快乐。"④

（二）最大幸福

边沁追求一种最大多数人的最大幸福。边沁指出："最大多数人的最大幸福

---

① ［英］大卫·李嘉图：《政治经济学及赋税原理》，83页。
② ［英］边沁：《道德与立法原理导论》，时殷弘译，58页，北京，商务印书馆，2000。
③ 同上书，58页。
④ ［英］约翰·穆勒：《功用主义》，唐钺译，7页，北京，商务印书馆，1936。

是正确与错误的衡量标准。"① 他认为社会幸福是构成社会的所有成员的利益总和。

斯宾塞认为，"幸福意味着人体各种机能都得到满足的状态"。② 他给出了达致最大幸福的条件。他认为，要得到最大幸福，"必须有一定数量的人口，这些人口只有通过可能的最好的生产制度才能加以供养"；另一方面，"每个个人又必须有机会做他的欲望激励他去做的无论什么事情"。③ 他说："要获得最大数量幸福的人们，必须各人能在他自己的活动范围内得到完全的幸福，而不减少其他人为获取幸福所需要的活动范围"。此外，"人类的素质必须足以使每个人都可以满足自己的本性，不仅不减少别人的活动范围，而且不以任何直接或间接的方式使别人感到不幸福"。还必须加上另一个条件，那就是"每个人都能由其余人的幸福中得到幸福"。最后，为了最大幸福，"每个人都采取为使他自己的私人幸福达到充分限度所需采取的行动"。④

（三） 对国家干预的态度

穆勒一方面坚持自由主义的原则，另一方面又认识到了不可能有绝对的自由主义。他说："在仅只涉及本人的那部分，他的独立性在权利上则是绝对的。对于本人自己，对于他自己的身和心，个人乃是最高主权者"。⑤ 他认为"个人的自由必须约制在这样一个界限上，就是必须不使自己成为他人的妨碍"。⑥ 这种思想体现在社会福利上，就是有限干预的社会福利思想。他一方面反对政府干预，但又认为不干预原则在一些情况下不一定适用。他说："不干预原则在一些情况下不一定适用，或不一定普遍适用。"⑦

斯宾塞反对政府实施济贫法。他说："因为无偿提供的款项愈大，苦难也会很快变得愈厉害。很明显，在某一特定人口中，依靠别人恩赐生活的人数目愈大，依靠劳动生活的人数目必然愈小；依靠劳动生活的人数目愈小，食品和其

---

① ［英］边沁：《政府片论》，沈叔平译，92 页，北京，商务印书馆，1995。

② ［英］赫伯特·斯宾塞：《社会静力学》，张雄武译，4 页，北京，商务印书馆，1996。

③ 同上书，250 页。

④ 同上书，30～32 页。

⑤ ［英］约翰·穆勒：《论自由》，程崇华译，10 页，北京，商务印书馆，1959。

⑥ 同上书，59 页。

⑦ ［英］约翰·穆勒：《政治经济学原理及其在社会哲学上的若干应用》（下），胡企林、朱泱译，543 页，北京，商务印书馆，1991。

他必需品的生产必然愈少；而食品和其他必需品的生产愈少，困苦必然愈大。"①

斯宾塞认为，按照法律实施的救济计划与为同情心驱使所做的慈善行为所产生的影响是不同的，后者能产生积极的双重效果，而前者所产生的影响正好相反。"济贫法却是从不情愿的人那里勒索慈悲"。② 他认为，"习惯上应该发生在富人与穷人之间的和善、温柔、高尚的往来"被济贫法破坏；"实施法律的慈善事业"遏制了社会适应的过程；"由于中断适应的过程，济贫法增加了在将来有一天要忍受的困苦"；而由于济贫法影响了正常劳动者的收入（一笔钱被作为济贫税拿走了），也增加了人们现在要忍受的困苦。但他明确指出，只反对济贫法的"不明智的慈善行为，至于那种可以形容为帮助人们自助的慈善行为，非但不表示反对，反而给予鼓励"。意外事件的受害者、"被不曾预见到的事件抛出常轨的人们"、因缺乏智识而失败的人们、"被他人的不诚实毁掉的人们，以及因希望长期得不到满足而心灰意冷的人们，都可以在有利于各方的情况下得到帮助"。③

（四）社会福利的国家责任

为了实现最大多数人的最大幸福，边沁主张国家在立法和制度上给予推动。

其一，要依靠法律的力量。边沁认为"一切法律所具有或通常应具有的一般目的，是增长社会幸福的总和"。④

其二，边沁还认为应该对制度进行批判和改进。他指出："一种制度如果不受到批判，就无法得到改进；任何东西如果永远不去找出毛病，那就永远无法改正；如果我们作出一项决定，对每件事物不问好歹一味赞成，而不加任何指责，那么将来一旦实行这项决定，它必然会成为一种有效的障碍，妨碍我们可以不断期望的一切追加的幸福；如果过去一直在实行这项决定，那么我们现在所享有的幸福早就被剥夺了。"⑤

在社会福利领域，穆勒认为下列情况政府应该进行干预：

---

① ［英］赫伯特·斯宾塞：《社会静力学》，张雄武译，148 页，北京，商务印书馆，1996。

② 同上书，140 页。

③ 同上书，142～148 页。

④ ［英］边沁：《道德与立法原理导论》，时殷弘译，216 页，北京，商务印书馆，2000。

⑤ ［英］边沁：《政府片论》，沈叔平译，99～100 页，北京，商务印书馆，1995。

其一，公共救济。他说："根据个人是自身利益的最好判断者这一原则而反对政府干预的论点，不适用于以下涉及面很广的一类情形，在这种情形下，政府所要干预的不是个人为自身利益采取的行动，而是为他人利益采取的行动。这特别包括公共救济这一十分重要而引起很多争论的问题。"① 他给出的理由是："不管我们如何看待道德原则和社会团结的基础，我们都必须承认，人类是应该相互帮助的，穷人更是需要帮助，而最需要帮助的则是正在挨饿的人。所以，由贫穷提出的给予帮助的要求，是最有力的要求，显然有最为充分的理由通过社会组织来救济急待救济的人。"②

但是穆勒认为政府救济的水平应该适度。他说："如果接受救济的人生活的同自食其力的人一样好，那么这种救济制度就会从根本上使所有人丧失勤奋努力，刻苦自励的精神"。③ 他说："养成依赖他人帮助的习惯是有害的，而最为有害的莫过于在生活资料上依赖他人的帮助，不幸的是，人们最容易养成这种习惯。因而需要解决的问题是微妙而重要的，即如何在最大程度上给予必要的帮助，而又尽量使人不过分依赖这种帮助。"④

穆勒区分了国家救济和私人慈善团体的救济。私人慈善团体要"分辨哪些人真正需要救济，哪些人不那么需要救济。对于较为需要救济的人，私人慈善团体可以给予较多的救济。而国家则必须按一般规则行事。国家无法分辨哪些穷人应得到救济，哪些穷人不那么需要救济，不能给予前者较多的救济，给予后者较少的救济"。⑤

其二，初等教育。他说："自由放任这个一般原则，尤其不适用于初等教育。"政府"可以运用自己的权力，规定父母在法律上负有使子女接受初等教育的职责"。⑥

其三，不具有判断和行动能力的社会特殊群体。他说："疯子、白痴、幼儿，或虽然并非完全没有判断能力，却可能尚未达到能够作出成熟的判断的年龄。在这种情形下，不干预原则的基础便完全崩溃了。"⑦

---

① ［英］约翰·穆勒：《政治经济学原理及其在社会哲学上的若干应用》（下），558 页。
② 同上书，558 页。
③ 同上书，559 页。
④ 同上。
⑤ 同上书，560 页。
⑥ 同上书，544 页。
⑦ 同上书，547 页。

其四，规定劳动时间的长短。他说："即使工作 9 小时确实有利于每个工人的利益，即使每个工人都相信其他工人会工作 9 小时，要达到这一目标也得把这种信以为真的默契通过法律转变为具有约束力的契约。"①

其五，社会公益事业。他说："对于适宜于私人去做但却没有人做的事情，政府便有必要进行干预"，"道路、码头、港口、运河、灌溉设施、医院、大中小学、印刷厂，等等，如果政府不出面建设，也就没有人去建设。"②

较之古典政治经济学家而言，英国功利主义者给自由放任主义设置了一些条件，这些条件就是"功利"、"最大多数人的最大幸福"。这使得他们较之古典政治经济学家更多地认识到了自由放任并非绝对的，因而在社会福利方面，他们主张国家在法律、制度层面的必要干预，对济贫法的态度也较古典政治经济学家们要缓和，认同国家对贫民的必要的、适度的救济。

三、法国古典政治经济学的社会福利思想

与英国古典政治经济学派相比，法国古典政治经济学倾向于强调国家干预、国家在社会福利领域的责任。法国古典政治经济学的代表人物有西斯蒙第③、萨伊等人。

（一）财富分配与社会福利

西斯蒙第认为增加财富的目的是为了人的幸福和人的道德尊严，为此，他对政治经济学的研究目的也提出了不同于英国古典政治经济学派的看法，认为政治经济学"不仅是追求获得最大的富裕，也是追求通过豪富使人们获得最大的福利的科学"④。他说：研究的"目的是鉴定每种身份的人的幸福，不仅是研究物质方面得到满足……实际上，我们的目的是要确定关于社会的物质利益和它的生活资料的规则究竟是什么，我们将只是对财富本身对人类幸福和人类道德尊严的关系加以鉴定，而不是对价值和真实价格抽象的概念进行研究"⑤。他

---

①　[英] 约翰·穆勒：《政治经济学原理及其在社会哲学上的若干应用》（下），555 页。

②　同上书，570 页。

③　西斯蒙第出生于瑞士的法语居民居住区，属于法国学者的行列。参见林森木著：《评西斯蒙第的〈政治经济学新原理〉》，西斯蒙第：《政治经济学新原理》，何钦译，北京，商务印书馆，2009。

④　[瑞士] 西斯蒙第：《政治经济学新原理》，457 页。

⑤　[瑞士] 西斯蒙第：《政治经济学研究》（第一卷），胡尧步、李直、李玉民译，37 页，北京，商务印书馆，2009。

批评英国古典政治经济学片面追求财富总量的增加，忽视了财富的分配和享受，忽视了人的福利。①

法国经济学家萨伊在其《政治经济学概论》一书中专门讨论了"公共教育费用""公共慈善机关费用"等问题。

（二）社 会 救 济

萨伊论证了设立公共慈善机构，举办社会救济事业的必要性。他认为："如果残废与穷困是社会制度的结果，那么在社会制度确不能提供预防或疗治方法的条件下，残废与穷困有权利要求社会救济。"② 他说："有钱的人普遍都有这个想法，以为他们不需要社会的救济，但他们别过于自信吧。谁都不能确定会长久走红运，像能够确定将一生潦倒或一生残废那样。"③ 他论证了设立公共慈善机构的好处，"当社会以公费设立任何慈善机构时，它就成为一种储蓄银行，每一个成员把他的一部分收入贡献给它，以便遇有意外事故或不幸事故时，有权利向它要求救济。"④

（三）劳 动 立 法

西斯蒙第主张国家利用法律手段来保护民众的福利，他说："所有懂得什么是全民福利的人都同意，为了保护全体就必须根据个人的权利来制定法律和建立法院"。⑤ 他认为政府应制定法律，防止人们超时工作，防止人们的食物太差，防止人们陷入可怕的贫困境地，保证农业劳动者有一部分财产，提高工业劳动报酬，使短工从不稳定的状态中解脱出来，等等。⑥ 在资本和劳动的合作关系中，西斯蒙第认为"工人有分享雇主所享有的保障的权利"，⑦ 要以法律的办法让"老板对他给工人所造成的危害负完全责任"，"以更长的时间雇用工人，使工人分享他的利润"。⑧

---

① 陈红霞：《社会福利思想》，169 页。

② ［法］萨伊：《政治经济学概论》，陈福生、陈振骅译，492 页，北京，商务印书馆，1963。

③ 同上书，492～493 页。

④ 同上书，492 页。

⑤ ［瑞士］西斯蒙第：《政治经济学新原理》，457 页。

⑥ 同上书，457～461 页。

⑦ 同上书，462 页。

⑧ 同上书，473 页。

与英国古典政治经济学家将"财富"作为政治经济学的研究对象、从个人角度理解社会问题不同，法国古典政治经济学家们将财富的"分配"作为政治经济学的研究对象、更多地从社会制度的角度去理解社会问题。因而，他们在社会福利方面强调国家的责任，认为国家在社会福利事业方面的立法、制度建设是必需的，如举办社会救济事业、进行劳动立法。

四、英国新自由主义的社会福利思想

19 世纪 70 年代，T．H．格林提出了批评英国自由主义传统（以英国古典政治经济学与功利主义为代表的自由主义），实施国家干预的理论。19 世纪 90 年代，英国新自由主义正式出现。新自由主义强调"积极的"自由，在经济社会事务上既主张国家干预，又强调公民的义务。新自由主义的代表人物有格林、霍布豪斯、霍布森等人。

（一）自由观

新自由主义者主张"积极的"自由观，强调对自由的限制和公民的社会义务。格林是英国早期新自由主义的代表人物。他批判英国传统自由主义，主张国家干预。他认为自由是全体人所共享的、做有价值的事情的"一种积极的权力或能力"。格林认为福利既包含权利又包含社会义务。个人只有为公共福利作贡献，才能实现自身的权利。他认为公共福利与自我实现是可以相互兼容的。①

霍布豪斯认为，自由统治必须以明文规定的法律为基础，他还说："我们可以正当地把国家当作是人类维护和提高生活的许多种联合中的一种，这是一个总的原则，正是在这一点上，我们和老的自由主义相距最远。"②

（二）社会福利的国家责任

格林认为，国家必须通过法律来实行一些限制，"通过法律对工厂、矿山、车间的卫生条件作出规定，禁止妇女和年轻人超时劳动都是对个人自由和权利

---

① 王东海、袁芳英：《格林的福利思想探析》，载《石河子大学学报》（哲学社会科学版），2006（1）。

② ［英］霍布豪斯：《自由主义》，朱曾汶译，67 页，北京，商务印书馆，1996。

的保护"。① 他主张赈济贫民、发展公共福利事业。②

霍布豪斯认识到国家有责任对社会经济与生活实施干预。

其一，维护民众的工作权利和基本生活权利。霍布豪斯说："国家的义务是创造这样一些经济条件，使身心没有缺陷的正常人能通过有用的劳动使他自己和他的家庭有食物吃，有房子住和有衣服穿。'工作权利'和'基本生活工资'权利就和人身权利或财产权利一样地有效。"③ 他认为"只要这个国家还存在着由于社会经济组织不良而失业的人或工资过低的人，这就不仅仅是社会慈善事业的耻辱，而且也是社会公正的耻辱"。④

霍布豪斯主张实施济贫法。他指出："无论法律依据是什么，在实践中，现行英国《济贫法》是承认每个人对最低限度的生活必需品的权利的。穷人可以找政府机关，政府机关必须给他食物和住所。单单根据他是人就有需要这一理由，他对公共资财有留置权。"⑤

其二，兴办公共事业。他说："把财富的社会成分同个人成分区别开来，把社会成分的财富上交国库，由社会掌握，以满足社会成员的基本需要。"⑥ 霍布豪斯认为国家有征税的权力，国家把这种税收用于国防、公共工程、教育、慈善以及促进文明生活等公共事业。⑦

其三，霍布豪斯在社会福利的很多方面都提出了自己的主张。他认为社会福利是社会遗产的一部分，"作为一个公民，他应该享有社会遗产的一份。这一份遗产当他遭受无论是经济失调、伤残还是老年造成的灾难、疾病、失业时应该给他支持。"⑧

关于儿童保护。霍布豪斯认为应该"为儿童争取肉体、精神和道德上的关怀，办法是让父母担负起一定的责任，若疏忽则予以惩处，同时拟订一项教育和卫生的公共制度"。⑨

关于妇女保护。霍布豪斯认为母亲应该留在家里照顾幼童而不是出去工作，

---

① 丁建定、魏科科：《社会福利思想》，126页，武汉，华中科技大学出版社，2005。

② 王东海、袁芳英：《格林的福利思想探析》。

③ ［英］霍布豪斯：《自由主义》，80页。

④ 同上书，81页。

⑤ 同上书，93页。

⑥ 同上书，95页。

⑦ 万其刚：《霍布豪斯的自由主义理论评介》，载《中外法学》，1998（5）。

⑧ ［英］霍布豪斯：《自由主义》，105页。

⑨ 同上书，18页。

这对社会的贡献更大，更值得获得酬报。他认为应该把母亲领取的国家救济金看作是对公民服务的报酬。

关于老年人问题。霍布豪斯认为应该推行养老金制度，"养老金制度取消了赤贫的考察。它提供一个最低限度，一个基础，在这个基础上，个人只要节约就有希望过温饱的生活。"①

关于工资问题。霍布豪斯认为"一个成年人靠劳动获得的工资应该足够供一个普通的家庭，并为一切风险作预备"。他指出，工人物质生活条件的改善具有经济投资的功能，"有一切理由认为工资的普遍提高肯定会增加剩余。"②

关于贫困和救济问题。霍布豪斯主张寻求避免贫穷的方法，而不是救济穷人，"我们不应当救济穷人，而应当力求使避免贫穷的方法人人都能做到"。为此，一个方法"是为个人提供一个可据以脚踏实地去干的基础"，"另一个方法是国家援助的保险"，第三个方法是要对守寡或被遗弃的幼童母亲进行救济。③他还认为应该"把一大部分公共开支用来消灭贫穷"。④

霍布森认为国家有责任解决民众的贫困问题。他说："一个治理得当的国家，应该以新形式的社会有效支出来解决目前公众生活中存在的贫困，并把它作为国家的主要责任。"⑤

新自由主义是反思、批判英国传统自由主义的结果。新自由主义者认为传统自由主义的"自由放任"思想是一种"消极"的自由观。因而在社会福利方面他们主张扩大国家的干预，通过国家的干预来解决社会问题，以此保障公民的自由，同时公民也应该为公共福利承担应有的责任。新自由主义者认为这才是"积极"的自由。

五、德国历史学派的社会福利思想

（一）旧历史学派

德国旧历史学派反对古典政治经济学的自由放任主义，主张国家干预，强调国家在经济社会事务中的作用。

---

① ［英］霍布豪斯：《自由主义》，90 页。
② 同上书，104～105 页。
③ 同上书，91 页。
④ 同上书，102 页。
⑤ ［英］霍布森：《帝国主义》，纪明译，60 页，上海，上海人民出版社，1960。

德国旧历史学派的主要代表人物威廉·罗雪尔论述了贫困的原因及济贫的政策措施。他认为贫困的原因有三种：其一是由于"绝对的不能劳动"，这种情况在各个文化阶段都存在。其二是由于"相对的不能劳动"，如乞丐和失业；前者是没有劳动意志，后者是想劳动却没有工作的场合。其三是由于"过多的支出"，这种情况在各个文化阶段也都存在。① 他认为政府有责任解决贫困问题，他说："从政治上和从道德上说都不能让贫民感到饥饿。"② 他认为政府在两种情况下应该采取济贫措施：其一，"当家族、组合、公共团体等紧密团结的时候，这些团体有力量维持它们的贫穷的成员。一旦国家使这些团体失去它们的政治作用，在济贫救护工作被削弱而且得不到保障的情况下，国家就得自己承担这项工作"；其二，"在贫穷还不显著的情况下，即当它在政治上还不显著的时候，济贫救护工作可以委诸民间的自由的慈善团体。但如这种慈善行为已感不足，国家就必须代以强制规定并集中办理的慈善措施"③。

罗雪儿阐述了济贫救护工作的指导原则。其一，"不预先研究贫民的全面情况绝不应开始救济"；其二，"既应关怀贫民的身体，也应注意他们的精神状态"；其三，"须预防特殊情况下的贫穷"；其四，"要尽可能做到救济以实物不如以工作，救济以货币不如以实物"；其五，"尽可能将贫民委诸其家族团体"；其六，"注意不要因为有施舍物品而直接或间接扩大贫困的范围"；其七，"募来的款子要用光，但须节约"。④

罗雪儿分析了一些预防性的济贫设施和各种济贫措施。预防性的济贫设施有：工人互助合作社，典当、特别是带慈善性质的当铺，储蓄金库。济贫措施有如下一些：设立婴儿院、托儿所、孤儿院；开办平民工厂和职业介绍所；济贫移民。⑤

罗雪儿指出，济贫事业一经政府插手，就会向更多的方面扩张。他说："首先，政府有责任承担施舍物品的分配工作，使一般民众免受乞丐的骚扰……为帮助贫民而实施的直接税、奢侈税等赋税……如果穷人进一步增多，就要采取半强制性的许多手段以提供施舍物品——如采用发表名簿或对那些不同情穷人

---

① ［德］威廉·罗雪儿：《历史方法的国民经济学讲义大纲》，朱绍文译，123 页，北京，商务印书馆，1981。

② 同上书，124 页。

③ 同上。

④ 同上书，126 页。

⑤ 同上书，127～128 页。

的人规定其捐输金额等方式筹款。"①

（二）新历史学派

19世纪下半叶，德国新历史学派（又称"讲坛社会主义"）出现，主要代表人物有：古斯塔夫·施穆勒、威尔纳·桑巴特、瓦格纳、布伦坦诺等人。新历史学派反对古典政治经济学派的自由放任主义，主张国家至上，国家直接干预经济社会生活，提倡国家福利，主张社会改良主义，由政府通过立法，实施社会政策来提高工人的物质生活待遇。新历史学派认为，国家应实行包括社会保险、孤寡救济、劳资合作以及工厂监督在内的一系列社会措施，实行经济和社会改革。②

瓦格纳认为慈善的经济组织应该以道德为追求目标；国家要促进社会福利增长；要通过收入再分配的方式改善劳动者的生活。③

德国历史学派主张社会改良主义，因而在社会福利方面坚持国家的作用至上，认为国家应该对经济社会生活进行干预，自上而下地推行国家福利。新历史学派的一些政策主张被俾斯麦政府所接受，促成了德国保险制度的诞生。

六、费边社会主义的社会福利思想

费边社会主义19世纪下半叶产生于英国，反对暴力革命，主张通过国家改革的方式实现一种温和的社会主义并推行社会福利。代表人物有萧伯纳、韦伯夫妇等人。

费边社会主义者认为"社会主义是使所有的人都获得平等的权利和机会的计划"，主张社会举办并维持博物馆、公园、图书馆……工人住宅、学校、教堂等公共事业来满足人们的需要。韦伯夫人说："费边派社会主义不是那种要求用残酷革命实现无政府乌托邦的外国制造的社会主义，而是特殊的英国式社会主义，这种社会主义不是停留在口头上而是体现在行动中，体现在工厂法、废除实物工资制法令、雇主责任条例、公共卫生条例、工人住房条例和教育法令，体现在一切迫使个人为国家服务并受国家保护的仁慈立法中。"④

---

① ［德］威廉·罗雪儿：《历史方法的国民经济学讲义大纲》，124页。

② 徐丙奎：《西方社会保障三大理论流派述评》，载《华东理工大学学报》（社会科学版），2006（3）。

③ 曾国安：《论17世纪以来西方社会保障思想的演进》，载《江汉论坛》，2001（11）。

④ 同上。

费边社会主义的社会福利思想还包括：认为政府有责任组织社会服务，并采取各种手段改善国民的社会福利；认为贫富差距不能过于悬殊，要保证国民的基本生活标准，摆脱贫困、过有尊严的生活是每个公民的权利。① 费边社会主义者提出了国家最低生活标准、资源的社会管理、以累进税缩小贫富差别、整顿教育等主张。②

七、空想社会主义

17 至 19 世纪的空想社会主义在社会福利思想上的表现集中体现在三个方面：对现行社会制度，尤其是私有制的批判，并在此基础上提出公有制或平等的社会制度主张；在社会分配上的福利思想；一些具体的社会福利主张。

（一）批判私有制，提倡公有制

17 至 19 世纪的空想社会主义思想对资本主义的财产私有制有着深刻的批判，并在此基础上提出构建公有制社会或理想社会的设想。

法国空想社会主义者梅叶对财富私有的社会进行了谴责，他号召财富和生活资料公有。他说："还有一种几乎在全世界都流行并合法化了的祸害，那就是一些人把土地资源和财富据为私有财产，而这些东西本来是应当根据平等权利归全体人民公有的"。③ 由此造成了社会不公、贫富不均等社会问题，引发了社会矛盾甚至暴动、战争。他因而提出"人类在平等的基础上共同占有并享用财富和生活资料……如果他们明智地互相分配土地的财富和自己的劳动和生产的果实，那么他们都能过着完全幸福的和满足的生活"。④ 摩莱里也反对私有制，主张公有制。他说："社会上的任何东西都不得单独地或作为私有财产属于任何个人，但每个人因生活需要、因娱乐或因进行日常劳动而于当前使用的物品除外。"⑤ 他强调土地不得私有，土地的数量要足够供养居民并使耕者有地可种。温斯坦莱强烈反对土地私有制，"土地被创造出来，是为了成为一切动物的共同

---

① 吴中宇：《社会保障学》，46 页，武汉，华中科技大学出版社，2004。
② 徐丙奎：《西方社会保障三大理论流派述评》，载《华东理工大学学报》（社会科学版），2006 (3)。
③ ［法］梅叶：《遗书》（第 2 卷），何清新译，121 页，北京，商务印书馆，2009。
④ 同上书，128 页。
⑤ ［法］摩莱里：《自然法典》，黄建华、姜亚洲译，102 页，北京，商务印书馆，2009。

财富，而现在却被买卖，被少数人所霸占，这是对伟大的造物主的一个极大侮辱"。① 他主张建立土地公有制，"土地将重新成为它本应该成为的共同财富"。② 马布利也主张废除私有制，走向公有制。他"认为这种不祥的私有制是财产和地位的不平等的起因，从而也是我们的一切罪恶的基本原因"。③ 他得出了"只有在财产公有制度下才能得到幸福"的结论，并且说："自然界多么明智地准备了一切条件来引导我们实行财产公有，制止我们坠入建立私有制的深渊。"④

傅立叶认为资本主义是自私自利的制度，在这种制度下，资本主义生产追求的只是个人利益，而个人利益和大众福利是对立的。⑤ 欧文对私有财产制进行了大力抨击。他历数了私有财产制的弊害，"私有财产过去和现在都是人们所犯的无数罪行和所遭的无数灾祸的根源"⑥；"私有财产是贫困的唯一根源，由于贫困而在全世界引起各种无法计算的罪行和灾难……私有财产还经常阻挠和妨害实行对人人有利的社会措施"。⑦ 因此，他主张废除私有财产制，实行财产公有制。"在合理组织起来的社会里，私有财产将不再存在……当纯粹个人日常用品以外的一切东西都变成公有财产，而公有财产又经常能够绰绰有余地满足一切人需要的时候，当财富的人为价值不再存在，而所需要的只是财富的内在价值时，人们自然会了解到财产公有制较之于引起灾祸的财产私有制具有无可比拟的优越性。"⑧

（二）分配原则

在分配原则上，17、18 世纪的空想社会主义者倾向于平均分配或平等分配，19 世纪的空想社会主义者则倾向于有差别的分配。

1. 平均分配、平等分配思想

摩莱里主张按公民的需要进行分配。他说："按照神圣法律的规定，公民之间不得买卖或交换。因此，需要各种草料、蔬菜或水果的人，可到公共广场去

---

① ［英］温斯坦莱：《温斯坦莱文选》，任国栋译，6 页，北京，商务印书馆，2009。

② 同上书，8 页。

③ ［法］马布利：《马布利选集》，何清新译，38 页，北京，商务印书馆，2009。

④ 同上书，38～39 页。

⑤ 陈红霞：《社会福利思想》，125 页。

⑥ ［英］欧文：《欧文选集》（第 2 卷），柯象峰、何光来、秦果显译，11 页，北京，商务印书馆，2009。

⑦ 同上书，13 页。

⑧ 同上。

取一日的用量……如果某人需要面包，他可以按照规定的时间到烤面包的人那里去取……其他一切需要分配给每个家长以供他们个人使用或子女使用的物品，均采用这种方法分配。"①

巴贝夫说："要使这个民族的各个人之间没有任何差别的绝对的平等"，"福利必须让大家普遍享受，必须均等分配"。② 埃蒂耶纳·卡贝也持这种平均分配思想。他提出，"把食品平均地分配给全体人民……从我们视为最粗糙的食品直到我们称作最精细的食品，每个人都无区别地分到相等的一份"。③

梅叶主张社会成员平等劳动、平等分配。他说："每个人都可以充分地享用和平生活所必需的东西……人人的生活几乎是完全平等的……任何人都不应当因过度的劳动和过分的疲劳而伤害自己，因为人人都要担起劳动的担子"④，"一切物资和财富都成为大家应该平等享有的财产。"⑤ 马布利主张建立平等的社会，他说："如果立法者一开始就不集中注意力去建立公民的财产和地位的平等，那么，他的一切努力都将徒劳无益。"⑥ 他认为"平等一定会带来一切福利……不平等将为人们带来一切不幸"。⑦

欧文认为"任何社会的第二个重要而不变的生活要素，就是分配所生产的财富，以维持生活和增进幸福"。⑧ 他主张按需要进行公平分配。"在理性的社会制度下，这种不合理的财富分配将不复存在，每个人都公平地取其所得，并且对其他一切人都将公平行事。"⑨ 具体而言："财富生产出来后，将按货物的种类放进仓库或货栈里保存起来，以供消费者使用……由年龄最适合分配职务的那一组人分配本联合家庭的一切成员每日所需要的物品。"⑩

---

① ［法］摩莱里：《自然法典》，105～106 页。

② ［法］巴贝夫：《巴贝夫文选》，梅溪译，86、89 页，北京，商务印书馆，1962。

③ ［法］埃蒂耶纳·卡贝：《伊加利亚旅行记》（第 1 卷），李雄飞译，75 页，北京，商务印书馆，1982。

④ ［法］梅叶：《遗书》（第 2 卷），128～129 页。

⑤ 同上书，130 页。

⑥ ［法］马布利：《马布利选集》，26～27 页。

⑦ 同上书，27 页。

⑧ ［英］欧文：《欧文选集》（第 2 卷），27 页。

⑨ 同上书，29 页。

⑩ 同上书，32 页。

2. 有差别的分配思想

圣西门认为，每个人的收入应当同他的才能和贡献成正比，应当让每个社会成员按其贡献的大小，获得最大的福利。傅立叶反对平均主义的分配方式，他提出按比例进行分配。按比例分配的根据是劳动、资本和才能，"按照每个人的资本、劳动和才能三个特点使每个人都得到满足的按比例实行的分配"。[①] 分配的比例为劳动占 5/12，资本占 4/12，才能占 3/12。

魏特林主张平均分配和按劳分配相结合。他把劳动及劳动产品都分成两类，一类是一切有劳动能力的人都要参加"必要和有益的劳动"，凡是参加了这类劳动的人，都可得到同等的"生活必需品"。一类是劳动者可以自由参加的"为舒适的享受"而进行的劳动，参加这类劳动的人可获得相应数量的"舒适的产品"，"舒适的产品"原则上按能力和贡献大小进行分配。

（三）提倡社会福利

梅叶认为理想的公有制社会的基层组织是公社。公社的领导应该是致力于发展和维持人民福利的人，他们必须发布能促进繁荣和增进公共福利的命令。[②] 梅叶强调儿童福利。他认为愉快、和睦的夫妻关系"对他们和他们的儿女来说，将是很大的福利，他们的儿女就不会遭受因丧父、丧母或父母双亡而成为孤儿"的命运，[③] "所有的儿童都同样能受良好的教育，同样吃得好，得到一切必要的东西，因为他们全都是由社会公款来抚养和教育的。"[④]

摩莱里认为每个公民都应由社会供养，"每个公民都是依靠社会供养、维持生计和受到照料的公务人员。"[⑤] 关于住房问题，"每个家庭住一所宽敞舒适的房屋。所有这些房屋形状划一。"[⑥] 关于医疗问题，"选一块最清洁的地段，建筑一所宽敞舒适的大厦，供收容和医治各种病人使用。"关于残疾人和老年人问题，"建筑一所宽敞舒适的养老院，收容一切有残疾的和年老的公民。"[⑦] "残废

---

① ［法］傅立叶：《傅立叶选集》（第 1 卷），赵俊欣、吴模信等译，148 页，北京，商务印书馆，2009。

② 陈红霞：《社会福利思想》，107 页。

③ ［法］梅叶：《遗书》（第 2 卷），131 页。

④ 同上书，132 页。

⑤ ［法］摩莱里：《自然法典》，103 页。

⑥ 同上书，107～108 页。

⑦ 同上书，108 页。

和老弱的人在公共房屋中得到舒适的住处、饮食和给养……同样，一切病人都毫无例外地要被送进为他们专设的公共房屋中，并且像在家里一样，获得周到的良好的护理，而且待遇相同，不分彼此。每个城市的参议会要特别关心养老院和医院的经营工作，务使其不缺乏任何必需品或娱乐物品，以使病人恢复健康和最快地复原，好让残疾之人不致失去生活的乐趣。"① 关于儿童教育问题，"每个部族的全体儿童，五岁时集中搬到为他们专设的房舍内，男女分居。他们的饮食、衣服和初等教育，到处都完全一样，不加区分，一律按参议会指定的规则办理"。②

圣西门认为政府和社会组织应该为社会造福。他指出，"政府的经常的和唯一的职责，就是为社会造福"。③ 而"社会组织的唯一而长远的目的，应当是尽善尽美地运用科学、艺术和工艺的现有知识来满足人们的需要。"④

傅立叶认为可以把社会保障分为两种，一是"作为贫苦劳动阶级生存与福利的劳动保障"，二是"对于中层阶级与富有阶级在社会关系上的真理保障"。针对这两类保障就有了两种实现保障的办法，一是"为穷人建立福利的保障"，二是"为富人在经济利害关系上建立安全和诚实的保障"。⑤ 他还主张：建立卫生检疫隔离所，实行个人或者互助保险，通过预扣养老费的办法为老年人提供保障，建立收容农场接纳失业者和贫困者。⑥ 在他的理想组织"法朗吉"中，工作将变成一种乐趣，通过劳动保证偿还预付给人们最低限度的生活资料；儿童将得到最好的照顾；公共卫生与居民身体健康受到高度重视；人们的收入和享受明显改善。⑦

欧文关注贫困问题，但他认为英国的济贫法制度对贫民有害无利。在这种济贫法下，失业的劳动阶级"身心两方面的能力却始终没有用于生产。他们常常养成了愚昧和懒惰所必然产生的恶习。"⑧ 他给出了解决贫民问题的措施：要

---

① [法]摩莱里：《自然法典》，111页。
② 同上书，121页。
③ [法]圣西门：《圣西门选集》（第1卷），王燕生、徐仲年、徐基恩等译，245页，北京，商务印书馆，2009。
④ 同上书，248页。
⑤ 丁建定、魏科科：《社会福利思想》，40页，武汉，华中科技大学出版社，2005。
⑥ 同上书，41页。
⑦ 同上书，38～39页。
⑧ [英]欧文：《欧文选集》（第1卷），183页。

"使贫民的子女受到最有用的教育"；"把贫民安置在一种能使自己的真正利益和义务明显地结合起来并能避免无谓的诱惑的环境中"；① "必须为失业劳动阶级找到有益的职业，并使机器服从他们的劳动，而不要像现在这样用机器来代替他们的劳动"。② 欧文反对儿童过早进入工厂工作，并要求限制儿童的劳动时间："机器厂房的正规劳动时间每天限于十二小时"；"十岁以下的儿童不得受雇在机器厂房内工作，或者十岁至十二岁的儿童每天工作时间不得超过六小时"。③

空想社会主义者对财产私有制和不平等的社会制度进行了较为深刻的批判，提出了平均分配或合理分配的方案及一些具体的社会福利主张，但是他们的很多社会福利方案是以一种设想的、理想化的公有制或社会制度为基础的，这就在很大程度上削弱了他们福利思想的现实力度。

第三节 西方现代社会福利思想

自西方进入工业化社会以来，在福利与社会的关系上，一直存在着"问题"和"主义"之争。"问题"源于调整迎合人的需要和社会控制之间的矛盾关系，"主义"则因问题而起，展现出思想传统和利益派别上的差别。有学者认为，可以"把西方社会保障理论分为三大流派，即国家干预主义、经济自由主义和中间道路学派。国家干预主义主要有德国新历史学派、费边社会主义、福利经济学、瑞典学派、凯恩斯主义、新剑桥学派等；经济自由主义包括古典自由主义和新自由主义；中间道路学派主要指第三条道路"④。由于前面对德国新历史学派、费边社会主义者已有详述，这里仅对 20 世纪以来的西方社会福利思想发展过程作一鸟瞰。

一、现代西方社会福利思想演进脉络

（一）福利经济学

福利经济学是"经济学的一个理论分支，致力于把道德评价标准运用于经

---

① ［英］欧文：《欧文选集》（第 1 卷），184 页。

② 同上书，182 页。

③ 同上书，141 页。

④ 徐丙奎：《西方社会保障三大理论流派述评》，《华东理工大学学报》（社会科学版），2006（3）。

济制度。认为实际的社会经济目标是假设的，而不是由经济分析所决定的。"①
它的主要代表人物是英国经济学家阿瑟·塞西尔·庇古（Authur Cecil Pigou），
主要代表作有《财富与福利》、《失业理论》（1933）、《就业与均衡》（1941）等。
庇古以边沁功利主义为基础，认为"福利"一词是指个人获得的效用或满足，②
并且认为，"收入从相对富有的人那里向习性相似的、相对贫穷的人那里的任何
转移都必定会增加满足的总量，因为在不太强烈需要的同样支出水平上这会使
更强烈的需要得到满足。因而，老的'效用递减规律'将必定导致这样的主张：
增加穷人手中实际收入绝对份额的任何原因都不能导致从任何观点来看的国民
收入分配规模的缩小将普遍地增加经济福利。"③ 为了说明这一经济福利观点，
庇古在基数效用论基础上提出了"边际私人纯产值"和"边际社会纯产值"两
个重要概念。前者指生产者个人追加一个单位的投资所获得的纯产值；后者指
从全社会来看，追加耗用一个单位的生产要素所增加的产品和劳务的价值。通
过比较两个数值，可以判定经济行为与社会福利是否相关。比如，科学技术发
明给社会带来的利益超过科学家个人所获得的利益，即意味着边际社会纯产值
大于边际私人纯产值；反之可以判定边际私人纯产值大于边际社会纯产值，比
如酗酒虽对酒商有利却对社会带来损失。④

　　在此基础上，庇古采用了两个标准作为检验社会福利的标志：一是国民收
入总量，二是国民收入的分配。凡能增加国民收入总量而不减少穷人的绝对份
额，或者增加穷人的绝对份额而不影响国民收入总量的，都意味着社会福利的
增进。理论上，资本主义可以通过自由竞争达到国民收入的极大值，但实际却
因为边际社会纯产值与边际私人纯产值而经常不一致和失衡，所以需要国家采
取适当调节生产的措施处理市场失灵问题，以增进社会福利。在国民收入方面，
庇古提出，同量收入或货币对穷人的边际效用大于对富人的边际效用，因而诸
如征收累进所得税和遗产税、扩大失业补助和社会救济等收入均等化政策，将
在无须增加国民收入总量的条件下通过再分配增进社会福利。⑤

---

① 杨春学：《当代西方经济学新词典》，95 页，长春，吉林人民出版社，2001。

② 同上书，13 页。

③ 转引自晏智杰：《西方经济学说史教程》，355～356 页，北京，北京大学出版社，2002。

④ 杨春学：《当代西方经济学新词典》，13～14 页，长春，吉林人民出版社，2001。

⑤ 同上书，14 页。

（二）　凯恩斯主义

凯恩斯（John Maynard Keynes）主义是指英国经济学家 J. M·凯恩斯根据 20 世纪 30 年代西方世界的经济大危机事实，拒斥了传统古典经济学关于市场的自身调节可以实现充分就业的假说，认为在市场机制调节的情况下，资本主义社会中存在失业是必然的。因此，实行国家调节是使现行经济形态免于全盘崩溃唯一切实可行的方法，即要解决资本主义社会的失业问题，必须由国家干预经济生活，运用财政政策和货币政策来刺激总需求。①

就实质而言，国家干预经济生活主张是凯恩斯提出的一个应对现代社会个体化趋势的方案。他在《就业、利息和货币通论》一书第二十四章中指出，"我们生活于其中的经济社会的显著弊端是：第一，它不能提供充分就业以及，第二，它以无原则的和不公正的方式来对财富和收入加以分配。……可以肯定，世界容忍失业的期间不会很久，而失业问题，除了短暂的局势动荡时期以外，按照我的意见，还是不可避免地和现代资本主义的个人主义联系在一起。……对于独裁者和其他的类似人物而言，至少在他们的期望中，战争会给他们带来愉快的兴奋状态。他们感到，比较容易利用人们的好勇斗狠的心理。但在此以外，协助他们煽起群众的激情烈火的却是战争的经济原因，即人口压力和对市场的争夺。……常识和对实际事务的正确理解使政治家们相信，如果一个传统上富裕的国家忽视市场的争夺，那么，它的繁荣会衰落并以失败告终"。② 凯恩斯所忧虑的是，如果现代国家只能以国际扩张来解决自己国内的发展和福利问题，只能带来"一切人反对一切人"的战争。他认为，如果对问题进行正确分析，也有可能把疾病治愈，与此同时又能保存效率和自由。并且如果各国都能学习到用国内政策来为它们自己维持充分就业和人口均衡，那么，就不会存在重要的经济原因来使一国的利益和他国的利益相对立。由此，国际分工和国际借贷活动就成了一国发展的良性环境。

凯恩斯相信，"相当大的财富和收入的不平等是合理的，但不平等的程度应该比目前存在的差距为小。有价值的人类活动的一部分需要赚钱的动机和私有财产的环境才能取得全部效果。不仅如此，通过赚钱和私有财产的存在，人类的危险的癖好可以被疏导到比较无害的渠道之中，而癖好如果不以此种方式得

---

① 杨春学：《当代西方经济学新词典》，190～191 页，长春，吉林人民出版社，2001。
② ［英］约翰·梅纳德·凯恩斯：《就业、利息和货币通论（重译本）》，高鸿业译，386～395 页，北京，商务印书馆，2005。

以满足,那么,它们会被用之于残暴、肆无忌惮地对个人权力和权威的追求以及其他方式的自我高大化。人们对他们自己的银行存款实施暴政比他们对他们的同胞们实施暴政要好一些。虽然前者有时被谴责为不过是达到后者的手段,但至少在有的时候,前者提供了一个可供选择的渠道。即使如此,为了刺激这些可供选择的活动和满足这些癖好,并没有必要像现在那样,给参加游戏的赢家提供如此之多的胜利品。较少的胜利品也能达到同一目的,一旦参与者习惯于此的话。改变人类本性的任务决不能混同于管理人类本性的任务。虽然在理想的国家中,可以通过教育、感化和养育来使人们对胜利品漠不关心,但只要一般的人,甚至社会中相当多的一些人仍强烈地沉湎于赚钱的癖好,那么,稳健的政治家就应该让游戏在规则和限度的约束下继续进行下去。"①

在凯恩斯思想之后,由于经济"滞胀"、美苏对抗以及随后而来的苏东社会主义国家解体,自由主义重新回潮,成为西方各国的主要意识形态思想,并对西方各国社会福利带来重要影响,在发展和批判凯恩斯理论的过程中产生了一些新的见解,这些论述主要包括②:

1. 新剑桥学派的社会福利理论。"二战"后,以琼·罗宾逊(Joan Robinson)为代表的英国新剑桥学派以凯恩斯理论为基础,提出了新剑桥经济增长模型。该模型与新古典增长模型关于经济增长有利于工资收入者而不利于利润收入者的观点截然相反,认为经济增长加剧了资本主义收入分配不平等。由此可见,分配失调是资本主义社会福利政策施行的出发点。所以罗宾逊认为"经济学绝不可能是一门'纯粹'的科学,而不掺杂人的价值标准"③,主张国家对经济予以干预,实现收入的"均等化"。

2. 货币主义的社会福利理论。米尔顿·弗里德曼(Milton Friedman)是该学派的主要代表人物,他根据资本主义经济生活中的"滞胀"现象来反对凯恩斯学派的国家干预政策,认为自由竞争下的资本主义市场和价格制度才是解决任何经济问题的最好机制。他十分怀疑"累进的所得税""遗产税"的效能:"这些税收的措施虽然不是完全没有影响,但它们在缩小用一些收入数字来划分

---

① [英]约翰·梅纳德·凯恩斯:《就业、利息和货币通论(重译本)》,387~388页。

② 任保平对新剑桥学派、货币主义以及供给主义等作了比较详细地叙述。参见任保平:《当代西方社会保障经济理论的演变及其评析》,《陕西师范大学学报》(哲学社会科学版),2001(2)。

③ [英]琼·罗宾逊、约翰·伊特韦尔:《现代经济学导论》,陈彪如译,5页,北京,商务印书馆,1982。

家庭的平均地位之间的差异的问题上具有比较小的（虽然不是可以忽视的）影响"①。对于老年和人寿保险、公共住房、法定最低工资、对农产品价格的支持、对特殊集团的公费医疗、特别援助法案等社会福利措施，他基本上都持怀疑意见②。那如何既能救济贫困，又不损害竞争、效率和自由呢？弗里德曼认为，"贫穷是一个相对的问题"，因此贫困问题的解决必须服从"方案得当""不触及自由市场根本制度"两项基本原则。"首先，假使目的是减少贫困，那么，我们应该有一个旨在帮助贫苦人的方案……第二，只要有可能，该方案在通过市场作用时，应该不妨碍市场正常状态或不阻碍它的正常作用"③。他从纯粹的执行机制的角度提出"负所得税"来实现贫苦救助。他认为负所得税是一种现金支持帮助，既帮助低收入者维持最低生活水平，又不挫伤人们的工作积极性，代替了各种特殊措施，作为一项社会负担费用，它在市场之外发生作用，并不危及自由市场制度④。

3. 供给学派的社会福利理论。供给学派与货币主义在本质上都是从自由主义原则出发，只不过是讨论问题和政策的角度不一样。顾名思义，货币主义侧重货币，而供给学派侧重市场的供给。供给学派奉行萨伊定律，认为在不受干预的市场经济中，供给会自行创造需求，并且认为一切经济问题始于供给，着重从供给方面而不是像凯恩斯主义从需求方面刺激经济主体，调动生产的积极性⑤。在社会福利方面，该学派认为社会保险削减了个人储蓄，抑制了人们的工作积极性，失业保险制度有利于鼓励失业，增加财政赤字和通货膨胀，主张大幅度削减政府开支，对社会保障计划进行改革，采取"紧急援助、严格的福利和对儿童补贴相结合"的社会保障制度，从而鼓励就业，提高生产率，减少政府开支⑥。

（三）福利思想类型论争

概而言之，以上这些福利思想主要表现为"自由主义"和"社会主义"两

---

① ［美］米尔顿·弗里德曼：《资本主义与自由》，高鸿业译，164～165 页，北京，商务印书馆，1986。

② 同上书，170 页。

③ 同上书，184 页。

④ 同上书，185 页。

⑤ 杨春学：《当代西方经济学新词典》，113 页，长春，吉林人民出版社，2001。

⑥ 任保平：《当代西方社会保障经济理论的演变及其评析》，《陕西师范大学学报》（哲学社会科学版），2001（2）。

大传统以及变种方面。具体来说就是，现代西方福利国家的实际状况与"保守主义""自由主义""社会主义"三种理论传统相关联："保守主义"强调经济上的放任，伦理上的国家干预（比如反堕胎、婚前性行为等），"自由主义"经济上强调自由，伦理上也强调自由，"社会主义"强调经济上的国家干预和计划，生活伦理上强调对自由价值的尊重①。

当西方资本主义国家发展至晚期资本主义社会阶段时，福利上的理论主张和政策贯彻并不是以哪个主义为主了，而是出现了相互交融、相互影响的局面。正如有学者所言："80 年代以来的实际情况是：威权主义已呈土崩瓦解之势；社会党人逐渐放弃了经济领域的国家干预主义（如吉登斯所表明的），但保持了伦理领域的个性解放主张；而保守党人逐渐放弃了伦理领域的国家干预主义（在堕胎等问题上尤其明显），但保持了经济领域的自由竞争主张。于是双方都与威权主义一刀两断，都转到自由主义方向来了。这当然未必能够证明历史已经'终结'，但它的确反映了未来一个时期的大趋势：东欧西欧化，西欧美国化……"② 因此我们看到，在当代西方社会福利国家中，社会福利的主旨未曾变化，但是由于各阶层利益以及政党轮替，福利政策在福利国家、新自由主义、新威权社会国家等方向进行相互选择。Susanne MacGregor 据此讨论了晚期资本主义阶段上的社会政策选择类型（见表 2.1）③。

表 2.1　晚期资本主义社会的三种社会政策制度

福利国家	新自由/后现代政权制度	威权社会国家
以控制和减少不平等为目标	不平等和贫困再起	以机会或者以精英社会为目标
对充分就业的政府承诺	失业以选择自由的名义是可以接受的、主要目标是控制通货膨胀	以最充分的可能就业为目标、福利为工作政权服务

① 秦晖：《"第三条道路"，还是共同的底线？——读吉登斯著《第三条道路》，兼论中国的社会民主主义问题》，《二十一世纪》（香港），2000 年第 10 号。

② 同上。

③ MacGregor, Susanne. 1999. "Welfare, Neo-Liberalism and New Paternalism: Three Ways for Social Policy in Late Capitalist Societies." *Capital & Class*, 67 (Spring), pp. 91-118.

福利国家	新自由/后现代政权制度	威权社会国家
对社会再生产的集体责任	追求利润支配社会价值、对效率和生产率的强调、强调国际竞争	权利和义务分属不同人、强调人的角色和社会资本、全球化论题
以社会凝聚/社会整合为目标	选择权利、个人责任	福利供给的分层系统
风险共担	幸运、风险承受和偶然性	一定条件下的基本性群体保险
市场、国家和市民社会的权力平衡	市场是关键制度、企业的支配、公共领域的颠覆	公/私合伙
职业的影响	职业的恶化	新管理主义和人力资源管理
"二战"后的法国、德国、瑞典	20世纪80年代的美国、英国、新西兰	20世纪90年代的美国、英国

资料来源：MacGregor, Susanne. 1999. "Welfare, Neo-Liberalism and New Paternalism: Three Ways for Social Policy in Late Capitalist Societies." *Capital & Class*, 67 (Spring), pp. 91-118

除了上述划分外，丹麦学者艾斯平—安德森根据社会权利的参考系和对各国非商品化的测度，将社会福利国家或体制分为三种类型，郑秉文对此进行了如下总结：

第一种类型是"自由主义"福利体制。在这种福利体制中居于支配地位的是不同程度地运用经济调查和家计调查式的社会救助，辅助少量的普救式转移支付或作用有限的社会保险计划。

第二种类型是"保守主义"福利体制。该制度类型的特点是社会权利的资格以工作业绩为计算基础，即以参与劳动市场和社保缴费记录为前提条件，带有保险的精算性质；这类制度最初发生在德国并得到长期发展，而后扩展到整个欧洲大陆。

第三种是"社会民主主义"福利模式。它缘于贝弗里奇的普遍公民权原则，资格的确认几乎与个人需求程度或工作表现无关，而主要取决于公民资格或长期居住资格。由于普救主义原则和非商品化的社会权利扩展到了新中产阶级，定额式的给付原则是其福利津贴给付的一个基本原则，所以这种福利制度还被称为"人民福利"模式。①

弗兰茨—科萨韦尔·考夫曼则提出了政府只负有限福利责任的盎格鲁—撒克逊模式、在很大程度上有国家组织社会福利生产的斯堪的纳维亚模式，以及基于社会市场经济模式的德国"社会福利国家"模式②。

由此可见，所谓福利国家模式其实是个相对的结论，因为各国福利模式由于其经济发展状况和国内政党政治变化一直存在着福利政策方面的融合和分化。正如弗兰茨—科萨韦尔·考夫曼认为，"历史上［…］的挑战（工业化、城市化、工人运动、第二次世界大战）是在不同的（世界观的、政治的和实用的）阐释的基础上，以及在不同的政体和权力关系的条件下被处理的，由此产生出各种不同的制度性解决方式。而尤其制度性解决方式的'路径依赖'表明，先前采取的社会政策措施的方式和形式，对以后的措施有重大的影响。正因为如此，社会政策措施和福利国家的结构在国与国之间差别很大。"③

二、福利国家的福利思想

（一）福利国家福利思想产生的原因

西方福利国家福利思想根源于西方社会的社会主义传统，更确切地说是根源于西方社会的社会民主主义传统。就实践与思想的关系而言，福利国家的实践是社会主义思想的基础，同时，思想也反作用于社会福利实践。西方社会主义的主要形态是社会民主主义，福利国家政策使社会民主主义成为一种温和的、议会制的社会主义。在吉登斯看来，西方社会民主主义有古典社会民主主义和现代社会民主主义之分。20 世纪 80 年代以前可以被称为古典社会民主主义，

---

① 郑秉文：《社会权利：现代福利国家模式的起源与诠释》；关尔：《福利模式研究的开创之举》，《中国社会科学院院报》，2005-04-05。

② 德国《基本法》第 20 条第 1 款规定了所谓社会福利国家条款："德意志联邦共和国是一个民主制和社会福利的联邦国家。"《基本法》第 28 条第 1 款继续规定：各联邦州的宪法必须符合基本法规定的共和制、民主制和社会福利的法治国家原则。社会福利国家有着各种复杂机构，它们不是出于国家政治的中心，而是专门的行政机关或独立的公法机构。社会福利国家对这些社会福利部门有建立、资助和调控的责任，而在自由主义的社会制度中，进行资助和调控必须有特别的理由。同时，社会福利国家与斯堪的纳维亚地区、盎格鲁—撒克逊地区不同，国家的社会福利措施主要体现在劳工法和社会福利法中，教育政策不属于社会政策的范围，教育政策由各州自行确定。参见［德］弗兰茨—科萨韦尔·考夫曼：《社会福利国家的挑战》，王学东译，14～15 页，北京，商务印书馆，2004。

③ ［德］弗兰茨—科萨韦尔·考夫曼：《社会福利国家的挑战》，18 页。

20 世纪 80 年代以来在"新"自由主义冲击下逐渐形成现代社会民主主义。① 在古典社会民主主义阶段上的福利思想正是我们所谓的福利国家福利思想。现代社会民主主义阶段上的福利思想就是所谓的第三条道路福利思想。根据福利国家福利思想的思想发展脉络，我们认为它的产生主要受以下因素影响：

1. 工业化社会的发展

西方工业化社会的根本性机制之一便是竞争机制。一国在国内会受到经济波动的影响，在国外则会受到他国贸易出口的挑战。这是因为"许多商业决策的制定并不协调以及国际贸易周期十分复杂"。② 在城市化背景下，上述影响和挑战往往会引发社会冲突、危及社会团结。为了解决这个问题，福利国家福利思想和实践经历了从消极福利到积极福利的转变。比如英国逐步产生了《济贫法》《安置法》《济贫法修正案》（1834）《市政法》（1835）《教育法》（1880）《国民健康服务》（NHS）《老年人养老金法案》（1908）《劳动力交易法》（1908）《国家保险法案》（1911）《贝弗里奇报告——社会保险和相关服务》（1942）《巴特勒教育法——免费国家中等教育法》（1944）《国民保险法》（1948）《国家援助法令》（1948）《儿童法》（1948）《住房融资法》（1972）《社会保障法》（1986）等。除了福利法规的大量涌现和调整外，福利开支也一直呈上升趋势。英国即使在玛格丽特·撒切尔执政期间，公共开支的实际值仍在增长。③ 据一项测算，1995 年西方主要福利 11 国（包括澳大利亚、加拿大、丹麦、芬兰、德国、爱尔兰、意大利、荷兰、瑞典、英国、美国）除美国外，其他 10 国的公共社会福利支出占 GDP 的比值都超过了 20％。④

2. 社会政治的发展

福利和社会之间的相互作用相当复杂。福利需要的产生和满足都与社会、经济条件相关。比如政府提供住房可看成是对市场作为住房供方缺陷所作出的反应，但同时也要看到，政府的这种做法也同样改变了住房市场特征，新的权力博弈会重新卷入，并推动住房供、需、建各方之间的博弈。所以，福利必须

① ［英］吉登斯：《第三条道路：社会民主主义的复兴》，郑戈等译，4～6 页，北京，北京大学出版社，2000。

② ［英］迈克尔·希尔：《理解社会政策》，刘升华译，33 页，北京，商务印书馆，2003。

③ 同上书，68 页。

④ Hacker, Jacob S. 2005. "Bringing the Welfare State Back In: The Promise (and Perils) of the New Social Welfare History." *The Journal of Policy History*, 17 (1): 125-154.

而且应当被视为一个政治过程。

第一，民主革命的深远影响，选举权的逐步扩大，公民更加全面地参与到国家活动中来；人道主义事业和工人阶级压力共同促成了国家的福利干预活动。①

第二，福利政策会引起对其他政策的需求，为其他政策创造机会，并为进一步的政治反应创造机会。

第三，官僚化倾向既是福利政策的推动者，也是福利政策实施的后果，国家在组织上的复杂性必然导致政策实施过程的复杂化。

第四，任何福利政策对公众产生的实际影响都取决于人们对它的理解和实施。②

3. 国内矛盾与国外战争威胁

在一定程度上，整个欧洲的现代史就是一部民族国家形成的战争史。战争在国内或国外经常、广泛地存在，战争成为民族国家形成的重要推动力量。人民力量被给予大量关注，人民力量也表现在公民权和社会福利的广泛获得。比如英帝国对"布尔战争"的一个反思性结果便是成立了一个针对体质下降的跨部门委员会。德国在俾斯麦时代为应付劳工问题很早就接受了社会保险思想，从而缓和了社会矛盾。英国在"二战"后推出了贝弗里奇福利计划。可见，现代资本主义国家的国内矛盾和国外战争危险在一定程度上促成了福利国家福利思想的形成，正如迈克尔·希尔所言，"很多和平时期的政策变更实际上是获得了战争时期临时性措施的预示。"③ 托马斯·亚诺斯基也认为，"公民权利几百年的长期发展牵涉战争和国际冲突"，同时，"在权利的发展和渐进顺序中，国家［的职能］从黄蜂到火车头"④，他总结出了从 1789 年到 1945 年几百年间公民权利（包括福利权利）的发展框架（见图 2.1）。

---

① ［英］迈克尔·希尔：《理解社会政策》，刘升华译，27 页、30 页，北京，商务印书馆，2003。

② 同上书，22～23 页。

③ 同上书，34 页、36 页、42 页。

④ ［美］托马斯·亚诺斯基：《公民与文明社会》，柯雄译，214～215 页，沈阳，辽宁教育出版社，2000。

1.人员集中：
a.工厂
b.邻里街坊或行业
c.地区和城市

2.资源动员：
a.意识
b.组织
c.联盟

3.社会运动和政党发展：
a.阶级或劳工
b.妇女运动
c.民族和种族运动

4.福利制度增长：
a.退休金和补助金
b.医疗保险
c.公共援助
d.教育制度
e.劳动力市场政策

5.经济上和军事上的强制：
a.军事劳力和技术
b.财政和技术的经济资源

6.经济上和军事上的手段：
a.强制威胁和征用没收
b.经济和财政威慑
c.贸易条件

7.经济和军事控制：
a.警察和军队
b.退伍军人安顿
c.双边贸易和国际贸易协议

8.国家增长：
a.赋税
b.研究与试制
c.行政管理
d.规章制度
e.经济增长
f.分配，再分配

9.国家整体形式：
a.自由主义/多元主义：邦联、代理经纪或分散
b.传统/社团主义：军事/精英官僚专制主义
c.社会民主：混合民粹军国主义，宪制民主制

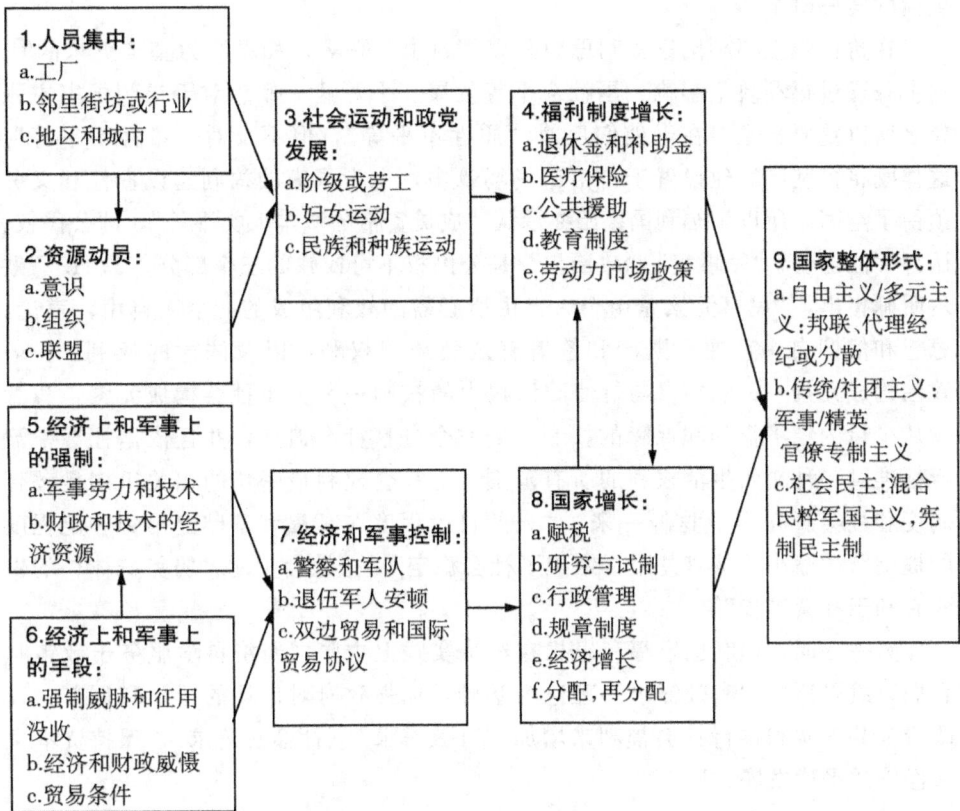

图 2.1　公民制的发展（1789—1945）

资料来源：［美］托马斯·亚诺斯基：《公民与文明社会》，柯雄译，225 页，沈阳，辽宁教育出版社，2000。

（二）福利国家福利思想含义

　　福利国家制度是资本主义发展到一定阶段的产物。特别是在"二战"后，各主要资本主义国家纷纷建立了福利国家制度。福利国家制度实践以一套福利国家福利思想为预设，即主张现代国家有为其公民提供普遍福利的责任，并强调这种责任须以立法形式得到确认。比如阿尔弗雷德·马歇尔就强调，现代人自由选择的一个前提是国家应该使用强制性权力让大众具有稳步变成"绅士"的能力。T．H．马歇尔对此给予积极评价，"必须强迫孩子上学，因为文盲是无法欣赏的，而且因此也是无法自由选择的，这些是绅士生活有别于工人阶级

生活的美好事情"①。

在价值观上福利国家福利思想是以"自由、平等、相助"为基本诉求的②。它主张通过福利政策影响一国社会平等发展。平等这一概念对于福利国家主张者之所以重要,主要在于他们反对"质性不平等",但不反对"量性不平等"。这样既将福利国家建设置于自由市场场景中,也为国家的福利建设责任和义务预留了空间。所以,福利国家始终承认"成员资格的基本人类平等",即公民权,认为"社会权""民事权""政治权"是公民权不可或缺的三个部分。T. H. 马歇尔明确指出,"民事元素是由个人自由所必需的权利组成的:个人自由,言论、思想和信仰自由,拥有财产和签署有效契约的权利,以及法律的权利。……政治构成元素……意指参与行使政治权力的权利……关于社会构成元素,我意指从少量的经济福利和保障的权利,到完全分享社会遗产,并且依据社会中流行标准过一种文明生活权利的所有范围。与社会权利最密切的相关机构是教育制度和社会服务"③。这样一来,"人的自由程度在高福利基础上得到一定程度的提高"、"缩小了贫富差距,维护了社会稳定""全社会关注'弱势群体'的做法有利于社会进步"④。

另一方面,福利国家福利思想在经济实践上主张"经济科学服务于政策",它们以凯恩斯的"有效需求"理论为基础,加强政府对市场的干预和调节,以政府公共采购和推行社会福利来增加"有效需求"(社会总需求),保持资本主义经济的平稳发展。⑤

福利国家制度在经济高涨时期内,的确有助于社会发展的均衡和稳定。然而,在全球化冲击下,以及老龄化、家庭结构变化等因素的联合影响下,一国并不能永固地维持其经济中心的地位,所以,福利国家制度受到极大挑战。比如"曾经是欧洲经济发展的'火车头'的德国,目前也面对着经济增长乏力、失业人口居高不下、社会福利支出不堪重负三大难题。2003 年以来,德国施罗德政府陆续推出了以削减福利和增加就业的'2010 计划'为主的多项改革措施,包括降低税率、削减失业救济金、推迟甚至暂时冻结退休者养老金的增加

---

① [英] T. H. 马歇尔:《公民权和社会阶级》,《国外社会学》,2003(1)。

② 张红霞:《北欧国家的福利制度改革及其对中国的启示》,《中国石油大学学报》(社会科学版),2007(6)。

③ [英] T. H. 马歇尔:《公民权和社会阶级》,《国外社会学》,2003(1)。

④ 张红霞:《北欧国家的福利制度改革及其对中国的启示》。

⑤ 王锡源、叶献伟:《经济全球化下福利国家制度面临的挑战》,《郑州航空工业管理学院学报》,2007(4)。

等。但改革措施遇到了强大阻力，习惯了优厚福利待遇的德国人对于政府的改革持有疑虑，德国原先引以为豪的福利制度已成为经济发展的重大负担，德国的福利制度因此面临着巨大挑战"①。又比如推行高补贴、高福利、高税收和高保护政策的北欧国家，它们"虽然在一定程度上保护了弱者，抑制了贫富分化，具有政治上的进步意义，但在经济上削弱了市场机制的力量，妨碍了竞争，严重制约了生产效率的提高"，主要表现在："高福利制度培植了一种惰性，降低了社会发展效率"；出现了"福利妈妈""福利懒汉"和"福利瘾君子"；高福利制度造成了沉重的财政负担和通货膨胀，使公平与效率双重失衡。②

（三）福利国家福利思想的类型

福利国家福利思想类型是对福利国家福利实践经验的总结。因为不同的实践形态依托不同的阶级基础、不同的合作主义因素、不同的阶级结构和阶级分化③，所以必然反映出各自不同的思想形态。吉登斯认为，"实践中的社会民主与由它们孕育出的福利制度一样有各种差异很大的形态"④。他把欧洲福利国家分成四种不同的制度类型，它们都分享着共同的历史起源、目标和结构：

1. 英国的福利制度，重视社会服务和保健，福利是按收入多寡来确定的；

2. 斯堪的纳维亚或北欧福利国家，以高额税收为基础，基本取向是使每一位公民都享受到福利，提供慷慨的福利金和资金充裕的国家服务，包括医疗保健服务；

3. 中欧各国的福利制度，对社会服务的投入相对较弱，但在其他方面确有充分的福利性投入，获得福利的主要途径是就业，而福利基金的主要来源是社会保险金；

4. 南欧各国的制度，在形式上类似于中欧各国，但涉及的范围比前者窄，提供的支持也比前者少。⑤

---

① 邓亮：《德国福利国家制度的困境及其根源》，《财经界》，2007（1）。

② 张红霞：《北欧国家的福利制度改革及其对中国的启示》。

③ 郑秉文：《社会权利：现代福利国家模式的起源与诠释》，《山东大学学报》，2005（2）。

④ ［英］吉登斯：《第三条道路：社会民主主义的复兴》，郑戈等译，6页，北京，北京大学出版社，2000。

⑤ Scharpf, Fritz W. 1998. "Flexible Integration." in *Euro Visions*, (ed.) by Lan Christie. London: Demos. 转引自［英］吉登斯：《第三条道路：社会民主主义的复兴》，7页。

三、新自由主义的福利思想

（一）"新"自由主义福利思想概念含义和特征

1. 自由主义、新自由主义、"新"自由主义辨析

自由主义发展至今，其流派和含义比较复杂，因为它涉及新和旧，保守和激进等区分。不过，比较清楚的线索主要表现为古典自由主义（又称传统自由主义）、现代自由主义（又称新自由主义），和"新"自由主义三个阶段。有学者区分了新自由主义（New Liberalism）和"新"自由主义（Neo-Liberalism）间的不同。李小科指出，新自由主义应被称作"现代自由主义"（或"社会自由主义"），是一种主张政府对经济进行广泛管理和部分干涉的政治经济立场；不过，新自由主义的这种立场要比社会民主党人所主张的规范和干涉要小得多。新自由主义的思想基础是，社会虽无权从道德上去教化它的公民，但保障每一个公民拥有平等的机会却又是社会的任务。新自由主义是生活于20世纪的自由主义者对19世纪古典自由主义的一种回应。新自由主义者更为注重和强调积极（肯定）的自由，致力于提高社会弱势群体和贫困成员的自由。"新"自由主义则是被用以描述形成于20世纪70年代，并在80年代逐渐取得主导地位的一种政治—经济哲学。"新"自由主义反对政府对经济的直接干涉，转而强调通过用鼓励自由市场、减少对商业运行和经济"发展"进行限制的手段来取得进步，实现社会正义。"新"自由主义的主持者们主张，在自由贸易、自由市场和资本主义体制下，社会纯收益在任何情况下都超过其支出。① 也就是说，"新"自由主义倾向于古典放任自由主义。

2. "新"自由主义福利思想的含义

一般而言，"新"自由主义福利思想可以概括为："反对福利国家理论及其政策实践，新自由主义者认为，社会福利是国家控制和干涉个人自由的一种隐蔽手段，通过福利的供给，国家逐步转变成一个无所不能的控制者；通过福利的获得，个人却在不知不觉中丧失了自己的独立与自由。"② 具体而言，西方新自由主义福利思想可以从两个层面解析，从经济学层面看，它崇尚自由市场，

---

① 李小科：《澄清被混用的"新自由主义"——兼谈对 New Liberalism 和 Neo-Liberalism 的翻译》，《复旦学报》（社会科学版），2006（1）。

② 马晓强、王瑜、李艳军：《新自由主义的社会福利思想》，《郑州航空工业管理学院学报》，2006（6）。

限制政府权力；强调供给的作用，批判需求管理模式；反对失业的国家控制；强调福利国家社会政策的失效性。从政治哲学层面看，它强化理性人的意识；厌恶专制，追求自由；效率至上，反对社会平等；以社会契约论为基础，批判功利主义。然而，意识形态并非等于现实，事实上，"新"自由主义在目前带来了巨大的社会不公平，贫富差距加大；同时，由于和政治保守主义结盟，成为大垄断公司的代言人。①

3. "新"自由主义福利思想的特征

"新"自由主义福利思想的特征主要体现在里根主义或撒切尔主义之中（虽然在具体政策上有别），即市场自由化理论。这一理论深受弗里德里希·冯·哈耶克自由市场理论的影响。这种影响不仅在英国、美国、澳大利亚和拉丁美洲造成了显著后果，也波及欧洲大陆的大多数国家②。"新"自由主义福利思想的特征大致包括12个方面："小政府；自治的公民社会；市场原教旨主义；道德权威主义，加上强烈的经济个人主义；与其他市场一样，劳动力市场也是清楚、明晰的；对不平等的认可；传统的民族主义；作为安全网的福利国家；线性式的现代化道路；低度的生态意识；关于国际秩序的现实主义理论；属于两极化的世界。"③

（二）"新"自由主义福利思想的基本内容

第一，认为"公民社会"是一种自生自发秩序，否定"大政府"。哈耶克将自由理论分为两种根本不同的传统："一种为经验的且非系统的自由理论传统，另一种为思辨的及唯理主义的（Rationalistic）的自由理论传统"④。前者基于自生自发，英国经验代表此类传统，所谓"盎格鲁自由"，后者旨在以理性建构乌托邦，法国经验代表后者，所谓"高卢自由"。"新"自由主义福利思想正是立基于哈耶克强调的"自生自发"，即"在各种人际关系中，一系列具有明确目的的制度的生成，是极其复杂但却条理井然的，然而这既不是设计的结果，也不是发明的结果，而是产生于诸多并未明确意识到其所作所为会有如此结果的人

---

① 李翔海、杨静，《西方新自由主义福利思想述评》，《华北水利水电学院学报》（社科版），2006（1）。

② ［英］吉登斯：《第三条道路：社会民主主义的复兴》，5页。

③ 同上书，9页。

④ ［英］弗里德里希·冯·哈耶克：《自由秩序原理》（上），邓正来译，61页，北京，三联书店，1997。

的各自行动。"①

格林（David Green）认为公民社会是一种自生自发秩序，"如果任由公民社会来完成其自我设计的话，它将具有这样的美德：'良好的品格、诚实、义务、自我牺牲、荣誉、服务、自律、宽容、尊重、公正、自强、信任、文明、坚韧、勇气、正直、勤勉、爱国主义、为他人着想、节俭以及崇敬'"②。这类观念往往视福利国家为公民社会秩序的破坏者。但是，这种对政府的"敌视"并不是放弃政府在救济、就业、居住、健康卫生、知识传播上的目标，而是保持对政府行动手段的"反思"③。因为，"尽管福利国家的一些目标只能通过采用那些有损于自由的方法方可实现，但是值得强调指出的是，福利国家所有的目标却都可以通过采用这样的方法来追求。当下的主要危险在于，一旦政府的一个目标被认为合法而得到接受，那么人们也就因此而认定，甚至采用那种与自由原则相悖的手段也是合法的"④，并且，"如果政府不只是想为某些个人达致一定的生活标准提供便利条件，而且还力图确使每个人都达致这样的标准，那么它就只有通过剥夺个人在此问题上的选择权方能做到这一点。这样，福利国家便成了一个家族式国家（a household state）"⑤。

第二，运用市场力量，强制社会保险，减少社会负担。"新"自由主义福利思想的着眼点始终对政府职能保持一定距离。哈耶克认为，"不分青红皂白地彻底否定福利国家的所有行动，显然不是我们所应持有的态度；因此，我们必须对那些较为妥适且正当的目标与那些应当否弃的目标作出明确的区别。"⑥ 可以比较清楚地判明，"在提供公共救济的过程中，下述两种情形很可能是不可避免的：一是社会不可能在一相当长的实践中只向那些无力自我保障的人提供……救济；二是在一个比较富裕的社会里，现在所给予的救济量一定会多于维持生存和健康的绝对必需量"⑦。

所以，必须强迫接受救济的人参加保险（否则就不提供救济），以应付日常

---

① ［英］弗里德里希·冯·哈耶克：《自由秩序原理》（上），67页。

② Green, David. 1993. *Reinventing Civil Society*. London: Institute of Economic Affairs, p. vii. 转引自 ［英］吉登斯：《第三条道路：社会民主主义的复兴》，12～13页。

③ ［英］弗里德里希·冯·哈耶克：《自由秩序原理》（下），9页。

④ 同上书，12页。

⑤ 同上书，13页。

⑥ 同上书，15页。

⑦ 同上书，44～45页。

生活中的各种风险，"这种做法的合理性并不在于大众应当被强迫去做符合其个人自身利益的事情，而在于如果没有这样的规定，他们便会成为社会公众的负担"①。"新"自由主义因此强调"福利要经过市场"，"补贴乃是一合理的或合法的政策工具，但是我们需要指出的是，它并不是一种收入再分配的手段，而只是一种运用市场提供服务的手段。"②

第三，提出社会保障危机的"新五大问题"。在贝弗里奇时代，"贪欲、疾病、无知、贫穷、懒惰"被认为是社会保障危机的五大问题。随着社会的发展，"通货膨胀、积重难返的税制、具有强有力的工会、在教育中日益起支配作用的政府，以及社会服务机构专权化"成为"新五大巨魔"③。

（三）"新"自由主义福利思想的社会基础

如果要深入了解"新"自由主义福利思想的实质，那么，我们必须回到当代西方社会结构中去看"新"自由主义福利思想的问题。法国学者热拉尔·迪蒙和多米尼克·莱维在《新自由主义与当代资本主义阶级结构的变迁——以美国和法国为例》一文中对此作了透彻分析。他们根据每一社会阶段社会主导权阶级性质将现代资本主义发展过程分为三个时期：（1）从19世纪末到大萧条的第一个金融霸权时期；（2）从"二战"到20世纪70年代末的"凯恩斯主义"或"管理主义"的妥协时期；（3）新自由主义时期的第二个金融霸权时期。④

他们认为，19与20世纪之交出现的所有权与管理的分离是资本主义历史中的一个重大转变。这一转变与"公司革命"、"管理革命"和新"现代"金融部门的变革相结合，一起直接推动了大公司的形成，从而重塑了整个西方社会的社会关系和社会结构。从此以后，以证券（股票和借贷）所有权为主要特征的金融形式成为资产阶级的主要统治形式，传统的个人和家族所有权不再起支配地位。以银行、投资基金、国际货币基金组织为代表的金融机构构成了资产阶级金融权力阶级的物质基础。与此同时，西方社会产生了一支数量颇为庞大的领薪管理阶层，他们处在传统的资产阶级和无产阶级之间，与早期的小资产阶级一道扩充了中间阶级，大大小小的管理者充斥在私人或公共部分组织中。

---

① ［英］弗里德里希·冯·哈耶克：《自由秩序原理》（上），44～45页。
② 同上书，18页。
③ 同上书，70页。
④ ［法］热拉尔·迪蒙、多米尼克·莱维著：《新自由主义与当代资本主义阶级结构的变迁——以美国和法国为例（上）》，丁为民、王熙译，《国外理论动态》，2007（10）。

他们的日常行为就是"治理"。中间阶层具体包括：（1）资本所有者；（2）管理者（在更宽泛的意义上讲，还包括各类官员）；（3）办公室工人；（4）生产工人。其中，小资本家、管理者和办公室工人一道构成了所谓的"新中间阶级"，办公室工人和生产工人的社会生产条件日渐趋同，统称为"大众阶级"（popular classes）。这样，20 世纪以来的社会结构可按如下等级结构加以描述：大资本所有者、管理者和小资本家、由办公室工人和生产工人构成的大众阶级。①

目前资本主义正处于金融资本阶段，在全球化进程中，金融资本的目的就是建立其金融霸权。就全球化而言，新自由主义涉及两个方面的规定，这两个方面虽然互有联系，但是仍然各自分开。在国内政策方面，"新"自由主义就是要取消美国罗斯福总统 1933 年推行的新政和西欧的福利国家制度。在国际政策方面，"新"自由主义就是要取消支持第三世界国家发展的政策。从这一角度来理解，"新"自由主义是众多"拥护资本"学说中的一个版本，它想使美国在资本主义金融扩张阶段占据统治地位。同以往的一些学说一样，"新"自由主义企图通过信贷和金融投机活动，而不是通过向贸易和生产部门投资的方式，来建立一种促进资本积累的社会环境。②

在以上基础上，我们可以总结一下西方"新"自由主义福利思想面临的现实发展状况。

第一，由于通过金融控制着养老金等，"新"自由主义有着一定的社会基础。

第二，依托金融资本的全球流动，"新"自由主义在国外也能够找到自己的合作者，这些合作者往往是些权力寡头，这些权力寡头会不遗余力地推进市场自由化，毕竟市场自由在根本上是强者的游戏。

第三，由于资本和资源向中心转移，施行"新"自由主义的国家并不都是普遍受益，而是弱者受损、强者得益，所以会出现全球性的福利不均。

第四，由于福利不均以及新跃起的金融资本积累中心，"新"自由主义福利国家将遭遇到下层和其他中心的冲击，从而会产生经济上（比如美国公私债务失衡、过度消费引发债务连锁危机）、政治上（比如拉丁美洲政治动荡）、意识形态上（民主和个人自由承诺没有实现，反倒是专制更加突出）的危机等。

① ［法］热拉尔·迪蒙、多米尼克·莱维著：《新自由主义与当代资本主义阶级结构的变迁——以美国和法国为例（上）》，丁为民、王熙译，《国外理论动态》，2007（10）。

② ［美］乔万尼·阿瑞吉等：《新自由主义的性质和前途》，丁骥千译，《国外理论动态》，2007（6）。

四、第三条道路的福利思想

（一）第三条道路概念的含义

"第三条道路"概念有一个产生发展过程。据吉登斯考察，"第三条道路"这一词语最先在 20 世纪 20 年代右翼群体中流行。但是，使用这一词汇的最主要群体还是社会民主主义者和社会主义者。"二战"后，各社会民主党试图找到一条既不同于美国的市场资本主义、又不同于苏联的共产主义的独特道路。"社会主义者国际"于 1951 年重新创立时，明确表明了这个意义上的"第三条道路"立场。20 世纪 80 年代末期，瑞典社会民主党人开始经常性地提到"第三条道路"，这标志着政治纲领上的一次重大更新。随后的 90 年代，英国首相布莱尔、美国总统克林顿也开始宣称走"第三条道路"①。所以，吉登斯认为第三条道路的福利规划只是表面上带着美式标签，而其灵感其实更直接地来自于斯堪的纳维亚诸岛——而不是来自于美国——积极的劳动力市场规划。②

那第三条道路到底是什么意思呢？在吉登斯看来，第三条道路"试图超越老派的社会民主主义和新自由主义"③，即认为有必要重构国家，也就是要超越"把国家当作敌人"的右派和"认为国家是答案的左派"④。这是因为治理的背景变了，是晚期资本主义时代的治理，即全球化时代的治理模式。在全球化时代，文化多元和风险社会等新趋向使"管理"向"治理"转变，要求在治理中重视"权力的非中心化"、反思性、责任即权利、公民精神、全球协同等议题。

（二）第三条道路福利思想的主要内容

1. 第三条道路福利思想的目标、纲领和行动原则

第一，目标。吉登斯认为，"第三条道路［福利思想］的总目标，应当是帮助公民在我们这个时代的重大变革中找到自己的方向，这些变革是：全球化、个人生活的转变，以及我们与自然的关系。"⑤（注：福利思想四字为著者所加）只有在这个总目标下，才能比较好地处理他所说的五种困境：首先是全球

---

① ［英］吉登斯：《第三条道路：社会民主主义的复兴》，26～27 页。

② 同上书，2 页。

③ 同上书，27 页。

④ 张启强：《"第三条道路"的国家学说述评》，《中共青岛市委党校青岛行政学院学报》，2007（1）。

⑤ ［英］吉登斯：《第三条道路：社会民主主义的复兴》，67 页。

化——它的准确含义是什么,它到底包含哪些内容;其次是个人主义——现代
社会在何种意义上变得越来越个人化(如果真的存在);再次是左翼和右翼——
当我们宣称这种区分不再具有意义的时候,这意味着什么;又次是政治机构
——政治是否已经偏离了正统的民主机制;最后是生态问题——怎样把对生态
问题的考虑整合到社会民主政治之中?①

第二,纲领。吉登斯归纳了第三条道路福利思想的 10 条纲领:激进派的中
心;新型的民主国家(没有了敌人的国家);积极的公民社会;民主的家庭;新
型的混合经济;作为包容的平等;积极的福利政策;社会投资型国家;世界性
的国家;世界性的民主。②

第三,行动原则。在上述目标和纲领上,确定了第三条道路的两个福利行
动原则。一是无责任即无权利。吉登斯认为,"政府对于其公民和其他人负有一
系列责任,包括对弱者的保护。……个人主义不断扩张的同时,个人义务也应
当延伸。例如,领取失业救济金的人,应当履行主动寻找工作的义务;并且,
能否确保各种福利制度不会阻碍主动的谋职行为则取决于政府。"③ 二是无民主
即无权威。吉登斯认为,在一个传统与习惯正在失去其支配力的社会之中,树
立权威的唯一途径就是通过民主。民主应该体现在生活中,表现在社会团结重
建中,反映在生态问题处理上。强调民主的重要功能,并不是主张极端民主,
而是坚持"哲学保守主义"——走中间道路。在现在福利实践上,最鲜明的一
个例子便是家庭。尽管维持家庭生活的连续性,尤其是保障儿童的幸福,是家
庭政策中最为重要的目标之一。不过,这个目标不能通过某种反动的姿态——
即试图重申"传统家庭"的做法——来达到。④

2. 第三条道路福利思想的措施

实施"积极的社会福利"和建立"投资型国家"是第三条道路福利思想贯
彻的两个主要措施。

第一,积极的社会福利。这是在批判"福利国家"观点基础上提出来的。
众所周知,福利国家在教育、卫生、住房开支上的"财政问题"、福利机构的
"官僚化"、习惯救济的"道德公害"三个方面存在着无法克服的困境。正如吉
登斯所言,"福利制度一经建立,便成为一套具有自身逻辑的自主系统,而不管

---

① [英]吉登斯:《第三条道路:社会民主主义的复兴》,30 页。

② 同上书,74 页。

③ 同上书,68 页。

④ 同上书,69~71 页。

能否达到设计者期望的目的。一旦发生这种情况，人们的预期就被'锁定'而相关的利益集团就得到保护。……福利国家与其说是资源的会聚点，倒不如说是风险的所在地。……福利国家无法及时调整自己的步伐，以便覆盖那些新型的风险，比如与技术变迁、社会排斥或者不断增加的单亲家庭有关的风险。其间的脱节主要有两种：一种是福利所涵盖的风险并不符合需要，另一种是受到福利保护的群体本不是应予保护的。"①

可见，"第三条道路"福利思想的主旨是要改造福利国家，建设现代化的社会福利：变消极福利为积极福利，变匮乏为自主，变疾病为积极的健康，变无知为一生中不断持续的教育，变悲惨为幸福，变懒惰为创造②。所以吉登斯强调，所谓"积极的福利"（positive welfare）是指"公民个人和政府之外的其他机构也应当为这种福利作出贡献，而且，它还将有助于财富的创造。"③

第二，投资型国家。创建"投资型国家"是与"积极的社会福利"观点相一致的一种实践取向。改革传统的福利国家是"第三条道路"重构国家的核心问题。吉登斯的福利国家改革方案是建立"社会投资型国家"（social investment state）。吉登斯认为有三个理由：首先，现存的福利结构已经变得与当今世界的社会和经济变化不相适应。其次，至少从某些方面和某些国家来说福利国家成为不可持续的了。再次，福利国家本身有其自己的局限和矛盾，某些福利机构是官僚化的、没有效率的。④

那"投资型国家"的具体做法是什么呢？吉登斯认为，"福利开支将不再是完全由政府来创造和分配，而是由政府与其他机构（包括企业）一起通过合作来提供。……社会福利不仅是国家，它还延伸到国家之上和国家之下。……个人与政府之间的契约发生了转变，因为自主与自我发展——这些都是扩大个人责任范围的中介——将成为重中之重。……福利不仅关注富人，而且也关注穷人。"⑤所以，坚持创建"投资型国家"的政府应该鼓励家庭般亲密的工作环境政策、鼓励企业重视人力资源，强调终身教育，鼓励储蓄、鼓励利用教育资源和个人机会。

---

① ［英］吉登斯：《第三条道路：社会民主主义的复兴》，119～120页。

② 同上书，132页。

③ 同上书，121页。

④ 吴英英、纪沈岑：《欧洲福利国家的新探索："第三条道路"》，《经济视角》，2007（7）。

⑤ ［英］吉登斯：《第三条道路：社会民主主义的复兴》，132页。

(三) 第三条道路福利思想的实践表现①

第三条道路福利思想得到了布莱尔和克林顿的支持并大力实施，他们试图将第三条道路的政治战略发展成为一个世界范围内的中左运动。克林顿在1992年的总统竞选中说道："我们必须采取的变革既不是自由主义式的，也不是保守主义式的。它是两者的结合，而且与两者截然不同……政府的责任是创造更多的机会。人民的责任是充分利用这机会。"② 这段话表达了吉登斯的思想精髓。第三条道路福利思想同样得到了德国等西欧国家的政策响应，并进行了大规模的改革实践。

首先，促进就业，扶持弱势群体。正如自由主义理论家批评的那样，传统型福利国家在一定程度上产生了一定数量的"懒汉"阶层，对失业率造成了压力。在就业方面，布莱尔政府在发放社会补贴时将"寻找工作"作为必要条件。瑞典政府也将"愿意就业"作为享受福利的基本条件。对弱势群体，英国政府对其提高工资并降低所得税税率。德国政府提高个人所得税的起征点，由1986年的4213马克，升至1999年的13068马克。③

其次，发展教育事业，加大教育投资。第三条道路福利思想是一种福利选择上的中间道路，既不太福利国家，也不太自由主义，它的基础理念在于强调通过开发人的潜能增强社会机会获取能力，实现社会重构。因此，英国工党和德国社会民主党上台执政后，都十分重视教育，加大教育经费投入。在就业培训方面，"工党政府于1998年特设了'从福利到工作'的预算，增拨11.9亿英镑用于技术培训。为推动'终身学习'战略，政府建立了个人学习账户，并与企业合作，企业在招收新雇员时，可向政府申请职业培训费。德国社会民主党在执政以后也提出了广泛的使青年获得工作和接受培训的计划，规定企业必须提供培训岗位，否则向其征收培训费"④。另外，"社会保障实行国家与私人并举。目前，西方国家普遍进入了老龄化社会，在职人员与退休人员的比例达

---

① 关于实践表现的文献非常丰富，这里主要参照了吴英英、纪沈岑的《欧洲福利国家的新探索："第三条道路"》，以及杨玲的《"第三条道路"与福利国家改革》。

② 转引自杨雪冬、薛晓源：《"第三条道路"和新的理论》，6页，北京，中国社会科学出版社，2000。

③ 杨玲：《"第三条道路"与福利国家改革》，《长白学刊》，2004 (5)。

④ 陈林、林德山：《第三条道路：世纪之交的西方政治变革》，32~33页，北京，当代世界出版社，2000。转引自李宏：《从消极福利国家到积极福利国家——民主社会主义探索新福利制度》，《当代世界社会主义问题》，2001 (1)。

3：1，预计 30 年内将降至 3：2，养老金开支入不敷出，改革势在必行。'第三条道路'摒弃了完全由国家提供保护或完全由私人提供保护的做法，允许私人机构介入，引入竞争机制。英国新工党政府继续保守党的改革，调整养老金负担结构，由国家、雇主、个人三方共同承担，建立以公共—私有伙伴关系为基础的多元福利结构，采取公私混合的保险制度，为那些没有职业养老金的人提供'风险共担养老金'"①。

第三条道路的探索虽然取得了一定进展，比如自 1997 年以来，英、德等国在经济持续增长、失业率和养老金开支低水平等数据上表现良好，然而，它的未来前景也是扑朔难料，特别是在全球性金融危机影响下，它会受到强大挑战，甚至有人已经认为"这一说辞已蜕变成陈词滥调和空谈"②。的确，第三条道路有它内在的难题：第一，选举制度制约着福利国家改革。欧美各国盛行政治普选制，执政党在涉及大多数人的福利项目改革时，往往十分小心，以免触动选民。第二，经济效率与社会公正难以兼顾。第三条道路有"包容性"的主张，即包容所有政治派别和利益集团，满足所有社会阶层。然而改革的本质就是社会各群体的利益调整，很难达到"帕累托改进"的理想方案。第三，在改革福利国家的过程中，既受经济全球化的限制，也限制全球化的进程。③

但总的来看，第三条道路的积极方面应该得到所有关心人类福祉的人的重视，它所主张的反歧视就业、教育投资、劳动创造幸福等措施会被各个国家接受，并持续保留下去。更为重要的是，它所激发的人类关于市场与政府关系实践的反思和总结会有利于人类对自身发展道路的持续探索。正如《金融时报》专栏作家约翰·凯所言，"如果社会民主人士对国家权力持天真有利的观点，那么再分配市场自由主义者则对市场效力持天真有利的观点。可活生生的事实是，在资源配置方面，自由市场不是一个特别有效率的体系。就像民主一样，它们只是比其他体系效率更高一点而已，而与民主不同的是，它们比其他体系更具创新性"④。

从总体上看，不论是过去的福利国家福利思想，还是现在的新自由主义福

---

① 杨玲：《"第三条道路"与福利国家改革》。

② 约翰·凯（John Kay）：《奥巴马的正确抉择：务实》，《金融时报》中文网，2008-11-24。

③ 杨玲：《"第三条道路"与福利国家改革》；吴英英、纪沈岑：《欧洲福利国家的新探索："第三条道路"》，《经济视角》，2007（7）。

④ 约翰·凯（John Kay）：《奥巴马的正确抉择：务实》，《金融时报》中文网，2008-11-24。

利思想和"第三条道路"福利思想，都有一个不允许回避的问题，即现代社会有向威权社会国家发展的趋向。因此，如何防止寡头权力和警察民粹主义始终是福利国家建设和改革中的应有之义。因此在福利改革问题上，我们要保持"反思性"，一方面要强调国家"多一点责任，少一点权力"，另一方面积极培育公民精神以抵御来自个体的自私自利和无政府精神。

思考题

1. 试述马克思关于共产主义的社会福利思想。
2. 比较英国古典政治经济学和功利主义的社会福利思想。
3. 比较德国新历史学派与英国费边社会主义的社会福利思想。
4. 简述凯恩斯的社会福利思想。
5. 试述现代社会福利思想模式。

第三章
社会福利思想（下）

内容提要：

中国社会福利思想发轫于先秦时期。秦汉到清末是中国传统社会福利思想的发展时期，到了清末，中国社会福利思想呈现出古今贯通、中西汇聚的特色，思想家们开始在制度化和近代化两个维度上思考社会福利问题。从类型上看主要包括儒家型、道家型、墨家型、法家型、儒道混合型以及农民型六种社会福利思想类型，从而形成了德治主义、平均主义和封闭性的特点。

学习目标：

1. 了解中国传统社会福利思想发展脉络
2. 理解中国传统社会福利思想基本类型
3. 掌握中国传统社会福利思想主要特征

第一节 中国传统社会福利
思想的类型

中国对社会福利问题的关注有着悠久的历史。春秋战国时期的社会剧变带来多家思想学派的交锋和争鸣，这些思想学派往往也关注社会福利问题，思想领域对中国社会福利问题的探讨空前繁荣，出现了特色不同的多种社会福利主张。在中国农业社会的背景下，这些特色不同的思想主张或被进一步拓展，或彼此互相交融，使中国传统社会福利思想异彩纷呈。综观传统社会福利史的面貌，我们可以总结出中国传统福利思想的几种主要类型——儒家型、道家型、墨家型、法家型、儒道混合型和农民型。

一、儒家型的社会福利思想

孔子（公元前551—前479）是儒家学派的创始人。他疾呼养民、保民、利民，他倡导的"尊五美"、"屏四恶"的行政原则集中体现了这一点：

> 子张问于孔子曰："何如斯可以从政矣？"子曰："尊五美，屏四恶，斯可以从政矣。"子张曰："何谓五美？"子曰："君子惠而不费，劳而不怨，欲而不贪，泰而不骄，威而不猛。"子张曰："何谓惠而不费？"子曰："因民之利而利之，斯不亦惠而不费乎？择可劳而劳之，又谁怨？欲仁而得仁，又焉贪？君子无众寡、无小大、无敢慢，斯不亦泰而不骄乎？君子正其衣冠，尊其瞻视，俨然人望而畏之，斯不亦威而不猛乎？"子张曰："何谓四恶？"子曰："不教而杀谓之虐，不戒视成谓之暴，慢令致期谓之贼，犹之与人也，出纳之吝，谓之有司。"①

在"五美"当中，"惠而不费"是为政治民的立足点。孔子认为，作为肩负重大责任的为政者，必须处处以老百姓的利益为出发点，照顾其社会福利。其余"四美"则指的是办事方法、理政的态度，处于"惠而不费"的从属地位。"屏四恶"中的前三项是反对视老百姓为草芥，虐待老百姓。后一项是指为政者玩弄属下，不守诚信，终将失信于人的恶行。

---

① 《论语·尧曰》。

孔子在考虑社会福利问题时还特别强调合理分配：

> 丘也闻：“有国有家者，不患寡而患不均，不患贫而患不安。盖均无贫，和无寡，安无倾。夫如事，故远人不服，则修文德以来之，既来之，则安之。”①

孔子提出“富而后教”的社会教化论：

> 子适卫，冉有仆。子曰：“庶也哉！”冉有曰：“既庶矣，又何加焉？”曰：“富之。”曰：“既富矣，又何加焉？”曰：“教之。”②

这表明，孔子除了注重老百姓的物质生活需求外，还非常重视以教化来满足社会成员的基本文化需要。

孟子（公元前 372—前 289）生活在社会极端动荡的战国中期。在这样的历史条件下，孟子提出以“仁政”为核心的一统天下，实现“王道”的济世之方。

在孟子的“仁政”、“王道”设计中，他要求统治者确保各种福利措施，实现理想的经济生活目标：

> 不违农时，谷不可胜食也。数罟不入洿池，鱼鳖不可胜食也。斧斤以时入山林，材木不可胜用也。谷与鱼鳖不可胜食，材木不可胜用，是使民养生丧死无憾也。养生丧死无憾，王道之始也。五亩之宅，树之以桑，五十者可以衣帛矣。鸡豚狗彘之畜，无失其时，七十者可以食肉矣。百亩之田，勿夺其时，数口之家可以无饥矣。谨庠序之教，申之以孝悌之义，颁白者不负戴于道路矣。七十者衣帛食肉，黎民不饥不寒，然而不王者，未之有也。③
>
> 天下有善养老，则仁人以为己归矣！五亩之宅，树墙下以桑，匹妇蚕之，则老者足以衣帛矣。五母鸡，二母彘，无失其时，老者足以无失肉矣。百亩之田，匹夫耕之，八口之家，足以无饥矣。所谓西伯善养老者，制其田里，教之树畜，导其妻子，使养其老。五十非帛不

---

① 《论语·季氏》。
② 《论语·子路》。
③ 《孟子·梁惠王上》。

暖，七十非肉不饱；不暖不饱，谓之冻馁，文王之民，无冻馁之老者。此之谓也。①

在养老问题上，孟子更提升一步，把儒家孝悌敬老思想与老人福利和救助问题结合起来，以"老吾老及人之老，幼吾幼及人之幼"作为儒者的至高精神境界。

孟子认为他提出的王道社会最终应该是一个政治清明、经济富足、道德发达、教育普及、人际和谐以及福利健全的社会：

> 尊贤使能，俊杰在位，则天下之士，皆悦而立于其朝矣。市廛而不征，法而不廛，则天下之商，皆悦而愿藏于其市矣。关，讥而不征，则天下之旅，皆悦而愿出于其路矣。耕者，助而不税，则天下之农，皆悦而愿耕于其野矣。廛，无夫里之布，则天下之民，皆悦而愿为之氓矣。②

> 请野九一而助，国中什一使自赋。卿以下，必有圭田。圭田五十亩，余夫二十五亩。死徙无出乡，乡里同井，出入相友，守望相助，疾病相扶持，则百姓亲睦。③

孟子还注重社会救济。在与梁惠王的对话中，他就民生问题提出社会救济方式：

> 老而无妻者谓之鳏，老而无夫者谓之寡，老而无子谓之独，幼而无父谓之孤，此四者，天下之穷民而无告者，文王发政施仁，必先斯四者。④

针对灾荒时的社会救助，孟子提出调粟的基本想法：

---

① 《孟子·尽心上》。
② 《孟子·公孙丑》。
③ 《孟子·滕文公上》。
④ 《孟子·梁惠王下》。

河内凶，则移其民于河东，移其粟于河内。河东凶亦然。①

　　孟子的这一思想一开后代移粟就民或移民就粟这一类民粟互就的赈济原则之先河。

　　荀子（公元前 313—前 238）处于战国末期的思想家，面对社会的贫穷现象，荀子抨击统治者横征暴敛，贪求无度：

　　今之世而不然，厚刀布之敛以夺之财，重田野之税以夺之食，苛关市之征以难其事。不然而已矣，有持挈伺诈，权谋倾覆，以相颠倒，以靡弊之，百姓晓然皆知其污漫暴乱而将大危亡也。②

荀子强调不失其时地安排好农业生产：

　　春耕，夏耘，秋收，冬藏，四者不失其时，故五谷不绝，而百姓有余食也；污池渊沼川泽，谨其时禁，故鱼鳖有多，而百姓有余用也；斩伐养长不失其时，故山林不童，而百姓有余财也。③

　　故泽人足乎木，山人足乎鱼。农夫不斲削，不陶冶而足械用，工贾不耕而足菽粟。④

荀子还倡导国富，要求透过养和、节流、开源以及货畅其流等社会经济政策，解决当时的各种社会问题：

　　穷者患也。……足国之道，节用裕民，而善臧其余。节用以礼，裕民以政。……上好功则国贫，上好利则国贫，士大夫众则国贫，工商众则国贫，无制数度量则国贫，下贫则上贫，下富则上富。故田野县鄙者，财之本也。垣卯仓廪者，财之末也。百姓时和，事业得叙者，货之源也。等赋府库者，货之流也。故明主必谨养其和，节其流，开其源，而时斟酌焉，潢人使天下必有余，而上下忧不足。如是则上下

---

① 《孟子·梁惠王上》。
② 《荀子·富国》。
③ 《荀子·王制》。
④ 同上。

俱富，交无藏之，是故国计之极也。①

荀子最终要追求上有圣王，下有百工，各享其权利并各尽其义务的达到"至平"境界的理想社会：

> 故仁人在上，则农以力尽田，贾以察尽财，百工以巧尽械器，士大夫以上至于公侯，莫不以仁厚知能尽官职，夫是之谓至平。②

在那里，具体的医疗、助残等社会福利都得到满足，有着健全福利：

> 安职则畜，不安职则弃。五疾，上收养之，材而事之，官施而衣食之，兼覆无遗。……是王者之政也。③
>
> 故厚德音以先之，明礼义以道之，致忠信以爱之，赏贤使能之次之，爵服赏庆以申重之，时其事，轻其位，以调齐之；潢然兼覆之，养长如保赤子。生民则致宽，使民则綦理。辨政令制度，所以接天下之人百姓，有非理者如豪末，则虽孤独鳏寡，必不加焉，是故百姓贵之如帝，亲之如父母，为之出死断亡而不愉者，无他故焉，道德诚明，利泽诚厚也。④

总之，孔、孟、荀是先秦时期儒家社会福利思想的代表，儒家型社会福利思想主张"德政"，要求统治者予取有度，强调养民、保民、利民、教民，但它也主张严格的等级秩序。儒家思想在历史上构成传统文化的主干，积淀为民族心理结构，这种社会福利思想对中国历代封建统治者实行轻徭薄赋、救济、救灾等政策和措施产生了重要的影响，也为后世的思想人物提出各种社会福利主张，描绘理想社会图景提供了丰富的思想素材。

二、道家型的社会福利思想

老子姓李，名耳，字聃。生卒年不详，春秋时陈国苦县人。

---

① 《荀子·富国》。
② 《荀子·荣辱》。
③ 《荀子·王制》。
④ 《荀子·王霸》。

老子把天道自然论运用于人类社会，不主张积极介入慈善福利工作。他说：

> 故圣人言，我无为而民自化，我好静而民自正，我无事而民自富，
> 我无欲而民自朴。①

但他也提出"天之道损有余而补不足"的思想，他抨击统治者无止境的剥削贪欲，力倡均富，使百姓，尤其是那些穷困孤独者能够拥有基本的生存权利。

老子提出"小国寡民"的社会理想：

> 小国寡民。使民有什佰之器而不用。使民重死而不远徙。虽有舟
> 舆，无所乘之。虽有甲兵，无所陈之。使民复结绳而用之。甘其食，
> 美其服，安其居，乐其俗。邻国相望，鸡犬之声相闻，民至老死不相
> 往来。②

老子"小国寡民"蕴涵的是自为的思想，它虽然被视为一种乌托邦，但它所指出的"甘其食、美其服、安其居、乐其俗"，却是现代社会安全制度所要达到的四种生活目标。

继老子之后，庄子（约公元前369—约前280）也主张无为的治事观，对社会福利问题不加理会：

> 上必无为而用天下，下必有为为天下用，此不易之道也。③

庄子所谓的理想社会生活是一个无差别、无界限、无是非、无善恶甚至是无社会的生活，他否定仁义礼智，要求取消人类的文明，贬斥社会生活与文化生活，提倡人类的行为顺应自然，治理天下就要合乎"民之常性"：

> 夫至德之世，同与禽兽同居，族与万物并，恶乎知君子小人哉！
> 同乎无知，其德不离；同乎无欲，是谓素朴；素朴而民性得矣。④

---

① 《老子》第五十七章。
② 《老子》第八十章。
③ 《庄子·马蹄》。
④ 同上。

> 彼民有常性，纤而衣，耕而食，是谓同德；一而不党，命曰天放。

总之，老子、庄子是先秦时期道家社会福利思想的代表，道家型社会福利思想也触及人民的生存福利，但它强调这种社会福利是顺应自然的，在实现社会福利的途径上，它主张自为，不要求积极介入福利工作。

三、墨家型的社会福利思想

墨子（约公元前 468—约前 376），名翟，鲁国人，一说宋国人。

墨子思想体系的核心是"兼相爱"、"交相利"。以"兼相爱"、"交相利"为思想原则，墨子提出具有鲜明"爱民"、"利民"特色的社会福利思想，他反对苛税重役，主张轻徭薄赋，要求统治者给人民以饱暖和歇息的满足。他说：

> 今有人于此，有子十人，一人耕而九人处，则耕者不可不益急矣，何故？则食者众而耕者寡。①
>
> 民有三患：饥者不得食，寒者不得衣，劳者不得息，三者民之巨患也。②

在以农立国的古代社会里，墨子提出以粮食短缺来作为政府进行灾荒救济的依据：

> 五谷丰收，则五味尽御于主，不尽收，则不尽御。一谷不收谓之馑；二谷不收谓之旱；三谷不收谓之凶；四谷不收谓之馈；五谷不收谓之为饥。岁馑，则士大夫以下皆损禄五分之一，旱，则损五分之二；凶，则损五之三；馈，则损五分之四；饥，则尽无禄，廪食而已矣。故凶饥存乎国，人君彻鼎食，大夫彻县，士不入学。③
>
> 国有七患……先尽民力无用之功，赏赐无能之人，民力尽于无用，财宝虚于待客，三患也。④

---

① 《墨子·贵义》。
② 《墨子·非乐上》。
③ 《墨子·七患》。
④ 同上。

墨子所建构的理想福利社会包括广泛的内容，如"饥者得食，寒者得衣，劳者得息"，使"老而无妻子者，有所侍养，以终其寿，幼弱孤童之无父母者，有所放依，以长其身"。① "天下贫则从事乎富之，人民寡则从事乎众之。"② 为使后代子孙的繁衍幸福做到"丈夫年二十，毋不敢处家；女子年十五毋不敢事人。"③

墨子希冀通过具体的措施，最后达到"有力者疾以助人，有财者勉于分人，有道者劝以教人。若此，则饥者得食，寒者得衣，乱者得治。若饥则得食，寒则得衣，乱则得治，此安生生"④。"刑政治，万民和，国家富，财用足，百姓皆得暖衣饱食，便宁无忧。"⑤

总之，墨家型社会福利主张包括广泛的理想福利社会内容，墨家主张以兼爱与践行的精神，推行一种互爱互利、和平康乐、惠及全面的社会福利思想，是推动社会福利最有力的思想派别之一。

四、法家型的反社会福利思想

法家型社会福利思想的代表人物是韩非。韩非认为，在"争于气力"的社会，社会上出现贫富分化现象是正常的、合理的。在韩非子看来，社会上出现严重的贫富分化，是由于人口多而财货少。富有是勤俭的产物；贫穷不是由于奢侈，就是懒惰。因此对贫穷之人，不必要予以赈救；如果讲求慈惠仁爱，不仅不能止乱，反而会是姑息养奸：

> 仁者慈惠而轻财者也，……慈惠则不忍，轻财则好与，……不忍则罚多宥赦，好与则赏多无功，……故仁人在位，下肆而轻犯禁法，偷幸而望于上，……故曰：仁暴者皆亡国者也。⑥

韩非又认为，百姓在"财货足用"之后会产生奢侈心和怠惰心，加之，人的欲望是无止境的，"足民"不但不能使人富足，反而会使人堕入贫困深渊，因此把"足民"作为治国方略是危险的。

---

① 《墨子·兼爱下》。
② 《墨子·节葬下》。
③ 《墨子·节用上》。
④ 《墨子·尚贤下》。
⑤ 《墨子·天志中》。
⑥ 《韩非子·八说篇》。

既然贫富分化是合理的,"足民"政策是不可取的,那么,国家就没有必要采取"济贫"政策,只有严格按"法"办事,国家才能得到大治。

总之,法家从维护君主绝对专制的思想起点出发,反对国家为百姓提供基本的社会福利保障。韩非反社会福利的观点是非常具体、系统的,它以人性自为论为理论基础,以贫富分化合理论和反"足民"论为主要内容,在百家争鸣时代,独树一帜,显现了鲜明的思想个性。

五、儒道混合型的社会福利思想

将儒家、道家思想加以融合的思想出现甚早,在社会福利思想上,突出地呈现出儒道混杂的面貌则是宋、元、明时期一些"异端"思想家,他们融合儒、道甚至佛学,从而呈现别具一格的思想特色。

邓牧(1247—1306)元代思想家。他认为,封建君主是造成暴政的原因,是百姓的压迫者,根本不可能给人民带来社会福利,所以他要求"废有司,去县令,听天下自为治乱实危,不犹呼"。①

邓牧又以尧、舜古代故事和老子"小国寡民"说为素材,设想出一个健全福利的社会,在这个社会模式里,首先,有"君"存在,这个"君"把理想的道德与人格集于一身,体恤百姓,堪称"圣人",他"忧民之溺由己之溺,忧民之饥由己之饥"②,生活简朴,不作威福,纳谏听言,君民关系是平等的,亲密的。同时,君主是大家推举出来的,他必须全力为大家服务;其次,官吏的德行非常高尚,他们"为吏者常出不得已,而天下阴受其赐"③;再次,"军民间相安无事"④,人们也没有剥削和掠夺别人的行为,彼此尊重。

李贽(1527—1602)是中国明代后期思想家。他对宋明理学"存天理,灭人欲"禁欲主义思想进行尖锐批判。

李贽提出"童心"论:

> 夫童心者,真心也;若以童心为不可,是以真心为不可也。夫童心者,绝假纯真,最初一念之本心也。若夫失却童心,便失却真心;失却真心,便失却真人。人而非真,全不复有初矣。童子者,人之初

---

① 《伯牙琴·吏道》。

② 《伯牙琴·尧赋》。

③ 《伯牙琴·吏道》。

④ 同上。

也；童心者，心之初也。①

李贽的这个"童心"实际上就是"人欲"，他批判了儒家的圣人"无私"论，认为私利是人的基本需求，是人们从事一切经济和政治活动的原动力，这就肯定了个人欲求的合理性。他又说："穿衣吃饭，即是人伦物理世间种种皆衣与饭类耳。……故举衣与饭而世间种种自然在其中，非衣饭之外更有所谓种种成百姓不相同者也。"② 李贽通过这种对"私心"、"物欲"的公开张扬，说明百姓的基本生活欲求是自然的、合理的，并不违反"天道"，统治者必须予以满足，李贽的理论从而为中国封建时代的福利保障提供了有力的理论依据。李贽提出"童心"，一方面，继承了传统儒家人本观念；另一方面，也受到道家回归本真之心思想的影响。

总之，儒道混合型社会福利思想充分肯定对人民的社会福利保障，并借助儒家道家的思想资料加以论说，也显示出独特的思想面貌。

六、农民型的社会福利思想

古代农民追求的理想社会是"太平"世界，"等贵贱，均贫富"是其理想目标，历史上大多数农民起义者都提出了与这一口号类似的主张，洪秀全就是其中有代表性的一位。

洪秀全从基督教义中摘取出在"上帝面前人人平等"的思想，指出人间所有不平等的政治、经济等级都是不合理的，人人在上帝面前都是平等的。从基督教平等思想出发，洪秀全认为，在上帝主宰之下的人与人之间的关系，是兄弟姐妹间的关系，应该相亲相爱，"天下多男人，尽是兄弟之辈，天下多女子，尽是姊妹之群"，不应存"此疆彼界之私"，不应起"尔吞我并之念"③。

洪秀全又援引《礼记·礼运》，热烈歌颂了"天下有无相恤，患难相救，门不闭户，道不拾遗，男女别涂，举选尚德"的"天下为公"的"大同"理想社会；号召天下凡间的兄弟姊妹，"行见天下一家，共享太平"④。

洪秀全在他的《天朝田亩制度》里表达了理想社会方案。他根据"凡天下田，天下人同耕"的原则，把土地按每年产量的多少，分为上、中、下三级九

---

① 《焚书·童心说》。
② 《焚书·答邓石阳》。
③ 《原道醒世训》。
④ 《原道觉世训》。

等，然后好田坏田互相搭配，按人口平均分配。亦即"凡分田，照人口，不论男妇；算其家人口多寡，人多则分多，人寡则分寡；杂以九等。如一家六人，分三人好田，分三人丑田，好丑各一半。"并要通过政府的协调，令饥荒地和丰收地之间相互周济，使天下"丰荒相通"，使得百姓可以过上较为富足的日子，永无饥民，建立"有田同耕，有饭同食，有衣同穿，有钱同使，无处不均匀，无人不饱暖"的理想社会。

总之，古代农民追求的"理想社会"是太平世界，体现出绝对平均主义的空想色彩。

第二节 中国传统社会福利思想的变迁

一、先秦时期的社会福利思想

中国社会福利思想滥觞于上古时期。《尚书》是我国上古时期历史文件和部分追述古代史迹著作的汇编，是我国现存最早的一部历史文献。《尚书》所反映出的是殷周时代原始经济形态条件下所发展出来的社会观念和生活观念，其中也透发出上古先人对于社会福利思想的基本构想。

上古先人要建立一个以伦理为本位、强调人际和谐的社会，所以《尚书·尧典》说：

> 克明俊德，以亲九族，九族既睦，平章百姓，百姓昭明，协和万邦，黎民于变时雍。
>
> 王启监，厥乱为民。曰："无胥戕，无胥虐，至于敬寡，至于属妇，合由以容。"王其效邦君越御事，厥命曷以？"引养引恬"。自古王若兹，监罔攸辟！无胥戕，无胥虐，至于敬寡，至于属妇，合由以容。[1]
>
> 汝无侮老成人，无弱孤有幼。各长于厥居。勉出乃力，听予一人之作猷。[2]

---

[1] 《尚书·梓材》。

[2] 《尚书·梓盘庚上》。

至周初时期，中国思想家对社会福利问题的思考已经达到相当高的水平，约成书于战国时期的《周礼》（又名《周官》），是一部周代典章制度的总结汇编。《周礼》提出"荒政十二"和"保息六政"①，显示出周人对社会福利问题的细致思考，"荒政十二"和"保息六政"也成为秦汉以后的历代统治者后世实施"仁政"政策，完善社会福利保障机制提供了方向和"制度蓝本"。

在先秦时期，除了有儒家、道家、墨家和法家等思想家们在构建社会福利思想上发挥着努力外，还有一些政治人物也探讨或采行社会福利政策，如范蠡、李悝的平粜救荒论。

范蠡（公元前536—前448），春秋末期著名的政治家和思想家。他以农作物收获循环为依据，提出了谷物平粜思想，成为中国救荒史上平粜理论的鼻祖。范蠡认为为避免因谷价波动而使整个社会经济发生困难，国家应对谷物的价格进行控制，将谷价控制在斗谷30钱至80钱之间，使得谷价趋于平稳，农本俱利。范蠡的平粜论，从政府调节谷价入手，打击了囤积居奇的投机商人。在中国历史上，他第一个喊出了"谷贱伤农"的口号，表现出对农民的深切同情。

李悝（公元前455—前395）在社会福利思想史上的贡献在于，他把范蠡提出的平粜之法进一步深化。在经济上，李悝改变不适应生产力发展的井田旧制，抽"什一之税"、创设"尽地力之教"和"平籴法"，鼓励农民精耕细作，以增加产量，主张在丰收之年国家以平价购买余粮，在灾荒之年国家则以平价售出粮食，强调要播种多种的粮食作物，以预防灾荒之年：

> 籴甚贵伤人，甚贱伤农。人伤则离散，农伤则国贫。故甚贵与甚贱，其伤一也。善为国者，使人无伤而农益劝。……是故善平籴者，必谨观岁有上中下熟。上熟，其收自四，余四百石；中熟，自三，余三百石；下熟，自倍余百石。小饥则收百石，中饥七十石，大饥三十石。故上熟则上籴三而舍一，中熟则籴二，下熟则籴一，使人足价平则止。小饥则发小熟之所敛，中饥则发中熟之所敛，大饥则发大熟之所敛，而粜之。故虽遇饥馑水旱，籴不贵，而民不散，取有余，以补不足也。②

范蠡、李悝平粜论的基本思路相同，都把粮食平粜问题提高到治国根本方

---

① 《周礼·地官·大司徒》。
② 《汉书·食货志》。

略的高度来认识。从历史上说，两人所阐述的平籴论，对后世王朝抑制投机商人的高利贷剥削和兼并活动、防止农民破产带来方法启发，对中国历代的救荒和社会救济产生了巨大的影响。

在先秦时期，《管子》对社会福利制度的建构也有相当全面的思考。

现存的《管子》一书绝大部分成书于战国时期，其中直接叙述管子遗说的只有《牧民》、《权修》两篇。在中国社会思想史上，《管子》的社会福利思想占有特殊的地位。

战国中期，各国为加强自身的综合实力，纷纷探讨强国富民之道，就此，《管子》以为人民谋求福利来作为治国安邦的先决条件：

> 王者藏于民。……民富君无与贫，民贫君无与富。①

所以《管子》提出许多具体的社会福利措施。"九惠之教"就是其中最重要的表现。"九惠之教"包括老人福利、儿童福利、社会救助、医疗保健、婚姻咨询、健康服务、小本贷款、创业服务、义亲奉祀等内容，显示出完备的社会福利构想和配套的措施：

> 一曰老老；二曰慈幼；三曰恤孤；四曰养疾；五曰合独；六曰问疾；七曰通穷；八曰振困；九曰接绝。

具体而言②：

第一，"老老"，指在国都和城邑设立"掌老"之官。规定七十岁以上的老人，一子免除征役，每年三个月可得到官府馈赠的肉；八十岁以上的，二子免除征役，每月有馈肉；九十岁以上的，全家免役，每天都有酒肉供应。这些人死后，君主供给棺椁。平时则劝勉他们的子弟，精制膳食，询问老人的要求，了解老人的嗜好。

第二，"慈幼"，指在国都和城邑设立"掌幼"之官。凡士民有幼弱子女无力供养而成为拖累的，规定养三个幼儿即可免除妇女的征役，养四个者全家免除征役，养五个的由国家配备保姆，并发给两人份额的粮食，直至幼儿能自理

---

① 《管子·山至》。

② 对于下面这九点的理解参见王卫平：《论中国古代传统社会保障制度的初步形成》，《江海学刊》，2002（5）。

生活。

第三，"恤孤"，指设立"掌孤"之官。规定失去父母、无以为生的孤幼子女，可由乡党、朋友及故旧收养。代养一个孤儿的，一子免除征役；代养两个，两子免征；代养三个者，全家免征。"掌孤"应经常了解孤儿的饮食饥寒和身体情况，并予以必要的救助。

第四，"养疾"指设立"掌养疾"之官。对于聋、盲、哑、瘸腿、半身不遂等身患残疾、生活不能自理者，官府应收养在"疾馆"中，供给衣食，直至身故。

第五，"合独"，指设立"掌媒"之官。和合鳏、寡，使之匹配，予以田宅，使之成家，三年以后才向其征役。

第六，"问疾"，指设立"掌病"之官。凡士民有病，"掌病"代表国君致以问候；九十岁以上的，每天一问；八十以上的，两天一问；七十以上，三天一问；一般病人，五天一问。对病重之人，"掌病"应向国君报告，国君亲自慰问。"掌病"还要经常巡行国中，专事了解、慰问病人。

第七，"通穷"，指设立"掌穷"之官。对于无室可居、无粮可食的贫困之人，其乡党及时报告的，予以奖赏，不报告的，予以惩罚。

第八，"振困"，指凶荒之年，为人佣工者往往得病多亡，因此，应该宽缓刑罚，赦免罪人，发放库粮进行救助。

第九，"接绝"，指对死于国事或战争的人们，国家应拨给一定数量的经费，让其生前友好、故旧负责祭祀之事。

为了实施社会福利制度，《管子》还提出安定社会，贯彻福利的"六兴"之德：

> 德有六兴：养长老，慈孤幼，恤鳏寡，问疾病，吊祸丧，此谓匡其急。衣冻寒，食饥渴，匡贫窭，赈罢露，资乏绝，此谓振其穷。凡此六者，德之兴也。六者既布，则民之所欲无不得矣！夫民必得其所欲，然后听上，听上，然后政可善为也。[1]

另外，在社会救济方面，《管子》认为，如果是遭逢灾荒时，政府当以放贷的方式来助其渡过难关：

---

[1]　《管子·五辅》。

　　民之无本者，贷之圃疆。①
　　无食者予之陈，无种者贷之新。②

对受灾人民则采取停征、缓征赋役的措施：

　　赋禄以粟，案田而税，二岁而税一。上年什取三，中年什取二，下年什取一，岁饥不税，岁饥弛而税。③

此外，《管子》提出政府于社会福利方面的职司以及调粟遣粮的必要：

　　凡五谷者，万物之主也。谷贵则万物必贱。谷贱则万物必贵，两者为敌，则不俱平。故人君御谷物之秩相胜，而操事于其不平之间。④

总之，中国社会福利思想滥觞于上古时代，东周时期的社会巨变则提供了丰富的社会资料和开阔的学术空间，它不仅造就儒家、道家、墨家和法家等不同思想派别色彩迥异的社会福利思想主张，也促成政治人物积极探讨或实施社会福利政策，从而留下丰硕的社会福利思考成果。

二、秦汉至清末时期的社会福利思想

秦统一天下，中国开始了两千多年郡县制大一统王朝的巩固、完善和发展，直至清末。这一时期也是中国传统社会福利思想继续发展的历史时期。

贾谊（公元前 200—前 168）屡次向文帝上书陈述治国"富民安天下"的见解，主张重农抑商的农本主义以此保障老百姓的需求和国家的安定，他说：

　　一夫不耕，或受之饥；一女不织，或受之寒。生之有时，而用之无度，则物力必屈。古之治天下，至纤至悉也，故其蓄积足恃。今背本而趋末，食者甚众，淫侈之俗，日日以长，天下财产，何得不蹶？即不幸有方二三千里之旱，国胡以相恤？卒然边境有急，数千百万之

---

① 《管子·揆度》。
② 同上。
③ 《管子·大匡》。
④ 《管子·国蓄》。

众，国胡以馈之？兵旱相乘，天下大屈。今殴民而归之农，皆着于本，使各食其力。末技游食之民，转而缘南亩，则蓄积足，而人乐其所矣。①

王者之法，民三年耕，而余一年之食；九年而余三年之食；三十年而民有十年之蓄。故禹水八年，汤旱七年，甚也，野无青草，而民无饥色，道无乞人。岁复之后，犹禁陈耕，古之为天下诚有具也。王者之法，国无九年之蓄，谓之不足，无六年之蓄，谓之急，无三年之蓄，曰国非其国也。②

与贾谊大体同时的晁错（公元前 200？—前 154）也有相近思想，是"贵粟救荒论"的有力提倡者。晁错强调农业生产的重要性，并且也以救济百姓来作为保有其王位的有效手段，他说：

人情一日不再食则饥，终岁不制衣则寒。夫腹饥不得食，肤寒不得衣，虽慈母不能保其子，君安能以有其民哉？明主知其然也，故务民于农桑，薄赋敛，广蓄积，以实仓廪，备水旱，故民可得而有也。③

为了汉王朝的长治久安，汉武帝时，董仲舒（公元前 179—前 104）对王朝如何建立长期有效的政治统治进行系统思考，提出封建大一统思想。社会福利有助于政权稳定，因而思考社会福利问题也成了"董学"思想体系的重要组成部分。

董仲舒认为应当对"大富"者给予限制，对"大贫"者予以救济，主张"限民名田，以澹不足，塞并兼之路"④。董仲舒的"限民名田"把贫苦百姓基本生活、生存权利的保障，与封建土地所有制的改造问题紧密联系在一起，达到了在当时历史条件下所能达到的认识深度。

三国西晋时期思想界兴起玄学思潮，玄学思潮实际上是借助道家资源对经学的反叛，所以这一时期思想界的社会福利思想也融入了道家思想因素，阮籍（210—263）、嵇康（223—262）即是其中的代表。

---

① 《汉书·食货志》。
② 《新书·忧民》。
③ 《汉书·食货志》。
④ 同上。

阮籍构想出的理想社会是一个无君无臣，万物自理自定，人民自由自在、各得其所的社会：

> 昔者天地开辟，万物并生。大者恬其性，细者静其形。阴藏其气，阳发其精，害无所避，利无所争。放之不失，收之不盈；亡不为夭，存不为寿。福无所得，祸无所咎；各从其命，以度相守。明者不以智胜，暗者不以愚败，弱者不以迫畏，强者不以力尽。盖无君而庶物定，无臣而万事理，保身修性，不违其纪。①

阮籍认为，人们之间虽然存在着智愚、强弱的差别，但人们之间的关系是平等的，君主的出现则破坏了人们之间的平等关系，给人们带来了灾难，造成了贵贱和贫富差别，所以要彻底消除人们之间的贵贱、贫富，必须建立无君无臣的社会："无君而庶物定，无臣而万事理"，"夫无贵则贱者不怨，无富则贫者不争，各足於身而无所求也。恩泽无所归。"②

嵇康著《养生论》，探讨如何保持和延长生命问题。嵇康认为，如能在形、神两方面善自保养，可以长寿。所以要人们"爱憎不栖于情，忧喜不留于意，泊然无感，而体气和平"，加以"呼吸吐纳，服食养身，使形神相亲，表里互济"。嵇康指出，统治者醉心名利声色，相争不已的生活习性，与人类保持和延续生命的要求，从根本上说是不相容的。嵇康"养生"的另一根本在于"知足"。他指出："富贵多残，伐之者众也；野人多寿，伤之者寡也。"他反对统治者"劝百姓之尊己，割天下以自私"的贪欲。

嵇康提出"养生论"，反对统治者残害生命，要求统治者节制贪欲，减轻剥削，给人以维持和延续生命的权利，是有积极意义的。

经过隋唐时期的思想变迁，由北宋开始，儒家走上了新的发展道路。

生活于北宋王朝中期的李觏则通过对儒家礼治的独有新见的研究，为自己的社会福利主张提供理论依据。

李觏（1009—1059）认为"礼"是"圣王"根据人们对于物质生活的需要与情欲的自然要求，为了建立稳定的社会秩序而制定的。他称："夫礼之初，顺人之性欲而为之节文者也。"③ 这里所说"性欲"泛指人的发自内在本性的各种

---

① 《大人先生传》。
② 同上。
③ 《礼论》。

欲求。李觏认为，礼的出发点就是顺从人的本性欲求，而且"唯礼为能顺人情"①。人之情或人之"性欲"，最基本的表现就是饥求食，渴求饮，寒求暖，暑求轻。

在"礼论"的理论基础上，李觏又提出其社会福利思想主张——"生民论"。

针对当时土地不均的现实，他说：

> 吾民之饥，不耕乎？曰：天下无废田。吾民之寒，不蚕乎？曰：柔桑满野，女手尽之。然则如之何其饥且寒也？曰：耕不免饥，蚕不得衣；不耕不蚕，其利自至。耕不免饥，土非其有也。蚕不得衣，口腹夺之也。锄粳未干，喉不甘矣；新丝出盎，肤不缝矣。拒产宿财之家，谷陈而帛腐。佣饥之男，蟀寒之女，所售弗过升斗尺寸。②

辛苦劳作者忍饥挨饿是因为土非其有；蚕不得衣是因为有人不耕不蚕，却其利自至。总之，贫富对立的局面，乃因为农民没有土地，因此李觏提出"立法制，均田地"的主张，认为要使农民拥有土地就要以井田制的方法来平土均田。

李觏的"平土"包括均田和限田，均田就是要国家把土地分给无地和少地的农民，使之乐业、安居；限田就是要国家制定措施限制特权阶级和富商、大贾多占土地，抑制兼并。通过"平土"，确立井田制，李觏认为，这就达到了"井地立而田均，田均则耕者得食，蚕者得衣"③。

朱熹（1130—1200）远宗孔孟学说，近承周敦颐、二程思想，兼采释、道，形成了新的儒学体系。朱熹的社会福利思想便是由这一体系引申出来的。

朱熹将社会福利事业的地位与作用提到了相当的高度，给予了过去所没有的新认识和理解。他说："天下国家之大务，莫大于恤民。"④ 南宋连年灾害、民贫财匮的现实，朱熹指出："赈济之事，利七而害三，则当冒三分之害而全七分之利。不然，必欲求全，恐并与所谓利者失之矣。"⑤ 朱熹强调，即使赈济后

---

① 《与胡先生书》。
② 《潜书一》。
③ 同上。
④ 《宋史·朱熹传》。
⑤ 黎靖德《朱子语类》第一百一十卷，《论民》。

不能收回，也要力行赈济，并通过分析赈济的得失关系，强调赈济的重要。

朱熹还主张设"社仓"来解决饥民的粮食问题。乾道七年（1171），朱熹创立社仓于五夫里。社仓贮藏乡民所献与政府所给之粟，遇凶年小饥只收半息，大饥则全数免除，由乡民四名管理。此与古之常平仓大大不同。常平仓置于城市，由政府主办，遇饥荒不及救济乡民；而社仓则置于乡间，乡民自治，就地赈济。故五夫里社仓之创立，为我国民办救济事业之一里程碑，是在汉代设常平仓平抑物价、备荒赈恤和隋代设的义仓基础上的一种创新，达到了改善百姓生活和稳定社会的目的。

朱熹是宋明道学的代表人物，对于宋明道学，在朱熹所处时代及其以后都不乏批评者，除了有前文提到的邓牧和李贽外，唐甄也是其中之一。唐甄的社会福利思想有呈现鲜明的特色。

唐甄（1630—1704），明末清初人，著有《潜书》一书。唐甄批驳了宋明道学家的空疏，他说："儒之为贵者，能定乱、除暴、安百姓也。若儒者不言功……但取自完，何以异于匹夫匹妇乎？"[1] 他强调真正的儒者应该把个人的价值追求，与整个国家、民族和社会的荣辱兴衰联系起来。由此"富民"成为他所倡导的目标，他说："立国之道无他，惟在于富。"[2]

唐甄分析社会贫富差距的原因：

> 财者，国之宝也、民之命也，宝不可窃，命不可攘。圣人以百姓为子孙，以四海为府库，无有窃其宝而攘其命者……反其道者，输于幸臣之家，藏于巨室之窟……此穷富之源，治乱之分也。[3]
>
> 虐取者谁乎？天下之大害莫如贪。……彼为吏者，星列于天下，日夜猎人之财，所获既多，则有陵己者负篋而去……转亡转取，如填壑谷，不可满也。……民之毒于贪吏者，无所逃于天地之间，是以数十年以来，富室空虚，中产沦亡，穷民无所为赖。[4]

唐甄探索富民之道，他把听民自利看做是富民的唯一途径，他认为财富的产生和增殖是一个能够自然而然进行的过程，统治者不能过多地干涉人民的经

---

[1] 《潜书·辨儒》。
[2] 《潜书·富民》。
[3] 同上。
[4] 同上。

济活动，而应"官不扰民"，给人民有较多的经济自由。

他说："海内之财，无土不产，无人不生，岁月不计而自足，贫富不谋而相资"，国家应该做的唯一事情，就是消极地听任这一过程的自然进行，"因其自然之利而无以扰之"。

唐甄鼓励社会发展各种工商事业："三代以下，废海内无穷之利，使民不得厚生，乃患民贫，生财无术。"因此"我欲使桑蚕遍海内，有禾之土必有桑"[1]。这反映了唐甄对发展工商业的重视和由此富民的强烈愿望。

虽然都对理学展开质疑，邓牧和李贽的社会福利思想中的"异端"是掺杂着道家思想因素的，而唐甄的社会福利思想则体现的是功利主义儒学的思想倾向。

在宋元明时期，董煟和林希元总结历代救荒政策的得失教训，也显示出极大的思想特色，他们全面提出救荒措施，把中国古代救荒思想推向巅峰。

董煟（？—1218）系统总结了宋以前历代救荒策的得失教训，结合自己的救灾实践，撰成《救荒活民书》。《救荒活民书》是中国救荒思想史上的集大成式的著作。

董煟主张统治者要"厚下"恤民，以"仁政"减灾。他要求统治者在救荒时，要采取正确的救助策略，要采用疏导而不是单纯依靠官府的强制手段进行救助。

《救荒活民书》对常平仓、义仓、劝分、检旱、减租、贷种等救荒措施的施行，提出了许多新的见解。

对常平仓、义仓，董煟说："常平之法，专为凶荒赈粜，谷贱则增价而籴，使不害农；谷贵则减价而粜，使不病民。谓之常平者，此也。""义仓，民间储蓄，以备水旱者也。"但常平仓、义仓的粮食多贮存在州县，但灾民却多集中在农村，使得真正需要赈济的乡村饥民难以得到及时的求助。董煟提出两点解决办法：其一，今后每遇凶歉之年，根据饥荒情况，拨还义仓米谷，运至乡间。水脚之费根据路途远近折入米内，如此则偏远村民亦可得实惠。其二，以常岁所取义米，令诸乡各建仓储之，县籍其数，以本乡年长有德之辈主持管理，遇灾年开仓赈济村民。

劝分是劝谕富民出钱粜救济灾民，但因官吏办理不善，这项政策反而使富户有米不敢出售，使粮食形势更加紧张。董煟分析传统劝分之弊，指出具体对策，董煟指出"人之常情，劝之出米则愈不出，唯以不劝之，则其米自出。"他

---

① 《潜书·富民》。

提出的办法是，劝诱上户和富商巨贾出钱，由官府派衙吏到丰熟处贩来米豆赈粜，最后仍将本钱归还给原出钱者。有些村落没有巨贾，可以由十几家联合出钱。如果乡人不愿出钱而愿自粜，官府不限其价格。他指出："利之所在，自然乐趋，富室亦恐后时，争先发廪，则米不期而自出矣。此劝分之要术。"①

董煟针对以往的闭粜之弊，提出禁遏粜。禁遏粜是不禁止他处的人来购运粮食。董煟讥讽那种担心粮食出境过多会造成本地粮荒的观点，他认为天下一家，各地丰歉不同，邻境告粜，义所当恤。如果因此造成本地粮食不足，则可派人到其他丰熟处转粜，"循环粜贩，非唯可活吾境内之民，又且可活邻郡邻路之饥民。"不然的话，若本地之米不许出境，他处之米亦不许入境，"一有饥馑，环视壁立，无告粜之所，则饥民必起而作乱，以延旦夕之命"②，这样反倒会酿成饥荒，造成更严重的祸乱。

除了禁遏粜，董煟还提出不抑价，即不限制粮食价格的办法。他分析抑价的弊病："官抑其价，则客米不来。若他处腾涌，而此间之价独低，则谁肯兴贩？兴贩不至则境内乏食，上户之民，有蓄积者，愈不敢出矣。饥民手持其钱，终日皇皇，无告粜之所，其不肯甘心就死者必起而为乱，人情易于扇摇，此莫大之患。"③ 抑价不仅使客米不来，还会造成本地粮食的外流。若官不抑价，各地米商必然纷至，本地富户见此情形也会争先恐后出粜，米价自然也就低落了。因此，米价可随行就市，自发调节，不宜官定。

董煟还具体规定了从君主到县令，各级官吏在救荒过程中应如何各负其责、各司其职，对救灾过程中各级官吏的职责给出了明确的区分。

林希元（1481—1565），明朝后期人。林希元奉命举办荒政，积累了大量的救荒经验。嘉靖八年，林希元呈递《荒政丛言疏》，全面地阐述了他的救荒思想。

林希元总结救灾应该遵循的准则。这些原则包括"有二难：得人难，审户难"（即，任用官吏难，清查户口难）。"有三便：曰极贫之民便赈米，次贫之民便赈钱，稍贫之民便赈贷。"（即，极贫困的灾民适宜于救济米粮，较贫困的灾民适宜于救济银钱，稍有贫困的灾民适宜于借贷钱粮）对于灾民的具体救助则是"六急"："垂死贫民急馈粥，疾病贫民急医药，病起贫民急汤水，已死贫民急埋葬，遗弃小儿急收养，轻重系囚急宽恤。"林希元还强调赈济工作要讲求艺

---

① 卷中《劝分》。

② 卷中《禁遏粜》。

③ 卷中《不抑价》。

术："有三权：权借它钱以枭籴，权兴工作以助赈，权贷半钟以通变。"

林希元认为在救灾过程中还有六禁三戒，分别是"禁侵渔，禁攘盗，禁遏籴，禁抑价，禁宰牛，禁度僧。""戒迟缓，戒拘文（照章拘泥），戒遣使（铺张摊派）。"

林希元的《荒政丛言疏》，是继宋代董煟以来又一次对中国救荒史集大成之作。与董煟相比，林氏的救荒思想虽未成体系，文字量也不算大，但其具体的救荒措施，则显得更有针对性和策略性。

三、近代时期社会福利思想

自 1840 年鸦片战争爆发，到 1919 年五四运动，是中国历史上狭义的近代时期。在这个时期，中国社会发生了天翻地覆的变化。这个时期的社会福利思想呈现出古今贯通、中西汇聚的历史特色，中国福利思想向制度化和近代化演进。

龚自珍，一生历乾隆、嘉庆、道光三朝。作为封建末世的思想家，龚自珍已经意识到中华帝国正面临着空前的历史变局。在这样的思想背景下，龚自珍探讨社会贫富不均问题。

龚自珍认为，造成社会贫富不均的根源是"人心世俗"不古、不平，尤其是为君者的"王心"的不平。他说，在上古时代，没有贫富的差别，以后虽有差别，但人们还尚能各安其所得，但以后的你争我夺，势必有一些人什么也得不到，于是社会就"不平甚"矣。因此，他认为，要达到社会的"平均"，主要要整顿"人心世俗"，使人人都有"平均"的思想。这就是他说的，"人心者，世俗之本也；世俗者，王运之本也。"[①] 而要使"人心"平，则首先要"王心"平。只要"王心"平，就会物产丰盛，人民安乐。

怎样限制贫富不均呢？在《农宗》篇中，他主张按封建宗法制度立大宗、小宗、群宗和闲民四类。大宗（有继承权的长子）继承父田一百亩，小宗（次子）和群宗（三子、四子）分田二十五亩，闲民（兄弟中最末者）则只能为佃户。虽然他的"农宗论"依然留有佃户，但他的目的是要按照封建宗法制度来分配土地，限田以防止土地兼并，以调和贫富之间日益加剧的差距和矛盾，达到限制贫富不均的目的，建立宗族社会福利的保障制度。

龚自珍思考社会福利的方式基本思路大体上还是传统的。洋务运动兴起之后，西方的思想文化传入中国，在社会福利问题上，思想家也将西方社会福利

---

① 《乙丙之际著议》。

思想介绍到中国，思想家吸收西方社会福利思想，出现了中国社会福利思想的现代转型。从如下三位思想家的思想中可以看到中国福利思想发展向近代化迈进：

（一）郑观应的社会福利思想

郑观应是"早期维新思潮"的代表人物，他在从事近代企业经营活动的同时，还写有不少著作，其代表性著作是《盛世危言》，刊行于 1893 年。

在《盛世危言》中，有一篇名为《善举》的文章，详细介绍西洋慈善机构的建立和西方慈善机构的分类，并对西方慈善事业作了评价，使养病院、育婴堂、义学堂、养老院、老儒会、绣花会、童艺院、保良会、疯人院、训哑院、聋瞽院等西方慈善机构的基本情况为国人所知。

在他看来，西方社会慈善事业的发展，使得社会上乞丐和盗贼大大减少，维持了社会的稳定。同时也养成了乐善好施的社会风气，使贫穷孤苦无告者能够体验到社会的温暖。

晚清灾荒频发，郑观应大胆揭露道："绅士互相观望，无公益心，在官长畏难苟安，不同民间疾苦"。"地方官竟不注意所求，赈款又缓不济急"，致使"灾民流离失所，死者无数。"[1]

郑观应吸收中外救灾思想成果，提出丰富的治荒之策。他要求赈灾官员严格自律，严禁徇私舞弊；要求人们厉行节约，反对奢靡消费，主张慷慨解囊，积极参加赈荒救灾。他还注重救荒宣传。

郑观应更独有特色的思想在于从金融角度提出治荒措施，他提出：

第一，遍设基层金融机构，为民融资。郑观应认为防止灾荒"需在早时之积贮"[2]，他呼吁人们省掉不必要的开支，积聚钱物，以备不测。为鼓励人们储蓄，他建议设农社或平民银行，把单个资金集合成一大资本，再由银行承担融资任务，以解政府之忧。在农村基层，他主张各村设农民储蓄社，各县设庶民银行承担借贷任务解贫农之缓急。通过"定期借给，以田为质"[3]，保护小农再生产。如果遇灾农民无法及时偿还，可宽其期限；如农民背负重息，可代为偿还，使农民摆脱了困遇，增加抗灾能力。

第二，筹备农业保险，风险分担。郑观应建议仿行西方保险之制。具体办

---

① 夏东元：《郑观应集》（下册），158 页，上海，上海人民出版社，1988。

② 同上书，1156 页。

③ 同上。

法是由各村收集保费，交国家特许的保险公司妥为经营。这样农民凡遇灾即可向保险公司索赔，将损失降低到一定程度。

第三，兴建农仓，平抑物价。小农经济不仅难以抵御天灾，而且市场风险承受力也脆弱。一旦农产品价格下跌，农民即有破产的危险。鉴于此，郑观应主张村民建立集体农仓共同抵抗风险。办法是"农民互相联络，收获则贮之于仓"，然后"徐察市面，以待善价"①。这样避免奸商囤积居奇，垄断市场，保护农民利益。

从总体上看，郑观应的社会福利思想并不十分系统，但却充溢着一股浓郁的近代气息，他介绍了西方近代社会慈善事业的基本情况，并提出了一些颇具近代色彩的救荒措施，对近代中国社会福利思想的发展起到了推动作用。

（二）康有为的社会福利思想

康有为是晚清思想界的巨人。他把 19 世纪七八十年代以来的早期维新学说进一步理论化和系统化，在他维新学说中的大同理论蕴涵着深刻的社会福利思想。

康有为系统地展开他的社会批判。他在《大同书》中，把现实社会看成是一个无处不苦、无人不苦的大苦海，如投胎之苦、夭折之苦、废疾之苦、贫穷之苦、刑狱之苦、苛税之苦、压制之苦，等等。"盖全世界皆忧患之世而已，普天下人皆忧患之人而已……"为拯世救民，脱大众出苦海，他主张破除"诸苦之根源"的"九界"，即"国界"、"级界"、"种界"、"形界"、"家界"、"业界"、"乱界"、"类界"等。

康有为指出专制制度违背了"天下国家为天下人公有"的平等之理是造成世间苦难的重要原因，"大抵压制之国，政权不许参预，赋税日益繁苛，摧抑民生，凌锄士气。"

康有为还抨击中国传统宗族福利保障模式的狭隘性。认为中国传统的福利保障模式行"仁爱"不够广博，只是局限于"自亲其亲"的范围内，"则无从以私产归公产，无从公养全世界之人而多贫穷困苦之人""则不能多抽公费而办公益，以举行育婴、慈幼、养老、恤贫诸事"。因此我们应该向西方学习。康有为把封建宗族福利保障模式与封建宗法家族制结合起来进行批判，主张破"家"界而求公众之"大福利"。

康有为认为，只有实行大同之道，才可以拯救世人的苦难。"吾既生乱世，

---

①　夏东元：《郑观应集》（下册），1157 页。

目击苦道，而思有以救之，昧昧我思，其惟行大同太平之道哉！"只有大同社会才是一个没有任何痛苦的"至平"、"至公"、"至仁"、"治之至"的理想社会。

怎样达到大同社会呢？康有为认为，只有去国、去种、去家、去产，以完全自由自主的个人作为社会的基本构成单位，将生育、教养、老病、死丧等事都归于社会公共福利事业，才能达到理想的"大同世界"。为此，他设计了一个大胆的空想方案"大同世界"，在这一理想的"大同世界"中，人人都是世界公民，无等级之分，无种族之别，无贵无贱，无主无奴，更无帝王君长。"人人相亲，人人平等，天下为公，是为大同。"所有的社会福利事业都由公共机构来承担，主要包括"公养"、"公教"、"公恤"三个方面。他为大同世界设计了详细的方案：成年男女自由婚配，无病苦及身后之忧，"长有专门生计之学，老疾皆有所养"。妇女怀孕后，送入公立的"人本院"赡养，进行胎教；婴儿出生后则由公立的育婴院、慈院负责养育。公教机构由小学院、中学院、大学院等公共机构组成。大同世界的儿童 6 岁入小学院，11 岁入中学院，16 岁入大学院，皆为免费的义务教育，接受良好的文化素质教育和专门的技能训练。至 20 岁毕业后，则用其所学、用其所长为社会服务。如果人们因工作受伤致残或患病不能工作，均可得到社会举办的医疾院的精心治疗，尽早康复。人到老年，还可以进入养老院、恤贫院，安享晚年，接受公恤。

康有为认为，通过上述公养、公教、公恤等社会慈善公益机构，人类便可达到孔子所描述的"老有所终，壮有所用，幼有所长，鳏寡孤独废疾者皆有所养"的幸福快乐的大同之世。

康有为的社会福利思想体现了激进的反封建战斗精神，为后世中国有识之士设计和改造中国传统福利制度，提供了宝贵的思想材料。

（三）孙中山的社会福利思想

作为中国资产阶级民主革命的先行者和精神领袖，孙中山提出了系统的革命理论——三民主义。"民生主义"是孙中山三民主义中最具特色的部分，"民生主义"显示孙中山试图"举政治革命、社会革命毕其功于一役"，建立一个理想的福利保障社会。孙中山构想的福利保障社会的蓝图，代表了中国人民对理想大同社会的强烈渴望，也代表了 20 世纪初期先进中国人对人类前途命运的深沉思考。

关于"民生"，孙中山说："民生就是人民的生活——社会的生存，国民的生计，群众的生命。"① "民生就是政治的中心，就是经济的中心和种种历史活动的中心。"②

孙中山又进一步概括了"民生"的具体含义，他认为，"民生"就是国民的生计，即是要改善人民的物质生活，解决人民的穿衣、吃饭和其他生活需要。民生问题是社会进化的原动力，也是人类历史活动的中心。

孙中山对民生问题的关注又具体体现在如下方面：

第一，救济工农。孙中山非常同情工农劳动大众的苦难境况，主张消灭"贫富阶级"，实现"真自由平等博爱"。而在理想的博爱社会建立之前，应该采取社会救济措施，改善工人农民的生活。如1924年1月通过的《中国国民党第一次代表大会宣言》就强调："工人之失业者，国家当为之谋救济之道"。

第二，安老怀少。孙中山十分推崇"天下为公"的大同世界，他认为："大同世界即所谓'天下为公'。要使老者有所养，壮者有所营，幼者有所教。"③他将"天下为公"作为自己终生奋斗的社会理想："实现社会主义之日，即我民幼有所教、老有所养、分业操作，各得其所"。

孙中山还从制度上对安老怀少的慈善事业作了具体的设计："男子五六岁入小学堂，以后由国家教之养之，至二十岁为止……二十以后，自食其力……设有不幸者半途蹉跎，则五十以后，由国家给予养老金""如生子多，凡无力养之者，亦可由国家资养"。各项善政的经费皆系将土地、山川、林泽、矿产等收入收归政府所有，"而用以经营地方人民之事业，及育幼、养老、济贫、救灾、医病，与夫种种公共之需"。也就是通过土地回收国有，而后平均地权以达到社会的全体老百姓享有平等的福利。在孙中山眼里，救济贫民这种慈善事业已不是不平等的施舍，而是现代政府应担负的责任。孙中山这种"安老怀少"的慈善观，在深度上远远超过了中国传统的慈善观，是对中国传统慈善观的极大发展。

第三，平均地权和均富。孙中山认为，在民族革命和政治革命成功的同时，革命党人还应该致力于以"平均地权"为核心内容的"社会革命"。"平均地权"的目标得以实现，同时还实现了土地国有化，消灭了贫富分化。以建立"家级人足，四海之内，无一夫不获其所"④的福利保障社会。

---

① 孙中山：《孙中山选集》，802页，北京，人民出版社，1981。

② 同上书，825页。

③ 同上书，37页。

④ 同上书，96页。

第三节　中国传统社会福利思想的特征

一、德治主义的特征

（一）德治主义是传统福利思想的内在主线

中国传统思想中有着深厚的德治主义源流，它发轫于周公，经孔孟的系统阐发，复经董仲舒的进一步完善，成为一个系统的理论体系。

周公去殷周鼎革不远，在对"殷鉴"的总结中，发出了"天命靡常"、"小民难保"的慨叹，周公认为，统治者受命于天，要以自己的德政与之配合，应该"聿修厥德，永言配命，自求多福"（《诗·大雅·文王》）。孔子继承了周公的德政思想，形成较为系统的德治主义政治纲领，孔子说："为政以德，譬如北辰，居其所而众星拱之。"（《论语·为政》）又说："道之以政，齐之以刑，民免而无耻；道之以德，齐之以礼，有耻且格。"（《论语·为政》）在他看来，德与刑是行政的两种手段。实行德政就是要把德的一手放在首位，大力推行社会教化。孟子的政治思想更以仁政著称，他对统治者声言："何必曰利？亦有仁义而已矣！"（《孟子·梁惠王上》）汉初的董仲舒继承了孔孟的德政学说，吸纳阴阳家理论，认为，天有阴阳之刑德，故天子为政也须王霸并用、宽猛相济；但"天之任阳不任阴，好德不好刑"，天以三时主德，一时主刑，故天子行政，应以王道、仁德为主（《汉书·董仲舒传》）。他引用历史经验指出："纣王刑杀暴戾可谓之极，而终于国破身死，为千古所骂；反观周文王，大行德政，师圣任贤，仁爱子民，故天下归之。反之，降及嬴秦，严刑峻法迭出，酷吏横行，人民被刑遭戮者众多，衣囚服刑者满市，但社会骚动，天下扰攘，以致"立为天子十四岁而国破亡矣！"（《春秋繁露·王道》）

在两千多年的历史长河中，儒家学说构成中国传统思想的主干。德治原则原本就是构筑儒家学说的一块基石，经由孔孟、董仲舒及其之后的思想家对儒家学说的大力阐发和完善，德治主义思潮亦得到高扬。德治主义思想在中国古代社会产生了广泛而持久的影响，不论是对中国古代社会的政治运行、思想家的思想构作，抑或是对精英人物的行为，它都发挥了巨大的价值导向作用。传统的德治主义注重德的力量，强调统治者把德置于首位，主张以教化为国家施政的主要手段，极力贬斥刑罚威势的作用。这样的思想必然逻辑地要求在经济上减轻人民的负担，维持人民基本生产与生活的稳定，宽缓民力、减省赋役，藏富于民。中国福利思想史上的许多思想家，也正是在这种德治主义原则之下进行思想构建的，他们的社会福利主张也正循德治主义原则而展开，正因如此，德治主义也成为传统福利思想的内在主线。同样，如果我们认真品味中国社会福利思想史上大部分的思想人物即可发现其德治主义的思想背景。

（二）德治主义路线在先秦时期福利思想中的贯彻和巩固

德治主义思潮起始于周初，其实在周初出现社会福利思想里，德治主义与社会福利思想就有着相互的关联性。

《周礼》是一部周代典章制度的总结汇编，它反映了周初时期人们对社会福利问题的思考。《周礼》所反映出来社会福利思想就与周初的德治主义思想有着密切的联系，展示出在中国社会福利思想史上德治主义路线开始被全面贯彻。

在社会福利问题上，《周礼》提出"荒政十二"和"保息六政"（《周礼·地官·大司徒》）。

所谓"荒政十二"，是指国家应对天灾人祸，救济灾民及保障居民维持生活的基本措施，具体内容有：（1）"散利"（贷给居民种食）；（2）"薄征"（减免租税）；（3）"缓刑"（减轻刑罚）；（4）"弛力"（解除徭役）；（5）"舍禁"（去除山泽之禁）；（6）"去几"（减少关市之征）；（7）"眚礼"（简化庆典礼节）；（8）"杀哀"（简化丧葬礼节）；（9）"蕃乐"（收藏乐器，停止作乐）；（10）"多婚"（鼓励婚嫁，预防人口减少）；（11）"索鬼神"（求废祀而修之）；（12）"除盗贼"（加强治安防范，维护社会稳定）。

所谓"保息六政"，是指国家实施的六种社会福利措施，具体包括：（1）"慈幼"（保护幼少儿童）；（2）"养老"（优待老年居民）；（3）"振穷"（救济鳏、寡、孤、独等社会弱势群体）；（4）"恤贫"（救助经济贫困者）；（5）"宽疾"（免除残疾者负担，并加以养护）；（6）"安富"（均平徭役，令富者安）。

按《周礼》说法，"荒政十二"重点在于"聚万民"，而"保息六政"重点则在于"养万民"。前者侧重于灾荒救济，后者侧重于日常福利，两者相互协调，相互补充，均由专管民事的"大司徒"总负责，同时为了确保上述社会福利制度的有效实施，《周礼》还提出了若干辅助措施，显示出这一制度设计的严整和周密。这些措施是：

第一，实行严格的人口和财产统计制度。其中规定：由乡大夫负责人口统计、辨别与登记，"以岁时登其夫家之众寡，辨其可任者。国中自七尺以及六十，野自六尺以及六十有五，皆征之。其舍者，国中贵者、贤者、能者、服公事者、老者、疾者，皆舍。以岁时入其书。"（《周礼·地官·乡大夫》）由均人负责土地及财产统计，"掌均地政，均地守，均地职，均人民、牛马、车辇之力政。凡均力政，以岁上下：丰年则公旬用三日焉，中年则公旬用二日焉，无年则公旬用一日焉。凶札则无力政，无财赋，不收地守、地职，不均地政。三年大比，则大均。"① 这些人口、财产方面的统计数字，正是国家推行社会福利保障措施时不可或缺的基本依据。

第二，设立专门的财政支持。《周礼·地官·遗人》说：

> 掌邦之委积，以待施惠。乡里之委积，以恤民之艰厄；门关之委积，以养老孤；郊里之委积，以待宾客；野鄙之委积，以待羁旅；县都之委积，以待凶荒。……凡委积之事，巡而比之，以时颁之。

第三，加强定期巡查和监督。由乡师负责"以岁时巡国及野，而万民之艰厄，以王命施惠。"②

第四，对基层居民组织进行系统整合。《周礼·地官·大司徒》说：

> 令五家为比，使之相保；五比为闾，使之相受；四闾为族，使之相葬；五族为党，使之相救；五党为州，使之相赒；五州为乡，使之相宾。

这里的"相保"、"相受"、"相葬"、"相救"、"相赒"、"相宾"等，都是强调动员基层居民组织的互助功能，确保有关政策的顺利实施。

从上可见，《周礼》提出的"荒政十二"和"保息六政"③ 内容涉及对灾民的社会救济，社会弱势阶层的生存保障，乃至一般居民正常生活的维护，《周礼》又设计出若干辅助措施确保上述社会福利制度的有效实施，显示周人对社会福利问题思考非常细致、周密和具体。为什么《周礼》在当时的社会历史条件下就能提出这样详备而复杂社会福利思考呢？周人的这样一番思考恰是周公开创的德治主义路线的贯彻。

---

① 《周礼·地官·均人》。
② 《周礼·地官·乡师》。
③ 《周礼·地官·大司徒》。

周公认为："皇天无亲，唯德是辅。"① 因此，"乱罚无罪，杀无辜，怨有同，是丛于厥身!"如果严刑峻法，为所欲为，就会成为民怨所归、众矢之的。相反，"惟乃丕显考文王，克明德慎罚……闻于上帝，帝休，天乃大命文王。"②总之，君王就是应该"裕民""宁民""惟文王之敬忌，乃裕民""裕，乃以民宁，不汝瑕殄。"③要让人民安居乐业，生活宽裕，如何达到这一目的呢？这必然落实到相应的制度设计和项目配套，制度设计越全面，项目配套越细致，则越能取得"裕民"的效果。"荒政十二"、"保息六政"及其相应的辅助措施就是以"裕民"为途径，显示出"敬德"、"明德"，从而达到"永命"的目的，因此它也是周初德治主义思想的产物。

孔子远绍周公，将周初以来的德治思想予以系统化，提出了较为系统的德治主义纲领，完成了德治由外在向内在的价值转换，把德治主张升华到政治哲学的高度。因此，孔子及其之后的儒家思想家对社会福利问题的考量更是贯穿着德治主义的主线的。

（三）先秦之后德治主义路线在福利思想和实践中的延续

先秦之后，一方面，秉承先秦儒家的思想传统，德治主义思想在以后儒家学说中根深叶茂；另一方面，基于儒家地位的树立，加上对历史经验和现实问题的总结和反思，"为政以德"观念已经深入到政治人物的思想之中，"德治"作为一种政治观念、政治原则，已经成为普遍认同的政治文化命题。从社会福利思想的角度看，这种情形带来了汉代以来社会福利思想同德治主义思想的高度关联。

1. 从思想人物提出的福利思想主张看

我们以董仲舒和朱熹为例，考量思想人物对社会福利思想的思考。

董仲舒为汉初王朝提出政治治理方略，他力倡儒家德治主义。为此，作为德治原则的贯彻，董仲舒认为应当对"大富"者给予限制，对"大贫"者予以救济。"使富者足以示贵而不至于骄，贫者足以养生而不至于忧，以此为度而调均之，是以财不匮而上下相安，故易治也。"④作为具体措施，董仲舒又主张

---

① 《尚书·蔡仲之命》。

② 《康诰》。

③ 同上。

④ 《春秋繁露·度制》。

"限民名田，以澹不足，塞并兼之路"①。董仲舒的"限民名田"把贫苦百姓基本生活、生存权利的保障，与封建土地所有制的改造问题紧密联系在一起，达到了在当时历史条件下所能达到的认识深度。

朱熹是宋明新儒学的提出者，他远宗孔孟学说，近承周敦颐、二程思想，兼采释、道，形成了新的儒学体系。朱熹的社会福利思想便是由这一体系引申出来的。

朱熹的社会福利主张依然可以溯源于儒家的德治主义，朱熹将社会福利事业的地位与作用提到了相当的高度，给予了过去所没有的新认识和理解。他说："天下国家之大务，莫大于恤民。"将"恤民"直接等同于"天下国家之大务"。在具体的福利政策上，朱熹特别关注有现实意义的赈济和救荒，主张设"社仓"来解决饥民的粮食问题。这显然都是德治主义的思想理路。

2. 从政治人物提出的福利思想主张看

秦汉之后，中国古代政治人物中，李世民和朱元璋是比较细致思考过社会福利问题的两位帝王。

李世民提出了以"养民恤民"为核心的社会福利主张，并把这一主张落实在政策实践之中。义仓是专门用来赈贷灾荒的非常重要的仓廪，始置于隋代，后废弃。贞观二年，李世民遂诏令州县，在全国范围设置义仓。为了保证义仓粮的储备，还规定自王公以下，不分户等、贫富，凡占有垦田的人，每亩交纳两升粮食，贮藏于州县义仓。贞观年间，义仓不但数量多，而且粮储十分丰足，州县"每有饥馑，则开仓赈给"。② 这种取之于民、用之于民，专门用于救灾的仓——义仓的建置，对人民抗灾度荒起了重要的作用。另外，贞观年间，政府还恢复了常平仓的建置。贞观十三年，唐太宗下令在当时主要的农业区洛州、相州、幽州、徐州、齐州、并州、秦州、蒲州等地重建常平仓。常平仓储主要用以平抑粮价，有时也用于救济，它对防灾救灾起到积极的作用。

李世民非常注意养恤。贞观二年，关中旱大饥，百姓"有鬻男女者"，太宗"遣御史大夫杜淹巡检，出御府金宝赎之，还其父母"③，即政府出资为民赎子。对于疾病肆虐之地，政府还遣医送药，帮助灾民治疗。如贞观十年，"关内、河东疾病，医赍药疗之"；十五年，襄城宫泽州疾疫；十六年谷州、泾州、徐州、

---

① 《汉书·食货志》。

② 《通典》卷十二，《食货·轻重》。

③ 《贞观政要·仁侧》。

赣州、戴州疾疫；二十二年邠州大疫，政府都曾"遣赐医药""遣医就疗"①。

与李世民相似，朱元璋也要求对发生灾荒地域的百姓及时进行救济。他经常敦促地方官要据实报灾，以便根据灾情火速进行赈济。为确保更加及时有效地赈济，朱元璋在各州县设立了预备仓，规定府、州、县各置东、西、南、北四仓，存储粮食，以备救灾之用。朱元璋又设立惠民药局，凡军民有病无钱治者，给医药治疗。此外，他还制定了一整套的救灾措施，要求官员及时报告灾情，据实际情况也可先发赈，后奏报，以减少不必要的损失。

李世民、朱元璋何以会提出上述养民恤民为核心的社会福利主张呢？李世民曾强调："君，舟也；人，水也，水能载舟，亦能覆舟"②，他还说："为君之道，必须先存百姓，若损百姓奉其身，犹割股以啖腹，腹饱而身毙。""凡事皆须务本，国以人为本，人以衣食为本"③。朱元璋称："人者，国之本也。"④ 朱元璋还指出："今民脱丧乱犹出膏火之中，非宽恕以惠养之，无以尽生息之道。"⑤ 显见，李世民、朱元璋继承了儒家传统的"民本"思想，秉承了儒家"仁政"、"王道"的重民理念。其实，德治主义是与民本主义互为表里的政治理念，主张德治与肯定民本是不可分割的，因此，传统社会福利思想中的民本主义色彩也正是德治主义的表现。把安抚百姓、使百姓安居乐业作为立国之策，这也正说明其福利思想的基础来自于传统的德治主义，亦反映德治主义构成传统福利思想的内在主线。

二、平均主义的思想特征

（一）均平观念在中国传统思想中的独特地位

"均平"观念由来已久。早在周初，《周易》谦卦的象辞就称："地中有山，谦，君子以裒多益寡，称物平施。"《管子·乘马》也说："均地分力，使民知时也……故不均之为恶也。"甚至在周代的政治制度建设、官吏设置以及统治政策的制定等方面，"均平"观念都被作为考虑问题的基本出发点。如《周礼》中所载，周代有"均人"的官职，后人注释《周礼》有这样的论述："释曰：此官主

① 《册府元龟·恤下》。
② 《贞观政要·论君道》。
③ 《贞观政要·论务农》。
④ 余继登：《典故纪闻》，34 页，北京，中华书局，1981。
⑤ 《明太祖实录》，489 页，中央研究院历史语言研究所校印本，1983。

均平土地之征，经界之守，均地利而入九职，均人力牛马车辇公役之征，原曰
遗人。均人之设，亦为国至要之务也。遗人不设，则国无委积，道路不通，宾
客无馆，凶荒不备，行旅何能出于其途哉？均人不设，则赋税不均，经界不正，
地职不明，而力役公上亦不均矣。三征不均，则欺诈幸免之俗兴，而奸邪悖乱
之徒起矣。天下不平乃由于此。故六乡必设遗人、均人，六遂必设委人、土均，
盖以民务莫要于此。"① 周代开始的"均平"观念在后世一直延续下去，成为一
种普遍的文化观念。

不仅如此，在古代，"均平"甚至被看成是不能违背的天地之德，"均平则
为中正之德性，偏倚则为过不及之德性，太甚则为恶之德性矣"②。这种观念的
流播把"均平"意识上升为普遍思想追求和文化认同，最终积淀于人们的心理
层面。

"均平"观念在中国传统社会中的独特地位，使平均主义作为一种极普遍的
文化倾向，为中国古代大部分思想人物所接纳，古代思想家在思考社会福利问
题也以之为思想方向。

（二）早期儒家福利思想平均主义特色的显示

从中国古代思想家思考福利问题伊始，传统社会福利思想中平均主义特色
就开始显示出来。儒家对社会福利问题极其重视，在儒家创始人孔子那里就体
现了这一点。《论语·季氏》即有如下一段话：

> 丘也闻："有国有家者，不患寡而患不均，不患贫而患不安。盖均
> 无贫，和无寡，安无倾"。

这里的"不患寡而患不均"之语清楚地说明孔子在社会福利问题上的平均
主义意识。

墨家对社会福利问题也颇有主张，《墨子·尚同中》对古代帝王提出："故
古者圣王……分财不敢不均……曰：'其为正长若此。'""分财不敢不均"，这也
是明确的要求平均分配财富的思想，以确保社会福利的思想。

汉初董仲舒认为应当对"大富"者给予限制，对"大贫"者予以救济，"使
富者足以示贵而不至于骄，贫者足以养生而不至于忧，以此为度而调均之，是

---

① 柯尚迁：《周礼全经释原》卷四。
② 魏荔彤：《大易通解》卷首。

以财不匮而上下相安，故易治也。"这亦体现着平均主义的特色。

《礼记》，为西汉时戴圣编纂，又称《小戴礼记》，儒家经典之一，是战国末期至汉初儒家的一部论文集。在《礼记》49 篇中，蕴涵着丰富的社会福利思想。

《礼记》中的《礼运》勾勒了一幅"大道之行，天下为公"的理想社会蓝图：

> 大道之行，天下为公。选贤与能，讲信修睦，故人不独亲其亲，不独子其子。使老有所终，壮有所用，幼有所长，鳏寡孤独废疾者皆有所养。男有分，女有归。货恶其弃于地也，不必藏于己。力恶其不出于身也，不必为己。是故谋闭而不兴，盗窃乱贼而不作，故外户而不闭，是谓大同。

在这样的"大同"社会里，妥善安置民生问题构成这个社会重要原则，其中的"老有所终"是对老人退休生活的照顾；"壮有所用"是社会就业的目标；"幼有所长"是儿童福利的保障；"鳏寡孤独废疾者皆有所养"是对弱势群体的社会救助。《礼运》所谓"是谓大同"之"同"即均同、无差别、无冲突之意，儒家要由是而使社会达于平等、公正与幸福的境界。因此，儒家的大同社会首先是一个平等的社会。

汉初儒者憧憬的这样一幅图景：构想一个从幼到老，从男到女、到鳏寡独废疾者，都能安宁生活的福利保障的平等社会，在中国历史上产生了深远的影响。

（三）传统福利思想的平均主义特色在古代土地制度设计中的表现

在中国古代农业社会，土地制度是整个社会经济制度的核心。土地问题关乎人民的基本福利的满足，因此古代思想家在思考社会福利问题时，其"均平"意识首先在设计合理土地制度时体现出来。甚至，"均平"之"均"一开始就是指土地之均平，如《夏小正》说，"农率均田"《国语》说，"井田畴均"，《逸周书·允文》的"赋均田布"。

作为儒家重要人物的孟子对土地的均平有认真的思考："夫仁政，必自经界始。经界不正，井地不均，谷禄不平。……经界既正，分田制禄可坐而定也。"他要以均平土地为特征的井田制作为措施，达到"制民之产"，从而确保人民的福利。汉初的董仲舒则以"限民名田"为手段来达到土地的均平，"限民名田，以澹不足，塞并兼之路"。

作为政策制定，公元 485 年，北魏孝文帝颁布了均田令。均田诏书中说："富强者并兼山泽，贫弱者望绝一廛。……而欲天下太平，百姓丰足，安可得哉？今遣使者循行州郡，与牧守均给天下之田。"[①] 其抑兼并、均土地的意旨十分明显。均田制为此后的北齐、北周、隋唐所继承，实施了二百六七十年，它是封建统治者最早明确的在土地上实践均平思想的田制。

唐朝的均田令和租庸调令体现的是不同的均平思想。唐朝的均田令明确规定："凡给田之制有差"，具体则是：

> 凡天下之田，五尺为步，步二百有四十为亩，亩百为顷。度其肥瘠宽狭，以居其人。凡给田之制有差，园宅之地亦如之。凡给口分田皆从便近。居城之人，本县无田者，则隔县给授。凡应收授之田，皆起十月，毕十二月。凡授田，先课后不课，先贫后富，先多后少。凡州县界内所部，受田悉足者，为宽乡，不足者为狭乡。凡官人及勋，授永业田。凡天下诸州有公廨田，凡诸州及都护府官人有职分田。[②]

而后，根据丁男、中男、老男、笃疾、废疾、寡妻妾、道士、职事官、王公贵族等不同的受田对象，分别规定不同的永业田和口分田的"给田"定额。这是一种相对平均。

对于土地均平有比较细致思考的思想家还有北宋的李觏。李觏生活于北宋王朝中期。他针对当时土地不均提出"平土"的主张，"平土"包括均田和限田，均田就是要国家把土地分给无地和少地的农民，使之乐业、安居；限田就是要国家制定措施限制特权阶级和富商、大贾多占土地，抑制兼并。通过"平土"，确立井田制。

张载是北宋时期重要的思想家。张载把社会福利保障与恢复三代之制度联系起来。张载认为，"三代"之制中，主要的有三种制度：井田、封建（分封制）和肉刑。

张载认为，三者之中最重要的是井田。井田的最大的优越性是"均平"。他说："治天下不由井地，终无由得平。周道止是均平。"（《经学理窟·周礼》）

如何实行"井田"呢？张载认为，井田的实施可以通过封建，行井田只须"朝廷出一令，可以不笞一人而定"。皇帝下一命令，将天下土地收为国有，然

---

① 《魏书·孝文纪》上。
② 《旧唐书》卷四十三。

后测量，把土地分成棋盘式的小块，每小块一百亩，每一个农民分给一块。原来的地主失去了田地，但皇帝可以封他们为一个地方的"田官"，使他们在他们受封的范围内，征收租税。这使原来的富者都"不失故物"、"不失其为富"。他们所收的租税，以土地生产的十分之一为限，这就保证了农民的基本生存，贫者就"不失其贫"。

洪秀全的《天朝田亩制度》则可以说是均田制度在中国社会福利思想史上的最后回响。他的《天朝田亩制度》根据"凡天下田，天下人同耕"的原则，把土地按每年产量的多少，分为上、中、下三级九等，然后好田坏田互相搭配，按人口平均分配。亦即"凡分田，照人口，不论男妇；算其家人口多寡，人多则分多，人寡则分寡；杂以九等。如一家六人，分三人好田，分三人丑田，好丑各一半。"并要通过政府的协调，令饥荒地和丰收地之间相互周济，使天下"丰荒相通"，使得百姓可以过上较为富足的日子，永无饥民，建立"有田同耕，有饭同食，有衣同穿，有钱同使，无处不均匀，无人不饱暖"的理想社会。

（四）传统福利思想的平均主义特色在赋役制度设计中的表现

真正的施行平均土地从而保障福利是不可能的，它只能作为一种理想或追求。这一思想的部分实现，表现在古代的减轻赋役政策中。于是，在传统思想家那里就经常提出减轻赋役的问题。

孔子就从赋税政策上思考福利保障的问题，《左传·哀公十一年》：

> 季孙欲以田赋，使冉有访诸仲尼。仲尼曰："丘不识也。"三发，卒曰："子为国老，待子而行，若之何子之不言也？"仲尼不对，而私于冉有曰："君子之行也，度于礼：施取其厚，事举其中，敛从其薄。如是，则以丘亦足矣。若不度于礼，而贪冒无厌，则虽以田赋，将又不足。且子季孙若欲行而法，则周公之典在；若欲苟而行，又何访焉？"弗听。

孟子则说：

> 请野九一而助，国中什一使自赋。卿以下，必有圭田。圭田五十亩，余夫二十五亩。死徙无出乡，乡里同井，出入相友，守望相助，

疾病相扶持，则百姓亲睦。①

贞观二年（628），唐朝开始采取按亩征收定额税率，即按实际耕地的亩数交纳地税，这样，纳税多少就与贫富程度真正对应起来了。永徽二年（651）高宗改行按户等高低征收差额的地税，也是依据了结合贫富差别相对平均赋税的原则。唐前期对每年全国征收的户税总额都有规定，并按纳税人家的户等高下分配差额税额，来实现贫富之间的相对平均，正如天宝四年（745）玄宗敕令中重申的"不得容有爱憎，以为高下，徇其虚妄，令不均平。"②两税法符合封建社会土地占有和财富分配日益不均的历史趋势，具有强大生命力，因而为宋元明清历代所沿用。而清代摊丁入亩、地丁合一的赋税制，免除无地贫民的丁银负担，使无产者不再纳税，是平均原则在古代社会借助国家政策得以贯彻的最高体现。

三、封闭性特征

（一）传统福利思想的封闭性特点

在现代福利制度看来，福利应该是开放性的。从社会福利的承担者来说，福利服务应由公共部门、营利组织、非营利组织、家庭与社区四个部门共同来负担，甚至，非营利组织还填补政府从福利领域后撤所遗留下的真空；从福利内容和项目设置来说，包括物质与精神两个方面，精神方面还十分注重主体与客体之间的互动、特别是"服务对象的精神享受和正确、及时的引导和教育"；从福利服务对象的标准和原则来说，福利服务对象"由无劳动能力和道德化因素转变为公民的社会权利，由此社会福利的对象超出了弱势群体的范围，社会服务的性质开始从救济延伸到发展"。③

而从传统福利思想家的具体设计以及实际实施看，传统大多数的福利行为都是由官方兴办的，很少有私人兴办的福利事业。在儒家文化的观念中，福利政策是和国家的"仁政"紧密相关的，国家承担着"惠于民"的责任。④ 就如

---

① 《孟子·滕文公上》。

② 《册府元龟》卷四八六，《唐会要》卷八十五。

③ 耿志国、张丹丹：《建立一个福利多元主义的社会服务与 NGO 模式》，中国论文门户网。

④ 北斗星社区：《中国社会福利的演进及发展》，见 www. bdstar. org/Article。

孔子在教育子路时所说的那样"汝之民为饿也，何不白于君，发仓廪以赈之？而私以尔食馈之，是汝明君之无惠，而见己之德美矣。"① 一旦私人兴办了过多的福利活动，将被理解为该个人对政府的不满意，抗议政府的"不仁"，政府还不足以让百姓衣食无忧。

同时，从福利内容和项目设置来说，传统福利思想家的福利类型大部分是救济型福利，赈灾和济贫扶困几乎是传统福利思想家的福利考虑的所有内容；赈灾是在灾害或战争时期对百姓进行救济；扶贫济困是指对弱势群体的日常救济，如：对"鳏寡孤独废疾者"以及妇女儿童等成员进行的福利救助，以做到"老其老，慈其幼，长其孤，问其病"，至于让服务对象获得精神享受，乃至人的身心全面发展，则完全阙如。

（二）宗族救济与传统福利思想的封闭性

在中国福利思想史上，也有思想家主张发挥"宗族"在福利建设中的作用。

秦大一统后采用的是"编户齐民"式的统治手段，强调对基层社会的直接控制性，宗族是被控制的组织形式，但从北宋开始已经有思想家思考宗族对社会福利保障的作用。他们认为，王朝的统治者应该本着"敬德保民"的思想原则，对鳏寡孤独这些穷弱无告者实施仁政，但限于各种条件，王政终究是有局限的，通过宗族等民间的救助主体提供各种形式的福利保障可以"补王政之穷"，对稳定封建统治，把封建统治控制在秩序的范围内是至关重要的。这样，带有浓厚血缘和亲缘的宗族就成为救济穷弱的最重要的单位之一。在国家承担着"惠于民"的责任主体之外，又有了"宗族"的参与。

北宋初期的思想家张载在理论上对这一问题思考比较深入。

张载主张恢复"三代"宗法及宗子制度，在此基础上他提出理想的宗族保障模式。他说："管摄天下人心，收宗族，厚风俗，使人不忘本，须是明谱系世族与立宗子法。宗法不立，则人不知统系来处。……无百年之家，骨肉无统，虽至亲，恩亦薄。"② 张载甚至提出将社会组织系统纳入宗法关系中，提出："大君者，吾父母宗子；其大臣，宗子之家相也。"最高的封建统治者，就是社会这个大家族的"宗子"。这样一个社会是理想的福利社会："尊高年，所以长其长。慈孤弱，所以幼其幼。圣其合德，贤其秀也。凡天下疲癃残疾，茕独鳏

---

① 《孔子家语·观思》。
② 《经学理窟·宗法》。

寡，皆吾兄弟之颠连而无告者也。"①

范仲淹则是在实践上积极发挥"宗族"在福利建设中的作用的典范人物。钱公辅《范文正公集·义田记》载："范文正公苏人也，平生好施与，择其亲而贫疏而坚者咸施之。方贵显时，于其时中买负郭常稔之田千亩，号曰义田，以养济群族，族之人日有食，岁有衣，嫁娶凶葬皆有赡。"

继范仲淹之后，许多士大夫纷纷效仿，一时购置义田，创设义庄，赡养宗族，成为他们的风尚。明清时期，设义庄者急剧增多，成为封建社会后期民间社会承担社会成员保障的主要组织。义庄的设置体现了宗族这一血缘情结浓厚的群体组织对该组织个体成员发挥的福利保障功能。宗族福利保障成为宗法制度中的一项内容被固定下来，也是对儒家福利思想实施的制度化安排。同时宗法制度通过实施宗族保障内容而完善起来，最终形成体系。

张载倡导的这种宗族福利模式在中国福利实践中确实有具体展开，宗族也确实在社会福利体系中占据了重要位置的。这样的宗族救济也确实弥补了国家福利之不足。在中国传统福利思想和实践中，官方和宗族共同构成实施福利的主体。但是，从另一个角度看，也因为宗族救济的加入，缓解了国家福利的不足，这也抑制了其他团体和个人对社会福利事业的参与，宗族救济所面向的主要宗族成员，而不是全社会，这其实也强化了中国传统福利思想的封闭性。

总之，中国古代的福利系统是一个封闭的系统。这与现代意义上开放性、社会化的实践福利制度是大相径庭的，也正是因为这一点制约了中国古代福利制度化的进程。

思考题

1. 中国传统社会福利思想有几种类型？
2. 中国传统福利思想是怎样演变的？
3. 中国传统社会福利思想有什么特点？

---

① 《经学理窟·宗法》。

第四章
社会福利体制

内容提要：

    社会福利体制就是人类社会为了实现社会福利理想或理念而建立的一系列机制、规则和制度安排。在人类社会进入工业社会之前，一定的社会福利理想或理念业已出现，与之相伴随的社会福利体制也已形成，但这些社会福利体制基本上都是非制度化、非法律化、非常规化的，更多地体现统治阶级的意志，并受统治者的喜好所控制，带有明显的恩赐色彩。人类社会进入工业社会之后，社会福利思想不仅实现了重大的突破，而且社会福利体制也向制度化、法律化、常规化发展，形成了一系列比较成熟的社会福利体制，包括社会保险体制、社会救助体制、公共福利体制和社会互助体制。

学习目标：

1. 了解社会保险产生和发展的历史
2. 理解和掌握社会保险的特征和内容
3. 理解社会救助的特征、原则和内容
4. 理解和掌握公共福利的特征和原则
5. 理解和掌握社会互助的特征和内容

第一节 社会保险体制

在社会福利体制中，社会保险是极为重要的一种。在现代社会，人们面临着众多的社会风险，因此有人将现代社会称为"风险社会"。① 在现代风险社会中，年老、疾病、失业、工伤、生育等都是客观存在的、不以人的意志为转移的社会风险，这些风险一旦发生，就会导致工资劳动者的收入下降甚至中断，势必会影响劳动者及其家庭的生活，因此，社会必须建立一种机制帮助人们抵御这些社会风险，保障人们的基本生活。在所有可能抵御社会风险的机制中，社会保险被实践证明是一种有效的机制。社会保险是国家和政府通过立法实施的一种强制保险，其目的是为遭受特定社会风险（如年老、疾病、失业、工伤、生育等）侵害的社会成员提供基本收入保障。

一、社会保险的产生与发展

社会保险是工业化的产物，产生于 19 世纪末的德国，随后在世界范围内展开，特别是第二次世界大战后，社会保险的发展与普及非常迅速。

（一）社会保险的产生

从历史上看，通过国家立法实施社会保险，即由中央政府或地方政府统一管理的社会保险制度，最早始于 19 世纪 80 年代的德国。② 1871 年，德意志帝国建立，在历史上第一次实现了统一。③ 统一后的德国雄心勃勃，试图发展国内经济、增强实力，谋求欧洲霸主地位。但是，随着工业化的进程，工人阶级队伍日益扩大，劳资矛盾非常突出，这种局面严重影响了社会稳定和经济发展。德国政府作为资产阶级的利益代表，起初针对工人运动所采取的手段主要是武力镇压，但效果却是越镇压，工人运动越激烈，劳资矛盾越尖锐。正当此时，德国出现了一个新的经济学说，即新历史主义。新历史主义的代表认为，当时

---

① 以德国社会学家乌利希·贝克、英国社会理论家安东尼·吉登斯为代表的"风险社会"理论家们认为，在后现代性条件下，风险不仅大量出现而且全球化，因此比过去更难以被计算、管理或避免。在他们看来，现代性不再是毫无疑问的过程了，而是产生了许多危险或"缺陷"。后现代性的核心制度——政府、工业和科学是风险的主要制造者（参见杨雪冬等：《风险社会与秩序重建》，3~4 页，北京，社会科学文献出版社，2006）。

② 申曙光：《社会保险学》，67 页，广州，中山大学出版社，1998。

③ 任正臣：《社会保险学》，14 页，北京，社会科学文献出版社，2001。

年轻的德意志帝国所面临的最严重的社会经济问题是劳资关系问题，他们批评资产阶级经济自由主义"忽视"劳资矛盾，一味颂扬资本主义自由放任原则的态度。他们强调利用国家，通过各种法令和国营企业等措施来实行自上而下的改良。这一政策的主要内容，包括制定工厂立法、劳动保险、工厂监督、孤寡救济等法令。① 新历史主义的理论观点和政策主张对德国政府产生了重要影响，德国政府开始反思原有的政策，政策由"硬"向"软"转变，即开始考虑通过建立社会保险等制度来改善工人的生活状况，以达到改善劳资关系的目的。

1881年11月17日，时任首相俾斯麦通过德皇威廉一世发表《黄金诏书》，宣布要建立"社会保险基本法"，声称"社会弊病的医治，一定不能仅仅靠对社会民主党进行过火行为的镇压，同时也要积极促进工人阶级的福利"。② 自此开始，德国政府在首相俾斯麦的主持下，设计和实施了一系列新的社会政策，其中最重要的一项社会政策就是建立社会保险制度。1883年，德国颁布了《疾病社会保险法案》，这是世界上第一部社会保险法规，它标志着社会保险制度的诞生。随后，德国政府于1884年和1889年又分别颁布了《工伤保险法》和《养老、残疾、死亡保险法》，1911年德国政府又颁布了《社会保险法》共185条，将以前的社会保险条例合并，并增加了遗属保险。至此，德国的社会保险体系已初步形成。③

（二）社会保险的发展

德国社会保险制度的建立，对欧洲各国产生了示范效应，各国纷纷仿效德国开始建立本国的社会保险制度，具体情况见下表。到20世纪20年代，大多数欧洲国家都相继建立了各种社会保险制度。

欧洲各国社会保险制度建立情况④

国　家	工伤保险	养老保险	疾病保险	失业保险
奥地利	1887年	1906年	1888年	1920年
丹　麦	1916年	1891年	—	—
法　国	1898年	1910年	—	1905年

---

① 林义：《社会保险》，51～52页，北京，中国金融出版社，1998。
② 任正臣：《社会保险学》，14页。
③ 同上。
④ 同上书，15页；林义：《社会保险学》，52～53页。

续　表

国　家	工伤保险	养老保险	疾病保险	失业保险
瑞　典	1901 年	1913 年	1891 年	—
挪　威	1894 年	—	1909 年	—
芬　兰	1895 年	—	—	—
意大利	1898 年	1919 年	—	1919 年
瑞　士	1911 年	—	—	—
英　国	—	1908 年	1911 年	1911 年
荷　兰	—	1913 年	—	—
比利时	—	1904 年	—	—

德国社会保险制度的建立不仅影响了欧洲各国，而且也影响到欧洲之外的其他资本主义国家，如加拿大于 1908 年建立工伤保险，1927 年建立老年保险；日本于 1922 年建立健康保险和工伤保险。[1] 与此同时，苏联作为世界上第一个社会主义国家，于 1918 年颁布了《劳动人民社会保险条例》，提出了社会主义社会社会保险的原则和各项具体制度，对全体劳动者提供普遍的劳动保险，建立了第一个社会主义国家的社会保险制度，[2] 这一制度对于"二战"后其他社会主义国家社会保险制度的建立产生了重大影响。

1920—1935 年期间，由于受到第一次世界大战和经济大萧条的影响，社会保险的发展比较缓慢，但依然有一些国家在此期间建立了社会保险制度，如古巴、希腊等 10 个国家建立了疾病保险；南斯拉夫等 8 个国家建立了失业保险；智利、波兰、巴西等 12 个国家建立了老年、残障和遗属保险；约旦、保加利亚、赞比亚、几内亚、印度等 37 个国家建立了工伤保险。[3]

1929—1933 年期间所发生的世界性经济大危机，对整个资本主义世界产生了巨大的冲击，工厂大量倒闭，经济严重衰退，导致了非常严重的失业问题，进而引发贫困问题日益突出。在美国，1933 年失业者猛增到 1500 万人，六分之一的家庭不得不靠领救济金度日。[4] 为了尽快摆脱经济危机，美国总统罗斯福开始实施一系列的"新政"，其中就包括建立以社会保险为核心的社会保障制

---

① 林义：《社会保险学》，53 页。
② 任正臣：《社会保险学》，15 页。
③ 邓大松：《社会保险》，20 页，北京，中国劳动社会保障出版社，2002。
④ 林义：《社会保险学》，53 页。

度。1935 年 8 月，美国国会通过了以社会保险为主体的《社会保障法案》，该法案提出了雇主、工会和雇员保险的办法，对于劳动者死亡、年老、伤残、失业、职业病等，由政府提供最低生活保障金并确立了由联邦政府、州和地方政府共同参与、分级办理的社会保险体制。[①]

第二次世界大战中断了社会保险在全球范围内的发展，但在"二战"结束之后一直到 20 世纪 70 年代期间社会保险的发展却迎来了一个辉煌时期，这主要体现在以下四个方面：

1. 以英国为代表的福利国家的建立

在"二战"结束之前，英国政府为了战后重建，成立了以经济学家贝弗里奇为主席的社会保险和联合部际委员会，着手为战后重建计划提供建议。在充分调查研究基础之上，贝弗里奇于 1941 年 12 月 11 日完成了他的报告，并于 1942 年 11 月以《社会保险及其相关服务》为题正式出版了这个报告。贝弗里奇在报告中提出："国家对于每个公民，'从摇篮到坟墓'即由生到死的一切生活与危险，诸如疾病、灾害、老年、生育、死亡以及鳏、寡、孤、残疾人，都给予安全保障。"贝弗里奇认为，社会保障应采取三种方式："为保障基本需要而实施的社会保险、为保证特殊需要而实施的国民救济、为满足基本需要以外的需求而实施的自愿保险。"同时提出了这三种方式的社会保障应贯彻的原则：

(1) 社会保险制度同一津贴标准原则。不管被保险人的收入存在多大差异，在领取社会保险津贴时采用同一标准。(2) 社会保险制度同一缴费标准原则。所有被保险人为获得同样标准的社会保险津贴，就必须按照同样的标准缴纳社会保险费。(3) 社会保险制度统一管理原则。为了保证社会保险制度的经济与社会效果，社会保障管理责任必须统一。对每一个被保险人来说，不管存在多少种社会保险津贴，他只需要每周缴纳一项综合性社会保险费，并都集中到一项社会保险基金中，所有的社会保险津贴均从该基金中支付。每一个地方政府都将建立一个社会保障的管理机构。(4) 社会保险津贴发放时间与数量应该合理的原则。同一标准的社会保险津贴在数量上必须保证被保险人在正常情况下的基本生活；在时间上，只要被保险人的这种需求存在，就应该向其发放社会保险津贴。(5) 社会保险制度综合性原则。社会保险制度应该是一种综合性制度，它应该与国民救济制度及自愿保险制度结合起来，成为一项综合有效的社会保障制度。(6) 社会保险制度分类原则。社会保险制度必须考虑到不同人的不同收入及需求，并据此调整社会保险费用与津贴。在每一种社会保险覆盖阶

---

① 任正臣：《社会保险学》，15～16 页。

层中，应当针对大多数人的需求来确定社会保险的有关标准。但是，报告又指出，社会保险覆盖的阶层并不是普通的经济与社会意义上的阶层，社会保险制度是一种向其全体公民提供的与其收入无关的社会保障。①

在报告中，贝弗里奇还阐述了以往社会保障制度的不足，充分就业与社会保障的关系，摆脱贫困和政府责任的关系以及社会保障计划的任务、社会保障计划的要点、社会保障基金的建立和管理、社会保障部门的设置等一系列问题。总之，贝弗里奇的报告勾画了一幅较为完整的现代福利国家的蓝图。在这里，也可以看到，贝弗里奇的报告并不是孤立的，它吸收了当时一些思想家的理论，其中对其影响最大是以庇古为代表的福利经济学理论和以凯恩斯为代表的政府干预理论。

庇古在其代表作《福利经济学》中，主张国家采取征收遗产税、高额土特产税、累进所得税等办法，把从高收入阶层征集来的税收，通过社会救济、社会保险、社会福利等社会保障渠道，支付给需要国家和社会给予物质帮助的社会成员，以实现社会成员收入的公平化。该理论特别强调国民收入的增长是增进社会福利的根本。因此，福利经济学确立了社会保障制度的公平化原则，被认为是"福利国家"的理论基础之一。凯恩斯虽然不是以研究社会保障为己任的经济学家，但他的理论对社会保障的贡献，特别是对"福利国家"的建立却是巨大的。凯恩斯在其代表作《就业、利息和货币通论》中，主张通过国家干预、扩大公共福利开支和公共基础设施建设等刺激需求增长，实现充分就业和实行社会保障，提出消除贫民窟、建立累进税制和最低工资法等政策见解，这些都为建立社会保障制度和"福利国家"奠定了理论基础。

根据贝弗里奇的报告，英国政府确立了以实现充分就业和社会福利为战后重建纲领，并先后通过了一系列重要法律来实现这一纲领，所通过的法律主要有：《国民保险法》（1946）、《国民健康服务法》（1946）、《家庭津贴法》（1945）、《工业伤害法》（1946）、《国民救济法》（1948）、《国民保险部法》（1944），这六项立法加上其他有关措施，构成了战后英国社会保障制度。1948年，当时的英国首相艾德礼宣布英国建成了"福利国家"，从此，英国便以"福利国家"著称于世。在英国的影响下，西欧国家、北欧国家、北美洲国家、大洋洲发达国家、亚洲发达国家和地区，也均先后宣布实施普遍福利的政策，建立成"福利国家"。

---

① 参见丁建定、杨凤娟：《英国社会保障制度的发展》，101～102 页，北京，中国劳动社会保障出版社，2004。

综观"福利国家"的建立和发展过程，可以发现，"福利国家"的出现并不是偶然的，它需要具备一定的条件，这包括：第一，经济的高速发展，奠定了雄厚的物质基础。"二战"后，一些西方国家出现了长期的稳定的高速经济增长时期，这为"福利国家"的建立奠定了坚实的物质基础。第二，人们的生活观念的转变。"二战"后，人们对"二战"前的长期经济危机还记忆犹新，恐惧犹在，于是人们希望能够有一种生活保障措施，以规避各种风险的侵害。第三，一些经济理论的支持。如福利经济学理论、政府干预理论等。第四，政治斗争的结果。"二战"后，一些以为工人谋福利为宗旨的社会民主党纷纷上台执政，这些政党都以普遍福利为其主要政策。第五，工会力量的壮大。"二战"后，西方国家的工会组织纷纷发展壮大，不断与资方谈判斗争，为工人谋取良好的工作环境和生活待遇，要求政府开办带有普遍福利性质的社会保障制度是工会组织的主要工作内容之一。

2. 社会主义国家"国家保障模式"社会保险制度的建立

社会主义国家实行的"国家保障"模式社会保险制度，首创于苏联，"二战"后各社会主义国家纷纷效仿。苏联早在 1918 年通过颁布《劳动者社会保险条例》开始建立社会保险制度，之后不断通过颁布法律、法规来完善社会保险制度。第二次世界大战后，苏联加快了实施社会保险制度，1956 年，苏联最高苏维埃通过《苏维埃社会主义共和国联盟国家老残恤金法》，建立起针对全体职工的养老金制度。1964 年，苏联最高苏维埃又通过《集体农庄庄员养老金和补助费法》，建立起集体农庄劳动者的养老保障制度。[①]

在苏联的影响下，东欧其他社会主义国家也开始建立各自的社会保险制度。1949 年，民主德国通过《农业劳动力保护法》，1950 年通过《休假法》、《劳动法》和《保护母婴和妇女权利法》。1956 年，民主德国颁布《职工社会保险条例》，开始建立社会保险制度。1948 年，捷克斯洛伐克颁布《国民保险法》，1956 年，颁布《职工医疗保障法》，1964 年颁布《合作农民医疗保障和母子保障法》，1971 年，又颁布《母子补贴法》，1975 年，颁布《社会保障法》。1975 年，匈牙利颁布实施《社会保险法》，建立起职工、农业合作社社员、手工业者和其他行业工作者的统一的退休金制度。[②] 这样，东欧社会主义国家的社会保险制度逐步建立起来。

新中国成立后，也受苏联的影响开始建立自己的社会保险制度。1951 年，

---

① 丁建定：《社会保障概论》，35 页，上海，华东师范大学出版社，2006。

② 同上书，35～36 页。

政务院颁布《劳动保险条例》，规定建立统一的综合性劳动保险制度，劳动保险基金统一筹集，分项目支付各种社会保险所需津贴，劳动保险基金由工会负责管理。1951年，劳动保险条例的实施范围是正式职工100人以上的国营、公私合营及合作经营的企业，铁路、航运、邮电部门；1953年，《劳动保险条例》的实施范围扩大到工、矿、交通、基本建设单位与国营建筑公司；1956年，《劳动保险条例》的实施范围进一步扩大到商业、外贸、粮食、供销、合作、金融、民航、石油、地质、水利、水产、国营农场与林场，至此，劳动保险已覆盖90%以上的城镇企业职工。

3. 以新加坡为代表的强制储蓄型社会保险制度的建立

新加坡的强制储蓄型社会保险制度建立于1955年。当时新加坡还是英国的殖民地，人民生活困苦，尤其是住房条件很差。为了改变这种状况，同时又避免政府承担财政责任，政府立法建立了这种自助性的保障模式。独立后的新加坡政府继承了这一制度模式，并在覆盖范围和用途等方面有了进一步发展。这是一项强制性的、由雇主和雇员共同缴费的预防性个人储蓄计划，规定新加坡公民和永久居民都必须缴纳公积金并存入个人账户，政府对公积金进行直接的全面管理。建立强制储蓄型社会保险制度的最初目的是为雇员退休后或不能继续工作时为其提供一定的经济保障，但这一制度后来却发展成为公民提供养老、医疗、住房等保障项目的综合性社会保险制度，其覆盖范围也从公共和私人部门的雇员扩大到自雇者。[①]

4. 《社会保障（最低标准）公约》的发布

1952年，第35届国际劳工大会通过了《社会保障（最低标准）公约》，对各项社会保障的基本原则、最低标准等作了集中的规定，形成了一部社会保障的国际法典，成为各国制定社会保险制度和解释社会保障问题的权威性文件。这是社会保险发展史上的一个重要的里程碑，对世界范围内的社会保险制度的发展与完善起到了极大的促进作用。[②]

（三）社会保险的改革

进入20世纪70年代后，社会保险的发展遇到了前所未有的困境，导致各国纷纷对本国的社会保险制度进行改革，由此，社会保险的发展进入了一个改

---

① 郑秉文等：《当代东亚国家、地区社会保障制度》，24～25页，北京，法律出版社，2002。

② 任正臣：《社会保险学》，17页。

革时期。引发社会保险改革的原因主要有三个：一是 20 世纪 70 年代初的石油危机所导致的世界经济衰退；二是社会主义国家的市场化改革；三是人口老龄化的冲击。

第一，经济衰退引发的福利国家改革。以英国为代表的一些国家，利用"二战"结束后到 20 世纪 70 年代初的世界相对和平与经济高速增长的有利时机，纷纷扩大政府开支，建成了高福利待遇、体系完善的福利国家体制。然而，20 世纪 70 年代初的石油危机所导致的经济衰退和通货膨胀、企业利润下降、失业率上升，对福利国家体制带来了巨大的冲击，引发一系列的问题，如政府开支增大，国家财政负担过重；固定资本投资下降，影响经济的进一步增长；劳动力成本上升，国际竞争能力下降；一定程度上削弱了市场对劳动力供求关系的调节作用；高福利政策加重了人民的赋税负担；政府管理的低效率和官僚化等。① 上述问题的出现，表明福利国家体制陷入危机之中，改革势在必行。改革的措施不外乎两点：一是开源，即增加社会保险费收入；二是节流，即降低社会保险费支出，其目的是减轻政府的财政负担。具体办法主要包括：提高缴纳保险费的标准、增加缴费项目、增加自费比例、取消保障项目、降低待遇水平、延长退休年龄等。

第二，市场化改革导致的社会主义国家社会保险制度改革。20 世纪 70 年代末开始，以中国为代表的社会主义国家开始了市场化改革，这一改革彻底摧毁了原有的"国家保障"型社会保险制度的基础，社会保险制度改革不得不进行。自 20 世纪 80 年代中期开始建立新的社会保险制度，首先，于 1986 年建立了失业保险制度，经过多年的实践，并于 1999 年颁布了《失业保险条例》。其次，于 1997 年建立了城镇职工基本养老保险制度，确立了社会统筹与个人账户相结合的基本养老保险模式。再次，于 1998 年建立了城镇职工基本医疗保险制度，这一新制度不仅创立了社会统筹与个人账户相结合的模式，而且统一了城镇职工的基本医疗保险。最后，于 2003 年开始建立新型农村合作医疗制度，于 2007 年开始建立城镇居民医疗保险制度，这两项制度都是采用政府补贴、个人自愿的方式，随着这两项制度的建立，医疗保险制度已经覆盖了所有的城乡人口。经过这一系列的社会保险制度改革，中国已经基本建立了独立于企事业单位之外的社会保险制度。

第三，人口老龄化引发的养老保险制度改革。随着经济水平和生活水平的提高，人们的生育观念和生育行为都发生了巨大变化，人口出生率在大幅度下

---

① 林义：《社会保险学》，58～60 页。

降，再加之人口预期寿命的延长，使得人口年龄结构发生了明显的变化，即 60岁以上老年人口在总人口中的比例大幅度上升，出现了所谓的人口老龄化问题。人口老龄化问题的日益严重，对原有的现收现付式①养老保险制度带来了冲击。为了应对人口老龄化的挑战，有的国家开始对养老保险制度进行改革，即筹资模式由现收现付式养老保险向积累式②养老保险转变，在这方面，有的国家只是实现了部分转变，即实现养老保险的部分积累，如中国所建立的社会统筹与个人账户相结合的模式，而有的国家则实现了完全转变，即实现了养老保险的完全积累，如智利。智利于 1925 年建立了以现收现付、政府机构管理为特征的养老保险制度。20 世纪 70 年代，智利同样遇到了人口老龄化问题。20 年代，智利全国平均人口预期寿命不足 50 岁，退休人员与在职人员之比为 1∶8，到70 年代末，平均预期寿命已达 70 岁，退休人员与在职人员之比为 1∶2。由于现收现付制无资金积累，70 年代连年提高保险费率，一度达到工资收入的50%，仍避免不了巨大的、不断增加的财政亏空。据统计，1975 年政府直接调拨的资金占社会保险总支出的 25% 还要多，而在其他国家最多占 10% 左右。③1980 年，智利军政权颁布了新的《养老保险法》，实施新的养老保险计划，该计划彻底改变了养老保险的筹资模式，由原先的现收现付方式改为完全积累方式，即实行由完全个人供款的个人资本积累账户，个人账户基金由私营公司经营，政府负责全面的监督管理。

二、社会保险的基本特征

社会保险作为社会福利体制中的一种，与其他社会福利体制相比较具有鲜明的特征，这些特征为社会保险提供了"身份识别"，即这些特征不仅将社会保险与其他社会福利体制相区别，而且将社会保险与非社会福利体制的、相似的经济社会制度（如商业保险）相区别，同时这些特征也表明了社会保险的独特

---

① 现收现付式养老保险筹资模式，是根据当期支出需要组织收入，本期征收，本期使用。这种方式每年筹集的费用和支出的保险金随着人口年龄结构老化而相应地同步增长，没有结余资金。因此，这种方式受人口年龄结构变动的影响较大，随着人口老龄化问题的严重，保险费率会逐步提高，使年轻一代劳动力的负担过重（参见任正臣：《社会保险学》，53 页）。

② 积累式养老保险筹资模式，是指对有关人员的健康状况和人口、工资、物价、利率等社会经济发展指标进行长期测算后，确定一个可以保证在相当长的时期内收支平衡的总平均收费率，将被保险人应缴的保险费按一定的比例分摊到整个投保期（参见任正臣：《社会保险学》，54 页）。因此，这种方式受人口年龄结构变动的影响不大。

③ 林义：《社会保险学》，65 页。

性。在这里，我们将从两个角度来总结社会保险的基本特征：一是社会保险与其他社会福利体制相比较的角度；二是社会保险与商业保险相比较的角度。

与其他社会福利体制相比较，社会保险具有以下一些基本特征：

第一，自我保障性。社会保险是采用保险的方式解决特定社会问题的一种社会福利机制，因此，保险的一些基本原则，社会保险同样要遵循，其中重要的一点就是被保险人必须缴费，由此决定了社会保险的自我保障性特征，即社会保险中的被保险人必须尽缴费的义务，要为自己可能面临的特定社会风险负责，才能在社会风险发生后获得物质补偿的权利。社会保险的自我保障性是社会保险作为保险的一种方式必然具有的一种特征，是社会保险的最本质的特征，否则，社会保险就不能再称其为保险了。

在社会保险中，被保险人必须尽缴费的义务，不过这缴费义务可以通过不同方式来完成，这涉及政府、雇主和雇员的相互关系。第一种：雇员负担所有的缴费，如改革后的智利养老保险就是由雇员个人完全负担缴费义务；第二种：雇主缴费，雇员个人不缴费，如有的国家实施的工伤保险，采用的就是雇主完全责任，保险费完全由雇主负担；第三种：雇主和雇员分担保险费，政府不补贴，如新加坡采用的就是这种方式；第四种：雇主和雇员分担保险费，政府给予一定的补贴。政府补贴保险费的方式可以有三种，一是税收优惠，即将社会保险费在税前扣除；二是政府承担社会保险运行经费，不从社会保险缴费中提取；三是从政府财政中提取资金直接补贴社会保险缴费，如中国实行的城镇居民医疗保险和农村新型合作医疗保险都是采用政府直接补贴医疗保险费的方式。

第二，基金性。社会保险所使用的资金主要来源于缴费，但缴费和待遇发放并不是同时发生的，一般情况下是先缴费、再发放，于是在缴费之后、发放之前都会形成一定的缴费剩余，这些剩余缴费就形成了社会保险基金。不管基金是短期的（最短可以是一年），还是长期的，这种基金始终是存在的。因此，建立基金是社会保险机制运行的基本要求，基金性也就成为社会保险的基本特征之一。社会保险基金是由被保险人缴费形成的，因此，从所有权的角度来看，社会保险基金是属于所有被保险人的，政府或社会保险机构只是一个中介组织，受所有被保险人的委托，代行管理之责。既然政府或社会保险机构只是受所有被保险人的委托来管理社会保险基金，那么建立一个完善的社会保险基金监督机制就极为必要，只有这样才能确保社会保险基金的安全、有效。

第三，补偿性。当诸如养老、疾病、工伤、失业、生育等社会风险发生后，会导致劳动者的收入减少甚至中断或产生大量的费用（如医疗费用），从而影响劳动者及其家庭的生活。社会保险就是抵御社会风险的一种机制，给予遭受社会风险的劳动者一定的物质待遇，这可以看做是对遭受社会风险的劳动者的收入损失或费用的一种补偿，其目的是为社会风险受害者提供一种生活保障。

第四，强制性。社会保险是一种政府行为，是国家的社会政策，它往往要通过国家立法而强制实施，任何用人单位及职工个人都应该无条件地参加社会保险，并按规定缴纳社会保险费。社会保险参加范围、缴费标准、待遇项目、待遇条件和待遇标准等都是由国家的法律、法规统一规定的，任何用人单位和职工个人都没有选择的自由和更改的权利。从确保社会保险有效运行的角度来看，强制性对于社会保险来讲是非常重要的，因为正是通过强制实施才能确保社会保险费能够及时足额收缴，才能为社会保险运行提供坚实的物质基础。强制实施社会保险，还有另外一个考虑，即试图通过强制实施社会保险以达到克服个人非理性而实现社会理性。从社会的角度来看，现代社会是一个风险社会，养老、疾病、工伤、失业、生育等社会风险是客观存在的，如果处理不当，就会形成严重的社会问题。因此，政府必须提供一种制度安排，而这种制度安排能够有效消解社会风险带来的种种不利。而从个人角度来看，受消费主义的影响，个人在消费方面很可能出现非理性的情况，即只注重当前消费，而对未来可能遭遇的社会风险重视不够，没有作出合理安排；甚至是出现了超前消费，即透支未来的收入来满足当前的消费欲望。上述情况一旦出现，就会产生较为严重的社会问题。强制实施社会保险，就是强迫个人要为自己可能遇到的社会风险负责，并做出计划安排。

社会保险与商业保险虽然同为保险，但社会保险与商业保险却有着很大的不同，通过比较，可以发现社会保险的一些独特性。

第一，政府与市场。社会保险是政府行为，是国家的一项社会福利政策，提供社会保险是政府的责任，享受社会保险是公民的权利。因此，政府是社会保险的开办主体。商业保险是市场行为，是商业保险公司这样的市场组织提供的一种供人选择的商品，它遵循市场规律。

第二，强制与自愿。社会保险体现国家的意志，它往往要通过立法而强制实施，任何用人单位和职工个人都必须参加，而没有自由选择的余地。商业保险是一种市场行为，是市场上可以进行自由选择的商品，采取的是自愿原则，即是否购买以及购买多少都由购买者自由决定，绝不强制。

第三，福利与营利。社会保险是国家的一项福利政策，是公民的一项福利待遇，因此，政府开办社会保险，虽然也收取社会保险费，但不以营利为目的，注重的是社会效益，其目的是为公民提供一种基本生活保障。而商业保险的首要目的却是营利，注重的是市场效益。

三、社会保险的基本原则

社会保险是社会福利机制中非常重要的一种，其能否有效运行，要比其他社会福利机制复杂得多。因此，明确社会保险的基本原则是确保社会保险有效运行的重要保证。社会保险基本原则是对社会保险规律的总结和概括，是建立和发展社会保险事业的基础。

1. 满足基本生活需要原则

建立社会保险的根本目的是为遭遇社会风险的公民提供基本生活保障，以防其生活陷入危机之中，因此，社会保险应以满足公民的基本生活需要为原则，社会保险待遇水平应该能够满足公民的基本生活需要。贯彻这一原则，就必须以一国的平均生活水平为依据确定一个合理的社会保险待遇水平。受经济发展水平的制约，平均生活水平是因国而异的，因此社会保险待遇水平在各个国家之间不会是一样的，而是有差别的，但不管怎样，社会保险待遇水平应能满足公民的基本生活需要，即遭遇社会风险的公民在享受应有的社会保险待遇之后，其基本生活能够得到保障，而不至于陷入贫困之中。

2. 权利与义务相结合原则

保险所遵循的一个基本原则就是权利与义务相结合，即被保险人必须先尽缴费义务，才能在风险发生后具有获得补偿的权利。因此，社会保险也必须建立在权利与义务相结合的基础之上，公民要想在遭遇社会保险待遇后能够具有获得待遇的权利，必须先尽缴费义务。

3. 公平与效率相统一原则

社会保险应为缩小收入差距，实现收入（或结果）公平作出应有的贡献。由于社会保险采取先缴费后发放以及通过法律规定特定的缴费方法和待遇发放方法，已经被实践证明是一种能够有效地调节收入差距的手段，因此，有人将社会保险看做是收入再分配的一种方式，是社会公平的维护器。那么，社会保险是如何通过调节收入差距而实现社会公平的呢？这主要有以下几种方式：一是由雇主分担社会保险费，这种方式可以调节劳资之间的收入；二是社会保险费以工资的固定比例来收缴，这样做的结果是收入高者缴费就高，收入低者缴费就低，但待遇标准却不完全依照缴费多少来决定（这一点不同于商业保险，商业保险的原则是缴费越多，待遇越高），而是依据满足基本生活需要来确定，于是社会保险调节了高收入者与低收入者之间的收入差距；三是大家缴费，但只有遭遇社会风险的人享受，因此社会保险具有互助性质，体现了"人人为我，我为人人"的精神，通过这种互助，在不同的人群（如在年轻人与老年人、健康者与疾病者、就业者与失业者等）之间，不仅实现了风险分散，而且实现了收入的调节。

社会保险具有维护社会公平的一面，但社会保险也追求一定的效率。没有一定的效率，社会保险就会陷入生存危机，试图想达到维护社会公平的目的也就成为了一种空谈。社会保险的效率有两个方面的表现：一是社会保险本身的效率问题，即社会保险应该力争实现经费收支平衡（从长期来看），不能出现赤字，不能成为政府财政的沉重负担，这就要求要科学制定社会保险的缴费标准和待遇标准，以达到既能保障公民的基本生活，又能实现社会保险的收支平衡。二是社会保险对整个社会效率的影响问题，即社会保险不仅不能成为整个社会效率的负担，而且还要为促进经济发展作出贡献，这需要合理地制定社会保险缴费标准，合理的社会保险缴费标准应该是既能满足社会保险自身的需要，又能为用人单位及个人所承受。

4. 法制化原则

总结社会保险的发展历程，我们可以得到一个结论，那就是"立法先行"，也就是要通过立法来确立社会保险制度，再去实施。因此，社会保险应该实现法制化，依法建立、完善和实施社会保险制度，力争做到有法可依、执法必严、违法必究。社会保险的所有内容都需要通过法律来确定，如参加范围、缴费标准、享受条件、待遇标准、组织机构、基金管理等。

四、社会保险的基本内容

在现代风险社会，存在着一些会导致收入减少甚至中断或产生大量费用进而会影响个人及家庭生活的社会风险：（1）老年风险，即随着年龄的增长、劳动能力的下降而可能出现的收入下降甚至中断；（2）疾病风险，即因患疾病而出现的收入下降甚至中断，以及患病所产生的医疗费用的可能性；（3）工伤风险，即由于就业者在就业过程中遭遇工伤事故和职业病而出现的收入下降甚至中断，以及康复医疗的费用的可能性；（4）失业风险，即就业者因失业而出现的收入中断的可能性；（5）生育风险，即育龄妇女由于生育而可能出现的收入中断。针对上述普遍而客观存在的社会风险，为了保障风险遭遇者的基本生活，分别形成了养老保险、疾病保险、工伤保险、失业保险、生育保险等制度，由此构成了社会保险的基本内容。

（一）养老保险

养老保险是指国家通过立法而建立的旨在保障老年人基本生活的一种社会

保险制度。养老保险是社会保险体系中最重要的内容，这主要是因为老年风险具有普遍性特征。在人口老龄化迅速发展的时代，在老年人口越来越多的情况下，养老保险显得尤为重要。

养老保险有两种模式，一种是投保资助型，即在雇主和雇员共同缴费的基础上，政府通过优惠政策（如税收政策等）给予一定的资助或直接给予资金资助。另一种是强制储蓄型，即雇主和雇员共同缴费，而政府不给予资助。

养老保险主要有三种缴费方式，一是现收现付式，即根据当期支出需要组织收入，本期征收，本期使用。这种方式每年筹集的费用和支出的保险金随着人口年龄结构老化而相应地同步增长，没有结余资金。因此，这种方式受人口年龄结构变动的影响较大，随着人口老龄化问题的严重，保险费率会逐步提高，使年青一代劳动力的负担过重。[①] 但这种方式的最大好处是操作简便，管理成本相对较低。二是完全积累式，对有关人员的健康状况和人口、工资、物价、利率等社会经济发展指标进行长期测算后，确定一个可以保证在相当长的时期内收支平衡的总平均收费率，将被保险人应缴的保险费按一定的比例分摊到整个投保期。[②] 因此，这种方式受人口年龄结构变动的影响不大。但这种方式会形成一笔庞大的养老保险基金，如何确保基金的安全以及基金的保值增值将是一个非常重要的问题，由此会加大管理的难度。三是部分积累式，即介于现收现付式和完全积累式之间的混合方式，在这种方式中，一部分缴费采取现收现付式，保证当前的支出需要；另一部分采取完全积累式，满足未来支付需求的不断增长。

养老保险基金主要有三种存在方式，一是社会统筹账户方式，即无论是雇主和雇员的缴费，还是政府的资助，都存放在一个公共账户中。这种方式形成的基金可视为所有养老保险参加人的共同财产。这种基金方式一般与现收现付式缴费方式相联系，具有一定的互助性。二是完全个人账户方式，即雇主与雇员缴费完全计入个人账户，不存在一个公共账户，个人账户之间不相联系，因此，这种方式形成的基金可视为养老保险参加者个人的财产，再由于这种基金方式具有极强的透明性，所以具有一定的激励性。这种基金方式一般与完全积累式缴费方式相联系，不具有互助性。三是统账结合方式，即一部分基金采取社会统筹账户方式；另一部分基金采取个人账户方式，也就是雇主缴费计入社会统筹账户，雇员缴费计入个人账户，社会统筹账户主要是用于满足当前的支

---

① 　任正臣：《社会保险学》，53 页。
② 　同上书，54 页。

出需要，而个人账户主要是应付未来的支付需求。

养老保险的给付条件主要有两个：一是退休年龄，一般情况下，只要达到法定的退休年龄，就可能领取养老保险金。在这里，退休年龄既是领取养老保险金的起始年龄，也是养老保险金领取者退出工作岗位的年限。二是缴费年限，一般情况下，养老保险缴费都有一个最低缴费年限的规定，如果达不到最低年限，将不能领取养老保险金。关于最低缴费年限，有的国家规定的是最低连续缴费年限，有的国家规定的是最低累积缴费年限。

（二）疾病保险

在众多的社会风险中，疾病风险不仅涉及面广，而且危害严重、复杂多样，直接关系到每个人的基本利益，因此，疾病保险就成为既重要又复杂的一种社会保险。疾病保险是国家依法建立的为被保险人提供一定医疗费用补助的一种社会保险制度。

疾病保险与其他的社会保险相比较，最大的不同在于疾病保险涉及三方关系，即被保险人、政府或社会保险机构和医疗机构。在这三方关系中，被保险人是缴费人（其所在单位也要为其缴费）、受益人，政府或社会保险机构是管理人（保险费的收取和发放以及管理），医疗机构是医疗服务提供人，三方必须密切配合，疾病保险才能取得良好的效果。也正是由于三方关系的存在，使得疾病保险在管理上要比其他社会保险要困难许多。疾病保险的另一特点是费用较难控制，原因主要是疾病风险的普遍性、新医疗技术和新药品的大量采用、管理上的困难等。

疾病保险如果按照缴费方式的不同，大致可以分为三种模式：国家税收型、用人单位与职工个人缴费型、个人缴费政府补助型。国家税收型疾病保险是国家通过立法以税收的形式向用人单位和职工个人收取疾病保险费，形成社会统筹基金账户。用人单位与职工个人缴费型疾病保险是国家依法向用人单位和职工个人收取保险费，形成特定的疾病保险基金，基金账户形式可以有三种，一是只建立社会统筹账户，即所有缴费全部计入社会统筹账户；二是只建立个人账户（如新加坡），即将所有缴费全部计入个人账户；三是既建立社会统筹账户，也建立个人账户（如中国实行的城镇职工基本医疗保险），即将用人单位缴费计入社会统筹账户，将职工个人缴费计入个人账户。个人缴费政府补助型疾病保险是在个人缴费的基础上，政府给予一定的缴费补助，如中国建立的城镇居民医疗保险和农村新型合作医疗都是属于这种模式。

（三）工伤保险

进入工业社会后，工伤事故以及职业病频繁发生，不仅造成了劳动者的身心损害，而且会严重影响劳动者的基本生活。在这种情况下，工伤保险在所有的社会保险项目当中最早出现了。工伤保险是指国家依法建立的为被保险人或其遗属在生产经营活动中所发生的或在规定的某些情况下，遭受意外伤害、职业病以及因这两种情况造成死亡而暂时或永久丧失劳动能力时提供的物质补偿和医疗救治、康复治疗的一种社会保险制度。

工伤保险在缴费上与其他社会保险的不同之处主要有两点：一是实行"雇主责任"原则和"无过失"原则，即工伤事故的发生不追究雇员责任，完全由雇主负责，因此，在缴费上实行雇主缴费，雇员不缴费；二是实行浮动费率，即根据上一年度工伤事故发生情况来对费率进行调整，工伤事故率越高，费率就越高。

工伤保险待遇不仅包括基本生活费，而且还要包括康复治疗的费用，这是与其他社会保险不同的地方。另外，工伤保险待遇标准并不是统一的，要取决于工伤等级，即工伤保险待遇与工伤事故后劳动能力的丧失程度有关，因此，工伤等级鉴定对于工伤保险来讲就非常重要。

（四）失业保险

在市场经济条件下，失业的客观存在，也要求建立相应的制度，来保障失业者的基本生活，从而实现社会稳定的目标。失业保险虽然产生比较晚，但其重要性已经被充分认识到了。失业保险是国家依法为被保险人在失业期间提供基本生活保障和职业培训、职业介绍的一种社会保险制度。

失业保险与其他社会保险的最大不同在于失业保险待遇的发放有一个最长期限，一般为 24 个月，这是从促进就业的角度来考虑的。失业保险与其他社会保险相比，还有一点不同，即失业保险待遇不仅包括基本生活费用，还包括职业培训和职业介绍的费用，这也是从促进就业的角度来考虑的，这样设计的结果，就使得失业保险不再是被动的失业治理政策，而是具有了积极性，对失业者实现再就业、对促进就业都有一定的积极作用。

（五）生育保险

生育保险是国家通过立法为被保险人提供的因怀孕、分娩和养育所需要的基本生活保障和医疗保健服务。

生育保险与其他社会保险相比具有以下一些特点：第一，对象主要是已婚的女性劳动者，虽然有的国家规定男性劳动者也可以享受生育保险待遇，但多数国家还是以已婚的女性劳动者为主。第二，生育保险所针对的风险具有特殊性，这种风险就是人类的生育活动，这是一种纯粹的生理活动，不同于失业等风险，一般不需要特殊治疗，侧重于休养和营养调补。第三，生育保险不仅保障生育者的基本生活，而且还是保障劳动力再生产的需要。第四，生育保险出现的比较晚，这涉及妇女地位状况与经济发展水平。

生育保险的基本内容主要包括：（1）生育假期，按照国际劳工组织于1952年通过的《生育保护公约》的建议，生育假期至少为12周，并且还建议，产前和产后均应有假期。[①]（2）生育津贴，也就是生育者在整个生育期间的收入补偿，它在一切社会保险当中是最高的，大多数国家都规定为生育者原工资收入的100%，当然也有低于这个标准的。（3）医疗保健服务，主要包括产前保健服务、接生或手术服务、住院服务以及其他服务等。（4）子女补助，即对新生儿的一定金额补贴。

第二节　社会救助体制

在现代社会，虽然经济水平不断提高，但总还是有一部分人的生活因各种原因陷入困境；虽然科学技术不断进步，但自然灾害还是不可避免的。无论是生活困难者，还是受灾者，他们的基本生活都需要保障，这是社会进步的必然要求。社会救助作为社会福利体制中的一个重要构成部分，正是被设计成用来保障生活困难者和受灾者基本生活的一种机制。社会救助是指国家通过立法为因自然灾害或经济社会原因而陷入生活困境的公民所提供的物质援助和服务，从而确保其基本生活的一种制度。

一、社会救助的产生与发展

社会救助产生于政府提供的灾害救助和扶危济困。如中国在古代社会就建立了比较完善的救灾制度，这主要有两个方面的表现：一是建立了比较完善的救灾机构和管理体制。从封建国家出现至明清时期，中国建立了一种以封建君主政治为中心的、君本位占统治地位的救灾管理体制，从中央到地方都有一套完整的救灾机构，每当灾害发生时，中央政府还要派遣使臣奔赴灾区协助地方

---

① 任正臣：《社会保险学》，224 页。

救灾或主持救灾，并负责对地方救灾进行监督，地方官则要负责勘察灾情，呈报上级，并亲自负责救灾。① 二是建立比较完善的储粮备荒制度，如在西汉时期就出现了官办仓储机构——常平仓，这一制度一直延续到北宋时期。

除了建立比较完善的救灾制度之外，中国在古代社会还在扶危济困方面采取了一些措施，如在两宋时期，除了应对灾荒等非常时期的社会救助机构和措施外，政府还创办了一系列的常设性社会救助机构，以满足救助贫困群体的需要。宋代官府创办的收养救济贫困人口的常设机构主要有三类：第一类是收养贫、病的综合性机构，包括福田院、居养院、养济院、广惠院、实济院、安养院以及和济院等；第二类是养济病患者的专门机构，包括病坊、安乐坊、安济坊、安乐庐、安乐寨等；第三类是助葬机构——漏泽园。②

与中国古代社会相比，在西方古代社会，由国家主持的社会救助事业并不发达，对生活困难者的救助主要是由教会、封建行会等民间机构实施的，尤其是教会主持的慈善事业，在救助贫民方面起到了至关重要的作用。③

在工业化之前，社会救助制度建设深受统治者意愿所左右，有的时候显得很成熟，但可持续性比较差，多数情况下都是一些非制度化的、临时的、零散的救急性措施。随着工业化、城市化的进程，城市中出现了大量的无业、生活无着落人员，城市贫困问题日益突出，严重影响了社会稳定，而传统的民间力量在大量的贫民面前又显得力不从心，这就迫使政府采取积极措施，担负起救助贫民的责任。最早在社会救助方面实现突破的是英国，是英国最早实现了社会救助的制度化、法律化。

英国是世界上第一个开始工业化的国家，因此，也是最早感受到工业化、城市化带来的严重贫困问题压力的国家。为了解决日益严重的城市贫困问题，英国政府不得不颁布一系列血腥法令，采取措施迫使流浪者和流动人口去找工作，同时，开始对不同情况的贫民进行区别对待。1536 年，英国颁布了《亨利济贫法》，它标志着英国政府开始为解决社会贫困问题承担一定的职责。法令虽然对身体健全而不愿意工作者实施更加严厉的惩罚，但同时规定，地方官员有义务分发教会收集的志愿捐赠物资，用来救济穷人、残疾人、病人和老年人。法令还允许地方政府用公共基金为"身体健全、能够从事工作的人们"提供工作。地方政府还被授权教育那些 5～14 岁的乞丐学会一门手艺，以便他们成年

①　姚建平：《中美社会救助制度比较》，78 页，北京，中国社会出版社，2007。
②　同上书，80～81 页。
③　王卫平、郭强：《社会救助学》，83 页，北京，群言出版社，2007。

后能够自谋职业。1572 年，英国国会颁布一项法令，规定不论城市、城镇或是乡村，每个公民都要缴纳为了济贫而专门设立的基金。还要求设立教区贫民救济委员会，专门负责为贫民提供救济，并为身体健全的无业者提供工作。可见，该法确认了政府为实施各种救济而征税的权力，从而为英国政府建立社会救助制度奠定财政基础。

在一系列立法的基础上，1601 年，英国颁布了世界历史上著名的《伊丽莎白济贫法》。该法规定："父母有义务抚养子女，晚辈也有责任赡养他们贫穷的长辈。政府有责任对没有工作能力的贫困者提供帮助，保障穷人的最低生活水平。政府也有义务帮助贫穷的孩子去做学徒，并给身体健全者提供工作。"法令还规定，"用于向贫民提供救济的基金以每户固定缴纳的税款为主，那些不依法缴纳济贫税者将遭受牢狱之灾"。①

《伊丽莎白济贫法》在英国实施了近 240 年，1834 年，英国颁布了《济贫法修正案》，即新济贫法，对济贫法进行了较大的修改。新济贫法的主要特点是实行院内救济，贫困者必须进入济贫院才能得到救济。接受院内救济者不仅受到许多限制，还被剥夺选举权等政治权利，这是对贫困者在政治上的一种惩罚。新济贫法颁布实施后，为了保证院内救济原则的推行，英国各地开始逐步建立起济贫院，各种济贫院成为 19 世纪大部分时期英国重要的救济机构，也是 19 世纪大部分时期英国社会救助制度的一大特色。② 英国的济贫法一直实施到第二次世界大战结束后，之后社会救助制度被纳入到新的"福利国家"体系中。

其他西方国家虽然没有像英国这么突出，但为了应付贫民问题也都相应地建立了社会救助制度。如美国早期受英国的影响，部分州自主建立了济贫制度，但没有建立起全国统一的社会救助制度，不过作为 1929—1933 年经济大危机的产物，美国政府颁布了《联邦紧急救济法》、《紧急救济拨款法》，开始建立全国统一的社会救助制度，1935 年，美国颁布了《社会保障法案》，社会救助制度被纳入到综合性的社会保障体系中。法国于 1893 年制定了《医疗补助法》等法规，形成了一些单项的社会救助制度，"二战"结束后，作为社会保障体系的重要组成部分，社会救助受到了重视，法国政府多次颁布法令对社会救助的有关事项作出规定，并在 1956 年将各种已颁布的单项社会救助法规综合成《家庭及

---

① 慕亚芹：《英国、瑞典社会救济制度及对中国救济制度的借鉴意义》，人民大学书报资料中心《社会保障制度》，2007（7）。

② 参见丁建定、杨凤娟：《英国社会保障制度的发展》，4～7 页。

社会救助法典》。① 德国最早建立了社会保险制度，覆盖了大多数人口，在"二战"以后，德国除大力恢复和发展社会保险制度外，也开始关注社会救助制度的作用，制定了《联邦社会救助法》。该法案规定：凡是生活在德国的居民，不论是德国人还是外国人，只要是遇到该救助法列举的各种困难时，都可以要求国家救助。②

"二战"后的半个多世纪，随着世界的相对和平和经济的发展，各国都非常重视社会福利体系的建立和完善，多数国家都建立了社会救助制度，而且社会救助日益规范化和法制化，已经成为提供最低生活保障的最主要的制度安排。

二、社会救助的基本特征

社会救助体制与其他的社会福利体制相比，具有如下的一些基本特征：

1. 公民权利与政府责任

在现代社会，公民在生活陷入困境时有权从国家获得应有的帮助，这一点已经得到各国的法律以及国际法的确认。因此，接受社会救助是公民的一项基本权利。与此相对应的是政府的责任，即政府要负起保障公民基本生存的责任，而体现这一责任的最主要方式就是建立完善的社会救助制度。由此可见，社会救助是公民权利与政府责任的结合体。

2. 对象的全民性与选择性

社会救助制度从其设计上来看是覆盖全民的，也就是说在潜在的意义上，全体公民都是社会救助的覆盖对象，这就是社会救助对象的全民性。但社会救助在具体实施过程中对于哪些公民能够享受社会救助却是有标准的，即生活陷入困境中的公民，因此，社会救助的实际对象又是被严格选择的，这就是社会救助对象的选择性。

3. 收入再分配与互助

社会救助与社会保险不同，其经费完全来源于由税收所形成的政府财政，是各级政府（包括中央政府和地方政府）从其财政预算中定向划拨出来的专门用于救助贫弱人员的资金。如果从社会成员关系上来考虑，政府征收的税种中一般都有个人收入所得税，假设用于社会救助的经费只来源于个人收入所得税的话（一般情况下年度个人收入所得税总额要远远大于年度政府财政中社会救助经费开支），社会救助制度实施的过程可以看做是一次收入再分配：收入高者

---

① 王卫平、郭强：《社会救助学》，91 页。
② 同上。

（高于个人所得税起征线的收入者）缴税，这些税款经过政府财政划拨到社会救助账户，最终分配给需要救助的贫弱者（一般情况下贫弱者都是低收入者或无收入者，即使是低收入者其收入往往都要远低于个人收入所得税起征线，由此可见，低收入者和无收入者是不须缴个人所得税的，恰恰相反，这些人还要获得收入的补助，这往往也被叫做"负所得税"），这一过程可以看做是通过政府的中介作用在高收入者与低收入者之间实现了一次收入的再分配，同时，这也是一次社会互助的过程，即高收入者为低收入者提供了一次帮助。因此，社会救助既是一项收入再分配措施，这可以调节收入差距，实现社会公平，也为实现社会互助提供了一种制度化途径。

4. 权利与义务的单向性

生活陷入困境中的公民，依照法律可以向国家或政府寻求帮助，这已经被确定为公民的一项基本权利。但与社会保险不同，公民社会救助权的获得不须事先缴费，也就是说，公民不须事先专门缴纳任何特定的费用就可以获得社会救助权，这项权利具有先赋性，是与生俱来的，任何组织和个人都无权剥夺。

5. 最低生活保障与积极反贫困

从待遇水平上来看，社会救助所能提供的只能是最低生活保障，在这里，最低生活保障可以有两种理解：一是绝对意义上的，即最低生活保障应该能够满足人的最基本的生理活动需要，这是社会救助待遇水平的底线，否则，社会救助就失去了存在的价值；二是相对意义上的，即最低生活保障是相对于社会平均生活水平而言的低水平的生活保障。无论是哪一种意义上的最低生活保障，都不可能也不应该达到社会平均生活水平，否则，将产生另一种性质的社会不公平。社会救助提供最低生活保障，并不意味着社会救助就是被动的、消极的，社会救助应该具有积极的一面，应该能够为消除贫困、预防灾害作出积极的贡献，如为贫民提供基本医疗、基础教育、技能培训，就可以防止因病返贫、就可以提高就业的能力；如事先做好防灾减灾的宣传教育工作，就可以大大减少灾害带来的损失。所以，社会救助在为公民纺织最后一张安全网的同时，也在积极地反贫困和积极地防灾减灾。

6. 救助标准的变动性与相对性

社会救助制度实施的一个关键技术问题是救助标准的确定问题。经过多次变迁，现在一般情况下都是以家庭人均月收入（也可以是家庭人均年收入或以人口基数为单位的家庭年收入）为计量单位，综合考虑基本生理需要和社会平均生活水平，划定一个收入线，这就是最低生活保障线或贫困线。凡是低于最低生活保障线的家庭或人口就是所谓的最低生活保障家庭（简称低保家庭）或人口（简称低保人口），有时也称为贫困家庭或贫困人口。最低生活保障线具有一定的变动性，因为无论是最基本的生理需要，还是社会平均生活水平都是随着经济社会发展而变动的，于是我们会看到最低生活保障线是处在不断地变动之中的，但其趋势基本上是不断上升的。社会救助的待遇标准还具有一种相对性，这主要是指不同国家由于经济社会发展水平的不同而导致的社会救助待遇标准的差异性，这种差异性是相对的，不具有可比性，即不能用一国的社会救助待遇标准去衡量另一国的社会救助的待遇标准，因为每一国的社会救助待遇标准都是与本国的经济社会发展状况相一致的，因此，单纯地去比较不同国家之间的社会救助待遇标准是没有意义的。

三、社会救助的基本原则

社会救助制度的建立与实施，可以确保公民的基本生存权，可以解决特定的社会问题，可以维护社会的稳定，而要达到上述目标，社会救助制度的建立与实施就必须遵循一定的基本原则。

1. 法制化原则

社会救助涉及公民的基本生存权利和国家的责任，这需要通过法律来进行确认。另外，社会救助是一项操作性、技术性极强的工作，无论是待遇标准的制定与调整、收入的审核与确认、资格审查、待遇发放，还是经费来源与管理、实施程序、信息公开、过程监管，都需要通过法律来进行明确。只有实现法制化，才能确保社会救助公开、公平、公正地进行。

2. 最低生活保障原则

社会救助的最低目标追求是确保公民的基本生活，因此，从待遇水平上来看，应该是最低水平的，应该以能够满足公民的最基本的生理需要为目的，虽然待遇标准可以随着经济社会的发展进行不断地调整，但其最终的待遇标准也不宜过高，否则就会引发其他的社会问题。

3. 政府责任原则

公民在生活陷入困境后有权接受社会救助，与此相对应的，国家或政府为公民提供社会救助是其应负的责任，因此，社会救助应该体现完全的政府责任。政府不仅要进行制度建设、提供充足的经费，而且还要建立专门的机构、聘用专门的人员来具体实施社会救助。

4. 差异原则

一国之内不同的地区，其经济社会发展水平会存在一定的差别，由此会导致地区之间生活水平的差异，因此，以确保公民最低生活水平为根本目的的社会救助制度，其待遇标准就应该与当时当地的经济社会发展水平相一致，而不宜强求全国一个标准。各地区应该以本地区的经济社会发展水平为依据来确定其社会救助标准，以体现各地区之间的经济社会发展水平的差异。

5. 分类救助原则

生活陷入困境中的公民，由于各种原因，其具体情况也会是不一样的，有的有劳动能力，而有的完全丧失了劳动能力；有的有一定的收入，但收入有限，而有的则完全没有收入；有的是因为没有劳动能力、失业而贫困，而有的可能是因为疾病、子女教育等导致生活困难。基于这样的情况，社会救助应该分类进行，可以根据导致贫困的原因将社会救助对象分为几大类，然后根据每一类的具体情况进行救助，虽然这样做会增加工作量，但其效果将会更好。

6. 积极救助原则

社会救助以确保公民的最低生活为目标，如果只注重这一点，社会救助很容易变成为一种消极的、被动的、"事后"的制度，除了能够为公民提供最低生活保障外，对于最终消除贫困现象很难有所帮助。因此，从最终消除贫困的角度，社会救助应该具有一定的积极性，要具有积极反贫困的功能。社会救助应该在确保贫弱者最低生活的基础上，通过提高劳动技能和文化水平、转变思想观念、改善生产生活环境等方面，努力帮助有劳动能力的被救助者实现就业，从而达到摆脱贫困的目的。

四、社会救助的基本内容

社会救助在发展过程中，其基本内容已经稳定在生活救助和灾害救助两个方面，在此基础上又产生了一些与生活救助和灾害救助密切相关的专项救助，如医疗救助、教育救助、住房救助、法律援助等。

（一）生活救助

生活救助，也称最低生活保障，是社会救助的核心内容之一。生活救助是指国家依法为生活困难或收入低于最低生活保障线的公民提供满足最低生活需要的物质帮助及其他帮助的一种社会救助制度。生活救助可以为公民提供最基本的生存条件，可以确保公民的生存权，它对安定人民生活，维护社会稳定，促进社会和谐起着非常重要的作用。

生活救助的对象是指那些生活困难的人群，在制度实施的过程中，关于如何确定生活困难人群，往往根据收入来确定。一般的做法是，以家庭人均月收入为单位，结合当时当地的经济社会发展状况来划定一个收入标准线，这个收入标准线也被称为最低生活保障线或贫困线，凡是收入低于最低生活保障线的家庭或人口就是生活救助的对象。

最低生活保障线的确定往往从当时当地具体情况出发，首先要考虑人们的基本需要，即满足能够购买生活必需品的需要，如吃、穿、住、用、行等；如果政府财政条件允许，最低生活保障线的确定也适当考虑人们的一些特殊需要，如住房、医疗、子女教育等。

最低生活保障资格的获得，是通过一系列严格的审查程序来完成的，其中最关键的环节就是家庭收入状况调查，只有通过家庭收入调查，确认家庭收入低于最低生活保障线，才能获得最低生活保障资格。

接受生活救助是公民应享的一项基本权利，但在制度实施过程中，往往采取自愿申报的方式，其程序基本是申报—审查—公示—获得资格。最低生活保障一般要实行动态管理，即当最低生活保障家庭的人均月收入已经高于最低生活保障线时，其最低生活保障资格将自动停止，因此，最低生活保障家庭应尽告知义务，要定期地向主管部门报告家庭收入变动情况。

（二）灾害救助

由于自然灾害的经常性、不可避免性和可能造成的巨大人员、财产损失与社会动荡，使得灾害救助成为国家必备的制度。灾害救助是指国家依法对遭受自然灾害的灾民进行抢救和援助，为灾民提供基本生活保障，帮助灾区恢复生产生活的一项社会救助制度。实施灾害救助，其目的就是安定社会，保障受灾地区灾民的生存状态不会由于自然灾害的发生而受到严重的威胁，使其生产和工作得到顺利进行。[1] 灾害救助的目标是要使灾区和灾民尽快且要有效地恢复和重建被灾害破坏了的生产与生活所必需的物质条件和精神条件，即所谓的"脱灾"。现代灾害救助的发展甚至还提出了一个在"脱灾"基础上实现"脱贫"的进一步目标。由于灾和贫的特定关系，仅仅是"脱灾"还无法从根本上解决灾后群众的可持续生存问题，因为灾民抵抗生活风险的能力仍然很差，抵御再度灾害的能力更为脆弱，灾区与非灾区的发展水平的差距会越拉越大。因此，灾害救助要求在保障灾民基本生活的前提下，将一些救灾物资用于灾民的生产自救，扶持灾民发展生产，即将救灾和扶贫有效结合起来。[2]

灾害救助经过长期的发展，已经从只注重灾后救助发展为既注重灾前的减

---

① 乐章：《社会救助学》，81 页，北京，北京大学出版社，2008。

② 同上书，84～85 页。

灾防灾又注重灾后紧急救援和恢复重建的日益完善的体系。首先是防灾，防灾是指容易发生灾害的地区，在灾害发生前，采取各种预防措施，尽可能地杜绝灾害的发生。如为了防止水灾，广大沿江、沿湖地区积极兴修水利，加固堤坝；为了防止沙灾，大面积地植树造林，增大森林覆盖面，以及采取其他一些措施有效防止水土流失。① 防灾也包括灾害知识和减灾防灾手段的宣传普及与演练。防灾还包括救灾物资的储备和救灾基金的建立。其次是救灾，包括抗灾和救援。抗灾是指为了抵御、控制和消除灾害的影响，在灾情出现时，采取一切手段和措施，防止灾害的泛滥，尽可能把灾害带来的损失降低到最小的限度。② 救援是指灾害发生后，及时抢救灾民的生命和财产，安排灾民生活。最后是灾后重建，即帮助灾民修复和重建被损毁的住房及其他公共设施，帮助灾民恢复生活，提供生产资料帮助灾民恢复生产，重建家园。

灾害救助既是一项应急性、临时性的工作，也是一项广泛性、多样性和复杂性的工作，由此所形成的灾害救助内容也是极其庞杂的，既包括灾民救助，又包括灾区救助。对灾民的救助包括救助灾民生命、抢救财产、为灾民提供基本生活保障、恢复生产和基础设施、帮助灾民确立自行生存的能力、安抚灾民情绪实施心理辅导等。对灾区的救助包括维持社会秩序、防治瘟疫的产生与传播、社会组织的恢复与重建等。

（三）专项救助

无论是生活救助，还是灾害救助，救助标准通常情况下只能满足人们的最基本生活需要，很难将医疗、子女教育、住房等需要包括进来。在现实生活中，很可能有的家庭因为支付不起高额的医疗费而陷入贫困，即所谓的"因病致贫"和"因病返贫"；有的家庭会因为支付不起高额的学杂费而使子女失学或支付完高额的学杂费后陷入贫困；有的家庭因为收入低而导致住房困难。为了不使上述情况发生，也为了不使贫困问题进一步扩大和改善贫困家庭生活，社会救助在生活救助和灾害救助的基础上又发展出一些专项救助措施，如医疗救助、教育救助、住房救助、法律援助等。

医疗救助是政府对无能力支付医疗费用的公民实施专项帮助的社会救助行为，其目的是帮助患病者解决部分医疗费用以使患者完成治疗。医疗救助的建立可以看做是生活救助和医疗保险的补充，是切断贫病循环链的有效手段。医

---

① 乐章：《社会救助学》，90页，北京，北京大学出版社，2008。
② 同上。

疗救助的对象既可以是贫困人口，也可以是享受医疗保险待遇后依然无力支付医疗费用的人或未参加任何医疗保险的人。医疗救助可以采取的形式主要有：减免医药费、创立福利医院、建立大病医疗救助基金、实施专项医疗补助等。

教育救助是政府对贫困家庭子女教育实施专项帮助的社会救助行为，其目的是帮助贫困家庭子女完成学业，为其顺利实现就业创造有利条件。教育救助可以分为义务教育阶段救助和非义务教育阶段救助。在义务教育阶段，为贫困家庭子女可以提供的教育救助形式主要有书本费减免和生活费补贴等。在非义务教育阶段，教育救助主要是帮助贫困家庭子女解决学费和生活费问题，可以采取的形式主要是：奖——国家奖学金；贷——由国家支付利息的银行贷款；助——由国家提供的勤工俭学岗位；补——国家提供的生活补贴；减——减免学费。

住房救助是政府对住房困难的贫困家庭实施专项帮助的社会救助行为，其目的是改善贫困家庭的住房条件，实现"居者有其屋"。住房救助通常是通过建立廉租房制度实现的，即政府为住房困难的贫困家庭提供房租补贴或直接提供廉租房。

法律援助也称法律救助，是政府对不能运用一般的、正常的法律手段来保障其自身合法权益的贫困家庭实施专项帮助的社会救助行为，其目的是保障贫困家庭的合法权益不受侵犯。法律援助的形式主要包括免费法律咨询服务、免费聘请律师、减免诉讼费用等。

第三节　公共福利体制

在社会福利体制中，社会保险和社会救助所提供的都是最基本的生活保障，两者合起来就是通常所说的社会保障，社会保障是国家或政府为公民建筑的一张"安全网"，有了这张"安全网"，公民的最基本生活应该后顾无忧。但是随着社会的进步，政府的职能仅满足于为公民提供最基本的生活保障是不够的，应该更进一步，应该通过建立某种机制能够让所有的公民分享经济社会发展的成果，这种机制就是公共福利。公共福利是国家依法为满足公民的发展需要、提高公民的生活质量和提高全社会福利水平而建立的一系列制度的总称。

一、公共福利的基本特征

与社会保险和社会救助相比较，公共福利具有如下一些基本特征：

1. 高层次性

公共福利的根本目的是满足公民的发展需要，改善和提高公民的生活质量，即公民的基本生活因为社会保险和社会救助而得到国家的保障以外，国家通过公共福利使公民的生活状况得到进一步的改善，并使其生活得到进一步地提高，不断满足公民的发展需要，为实现公民的全面发展而创造条件。因此，公共福利的目标层次要比社会保险和社会救助高，属于高层次的社会福利体制。

2. 全民性

既然公共福利的根本目的是满足公民的发展需要，改善和提高公民的生活质量，为实现公民的全面发展创造条件，那么，公共福利就应该是全民性的，应以全体公民为对象。公共福利是一项普遍性福利，而不是选择性福利，每一位公民都有权享受公共福利，而不因公民的某项特殊性而被排斥在公共福利之外。

3. 国家责任性

公共福利即由国家提供的福利，应当体现国家责任。国家在提供公共福利方面负有全面的责任，不仅要保障经费的充足与增长，而且要全面负起实施公共福利的责任，如制定规章制度、建设福利设施、提供福利服务、聘用和管理专业人员等。

4. 服务性

公共福利以为公民提供公共服务为主，它通过国家建设的福利设施来为公民提供福利服务，是通过服务来满足公民的发展需要，改善和提高公民的生活质量，为公民实现全面发展而创造条件的。如为老年人、残疾人等提供的福利服务，再如为全体公民提供的义务教育服务、公共卫生保健服务、环境保护服务等。

5. 多样性

与社会保险和社会救助相比，公共福利呈现一种多样性特征。从内容上看，有为特定人群提供的公共福利，如老年人福利、残疾人福利、妇女福利、儿童福利等，有为全体公民提供的公共福利，如义务教育、公共卫生保健、环境保护、劳动就业保障等；从形式上来看，有的项目提供的是福利津贴，如老年人津贴、残疾人津贴等，有的项目提供的是福利设施，如福利院、医院、康复院、学校等，有的项目提供的是福利服务，如养老服务等；从政府提供服务的方式上来看，既可以是政府直接开办福利机构、直接提供福利服务，也可以通过政府购买服务的方式鼓励非政府力量参与，提供服务。

二、公共福利的基本原则

公共福利体制的建立和实施，需要遵循以下一系列基本原则：

1. 政府财政预算原则

"国家福利就是国家提供的福利，因为国家的责任主体是通过政府来加以具体化的，政府是国家的行政机关，代理国家行使管理经济、社会事务的机构，因此，'国家福利'也可以用'政府福利'的概念，即政府提供和实施的福利。"[①] 于是，政府就应该成为公共福利当然的、唯一的责任主体。政府在公共福利中的责任主体地位主要是通过政府财政预算来体现的，即政府有责任通过立法将用于公共福利的全部支出纳入政府财政预算，并明确公共福利支出占全部财政支出的比例以及年均增长比率。

2. 公平原则

公共福利的对象是全体公民，因此，让每一位公民都能够公平地得到由国家提供的福利应该是国家福利遵循的基本原则之一。遵循公平原则，公共福利就应该惠及每一个公民，而不应因公民的家庭、职业、民族或种族、年龄、性别、阶层、居住区域、收入等不同而有所不同。

3. 直接服务与购买服务相结合的原则

公共福利的特点之一就是要为公民提供福利服务，以不断改善公民的生活质量。政府提供福利服务，可以采取两种方式：一是直接服务，即政府直接投资建设福利机构，通过福利机构向公民提供福利服务，如政府直接投资建设养老院，由养老院为老年人提供养老服务；再如政府直接投资建设医院，由医院向公民提供医疗服务等。二是购买服务，即政府不直接投资建设福利机构，而是通过向非政府组织投资建设的福利机构购买服务的方式向公民提供福利服务，或者说公民享受的福利服务由政府付费，如政府通过向民办养老机构给予补贴为老年人提供的养老服务等。直接服务和购买服务各有优缺点，应该将二者结合起来形成一个完善的福利服务体系，为公民提供福利服务。

4. 专业化原则

随着社会的发展，人们的福利服务需求也越来越多样化，而且需求层次也不断地提高。在这种情况下，福利机构所提供的服务就不应该仅仅满足于生活照料，而应能满足人们的精神性需求，这就要求福利机构要实现专业化。首先

---

① 周沛：《福利国家和国家福利——兼论社会福利体系中的政府责任主体》，《社会科学战线》，2008（2）。

是福利机构的专业化，即福利机构要根据服务对象的生理和精神特征建设成专业化的服务机构，如养老院就要围绕老年人的生理和心理特征进行专业化建设，要建有起居室、医疗室、健身室、娱乐活动室、心理咨询室等，要设有电梯、坡道等无障碍设施等。其次是服务人员的专业化，即服务人员经过专业化训练，掌握专业化的服务知识与技能。国家应该制定专业化标准，以促进服务机构的专业化建设；国家应该设立专业化资格考试，以实现服务人员的专业化。

三、公共福利的基本内容

公共福利可根据对象和服务内容的不同，分为特定人群福利和普遍性公共福利两个部分。

（一）特定人群福利

在任何一个国家，都会有一些特定的人群，这些人群需要通过公共福利来满足他们特殊的服务需求，这就形成了特定人群福利。所谓的特定人群福利是指国家依法为满足特定人群（如老年人、残疾人、妇女、儿童等）的特殊服务需求而提供的一种公共福利。特定人群福利根据人群的不同具体分为老年人福利、残疾人福利、妇女福利和儿童福利。

1. 老年人福利

老年人福利是指国家专门为老年人提供津贴、设施和服务的一种公共福利。老年人福利主要包括以下内容[1]：（1）向老年人或照顾老年人的家庭提供津贴，如高龄津贴、护理津贴等；（2）老年人福利设施，如养老院、老年公寓、托老所、老年人活动中心等；（3）老年保健，如免费体检等；（4）老年人的住房和环境，如公共场所的无障碍设施等；（5）老年人教育，如老年大学等；（6）老年人娱乐和参与社会生活，如提供老年人参加文娱体育活动指导员等；（7）老年人就业，如一些就业优惠政策等；（8）其他，如免费乘坐公交车等。

2. 残疾人福利

残疾人福利指国家专门为残疾人提供物质帮助、设施和服务的一种公共福利。残疾人福利主要包括以下内容[2]：

（1）康复保障。康复有广义和狭义两种意义。广义的康复是指残疾人的全面康复，其中包括医学康复、教育康复、职业康复、社会康复诸方面。其目的

---

① 参见郑功成：《社会保障概论》，292～293 页，上海，复旦大学出版社，2005。
② 同上书，298～300 页。

在于使残疾人恢复和改善由于身体和精神障碍而丧失的行使自己权利的能力和机会，使他们能和健全人有平等机会参与社会生活和家庭生活。狭义的康复仅指医学康复，它的工作对象不是疾病而是障碍；它的目的不仅是治疗疾病和保存伤残者的生命，而主要强调功能训练，整体康复，最终重返社会。

（2）教育保障。它是指运用特殊的方法设备和措施，对盲、聋、哑、智力发展落后或残肢的儿童、青少年或成人进行教育。为了保障残疾人的受教育权，国家应兴办为残疾人服务的特殊学校，如聋校、盲校、弱智学校等，也可以在普通学校设置特教班；国家还要为残疾人编写专门的教学计划和教材，按照不同的残疾特点去施教；文化部门出版适合残疾人阅读的书籍；国家教育部门明确规定各类学校招收残疾学生的办法，不能让有资格就读的残疾学生失学，对残疾学生的学费、宿费做出合理规定，使他们不致因交不起学费而辍学。

（3）劳动就业。残疾人劳动就业，是指为达到法定劳动年龄，有一定的劳动能力且要求劳动就业的残疾人安排力所能及的工作，或提供就业的机会，使他们通过自己的劳动，获得劳动报酬或经营收入，由靠社会负担的人变为为社会做贡献的人。为了保障残疾人劳动就业权的实现，国家需要以法律的形式规定国家机关、企事业单位录用残疾人的比例，并规定出相应的奖惩措施；国家还要大力兴办各类残疾人从业的福利工厂，可以规定某些产品由残疾人企业专产专营；在原料供应、产品销售、税收等方面，国家应对残疾人企业给予优惠政策，以保护、扶持残疾人企业的生存和发展；帮助残疾人从事个体经营。

（4）文化生活。残疾人的文化生活，是指残疾人在社会生活中开展的文化、体育、娱乐等活动。国家应通过各种文化媒介反映残疾人生活；组织和扶持残疾人出版物，举办残疾人文化活动；各种文化、体育、娱乐场所为残疾人提供方便和照顾，如设立无障碍设施等，满足残疾人精神文化生活的需要。

（5）残疾人福利设施。为解决残疾人的福利需求，国家应该在发展经济的基础上办好福利院、精神病院、医疗站等福利机构，并逐步改善在其中生活的残疾人状况。国家要消除种种妨碍残疾人参与社会生活的障碍，在残疾人出入的公共场所，修建或改建无障碍设施，便于残疾人通行。

3. 妇女福利

妇女福利是国家为了满足妇女的特殊需要和维护其特殊利益而提供的物质帮助和福利服务。主要包括[1]：（1）妇女就业保障。妇女就业保障是通过立法和政策措施，保证妇女有与男子同等的就业权利和就业机会，创造男女平等的

---

[1] 陈银娥：《社会福利》，156～157页，北京，中国人民大学出版社，2004。

就业机制，使妇女平等地参与社会经济生活。具体包括：第一，立法保障妇女享有与男子同等的就业权利和就业机会，禁止就业中对女性的歧视，并通过政策指导鼓励企业雇用女工；第二，立法保障女职工就业期间享有与男职工同等的待遇，包括实行同工同酬、同等的培训机会和晋升机会等；第三，立法禁止以结婚、怀孕、产假、哺乳为由解雇女职工；第四，立法保护女职工在生产工作中的安全和健康，对女职工实行特殊劳动保护，一般禁止女职工从事有毒、有害、危险和强体力劳动，限定女职工的工作时间，如禁止女职工上夜班、禁止孕妇、乳母加班加点等，对处在经期、孕期、哺乳期和更年期的女职工实行特殊劳动保护；第五，制定政策促使女性提高受教育程度，为妇女举办各种就业培训，确保妇女在就业市场上有与男子平等竞争的实力。(2) 妇女生育福利。妇女生育福利是指政府为怀孕和分娩的妇女提供物质帮助和产假、医疗保健服务，以保证母亲和孩子和基本生活及孕产期的医疗保健需要方面的福利，如生育医疗保健服务、产假、生育津贴、育儿假、育儿津贴等。

4. 儿童福利

儿童福利是国家为了满足儿童的特殊需要和维护其特殊利益而提供的物质帮助和福利服务。儿童福利也有广义和狭义之分①。广义的儿童福利是指一切针对全体儿童的，促进儿童生理、心理及社会潜能最佳发展的方式和设计都属儿童福利范畴，它强调的是社会公平，但具有普适性，如义务教育、儿童文化体育娱乐设施等；狭义的儿童福利是指面向特定儿童和家庭的服务，特别是在家庭或其他社会机构中未能满足其需求的儿童，这种意义上的儿童福利的对象，一般为遭遇各种不幸情境的儿童，如孤儿、残疾儿童、流浪儿、被遗弃儿童、被虐待或被忽视的儿童、家庭破碎的儿童、行为偏差或受情绪困扰的儿童，等等，这些特殊困难环境中的儿童往往需要予以特别的救助、保护、矫治，以解决其面临的各种问题，国家应为这些特殊儿童建设福利机构，提供福利服务，如建立孤儿院、儿童福利院、孤儿学校等。

（二）普遍性公共福利

普遍性公共福利是国家为满足全体公民的发展需要而提供的一种公共福利。普遍性公共福利的目的是为了满足公民的发展需要，是为了不断地提高公民的生活质量。普遍性公共福利具有全民性特征，是一项具有普遍性特点的公共福利，即全体公民都可以平等地获得公共福利，享受普遍性公共福利是公民的一

---

① 郑功成：《社会保障概论》，304 页。

项基本权利。

从内容上讲，普遍性公共福利主要包括劳动就业保障、公共卫生保健、公共教育、社会福利服务等。

1. 劳动就业保障

劳动就业保障是国家为保障劳动者的基本权益，提高劳动者就业能力而实施的一系列福利措施。劳动就业保障主要包括以下内容：第一，保护劳动者的基本权益。国家要通过立法来保障劳动者的基本权益，如颁布实施《劳动合同法》、制订最低工资标准、提供劳动安全保护措施等。第二，增加新的就业岗位。如积极发展劳动密集型产业、由政府兴建公共工程、鼓励创业等都会增加一些新的就业岗位。第三，对弱势劳动者提供保护。国家对在技术和能力方面处于弱势地位的劳动者提供一系列的就业优惠和保护措施，如为雇用弱势劳动者的企业提供补贴、为弱势劳动者创业提供各项政策优惠、为弱势劳动者提供免费的职业培训等。第四，增强劳动者的就业能力。为了适应产业的不断升级，国家为了提高劳动者的就业能力和促进就业采取了一系列的福利措施，如发布职业需求规划、职业需求信息，免费的职业培训、职业指导等。

2. 公共卫生保健

公共卫生保健的基本目标是预防和降低各种疾病的发生和危害，满足社会成员的公共卫生保健需求，提高全社会的健康水平，并进而促进经济发展与社会进步。公共卫生保健的主要功能是提供预防性卫生服务、促进健康行为和改善健康环境，因此，公共卫生保健的基本内容主要包括：第一，提供面向全部社会成员或部分人口的预防性卫生服务，比如计划免疫，急、慢性传染病的预防与控制，职业病、地方病和寄生虫的防治等；第二，大众健康教育，主要是普及基本卫生知识和基本食品安全知识，使民众养成健康的生活方式，促进健康行为；第三，健康环境的改善，重点是改善环境卫生、食品卫生、劳动卫生、学校卫生和放射卫生等。[1]

3. 公共教育

公共教育是国家为满足公民的教育需求、保障公民的受教育权利、提高全社会的受教育程度而采取的一系列措施。公共教育的主要内容包括：第一，义务教育。义务教育是指依照法律规定，适龄儿童和少年必须接受，国家、社会、学校、家庭必须予以保证的基础教育。实施义务教育，意味着政府向全社会公开承诺担负普及义务教育的主要责任，包括创建学校、输送教师、提供一定标

---

[1]　关信平：《社会政策概论》，270页，北京，高等教育出版社，2004。

准的日常教育费用等；意味着社会各方面必须为实现普及义务教育的目标而协同努力；意味着承担义务教育的学校不分性别、出身、民族、种族向全体适龄少年儿童开放；意味着家长送子女入学，保护儿童受教育权益已经成为一项公民必须履行的义务，而不再仅仅是个人行为。[①] 第二，国家为高等教育、中等教育、职业教育、继续教育、社会教育等提供财政补贴和各项优惠政策。高等教育、中等教育、职业教育、继续教育、社会教育等都不是义务教育，因此，也不是免费教育，都是收费教育，但国家为了发展非义务教育，满足公民的教育需求，提高全社会的人口素质，要为这些教育提供一定的财政补贴和各项优惠政策，以促进各级各类教育的发展。

4. 社会福利服务

社会福利服务是指国家面向全体公民提供的福利性服务，其内容主要包括：第一，便民利民服务，目的是为了满足社会成员的基本生活需要，在市场经济条件下，虽然社会成员的大多数基本生活服务需求都可以从市场中得到满足，但政府还会在一定程度上为社会成员提供一些日常生活方面的服务，以满足人们的基本生活需求，这也是政府公共服务职能的必要表现之一。如我国开展的社区服务就具有便民利民服务的特点。第二，公共服务，这一类福利服务的主要目的是为了满足社会成员的共同生活需要，如公共交通服务、环境保护、公共文化服务、市政建设、治安等。

第四节　社会互助体制

在社会福利体制中，社会保险、社会救助和公共福利都是以政府为责任主体的，体现的是政府应尽的责任，是政府为保障公民的基本生存权和发展权而尽的义务，可以看做是政府机制。除此之外，还存在着一种非政府的机制，这种非政府机制与社会保险、社会救助、公共福利一样，发挥着相同的作用，即保障公民的基本生活，为公民的全面发展创造条件，这种非政府机制我们称之为社会互助。社会互助是指政府提供的社会保险、社会救助、公共福利等正式制度之外的，以非政府性、自愿性等为特征的各种社会化、市场化的社会福利体制。社会互助与社会保险、社会救助、公共福利一起共同构成了社会福利体系，共同保障着公民的基本生存权和发展权。社会互助与社会保险、社会救助、公共福利之间是一种互为补充的关系，在"福利多元化"时代，社会互助在社

---

① 谢志强、李慧英：《社会政策概论》，236 页，北京，中国水利水电出版社，2005。

会福利体制中发挥着越来越重要的作用。社会互助有多种机制，包括家庭机制、社区机制、行业机制、社会机制和市场机制等。

一、社会互助的产生与发展

人与人之间的互助是人的社会性表现，也是人的生存方式。在原始社会，部落内部实行的是简单劳动分工基础上的平均主义分配方式，即年轻力壮的部落成员的劳动所得在部落内部平均分配，部落中的老弱病残孕幼等无劳动能力或低劳动能力成员都可以平均得到一份生活资料，这种平均主义分配方式实质上是一种互助，通过这种互助，部落成员的基本生活都可以得到保障，当然保障程度要受限于当时当地的生产力水平。

家庭是人类社会的基本细胞，自人类进入"文明时代"以后，家庭就成为相对稳定的基本社会单位，并承担了繁衍后代的职能、生产职能、教育职能以及老弱病残孕幼人员的保护职能，因此，家庭是老弱病残孕幼特殊群体的最初的、最基本的保护单位,[1] 家庭是建立在血缘和伦理道德基础上的互助单位，家庭有义务为老弱病残孕幼成员提供最基本的生活保障。在工业社会之前家庭是最主要的互助形式之一。如老年农民的赡养问题，老年农民是在家庭的"共同体"的框架中得到照料，他们一般都继续与子女等家庭成员同住，老年农民的赡养和照料是在家庭中完成的，是以实物来保证的。[2] 即使是手工业者和公职人员的养老问题也主要是以家庭为主，虽然手工业者和公职人员要比老年农民有更多的积蓄，但其生活照料依然要依靠家庭。工业化、城市化以及家庭结构的变化消弱了家庭的生产功能，进而也弱化了家庭的养老功能，随着人口预期寿命的延长和人口年龄结构的相对老化，养老问题日显突出，虽然家庭依然起着重要的作用，但已不能包揽全部的养老责任。

建立在血缘基础之上的家庭互助很难将互助扩展到家庭之外，因此，另一种互助形式——社区互助就成为极其必要的。社区互助是建立在地缘基础上的，是社区内部成员之间的相互帮助，既有物质援助，也有相互服务，是典型的助人自助。在中国传统社会，一直就存在着邻里互助，即所谓的"守望相助"、"远亲不如近邻"，如中国古代社会曾经出现过的"义田"制度，就是社区互助的代表。这种社区互助形式成为社区内部保障老弱病残孕幼成员的有效形式之一。在城市化的进程中，社区互助形式曾经一度被消弱，但在社区建设潮流兴

---

① 刘燕生：《社会保障的起源、发展和道路选择》，40 页，北京，法律出版社，2001。

② 同上书，43~44 页。

起后，社区互助有望被复兴。

手工业从农业分离出来后，就成为了一个相对独立的行业，由此也出现了一种新社会互助形式，即行业互助。据史料记载，早在公元前18世纪，在埃及的石匠中，曾有一种互助性的组织，用参加者所缴付的互助会费，支付加入该组织者死亡后的丧葬费用。① 在工业革命之前，手工业者和商人之间的互助活动，主要是以参加"行会"的形式实现的，如在英国，"在1719年，纽卡斯尔的鞋匠每6个星期捐赠一先令作为疾病基金，并各捐6便士作为一位弟兄的丧葬费。"② 工业革命之后，随着工会组织的产生和发展，行业互助也得以进一步发展，如当时英国就出现了多个规模庞大、很具影响的工人互助团体，如"友谊社"、"共济会"等，其宗旨是："遭遇不幸时互助支援，共同娱乐，互助教育。"③ 类似"友谊社"这样的工人互助团体，由于管理等方面的原因，在其运行过程中都出现了一些问题，一些团体也因此消亡了，但是以工会为组织基础的互助形式却保存了下来，在今天还依然大量存在并开展互助活动，如法国1947年由工会和企业雇主签订的全国性集体协议（政府也在协议上签了字），为全国管理人员建立了补充保险计划，其后，工会和雇主又于1961年为非管理人员达成了全国性的、跨职业的互助补充保险协议，为企业雇员利用这种互助补充保障方式开展互助创造了条件；④ 再如在中国，中华全国总工会也开办了职工互助保险，在职工医疗、死亡、工伤、养老等方面发挥着互助功能。

无论是家庭互助、社区互助，还是行业互助，都有各自的局限性，即互助局限于家庭、社区和行会（或工会）内部，而有些需要生活救助的人很可能存在于家庭、社区或行会之外，因此，需要一种能够打破家庭、社区、行业限制的、能在全社会范围实施的互助机制，慈善事业就是这样的机制。

慈善事业的产生与宗教密切相关，如佛教胸怀大慈大悲，将"行善"定为信徒"对待亲友"的五事之一，稍后的伊斯兰教将慈善作为信徒的五种义务之一或五个"支柱"之一，犹太教强调"什一捐"，基督教更是将慈善由义务阐述为"爱"，耶稣宣扬"爱己如人"。⑤ 各种宗教为了践行各自的教义，宗教机构通过募捐所得来帮助社会中的弱者，于是宗教慈善事业便产生了。宗教慈善事

---

① 刘燕生：《社会保障的起源、发展和道路选择》，20 页。

② 同上书，59 页。

③ 同上书，57 页。

④ 同上书，67 页。

⑤ 郑功成等：《中华慈善事业》，5 页，广州，广东经济出版社，1999。

业的历史非常漫长，在历史上虽然宗教几经变化，但宗教慈善事业并没有中断，一直延续到今天，已经成为宗教组织的必备活动之一。

在宗教慈善事业发展的过程中，出现了另一类型的慈善事业，即民间慈善事业。民间慈善事业的参与主体不是宗教组织及其人员，而是社会热心人士和非政府组织，通过捐赠、募捐和建立慈善组织等形式来帮助社会中的弱者或参与公共事业建设（如投资建设各级各类学校、医院等）。民间慈善事业的历史也比较漫长，一直延续至今，如宋朝的刘宰、民国时期的熊希龄等都是中国历史上非常著名的慈善家。在发达国家，民间慈善事业较为发达，社会各界名流积极投身于民间慈善事业之中，要么是慷慨解囊，为慈善事业大量捐款捐物，要么是建立基金会，募集慈善资金，如美国汽车大王福特所设立的福特基金会资财达数十亿美元，它一直资助着众多的大学、医院、博物馆、研究所、调查机构、慈善组织等公益事业，从而受到了人们的尊敬；在美国还有一位当了15年无名英雄的捐献者，他在15年中捐献了共计6亿美元的善款，这些善款被用于医院、大学及其他需要帮助的人，有相当一部分被用于援助爱尔兰、南非、独联体国家、东欧国家，以及以色列和约旦，从而堪称国际慈善大使，而他的实际资产只有500万美元，这位埋名15年之久的行善者名叫查尔斯·菲尼。①

社会互助还有一种市场机制，即商业保险。据考察，最古老的保险形式是海上保险。最早的"海险"中的"一人为大家，大家为一人"的共同海损保险思想，最能表达出"保险"的最原始、最朴素、最明了的目的和方法。这个保险的原则于公元前916年，最早写在罗地安海商法中。迄今发现的最早的一张海上保险单证记录的是1347年在地中海的一个航程。由于当时经营活动都是非正式的，因此经常出现对海上保险的争议，为此，于1575年在英国皇家交易所开设了保险商社，专门负责办理海上保险单的登记，这样做证明了保险合同的存在，也给保险条款的正规化创造了条件。1601年，一个关于海上保险的议会法案在英国获得通过，据此设立了一个保险仲裁法庭，处理在保险商社登记的海上保险单的争议案件。到18世纪早期，海上保险已成为一项专门的职业。②在海上保险发展的同时，财产保险、火灾保险等商业保险也逐步产生并得到了迅速的发展。人身保险的原始形态与劳动者的互助组织有密切关系，最早的人身保险人是海上保险的承保人，因为海上贸易商人的生命与他的货物通常是在同一保险单中承保的。有关资料证实，现存的最早的寿险保险单是1583年签发

---

① 郑功成等：《中华慈善事业》，29页。

② 刘燕生：《社会保障的起源、发展和道路选择》，69～71页。

的。人身保险在 16 及 17 世纪开始发展，这时人身保险已有短期人身保险、相互人身保险及年金保险等形式。① 随着筹集资金理论和方法的不断探索和完善，特别是"均衡保险费"理论、"生命表"等的出现，人身保险技术越来越成熟，极大地促进了人身保险的发展。进入 20 世纪后，随着精算技术的出现和完善，为人身保险的发展提供了技术保障，进一步促进了人身保险的发展，人身保险已经成为人们从事市场活动、抵御风险、提高生活质量的重要手段。

二、社会互助的基本特征

体现社会与市场机制的社会互助，与政府机制的社会保险、社会救助、公共福利相比较，具有以下一些基本特征：

1. 非政府性

社会互助体现的不是政府的责任，而是社会的责任与市场的作用。社会互助的非政府性主要体现在以下几点上：一是社会互助的组织者和实施者不是政府机构，而是社会组织和市场组织，如社区自治组织是社区互助的组织者和实施者，工会等是行业互助的组织者和实施者，宗教组织和非政府组织是慈善事业的组织者和实施者，商业保险公司是商业性人身保险的组织者和实施者；二是社会互助的资金不是直接来源于政府财政，如家庭互助资金来源于家庭内部成员的劳动收入，社区互助的资金来源于社区自治组织的经营收入和捐赠，行业互助的资金来源于工会成员的缴费，慈善事业的资金来源于社会捐赠，商业性人身保险的资金来源于购买者的缴费；三是社会互助的运行方式不是行政命令，而是社会性的、自愿性的"助人自助"方式和市场方式。社会互助的非政府性并不意味着社会互助与政府没有任何关系，政府对社会互助不闻不问，政府仍然要履行一定的责任，如通过立法来规范社会互助行为，给予社会互助一定的税收优惠政策等。虽然社会互助在责任主体、资金来源、运行方式上与社会保险、社会救助、公共福利有所不同，但社会互助却发挥着与社会保险、社会救助等相同的积极作用，即共同为公民提供生活保障、为公民的全面发展创造条件，维护社会稳定，促进社会和谐。因此，社会互助与社会保险、社会救助等是相互补充的关系，而不是彼此替代的关系，共同构成了一个社会的生活保障体系和安全体系。

2. 自愿性

社会互助是建立在人们自愿基础之上的，是否参与社会互助是以自愿为主

---

① 刘燕生：《社会保障的起源、发展和道路选择》，72 页。

的，没有任何的强制，如人们是否为慈善事业捐赠、捐赠什么、捐赠多少，都取决于人们的自愿，人们是否购买商业性人身保险、买什么样的保险、买多少保险也都取决于人们的自愿。

3. 多样性

从运行机制上看，社会互助包含多种机制，如家庭机制、社区机制、行业机制、社会机制和市场机制；从是否营利方面看，家庭互助、社区互助、行业互助、慈善事业都是非营利的，而商业性人身保险却是营利的；从受助者的资格条件来看，有的需要受助者先缴费才能接受帮助，如行业互助中的职工互助保险、商业性人身保险等，而家庭互助、社区互助、慈善事业却不需要受助者付费；从实施范围来看，家庭互助只在家庭内部实施（血缘关系互助），社区互助只在社区内部实施（地缘关系互助），行业互助只在行业内部实施（业缘关系互助），而慈善事业和商业性人身保险则在全社会范围内实施（社会关系互助）。总之，社会互助有着非常明显的多样性特征，但这种多样性却不影响各种互助机制所要达到的共同功能，即保障人们的基本生活、为人们的全面发展创造条件。

三、社会互助的基本内容

在人类社会发展的过程中，社会互助的内容不断扩展，至今已形成包括家庭互助、社区互助、行业互助、慈善事业、商业保险等内容的体系。

1. 家庭互助

家庭互助是指建立在血缘关系基础上的家庭内部对老弱病残孕幼提供基本生活保障的一种互助形式。家庭互助主要有以下特点：（1）家庭互助以血缘关系为基础。（2）约束家庭互助的规范体系，在传统社会是伦理道德、风俗习惯等非正式制度；在现代社会则是以伦理道德为主，以法律调节为辅。（3）家庭互助作为家庭的一种功能，与其生产功能密切相关，生产功能越强，互助功能就越强。（4）家庭互助功能深受家庭规模与结构的影响，家庭规模越大、年轻劳动力越多，家庭的互助功能就越强。如在人口老龄化和计划生育政策的双重影响下，家庭规模变小，家庭中老年人数量增加、年轻人数量减少，家庭的养老功能就会减弱。家庭互助的基本内容包括提供基本生活资料（如提供吃、穿、住等）、提供日常生活照料（服务）和情感慰藉等。

2. 社区互助

社区互助是指建立在地缘关系基础上的社区内部对老弱病残孕幼提供基本生活保障的一种互助形式。社区互助具有以下一些特点：（1）社区互助以地缘关系为基础，虽然社区互助打破了血缘关系的局限，但其受地缘关系的局限，互助只能在社区内部进行。（2）社区组织是社区互助的组织基础，社区组织是社区互助的组织者和实施者，如果一个社区拥有被社区成员认可的、组织能力强的社区组织，那么就会为社区互助的实施奠定组织基础。（3）社区意识是社区互助的行为动力，社区意识强，意味着社区成员对社区具有较强的归属感、认同感，会积极关心社区、参与社区活动，整个社区会体现出较强的凝聚力，在这种情况下，社区互助行为的发生就成为自然而然的事情了。

3. 行业互助

行业互助是指建立在业缘关系基础上的行业内部对老弱病残孕幼提供基本生活保障的一种互助形式。行业互助具有以下一些特点：（1）行业互助是以业缘关系为基础的，这种互助形式既打破了血缘关系，又打破了地缘关系，但受业缘关系的约束，只能在行业内部实施。（2）行业组织是行业互助的组织者和实施者，行会、工会等行业组织在行业互助中发挥着非常重要的作用。（3）行业互助的资金主要来源于参加者的缴费。（4）行业互助基金可以由行业组织管理和经营，也可以通过购买商业保险的方式进行管理和经营。

4. 慈善事业

慈善事业是建立在社会捐献之上的一种社会性互助形式。慈善事业的宗旨是利用社会力量来救助弱者或不幸者，它在实践中所表现出来的基本特色，可以概括为以善爱之心为道德基础，以贫富差距为社会基础，以社会捐献为经济基础，以民营机构为组织基础，以捐献者意愿为实施基础，以社会成员的普遍参与为发展基础，其中最根本的是道德基础、社会基础和经济基础。[①]

5. 商业保险

商业保险是一种市场性互助形式，即是通过市场买卖商业保险公司提供的保险品种进而实现风险集散的一种互助形式，或者说是以市场组织——商业保险公司为中介的互助形式。

思考题

1. 与其他社会福利体制相比较，社会保险有哪些基本特征？
2. 社会保险的基本原则主要有哪些？
3. 与其他社会福利体制相比较，社会救助有哪些基本特征？
4. 与其他社会福利体制相比较，公共福利有哪些基本特征？
5. 与其他社会福利体制相比较，社会互助有哪些基本特征？

---

① 郑功成等：《中华慈善事业》，8 页。

第五章
社会福利需求与社会群体

内容提要：

一个良好的社会福利制度应该是以人为本、以需求为导向的，福利产品和服务围着服务对象的需求运转，以满足服务对象的需求、提升服务对象的福利水平为目标。要建立和完善良好的社会福利制度，提高全社会福利供给的公平性和效率，就必须从需求方的角度，研究福利需求的内涵、特点、类型和现代公民的基本福利需求，认识各种服务对象的福利需求，解决"向谁提供福利"以及"提供什么"的问题。

学习目标：

1. 了解和熟悉福利需求的基本理论
2. 理解和掌握现代公民的基本福利需求
3. 了解和认识各类弱势群体的福利需求

第一节　福利需求的基本理论

社会福利制度的基本功能是回应和满足人类的基本需要和福利需求，只有厘清福利需要与福利需求的联系与区别，社会福利需求的基本特性与调适问题，才能深入全面地理解人类的基本福利需求和特殊福利需求。

一、福利需要和福利需求

（一）福利需要分析

1. 需要的概念

"需要"（need）是社会福利理论中最为基础的核心概念，是理解和评价福利制度的重要标准，是社会资源再分配和福利制度运作的价值基础。英国《简明牛津辞典》认为，"需要"具有四种基本含义：（1）要求采取某种社会行动的情境；（2）给予或拥有必需品；（3）紧急、危机和困难时期，所缺乏的必需品或贫困；（4）所要的事物，类似经济学的需求（demand）。

我们将此概念与"需求"（demand）概念区别使用，在福利社会学中可以将人类的需要看做所要解决福利问题的价值判断基准。这个定义至少具有四方面含义：（1）需要问题反映了短缺的结果或过程。（2）以需要为准，可以反映特定社会群体的问题，从而确定"目标群体"。（3）认识福利需要涉及对现有问题解决办法的判断，目标群体行动情境的分析是福利需要分析中不可或缺的重要内容。（4）需要与价值观有关，不同价值观的人有不同的福利需要。

2. 福利需要的类型

英国学者布兰德肖对现有的福利需要进行归纳，认为有规范性需要、感觉到的需要、表达性需要和比较性需要四种类型：

（1）规范性需要（normative need）。是指由专家或专业人员、行政者或社会科学家根据专业知识和现有规定，加以测量、比较、评估和确定。他们依照现存的足够标准与实际情况进行比较，那些未能达到足够标准的人或群体就是处于福利需要状态中的人或群体。

（2）感觉到的需要（felt need）。是个人根据感觉和经验所希望得到满足的需要，基本等同于想要（want）。这种需要发生在需求帮助之前，可以避免受规范标准的限制而压抑自身合理的福利需求。

（3）表达性需要（expressed need）。表达的方式可以温和也可以激烈，但需求是指说出来的需要，将感觉到的需要转变为行动。

（4）比较性需要（comparative need）。是指与具有相似特点之人或群体比较后，发现获得比其他人少的产品或服务，因此会产生的需要。

以上四种福利需要类型，不仅描述了福利需要的四种形式，而且也是从四种角度分析了福利需要概念的内在特点：规范性、主观性、表达性和比较性。

3. 以健康和自主为基础的福利需要体系

基本需要就是"做人不可缺乏，否则便会对人造成伤害"的需要。基本需要的界定是福利政策核心议题，其实质是划定国家福利的责任范围。基本需要内容越多，福利范围越广，服务标准越高，国家福利责任越大。因此，表面看来，需要界定策略与方法是个技术议题，实质是个典型政治议题，涉及服务对象条件与资格（资产审查与无资产审查）、福利决策方式（民主参与和官僚主义）、资源配置模式（公平取向与效率取向）、福利服务量（足够标准与国家福利责任承担），以及基本需要范围等诸多关键性理论、政策、服务议题。

现代福利经济学关注"能力"或基本权利。与能力相关的基本需要是身体健康和自主。英国学者研究提出，这是人类普遍性的基本需要，围绕这两类基本需要，会衍生出一系列中间需要。这些中间需要是实现基本需要的条件，两者及其主要指标构成了下表所列举的人类基本需要体系。评估一个社会的福利需要状况，可以参照反映基本需要和中间需要的一些主要指标进行。[1]

人类基本需要和中间需要的指标体系

		需要项目	主 要 指 标
基本需要	健康	生存机会	预期寿命、不同年龄死亡率
		身体非健康状态	残疾发生率、患病率
	自主	神经错乱	精神疾病患率
		认知剥夺	文盲率、基本技能获得率
		经济活动机会	就业率
中间需要		1. 食物与营养	能量摄入量、各类营养不良发生率、安全饮用水使用率
		2. 住房	无家可归者比率、房屋居住面积、房屋安全性、卫生设备配置
		3. 工作	职业病发生率、工伤事故发生率、危害情感工作的发生率

---

① ［英］莱恩·多亚尔和伊恩·高夫：《人的需要理论》，汪淳波、张宝莹译，170 页、241 页、277 页、315～317 页，北京，商务印书馆，2008。

续　表

	需要项目	主　要　指　标
中间需要	4. 自然环境	空气、水、土壤污染物集中度，辐射、噪音
	5. 医疗保健	单位人口医生/护士/床位数、初级卫生保健的可及性、预防接种比率
	6. 童年保护	儿童遭到遗弃、虐待和忽视的比率；儿童缺乏激励、积极反馈和责任感的比率
	7. 支持群体	无亲密、值得信赖关系的比率；无/很少社会联系的比率；需要帮助时无人可求情况的发生率
	8. 经济安全	绝对贫困发生率、相对贫困发生率；灾难性支出事件的社会保护情况
	9. 人身安全	刑事案件发生率、犯罪受害者比率、国家暴力受害者比率
	10. 教育	文盲发生率、正式教育的年限、缺乏职业资格者的比例、高等教育人口比率
	11. 节育与生育	缺乏安全避孕和流产的条件孕产妇死亡率

（二）福利需求分析

1. 福利需求的社会建构

社会福利需求以人类需要为基础，但不单单是个人的需要，还可能是家庭、社区的需求；需求不仅是客观的人类需要的直接反映，而且融入人类主观能动性的社会建构。

福利需求的形成与价值观有关，与如何定义福利有关。按照现象学的观点，需要和需求并非完全客观，而是人类社会自身创造的，反映了特定社会的意识形态和文化特性。

随着以单纯的经济增长来衡量"福利"的局限性日益明显，"生活质量"概念逐渐成为被普遍认同和频繁使用的分析社会福利需求的参照概念。物质财富的增加被多维度的生活质量概念取而代之，后者不仅包含了福利的经济内涵，还包含了像健康、社会关系和自然环境的质量等对人们生活条件有重要影响的非经济要素；它不仅包含了客观的生活条件，而且还纳入了主观福利的内涵。

从理论上讲，"欧洲生活质量指标体系"的概念框架主要建立在三种福利概念之上：生活质量、社会凝聚力和可持续发展。例如德国，他们的生活质量概念结合了主观指标和客观指标，在不同生活领域将客观的生活条件和主观福利结合起来。客观的生活条件指那些可确定的生活状况，如物质生活、工作条件、健康状况和社会关系等；主观福利则涉及总体的和特定领域的生活条件的对比，包含了认知界面和情感层面。[①]

2. 福利需求形成的影响因素

福利需求的形成和变化中，至少受以下三类因素的影响：

（1）人类需要因素。这一因素是基础性的。所有合理的福利需求都有人类需要的基础，现实的福利需求往往以上文所列举的基本需要或中间需要而存在。而那些缺乏人类需要基础的需求，可能是被诱导出来的需求，或许只是个别人特殊的主观需求，不具有普遍性、客观性、稳定性，不便于作为一种社会福利产品给予提供。

（2）规范性因素。福利需求的产生，基于人类需要的客观的因素，但同时也受规范性因素的影响。一种人类需要一旦被人们所认识，所认可，就会成为可以感知的福利需求，从而寻求表达和实现的途径。否则只是作为潜在需要存在，如果长时间被压抑之后，就被削弱甚至被消除。影响福利需求的规范性因素是广泛的，立法的、政治的、文化的种种因素，都可能成为关键性影响因素。

（3）福利供给因素。福利需求与福利供给之间有互动的相互关系。一般来说，福利供给以人为本，以基于人类需要的福利需求为导向。一方面，人类需要的现实形态就是福利需求，可以以需要作准绳，甄别和校准福利需求，剔除不合理的需求；福利需求反映社会现实，预测未来社会福利发展趋势，为社会福利事业的发展指明方向。另一方面，在福利需求的形成中，供给方会诱导福利需求。需求可以被福利供给所激发和创造出来，如在医疗需求中，由于存在严重的信息不对称，医疗需求可能被提供方所诱导，但这类往往并非实际所必需的需求。

一般福利提供的效用是边际递减的，福利需求者的需求是渐进增长的。也就是说，不仅提供方有创造需求的动力，而且需求方也有不断提高福利需求的动力。政府尽管作为最终责任者，但只是作为第三方，如果缺乏必要的监管措施，必然难以控制福利的增长。在信息不对称条件下，经过多方之间的长期多次博弈，最终实际的福利提供水平还会逐步高于基本福利需求，福利提供的效率相对低下。这也是福利病产生的机制之一。

---

① 贺春临、周长城：《福利概念与生活质量指标——欧洲生活质量指标体系的概念框架和结构研究》，《国外社会科学》，2002（1）。

3. 福利需求形成的逻辑

根据社会福利的影响因素，社会福利需求的形成有三种逻辑：一是基本需要的逻辑。如果始终按照基本需要的标准去修正福利需求，福利需求的刚性太强，总体福利需求水平容易走低，只关注基本必需品的提供。二是权利实现的逻辑。如果追随公民权利的逻辑，为了实现公民社会权利等规范性目标，政府承担的义务和责任会不断增加，福利供给的水平容易跟着需求而走高。三是供给拉动的逻辑。由于需求可以由供给拉动。尤其是在必需品之外的社会福利领域，本身消费弹性较大，如果存在诱导需求的情况，必然使得福利需求水平跟着供给者的意志不断走高。

各个国家或不同时期福利政策中所选择逻辑不同，所形成的社会福利需求水平和内容也就有很大差异。例如，中国此前主要按照基本需要的逻辑，因此总的福利需求水平和供给水平都不高。随着社会思潮的变迁，在城市化地区需求形成的逻辑开始变化，逐渐被实现权利的逻辑和供给拉动的逻辑所支配，因此，最终出现了部分城市福利需求水平偏高而多数农村社会福利需求仍然很低的情况。但总体上由于权利政治和福利供给水平较低，中国社会的社会福利水平还很低。

二、社会福利需求的特性

（一）福利需求的客观性和主观性

1. 福利需求的客观性

福利需求的客观性是指福利需求的存在和规范独立于个人偏好的特性。以往的社会福利实践者对需要的客观性抱有一种朴实的信念：人的基本需要是客观存在的，理应得到满足但是没能得到满足并因而陷入一种悲惨状态，社会福利工作就应该从满足人的基本需要入手。后经验主义哲学重视需求主观性的同时，也怀疑需要、需求的客观性，但这会带来理论上难以自洽的问题：如果不承认福利需求的客观性，而是相信每个人只有自己才知道他们最需要什么，那么除了鼓励他们追求自己的主观目标或偏好，就没有什么别的选择了；而要满足主观性的需要，只能主要依靠市场机制，政府的再分配措施就缺乏根据了。而且，如果需要没有客观性，就不能对需要的满足作出道德上必要性的判断，或者说，就不能迈开从"是这样"到"应该那样"的关键一步，这一步正符合福利实践的需要。

2. 福利需求的主观性

福利需求的主观性是指个体福利需求的主观心理特性。福利不完全是客观的概念，还应包含主观的、心理的含义：其一是自我幸福感，即个体对福利状态的感受。个体对自己身心健康或满意状况的体验，以及对以往经历的体验等。尤其在我们这个讲求自我事实上也必须创造自我的时代，这一点就显得更为重要。具体的体验包括对自己人生价值的体验，对自我各方的接受与自主，以及自己不断发展、成长的体验，而作为心理健康重要标志的社会亲和度也应考虑在内。这种对自我幸福的体验是个体针对自己内环境的评价，因而也可称为内福利。其二是生活满意感，主要指个体对自己生活满意与否的评价。这里的"生活"是从广义上考虑的，包括家庭、工作、经济情况、居住环境等直接影响个体心理幸福的因素，这些构成了个体外环境。对这些因素满意与否的评价，反映着个体与外环境的互动情形，也反映了个体主观上是否生活幸福或是福利良好。其三，对社会的行为性评价。个体必然会对环境做出一定的行为，这既是个体认识自我、评价生活的前提，也是他对生活和自我评价持肯定还是否定态度的重要标志。对社会积极的行为性评价，客观上也是促进了他人的福利，从而提高全社会的福利水平，以及促进他人对社会积极的行为性评价，形成一个良性的循环系统。[1]

（二）福利需求的普遍性和特殊性

1. 福利需求的普遍性

现代社会福利需求普遍性存在的原因，一方面是因为人类基本需要的相似性；另一方面，是因为现代人在工作和生活中面临着种种相似的风险和压力，提供普遍性的福利服务来帮助他们规避风险、缓解压力，是一种公共选择。具体来说，福利需求的普遍性根源在于当代社会的深刻危机：一是经济富裕与匮乏的相对性。受工业化生产方式的局限，人类面临日益严重的人口膨胀、资源短缺、环境恶化的现实。美国式的经济增长方式和消费方式是难以推广到全球的。在周而复始的经济危机影响下，多数人都有失业和陷入匮乏的危险。二是风险社会的形成。随着人类技术的发展，人改变自然的能力不断增加，但是反思和管理的能力并没有得到相应长足的增加。在形形色色的专家系统的主宰之下，人为的复杂性带来了生产和生活领域的风险的增长。我们进入到一个"风险社会"，在这样的社会里，每个人都难以逃避社会中普遍存在的风险，都需要

---

[1]　范为桥：《心理福利的概念与范畴——关于福利的心理学思考》，《社会科学》，2000（2）。

一定的福利制度给予保护。三是复杂社会中弱势性的增长。我们所进入的复杂社会中，缺乏有效的社会整合机制，社会分工、分裂但缺乏有效的整合途径。如果公民社会尚未发育形成或者面临衰落之危险，以国家为中心的系统整合途径已然解体，明显功能不良，而社会依附于市场或正在"市场化"，那么只有社会福利体制能给予我们一定的社会保护。

2. 福利需求的特殊性

福利需求特殊性的根源在于：一是个体弱势性的差异。在一个快速变化的时代，教育承担的现代人社会化功能往往是不完全的，个体的适应性和自主性是相对的，而个体的弱势性则是绝对的，弱势性的表现则是各有不同的。二是需要的特殊性。不同人群、不同的人生阶段和不同的生活境况，都导致每个人的福利需要的不同特点。这些需要的不同容易导致需求的差异。三是需求的界定方式不同。不同信仰的人群对人生价值、幸福感的感受不同，行为方式也不同，对福利需求的感知也不同。例如女权主义者、生态主义者的价值观和福利需求都不同于常人。社会福利需求的特殊性是社会工作个别化原则的依据，但并非维护福利特权的借口，例如，公务员和垄断型大型企业的长期优厚福利待遇难以从福利需求的特殊性找到理由。

（三）福利需求的刚性和弹性

"福利刚性"专指人们对自己的福利待遇具有允许其只能上升而不能下降的心理预期，同时这种心理使得社会福利和社会保障制度的变革缺乏向下调节的弹性，一般情况下福利的规模只能扩大不能缩小，项目只能增加不能减少，水平只能升高不能降低，这就是所谓的"福利刚性"原则。

在基本福利需求得到满足的情况下，福利的需求和提供也有很大的弹性。只要满足基本的福利需求，政府可以有很大的选择空间。高福利的提供其实未必满足福利需求。瑞典一位当地太太在家中浴室跌断了骨头，政府不仅给她免费治疗，给她1年的有薪假期，还派人到她家里把不安全的浴室免费装修。母亲生孩子可休假1年；孩子病了，可休假两个月，薪金的90%是由政府支付的①。这种无微不至的福利提供容易诱导出更高的福利需求。

福利需求的刚性，尤其是作为基本福利需求部分，以人类需要的客观性、必然性为基础。西方福利体制的刚性太强，具有民主体制的背景。在民主体制下，福利改革在政治上非常敏感，下调福利供给立即遭遇福利需求方的阻击，

---

① 张五常：《社会福利主义中看不中用》，《经济管理者》，2008（1）。

导致游行示威和骚乱，甚至引发对政府的信任危机。如果是在强势政府统治下，或许有一定下调弹性，但也只是基本需要之上的福利需求才有一定的下调弹性。

在中国农村，福利刚性现象的产生还有特殊的原因：一是与低水平的福利供给有关。历史上国家只是按照道义伦理的逻辑，提供最低水平的福利产品和服务。二是有政治制度的基础。我们的民主和法制建设水平还不高，由于缺乏供需双方有效的沟通机制，最终福利需求水平随着政府供给水平不断下调，越调越低，最终触及底线，引发农民起义或暴动。

由于福利刚性的存在，使得福利国家社会福利开支逐年攀升，政府财政不堪重负，因此有必要进行改革。但是同样由于福利刚性的存在，世界各国的福利改革都比较审慎和艰难。改革措施都以不降低现有社会保障水平、尽量实现社会福利最大化为前提，而实际上这种改革很难是一种帕累托改进，而不触动其他人的利益。

（四） 福利需求的系统性

人的福利需求是多样化需求的综合，是一个有机整体，因此体现出一定的系统特征。福利需求的系统性主要体现在两个方面，一是各种福利需求之间的相互影响，有一定的非线性加合特征；二是各种福利需求之间呈现出一定的层次性。层次性是系统性的重要体现。需求的层次性根源于需要层次理论。对于人类需要的层次性，弗洛伊德之后有许多的研究，其中最为重要的是马斯洛的原创性思想和阿尔德弗尔的修正。马斯洛的需要层次理论最著名。他率先将人的需要划分为由低到高分为生理需要、安全需要、归属与爱的需要、自尊的需要以及自我实现的需要五个层次；并且认为这五层次之间是递进的关系，只有在低层次需要满足之后才会出现更高层次需要问题。后来的研究表明，不同层次之间需要的递进特性有些想当然，而缺乏严格的经验依据；但是不同层次的划分却得到了继承，不同层次需要之间的紧密联系还需要进一步研究。

三、社会福利需求的调适

（一） 两种"福利病"的诊断

为大众所诟病的"福利病"有两种突出症状。一种表现为：福利内容"从摇篮到坟墓"无所不包；但失业率居高不下，经济增长滞缓，储蓄率偏低；年轻人缺乏艰苦创业的精神，被虚无主义、享乐主义、消费主义所俘获，疏离了公共政治；社会保障基金面临收支失衡的危机，等等。"福利病"的形成，有福利国家体制性的根源，由于根植于人性的道德风险的存在，太多的福利容易鼓励养懒汉；同时，也与个人权利至上的"权利个人主义"的泛滥有关，这种个人主义所强调的是国家和社会对满足个人福利需求的责任，所忘记的是个人作为成员所应该承担的社会责任。

另外一种表现是名义上的福利权利"均等化"和实际上的差别之间存在着强烈反差。这种福利病的出现是由于现有的政治体制中，没有给人们平等的福利需求途径和行动机会，因此难以解决根深蒂固的社会排斥问题。例如，宪法规定公民享有平等的受教育权利，然而法国的富人家庭可以把孩子送到收费昂贵、教育质量好的贵族学校，而穷人家庭只能把孩子送到收费低廉、教育质量一般的普通学校。前者比后者有更好的职业前景，自然将来更容易获得有利的社会经济地位和政治地位。再如，法国宪法规定公民具有平等的就业权利，但在实际求职过程中移民遭遇到的拒绝几率是很大的。因此，在法国失业青年中，黑人和阿拉伯人占了大多数，而有幸能够被录用的有色人种主要从事的是清洁、保安、建筑、搬运、餐饮等劳动强度大、报酬低，白种人不乐于从事的职业。①

（二）福利需求的最优化问题

人的欲望无限，而社会的资源有限，如何利用有限的社会资源去满足普遍公民的一般性福利需求以及弱势群体的特殊性福利需求，这是政治决策中常常面对的一个重要的政治经济学问题。哪些一般性福利需求和哪些群体的什么特殊福利需求应该优先得到满足，这就是福利需求的最优化问题。哈贝马斯和罗尔斯分别从不同角度对福利需求最优化方法给予了回答。哈贝马斯从个人权利的理想交流中寻找解决问题的办法，而罗尔斯则从宪政角度对最优的福利需求给予确定。

哈贝马斯认为，在理想的交流环境中，人们能在真诚交流的努力中达成共识，包括对于福利需求的最优化问题。他认为有三条规则对最优化满足的辩论和交流最为重要：一是尽可能充分知情、透彻理解相关的技术问题。二是如果在这些最优化辩论中理性受到威胁，则需要特殊的方法和交流方法的技巧。三是要尽可能地民主，给参与辩论者充分的讨论权利和自由。哈贝马斯希望通过理性辩论或民主协商以达成共识，实质是希望通过程序公正来达到结果的公正。但是，现实中面临重重困难，因为参与者的健康和自主性往往是难以满足的。

---

① 转引自陈强：《当代法国民主的六大危机》，《光明观察》，2008-09-27，http://guancha.gmw.cn/content/2008/09/26/content_842500_2.htm。

罗尔斯按照社会契约论的逻辑，就"首要产品"的提供设计了一系列个人之间的谈判，这些个人结合了积极自由权和消极自由权。"首要产品"包括了"权利和自由、机会和权力、收入和财富"，这些是制订和成功实施个人生活计划所必需的条件。参与谈判者如果在对自己所处环境的"无知之幕"之下，拥有哈贝马斯所说的谈判的理性技能，这样就可以消除既得利益集团的偏见，这种情况下，最终谈判的结果是最大限度增强个人的自主能力，将社会福利分配给处境最差的群体，优先保护他们的权利。在初始状态上协商的宪法原则，通过保证特权最少的群体的利益最大化，包含着所谓最小者最大化（maximin）的原则。决策的最小者最大化（maximin）的原则还导致了"差别"原则，社会不平等只有在有利于最差群体的情况下才能得到合理的容忍。为此而采取一些"不平等地"保护弱势群体的社会政策，是社会福利最优化的现实路径。

（三）未来福利需求调适的方向

在全球化、老龄化以及资源环境压力日益加大的情况下，西方国家未来福利需求也面临着转变模式和水平的压力。对中国来说，这只是时间和程度的问题。

1. 全球化

从福利供给的角度看，全球市场竞争带来了明显的福利下调压力：一方面，企业之间的竞争产生了削减政府赤字和降低税收的外部压力，减税的结果必然导致政府削减社会福利水平；另一方面，产品的价格竞争增加了企业降低成本压力，而这往往以降低劳动力价格及其福利待遇为代价。在需求拉动下，福利上调的压力也很大。由于失业率居高不下、工资水平的停滞或不断下降、人口的老龄化和单亲家庭的增加等因素，以及在公民权利运动下，西方福利需求有增无减，社会福利的供求矛盾日益突出。政府在福利提供上很难处理左右为难的困局对于全球化的压力，中国目前因为有劳动力比较优势且福利需求缺乏有效申诉渠道，供求矛盾并不非常突出，但这种矛盾的缓和情况只是暂时的。

2. 老龄化

20世纪80年代以来，发达国家普遍进入"老龄社会"。老龄化对社会福利体制带来了广泛的挑战，其中首先是普遍性的养老需求和医疗保健需求的增长。在现代社会，医疗保健技术的改进和人道主义意识的增强，不容许医院或社会拒绝对老年病人的治疗和照顾；而人生大部分医疗费用都发生在60岁以后的时间，老龄化必然导致医疗保障的经济压力不断增加。此外，同时增长的还有保健和护理方面的需求。针对老龄化带来的福利问题，我们需要采取增加供给和转变需求方式并举的策略：一方面，完善医疗保障制度，尤其要重视社区照顾制度和建立长期护理基金，将老龄化问题纳入到保障体制解决途径之中。另一方面，我们可以采取有效减少福利需求的策略：通过健康老龄化策略，让老龄人自我调整，自我满足；鼓励社区内老人间的相互帮助，携手共创美好的老龄生活。

3. 环境生态保护

粗放式工业化生产方式和消费主义生活方式导致环境污染和生态破坏，长期看不仅直接导致人们的福利损失，而且破坏了整个经济社会发展的物质基础，危及到我们子孙后代的根本福利。生态主义者赋予社会福利概念以生态保护的内涵，将满足生态环境保护的需求作为衡量生活质量不可缺少的重要指标，社会福利需求有必要按照生态保护的需求给予调节。作为发展中大国，中国的发展是在后现代背景下完成现代化，面对"时空压缩"条件下的特殊问题。我们需要借鉴生态主义福利观来反思经济发展模式，对自身的福利需求进行自我调整，缓解经济发展和环境生态保护的压力。

第二节　现代公民的基本福利需求

《世界人权宣言》第 25 条规定："人人有权享受为维持其本人和家属的健康及福利所需的生活水准，包括食物、衣着、住房、医疗和必要的社会服务"。现代公民的基本福利需求以基本福利需要为基础，优先保障普通公民的基本生存权（健康为核心）、发展权（自主为核心）。我国政府提出"基本公共服务均等化"，优先保障的正是公民的基本权利，这是中国政府对公民基本福利需求的响应，也是公共财政的责任范围所在。本节从健康、安全、发展等全方位看现代社会的普遍性福利需求。这些福利需求构成了一个基本福利需求体系。

一、工作福利需求

就业是民生之本，工作福利需求及相关的失业保障需求是基本的福利需求。工作福利所保障的首先是劳动权，所满足的是劳动者在工作中的福利需求。

（一）工作福利需求的基本内容

广义上，劳动者的工作福利需求包括一切与劳动者工作相关的福利需求，如平等就业、工资收入、职业培训、职业安全、各种社会保险、单位福利待遇，等等；狭义上，劳动者的工作福利需求主要指社会保险和福利待遇。在我国，这些工作福利需求已经反映到《劳动法》和《劳动合同法》之中，以法律的形式对劳动者和雇佣者的权利和义务给予了规范。

1. 收入保障与最低工资制度

工作以获得收入为首要目的，工作福利首先要以收入保障为基础，保障合理的经济收入。合理的经济收入可以由国家规定，可以由市场调节。多数国家的工资形成所采取的是国家调控下的市场机制。朗特里关于家庭匮乏期的分析中认为，在当时生育率、抚养比都比较高的情况下，大约需要够 6 个人生活开支的工资才能避免贫穷，这是当时工资的较低程度的"合理"水平。随着时代的发展，家庭生活开支随着家庭人口的减少和消费结构的变化会有相应的调整。西方国家的最低工资制度是工人阶级通过长期的工会斗争获得的战果，而学者对此褒贬不一。一个争议是，最低工资如果高于自发形成的市场价格，是否会带来弱势人群的失业？因为雇主会放弃本来可能采取的低价雇佣低能力职工的策略，代之以最低工资水平之上的雇佣价格来雇佣能力较高的职工，这样避免了法律冲突而生产效率也比较高，虽然利于提高企业员工的素质，同时也带来了市场对弱势人群的整体性排斥，最终造成他们永久性失业。另一个争议是，最低工资制度固化了工作福利的刚性，使得企业在经济周期的低潮或者突发性经济危机条件下减少了应对策略及其效率。受宏观经济环境影响，生产量和经济效率低下，但企业缺乏工资下调的空间，结果不仅增加了职工裁员的可能，而且增加了企业倒闭的危险。

2. 职业保障

（1）职业培训。为了顺利开展工作，企业有义务对员工进行必要的职业培训。职业培训内容不仅包括必要的劳动技能，而且包括职业安全、职业卫生、劳动保护等内容。也就是说，企业对新员工在工作中可能遇到的问题都有义务给予有必要的告知。对于老员工或到新岗位，同样面临再培训的需求，负责的企业会给予满足。

（2）职业安全。职业安全是必要的工作福利需求。这种需求在工作之前往往显得并不重要：一个需要养家糊口的成年人，在经历长期失业之后，首先想的是获得工作机会，因此在签订劳动合同时缺乏对职业安全的足够重视。但是企业有义务对职业安全的福利给予，维护正常的生产秩序。人命关天，责任重于泰山。职业安全的管理必须渗透到生产的每个环节，才能避免事故的发生，也保护了职工的工作福利，也同时保护了企业。但是，我国在采矿、建筑等劳动密集型产业中，职业安全仍是一个重要的福利问题，责任事故几乎每天都有耳闻。

（3）职业卫生。职业卫生同样是职工的基本职业保障。卫生关系到健康权益，属于基本的福利需求，自然应该在工作过程中给予维护，但是由于职业卫生的损害往往需要一个过程才能看到，而一些中小企业职工的流动性大，企业对职工健康福利需求相对漠视，结果和职业安全问题一起，造成了大量的"工伤者"，例如不少大理石加工厂、煤场的工人患上了矽肺病。[1] 尤其是不少电子企业，不是通过增加职业卫生的教育，尽量减少职工在生产环节中有毒物质的健康损害，而是采取"愚民"政策和人为增加职工的流动性（减少风险暴露的平均时间）来规避自身麻烦，本可避免的健康损害及其严重后果就由职工自己承担。

3. 社会保险和福利待遇

作为一个现代企业，至少应该依法给职工上养老、医疗、工伤等社会保险。有些国家还有失业社会保险，女职工还有生育社会保险。同时，还应该给予带薪休假等福利待遇。但是，在企业主导而政府监管不力的情况下，中国不少企业还没有自觉给所有职工缴纳社会保险费，而带薪休假更似乎是一种奢求。按照法律规定，企业不得在职工怀孕期间给予辞退，但是这也是一个女职工的福利待遇了；同时，这成为企业是否善待女职工的重要标志。女职工怀孕之后，在一些企业单位，面临的是一种选择：要么辞职，要么干对身体不适的工作。

（二）工作福利中的不公平问题

1. 垄断行业的高工资、高福利

在建立市场经济体制的过程中，要注重在发挥市场配置资源的基础性作用，提高经济效率，把"蛋糕"做大的同时，更加注意防止因为垄断导致的收入分配差距进一步扩大。无论是行政性垄断或市场垄断，垄断企业或行业必然利用其垄断地位提高价格获得高额的利润；这不仅有害于市场公平，降低了经济效益，而且损害了普通大众的利益，有害于社会公平。我们这么多年的回避问题和听任垄断发展，已经使得整个国家行业垄断升级、垄断所造成的恶果显性化，并对经济和社会的正常发展造成了相当程度的损害。[2]

垄断行业提高了少数本行业职工福利水平的同时，公共服务的高成本、高

---

① 李真：《工殇者：农民工职业安全与健康权益论集》，北京，社会科学文献出版社，2005。

② 唐昊：《垄断行业高工资恶果已显现》，《南方都市报》，2008-04-29。

价格必然提高财政支出的水平，损害了所有纳税人的福利，更严重地损害了多数低收入人群的福利。

2. 公务员、事业单位和企业单位的福利差距

中国是单位制国家。我国就业人口按照单位的性质可分为公务员、事业单位和企业职工三种人。这三种人的收入分配差距不仅体现在工资水平上，更重要的体现在福利待遇上。即使福利需求类似，但福利待遇（供给）差别却很大。

由于"高薪养廉"的指导思想，多年来多数地方公务员实际工资已经大大高于社会平均工资，而且他们工资稳中有升，此外通常还有一些灰色收入。在住房问题上，老公务员都已经有福利分房，年轻公务员也有买不起房的问题，但他们比事业单位或企业单位职工有更多的机会买到经济适用房和内部房。再如，公务员的养老金是水平最高、最稳定的。在建立养老金社会统筹之后，企业职工的养老金不再依赖单位的经营状况，能保证按时发放。但是与事业单位和公务员比较还有很大差别。从 2005 年至今，虽说每年上调一次企业单位退休人员养老金，但全国"企退"人员平均月养老金仍不足 1100 元，拿事业单位退休人员做对比，差距扩大至一倍以上。

3. 企业的高福利与低福利

有些高端企业为了吸引人才，非常注重改善员工的福利。例如，上海贝尔公司，福利跟着需求走，员工的工作福利需求也随着人力资源市场情况的涨落和自身条件的改变在不断变化。但是，总体上我们生活在一个经济上加剧"沃尔玛化"的时代，即便大型的盈利企业也只提供最低限度的福利。经济的萧条导致雇佣保险开始急速下降，尽管经济在复苏，但员工保障的下降却不断加剧。

世界最大的零售商沃尔玛以低价优质的服务长期主宰着零售业，仅在美国就雇有 140 万名员工。目前，沃尔玛作为一个高度全球化的跨国企业，之所以能维持其低价，除了得益于廉价的"中国制造"之外，另一个技巧就是尽量不雇全职员工，大量使用小时工，这样能省下各种医疗保险等福利开支。为此，他们阻挠其员工组织工会，违反员工基本的劳动条例。比如，美国各州对企业员工的休息时间、午饭时间都有严格的法律规定，但沃尔玛的一些基层经理在这些时间内还给小时工派活。一些经理让小时工在规定的时间外多干，甚至把多干的时间从小时工的时间卡中去掉。这些小时工为了保住自己的工作，敢怒不敢言。

（三）失业中的福利需求

失业状态中除了领取失业保险金之外，就是领"低保"和再就业培训。

1. "低保"需求是理性选择的结果

当前,有些城市"低保"制度在设计上就有诱导服务对象福利依赖的缺陷。例如,南方某市的劳动标准太低,与低保福利标准相差不大,是福利依赖的最主要的经济原因。劳动工资标准较低与低保福利金增长的差距正在缩小,形成比价效应。低保人员在劳动与不劳动当中进行选择,一个能够正常思维的人,都会选择享受低保福利而放弃劳动,尽管受到良心和舆论的谴责也在所不惜。同时,劳动执法部门不能够对于用工单位进行执法监督,导致一些部门和单位用工实行超经济强制,在很大程度上打击低保人员的工作积极性,最后不得不使低保人员放弃工作而依赖福利。[1] 大连公共服务社的实践中,采取社会工作方法,"规范学习"策略去培养"低保"人员重视工作的社会价值观,坚持"不劳动者不得食""劳动是美德"的伦理,主张用向社会提供劳动来获取收入,体现社会公平,既有助于促进低保对象放弃福利依赖观念,同时又提升了"低保"劳动者的自尊。

2. 再就业培训

Tony Atkinson 曾针对福利国家的困境提出了"从福利到工作"的思路,即把纯粹的福利救济转化为就业,这样不但可以减轻政府的财政压力,还可以培育城市低收入者的自我发展能力。以就业的形式参与社会,不仅可以提高城市弱势群体的收入水平,而且可以增加其与主流社会接触的机会,消除"社会排斥"的距离因素。但是,就业参与社会的基础是能力的提升,而不是国家强制性分配。只有能力才能保证机会的平等;没有能力,所谓机会平等只是一句空话。[2]

为促进困难人群的就业,消除困难家庭"零就业",我国各级、各地政府在2008 年想尽了办法。比如,陕西扣减了地震重灾区失业职工经营个体的税费;贵州提高了失业人员再创业的小额贷款扶持力度;山东青岛扩大了就业困难人员的帮扶范围,除"4045"失业人员、零就业家庭成员、低保人员外,还增加了残疾人、失业一年以上人员和失去土地人员等;江苏盐城近日宣布将市区所有公益性岗位收归政府所有,统一管理,专门用来安排特困家庭和就业困难人员就业。人力资源和社会保障部下发通知,要求大力开发公益性就业岗位,组

---

① 周昌祥:《当前社会福利依赖与反福利依赖的社会工作介入研究》,《华东理工大学学报》(社会科学版),2005 (2)。

② 牟永福:《"社会排斥"解释框架与城市居民收入的差异性分析》,《河北学刊》,2008 (4)。

织开展公共就业服务和"一对一"就业援助，及时帮助就业困难群众就业。

二、保健福利需求

（一）保健福利需求的内容

保健福利需求来源于人的健康需要。为了维持良好的健康状况，提高生活质量，卫生保健——预防性的、治疗性的、延缓性的服务——总是一种必要的投入。按照格罗斯曼（M. Grossman）的理论，健康是一种增进快乐且能获得回报的消费和投资：健康不仅是一种使得消费者感觉良好的消费商品，而且是一种投资商品，一个人的健康状况将决定其可利用的有生产力时间的长短。

对提高人们健康水平起决定性作用的，不是医疗服务，而是行为方式的转变、公共卫生环境的改善等非治疗因素的变化，因此，初级卫生保健对满足人们的保健需求发挥了基础性作用。但是，不管从职业规范还是从人道主义考虑，无论是综合性医院还是专科医院，都不能拒绝初级卫生保健之外的医疗服务需求。现代社会中大部分人一生中的保健费用主要花费在老年时期，其中大部分是花费在医院里。

（二）保健福利需求的影响因素

相比于其他的福利需求，保健福利的需求因为要通过别人的服务来实现，因此受患者、医生等多种因素的影响。患者的健康状况、保健意识、文化生活习惯（如对疼痛的忍耐、对中医的信任）、经济状况等都影响到就医行为发生的地点、次数、类型和质量。

影响医疗服务需求的经济因素有收入、价格以及患者的时间价值。经济因素对低收入家庭的影响可能是悲惨的，因病致贫与因贫而不看病之间容易构成贫病之间的恶性循环。在中国2003年之前历次全国卫生服务调查中，相当一部分农民主要是由于经济原因，该就诊而未就诊，该住院而未住院。一方面，贫困人群的服务利用情况也是大大低于一般人群，而其健康状况实际要比一般人群要差得多。因为经济因素，这些穷人的健康需要很大程度上被压抑，不能转化成为有效的保健福利需求。另一方面，由于良好的医疗保险降低了医疗服务的自付价格，而患者的时间利用价值低廉，一些大城市的老人把医院看做日常聚会的场所，三天两头到医院看病。患者的时间价值对高收入群体相当敏感的，他们宁愿花高得多的价格挂专家号或走"绿色通道"，也不愿意在大医院排长队等候。

在影响患者的社会人口因素中，教育是一个促使合理保健需求及时得到满足的重要因素。接受过较好教育的家庭成员能够及时辨别出疾病的早期症状，因而及时预防和治疗，避免以后在急性疾病发生时的生理伤害和经济损失。

医生在保健福利需求实现的过程中，作为患者的代理人和服务的提供者，对患者保健福利需求的影响也是巨大的，甚至是决定性的。作为代理人，医生根据患者的保健需要、经济状况、社会人口学特征，以及医疗资源状况，作出维护患者利益的临床决策。但是，医生本身作为社会中的一员，也有自身利益的考虑。如果有"第三方付费"，医生或许会作出患者利益和医生利益都最大化的选择。如果是患者付费为主，医生与患者之间的经济利益冲突会损害医患之间基础性的信任，造成恶劣的社会影响。

典型的医疗需求创造的现象有：其一是床位供给增加床位需求，设置一张床位就似乎等待一个病人，增加了医院创造需求的积极性。其二是医生对服务需求的创造。一个地区的医生数量增加，无论是医疗服务的价格还是数量也会增加，而不是减少。例如，需求创造比较严重的是信息不对称程度很高的外科手术领域，如扁桃体、阑尾或子宫的切除术，如血管支架、器官置换等，患者往往无法判断这些手术是否必要，而由主管医生说了算。[①] 在当前按照项目收费的体制下，中国目前诱导需求的情形更为严重。

（三）保健社会工作

健康是一个生理—心理—社会的三维概念，疾病不仅仅是身体上出了毛病，患者作为一个社会成员，有诸多社会角色、情感上的困扰，这是保健福利需求的重要内容。因此，保健不仅是医院里医生和护士的工作，而且也需要有社会工作者的参与，这一点在中国往往被忽视。

保健社会工作或医务社会工作是在健康照顾工作中实施的社会工作，目的是协调那些受到实际的或潜在的疾病、失能或伤害影响的服务对象、家庭和群体，增加、促进或恢复尽可能好的社会功能。保健社会工作不仅是针对医院内的患者，而且是针对医院外的患者；不仅是针对普通人群，而且还针对保健从业人员，甚至社会工作者本身。根据服务对象的需求不同，可以划分为预防性的、发展性的和补救性的保健社会工作；根据服务内容可以划分为医院社会工作，公共卫生社会工作和精神健康社会工作等。

---

① ［美］保罗·J·费尔德斯坦著，费朝辉等译，《卫生保健经济学》，64～65 页，北京，经济科学出版社，1998。

三、养老福利需求

（一）养老福利需求的内容

养老福利需求不仅是经济保障问题，即是否有子女赡养、是否能领取到足够的养老金的问题；也不仅是"低保"和健康保障问题的加和，而且还包括满足以下老年人的需求：

一是健康维护：老年期是疾病多发时期，健康维护是最为关注的需求。

二是就业休闲：如果有能力和意愿，能否再就业；如果有闲暇，是否能休闲，培养一些业余爱好，丰富文化生活。

三是社会参与：表达老年人的意愿、诉求，为社会和谐发挥余热；正常的社会交往。

四是婚姻家庭：经营现有的婚姻，或者离婚、重新结婚。

五是居家安全：家居条件的改善，居住环境是否安全。

六是后事安排：包括子女的生活、财产的分割、墓地的购置、后事的操办等。

简单地说，养老福利需求就是要"老有所养，老有所医，老有所教，老有所学，老有所为，老有所乐"。

（二）我国养老福利需求的问题

以上养老福利需求的满足，在传统社会主要是资源贫乏带来的问题，在现代社会也不是一件简单容易的事情，在从传统向现代转型的中国当代社会，养老问题更为严重。

一是人口结构"老龄化"带来的挑战。由于多年来计划生育政策的推行，人均预期寿命的延长，我国人口结构也朝向老龄化方向转型，而我国作为一个不平衡的发展中大国，属于"未富先老"。随着人口结构的转变，人群的疾病谱从以传染性疾病为主转变为以慢性非传染性疾病为主，心脑血管疾病、恶性肿瘤、糖尿病等难以治愈的慢性病的发病率显著提高，疾病负担大为增加，如何解决老年人看病难、看病贵问题，实现"健康老龄化"是一个重要任务。

二是家庭转型带来的挑战。家庭的少子化、核心化带来的就是老年人所居住的旧家庭的空巢化，家庭成员四分五裂，家庭养老功能残缺不齐，孤单老人如果不能生活自理、不能自得其乐，那么一般都是晚景凄凉。随着社会变迁的节奏加快，代际之间的隔阂和冲突加深，这是老年人烦恼的重要根源。

三是城市化带来的生活方式的挑战。城市的繁杂、喧闹、快节奏、多污染，以及城市居住环境的单元化和封闭性，并不适合老年人的生活方式，尤其是不适合跟着子女到城市生活的农村老年人。他们往往随着职业的终止，压缩社会交往的圈子，晚年生活往往比较寂寞和孤独。

四是对社会保障制度建设的挑战。在现代社会，家庭养老是不够保险的，即使子女再多，也会受到忽视和虐待。而新的以社会保险为基础的社会保障制度，不仅忽视了社会边缘人群的权利，而且忽视了转型中老年人的权利，最终会出现制度覆盖的空白和社会排斥现象。

四、安全福利需求

（一）安全需求的内容

安全是个人或社会共同体免于威胁的一种存在状态。广义上公共安全涵盖了自然生态、教育、卫生、农业、区域、人口、民族、监狱、心理、网络等不同方面、不同群体、不同事件。狭义上的安全对内指与社会治安相关的人身安全，对外则指国家安全。与现代公民的福利直接相关的是人身安全、健康安全、收入安全。

安全是非常重要的。如果人身安全、健康安全、收入安全都得不到保护，其他的福利都无从谈起。以山西省为例，山西省的生态破坏和环境污染格局是全局性、立体性和复合性的，在中国科学院历年度《中国可持续发展战略报告》中，山西的生态支持系统和环境支持系统指数的排名在全国均处于倒数 $1\sim3$ 位，而 2004 年的环境支持系统和生存支持系统则同时并列末位，其中大同矿区的生态环境和自然环境被权威部门评为"已不具备基本的人类生存条件"。中国国家林业局局长贾治邦强调说，随着人类对森林、湿地的过度利用和破坏，全球气候变暖、土地沙化、湿地缩减、水土流失、干旱缺水、洪涝灾害、物种灭绝等一系列严重的生态危机日益加剧，成为人类面临的最大威胁。生态危机比金融危机对人类的危害更大。金融危机持续时间不会很长，经济萧条过后还可以再次繁荣。但生态危机的危害不是几年、几十年，甚至上百年都很难逆转。[①]

20 世纪中叶起，涉及生态环境、发展难题、贫困、饥饿等"非军事安全问题"越来越引起关注，这类安全被置于次国家、国家、跨国家以及全球的多重时空之中进行研究。反映这一新的安全境况的范畴被界定为"非传统安全"。这

---

① 赵建华：《最大威胁是生态危机而非金融危机》，《共产党员》，2009（4）。

一概念的核心内容包括三个方面：一是强调安全领域的拓展，经济安全、文化安全、环境安全和社会安全等被纳入国家安全范围；二是强调安全层次的多元化，全球安全、地区安全、共同体安全和公民安全等都被予以考虑，凸显出了当代人的人身安全、社会安全和全球安全的重要意义；三是强调共同体的核心价值、结构秩序、生存方式不受侵害，不仅仅是国家没有外来入侵的威胁、没有战争的可能的和平状态，也包括人的身体上没有受伤害、心理上没有受损害、财产上没有受侵害、社会关系上没有受迫害的无危险的存在状态。[1]

　　鉴于中国的非传统安全问题已经从偶发性转向密集性，又往往以危机突发的形式爆发，公共危机事件呈现出高频次、大规模特征和常态化趋势，中国政府已经建立了突发公共卫生应急机制、突发公共事件应对机制[2]。中国应对非传统安全威胁始于改革开放之初的解决贫困问题、人口问题，到如今更关注金融危机、恐怖主义、SARS、甲型 H1N1 流感、能源问题、生态环境问题、复合性自然灾害等。21 世纪以来，中国政府和学界全面重视非传统安全的研究与应对，正在研究和指定应对策略。

（二）为什么安全是一种基本福利？

　　安全需求植根于我们这个"不安的时代"。不安的根源是什么？主要与风险社会的形成有关。从金融风险到环境破坏，从核危机到社会失范，从流行性疾病到个人的存在性焦虑，从全球恐怖主义到日常的饮食安全，人类所有行动都被卷入到风险社会的生产和再生产之中，风险成了当代人类的一个基本生存环境。

　　1. 当风险成了当代人类的一个基本生存环境，安全就是一种基本福利。从未来的发展趋势看，最近联合国的《2008 年未来状况》报告指出，粮食与能源价格日益高涨、水资源短缺、气候变化加剧和人口迁移增多等问题，可能促使全球未来十年趋向更动荡、暴力冲突更多。该报告突出了 15 项需要优先处理的全球性挑战，包括从水资源和能源到有组织犯罪和全球性道德等问题。该报告指出，全球有一半地区较容易面对社会动荡和暴力的威胁，成因包括粮食与能源价格高涨、政府管治失败、水资源短缺、气候变化加剧、人均粮食与能源供

---

　　① 余潇枫、李佳：《非传统安全：中国的认知与应对（1978～2008 年）》，《世界经济与政治》，2008（11）。

　　② 国务院 2006 年 1 月 8 日发布了《国家突发公共事件总体应急预案》把突发公共事件界定为"自然灾害、事故灾难、公共卫生事件、社会安全事件"四个大类。再按突发公共事件性质、严重程度、可控性和影响范围等因素分为"Ⅰ、Ⅱ、Ⅲ、Ⅳ"共四个等级。

给减少、沙漠化及人口迁移增加等。全球有 46 个国家的 27 亿人口，面临出现武装冲突的高度风险；另有 56 个国家的 12 亿人口，则面临政治不稳定的风险。全球目前有 7 亿人面临缺水问题，这一数字可能在 2025 年上升到 30 亿。①

2. 在社会"奔小康"的发展阶段，安全逐渐凸显为一种重要的基本人类需要。按照马斯洛的需要层次理论，安全属于人类基本的需要之一。在一个生活水平相对较低的社会，人们的注意力主要停留在解决温饱问题上，难以注意到由此带来的人造风险，人们宁愿"搏命"，也不愿饿死，因为"贫困有时候比死亡更可怕"。但随着社会发展，在温饱问题得到保障以后，人们的注意力开始转移，就开始关注各种由科学技术、由人追求自身自由和自主所带来的各种风险事实，批判各种风险生产机制，积极寻求风险规避的有效方法。

3. 安全逐渐成为政治合法性的根源。如果在简单现代化阶段，经济增长是一个国家政治合法性的来源；那么，在晚期现代性阶段，风险处理也将成为一个国家政治合法性的重要来源之一。在全球化、信息化时代，中国已经逐步从简单现代化阶段向晚期现代化过渡，各种安全问题成为群众最为关心的焦点问题，对各国政府来说也是严峻考验。墨西哥已经与伊拉克等地区一样成为世界上绑架最严重的国家之一，总统如果措施不力，必然激起民愤。据《信息时报》报道，2008 年 8 月 30 日，15 万多墨西哥人走上街头，掀起反对绑架和血腥谋杀的抗议浪潮，敦促总统卡尔德龙兑现打击犯罪的诺言。②

4. 我国社会结构转型的"时空压缩性"导致人们心理行为失序，进而对公共安全造成严重影响。我国这场社会结构急剧转型，是在全球化、信息化、工业化加速推进背景下进行的，明显具有"时空压缩"特征，即我们用几十年的时间走完工业化国家二三百年走过的路程。这种压缩型结构转型，必然对全体社会成员的心理态度、行为方式、思想观念等造成巨大的压力，难免在心理上产生不适感、焦虑感、浮躁感、失落感（过高期望与过低现实间的），行为取向难免过激化、情绪化、趋利化、工具化等，思想观念转变为较强的独立性、主体性、多样性等，这些都会对既有的公共安全发展路径造成冲击。③

5. 安全问题造成了巨大损失，改善安全也就意味着减少了福利损失。经测算，仅 2005 年我国国内因自然灾害、事故灾害和社会安全事件等突发公共事件造

---

① 胡光曲：《联合国报告全球未来 10 年恐有更多动荡冲突》，2008-08-07，华夏经纬网，http://www.huaxia.com/thjq/jsxw/gj/2008/08/1081341.html。
② 王辉：《15 万墨西哥人身穿白衣示威反对血腥谋杀》，《信息时报》，2008-09-01。
③ 颜烨：《当代中国公共安全问题的社会结构分析》，《华北科技学院学报》，2008（4）。

成的人员伤亡逾百万，综合经济损失高达 6500 亿元，占国内 GDP 的 6%。[①]

五、教育福利需求

（一）我国教育福利的主要内容

1. 基础教育

基础教育的具体内容在不同时期是有所差别的，总的趋势是随着政府投入增加，教育内容和时间都不断扩展。我国目前基础教育指从小学到初中毕业的 9 年制义务教育。这段时期的学校教育对培养一个孩子的基本文化素质是必需的，因此国家从保障国民基本素质出发，要求所有适龄儿童、少年必须接受义务教育。按照《义务教育法》的规定，义务教育是国家的义务，也是监护人和孩子的义务。

国家将义务教育看做公益性事业，统一实施，负担教师的工资和学校运转的经费，不收学费、杂费，至多只收少量书本费。如果循环使用课本，则课本费用也可省略掉。国家实施义务教育的费用由各级政府分担，对于贫困地区、边远地区，中央政府通过强有力的转移支付方式给予保障。对家庭经济困难的适龄儿童、少年，国家政策要求免费提供教科书并补助寄宿生生活费。总之，是为了每一个孩子都能上得起学。

教育福利是非常重要的福利需求。家长们对孩子教育的认识不同，福利需求也有差异：有的非常重视，脱离开国家义务教育体系，到所谓"贵族学校"上学；有的则不重视，以家庭经济困难或上学无用论为借口，不让孩子入学或让孩子辍学。在经济落后地区，不入学和辍学问题依然是个很严重的问题。此外，另一个障碍是贫穷地区的教师队伍问题，由于工作条件艰苦、收入低、艰苦贫困地区补助津贴有限，教师队伍素质低、人员不稳定、工作积极性不高，这都影响到义务教育的质量。这种不良的教育福利供给状况也对居民的福利需求产生了负面的影响。

2. 职业教育

我国作为制造业大国和人口大国，劳动力素质要求不断提高，就业压力日益增加。为了实施科教兴国战略，提高劳动者素质，国家在 20 世纪 90 年代就制定了《职业教育法》，将职业教育纳入国家教育体系。

职业教育为什么也要作为一种福利性事业？主要原因有两点：一是因为职

---

① 鲁宁：《中国每年因突发事件损失 6500 亿！》，《东方早报》，2006-01-09。

业教育与劳动者素质和就业流向密切相关，通过职业教育提高劳动者的素质既可以提高劳动生产力，也可以合理引导就业流向。二是职业教育成为促进劳动就业的重要途径，尤其对于解决中低层次的就业问题非常有价值。提供合适的职业教育可以提高低收入家庭子女的就业机会，而国家补贴可以减轻这类家庭的经济压力。

依照法律规定，根据不同地区的经济发展水平和教育普及程度，实施以初中后为重点的不同阶段的教育分流，建立、健全职业学校教育与职业培训并举，并与其他教育相互沟通、协调发展的职业教育体系。[①]

3. 高等教育

高等教育是指在完成高级中等教育基础上实施的教育，其直接目标是培养具有创新精神和实践能力的高级专门人才，适合高层次就业和未来新兴产业发展的需要。国家举办高等教育，或者将高等教育也作为一种福利需求来对待，原因是多方面的：

首先，是国家发展战略的需要，我国的科教兴国、人才兴国战略，都取决于高等教育的质量。在"国富民穷"的条件下，如果国家不支持，高等教育的质量很难保证。其次，高等教育直接关系到大学生的就业，是未来高端行业竞争的必经之地。国家举办高等教育可以让更多的人上得起大学，这一方面可以有效缓解低端就业的压力，而且在创造高端就业机会。最后，因为高等教育的成本非常昂贵，在中国除了少数高收入家庭，一般家庭去负担都非常沉重，经济原因而带来的严重社会分化后果非常严重：许多因为经济原因上不起大学的孩子失去了向上流动的机会，不仅是重大的社会损失，而且对社会稳定来说威胁很大。所以我国政府给予贫困孩子助学贷款，保证每个孩子不因为经济原因上不了大学，维持了正常的社会秩序。

（二）教育为什么是一种福利需求？

教育是"树人"的事业，让每个人（尤其是幼儿和青少年）通过学习活动改善自身的信息、知识、态度，提高理解和行为的能力，更好地工作和生活以及适应社会发展的需要。教育在人的社会化和人格发展中发挥了关键的作用。

---

① 职业教育源于就业培训。职业培训包括从业前培训、转业培训、学徒培训、在岗培训、转岗培训及其他职业性培训。职业高中或职业中专教育，国家给予一定经费支持，但力度不如基础教育。国务院制定职业学校学生人数平均经费标准，各省人民政府参照制定本省的标准。

教育改变人生，让每个子女接受良好的教育，是每个家长都深有体会的重要需求。但是，教育需求为什么是一种福利需求？这要从教育为什么是一种福利性事业说起。现代教育是由政府主导进行提供，政府要么作为直接的提供者，要么作为有力的监管者，最终对公民的教育负有重要的责任，这有多方面的原由：

其一，教育作为公共产品或准公共产品提供比较有效率。从经济学考虑，教育作为一种服务，符合公共产品或准公共产品的特性，排他性较差，规模效应较好，通过政府补贴由公共组织提供可以获得较好的整体经济效应。

其二，教育是国家发展和社会控制的"大计"。因此，任何国家都对教育有相对严格的控制，这是其不同于一般服务业的特点之一。开明的教育可以培养为人民服务的人才，"愚民"的教育可以培养为统治者所利用的蠢材。总之，政府历来可以通过举办、资助或特许经营等方式通过教育对"民心"进行控制。

其三，教育投入可以起到防贫扶贫的效果。由于在现代社会，教师的人力成本提高，教育的内容复杂，使得教育过程复杂而漫长，如果按照成本付费，现代教育具有"高消费"特点。如果没有政府的支持，这部分开支完全由家庭来支付，将是一笔普通家庭难以承受的巨额负担。尤其是家庭处于"上有老，下有小"，主要成员收入不高的情况下。如果家庭成员还有失业或病患的情况，必然会入不敷出，生计陷入困顿。政府投入减轻了家庭的负担，对这些收入不高的家庭自然能起到防贫扶贫的效果。

其四，为了维护基本的社会公平和有效选拔人才，政府有必要进行干预。政府不能给予合理的干预，而是按照市场的逻辑进行提供，必然将大多数贫穷人家的孩子拒于校门之外，进而阻碍其向上的社会流动。这不仅破坏了基本的社会公平，而且扼杀了大量的来自基层家庭的人才，不符合国家发展的需要。此外，向上的社会流动受阻，底层社会的社会不满蓄积着，长期来看必将成为社会动乱的根源。

总之，无论从经济效率、社会效果，或者从社会公平、政治统治来说，现代国家的政府都将教育（尤其是基础教育）作为一种福利性事业给予提供，而公民的教育需求自然是一种福利需求。

六、居住福利需求

（一）居住福利的理念

1. 合格的居住场所

居住权利是公民基本人权的重要组成部分。居住条件往往被认为是经济资源分配的结果,其实也是维护健康的重要资源。满足居住福利需求的住所应该具备以下三个基本条件。首先,合格的住所应该是安全的。包括建设在安全的地方,经受得住风吹雨打,能给居住者提供适当的保护,使居住者免受日晒雨淋、蚊虫叮咬、寒冷等自然环境的伤害。这使得住所与桥洞、人行道或其他露天场所有所区别。其次,合格的住所应该有基本的设施,尤其是卫生设施。合格的住所应该适合人基本的生活需要,没有通畅的下水道、自来水、卫生厕所的房屋是不合格的住所。好的住所最好能解决卫生水源问题,在城市地区最好还有基本的电力设施。最后,合格的住所应该给予居住者足够的空间。过于狭窄拥挤的空间也会损害健康,容易导致各种疾病,如呼吸系统疾病、儿童身体和认知能力发育迟缓,增加成年人的压力和抑郁,妨碍社会交往。

在现代社会,负责的政府需要树立居住福利的理念:所有的人都有获得合格住所的权利,政府有责任和义务来做出努力。通过树立以人权为基础的居住福利理念,以广大中低收入居民为重点,以及多供给适应中低收入者的住宅等有效措施,通过适当社会保障政策,使不同收入、不同条件的公民都能居住合格的住房。

2. 居住福利与经济条件密切相关

在许多发达国家,工业区周边通常都是劳工阶层和城市贫民的聚居区,处在社会阶层中上层的人们往往居住在基本没有工业污染的地域,占据着环境优美的城郊山地和水滨。不同居住地的福利条件有天壤之别。随着福利国家的兴起,西方国家公民的居住条件在"二战"以来有了很大改善,但贫民区的居住条件还是很差。而在广大发展中国家,遍布城乡的贫民窟往往建设在不安全的地方,缺乏必要的卫生设施,而且居住拥挤,更谈不上空调或暖气了,总之,缺乏以上基本条件。对于不符合居住福利的理念的住所,如贫民窟,政府如果不能消除,就应该给予改造,至少帮助公民给予改造。

3. 居住福利与社会排斥密切相关

政府还需要坚持居住福利理念,逐步消除社会排斥。在不同人种、国籍、社会的人群中,还有许多处于不利条件的弱势人群,特别是老龄人、儿童、残疾人、病人、低收入者、单亲家庭、受灾者,居住条件都达不到合格的标准,居住条件恶劣成为社会排斥的重要表现。因此,政府把解决弱势人群的居住问题,满足这些人群的居住福利需求,作为推行居住福利的"重中之重",逐步消除居住中的社会排斥。

（二）我国居住福利需求问题

1. 居住福利需求与供给水平的倒置

在计划经济时代，国家的住房建设资金都拨给"单位"，按"负福利"原则实行"单位分配制"：有特权的"好单位"收入高、房子更好，无特权的"差单位"收入低、住房差（往往无房）。近年来，一般工薪阶层可以去排队购买经济适用房或其他保障性住房，或者去购买商品房。而无单位的穷人和农民工不仅完全没有分房资格，也买不了经济适用房或者商品房，自己盖个"贫民窟"也被指为"私搭乱建"而要被惩处，属于秦晖先生所称的"无福利也无自由"状态。

2. 贫民区和无家可归者的居住福利

退一步讲，如果由于资金和能力有限，政府不能满足所有人群——尤其是所有贫困人群、边缘弱势人群——的居住福利需求，那么至少应该给予这些人群自身建造陋室的自由，在极端气候条件下给予无家可归者适当的居住救助[①]。在邻国印度，在城市的边缘有大量妨碍观瞻的"贫民窟"；在西方发达国家，有机制性的无家可归者的居所。就这一点，我们的政府并没有做得更好。关于建造"贫民窟"的争议中，一些地方政府更多地从与自身政绩密切相关的城市形象出发，对于农民工建造简易房屋持有否定态度。而严冬将至时，"朱门酒肉臭，路有冻死骨"的现象在中国最发达的城市广州出现。[②]

（三）居住环境的福利问题

在居住福利需求方面，我们所需求的不仅是一间挡风遮雨的住房，而且还有住房外生活的环境。自然环境不仅是作为可利用的资源，而且是作为居住福利的重要内容与我们联系在一起，可见讲究人与自然的和谐不仅是经济学意义上的重要原则，而且是与人的福利密切相关的原则。因此，在国土开发中要充分保全土地、森林、河海湖泊等生态环境；居住环境必须实行人与自然和谐共处原则。中国古代人选择建房用地时讲究"风水"，而现代人在选择居所时，也要充分考虑阳光、风向、水道、绿荫、临水空间等自然条件。道理都一样。

环境美好是基本的福利需求。人们对居住环境的福利需求越来越强烈：要呼吸清新的空气，要生活在不被污染的环境中，要过放心和舒心的日子，要有

---

① 由于气候变化原因，极端天气已经越来越频繁。

② 陈海生、林良田等：《广州气温骤降 两流浪汉冻死街头》，《新快报》，2008-12-06。

一个美丽的家园。例如，德国人意识到，发展经济的目的是为了改善人的生活条件，如果为了经济发展而破坏环境，破坏人的生活条件，就是背离和破坏了发展的初衷，因此，德国不仅是乡村美丽如画，而且城市的绿化也做得非常好。

第三节　弱势群体的福利需求

从社会群体视角看社会福利需求，不同的社会群体有不同的福利需求。如果按照市场分配的逻辑，他们处于非常不利的地位，弱势群体的福利需求往往难以有效表达，政府和社会需要对弱势群体的福利需求给予特别的关注。在传统的福利体系中，针对弱势人群的福利制度是社会福利制度的基础部分。

一、弱势群体及其福利需求

（一）弱势群体的概念

弱势群体（vulnerable groups）主要是指在社会生活中比较弱势和易受伤害群体，劳动能力不足的人群。弱势群体的参照群体是普通民众，比较的标准是社会认可的一般生活状况。只有他们相比而言低于一般社会状况，处于易受伤害的状态，才划入弱势群体。

一个相似的概念是劣势群体（disadvantaged groups），这些主要是指在就业和社会生活处于不利社会境况的群体。这种不利社会境况主要是市场分配的结果。这个概念主要相对于比较优势的人群而言的。劣势、优势都是相对的，可能会随着时间的变化而变换地位，而无论优势、劣势，未必会影响到其基本社会生活，但长期看很容易就使其及其家庭成为弱势群体。

弱势群体具有一定的相对性。例如，农民工在城市里就处于弱势状态，他们容易受到伤害，生活质量低下；当他们回到农村自己的家里，在周围人群中就不再是弱势群体，相反可能处于较有利的地位；而作为农民中的一员，他们和城市人相比总体上还是处于不利的地位。

弱势群体不是一个特定群体，而是多种群体构成的，因此还具有一定的层次性。在社会分层中，尽管都处于不利的社会底层，但是其中又可以细分不同层次、不同群体。下岗工人、失业的农民工、城市长期无业人员都处于失业的弱势状态，但是弱势程度有所不同：下岗工人有人管着，失业保险和社会保障有着落，有政府提供和鼓励的再就业机会，而且有一定的组织性，有上街游行的威胁，政府为了城市稳定比较重视他们的处境，因此处境相对好一些；失业的农民工，揣着挣来的很少辛苦钱，在城市朝不保夕，但是如果长期在城市找不到工作，他们可以回农村老家种地；而长期无业人群已经过了失业保险期，就业几乎没有指望，紧日子过长了必然陷入贫困，而且没有农村老家的退路，因此，如果没有政府、社会的关怀，他们就是最为弱势的。

（二）弱势群体福利需求的特点

1. 福利需求是多方面的

弱势群体的弱势性是多方面的，福利需求也是多方面的，而且多方面的福利需求之间并不一定层次分明。以往的认识往往以为弱势群体的福利需求以经济需求为主，这种认识有一定的局限性。固然基本的经济需求是一个基础，不能满足基本的生存需要就谈不上其他需求，但是弱势群体的福利需求是多方面的，其他方面如被认可、尊重的需求甚至更为强烈、更为重要。这种认识的局限主要是两方面原因：首先，其所假设的马斯洛需求层次论是有缺陷的，人的需求并不是按照五个分明的层次递进满足；其次，有限政府责任理论倾向于满足弱势人群的基本需要，这样使得政府的责任最小化获得了合理性。现实中，弱势群体的其他需求是不容忽视的重要内容。我们应该像照顾家人一样去重视弱势群体的福利需求。

2. 福利需求的表达有障碍

弱势群体的福利需求在表达、申诉、求助的过程中往往会有障碍，有不合理的表现。这主要有不会求助、不求助和求助过度三种表现。"不会求助"指需要求助，有求助需求的时候，不知道找什么人、什么部门帮助，也不知道如何利用现有的制度自我帮助。"不求助"指即使有这样的福利需求，但是由于长期受社会排斥，或者碍着"面子"不习惯去向外界求援，最终让福利需求落空。"过度求助"指夸大自己的福利需求，要求援助方给予超出实际需求的服务。这三种情况都是福利需求在表达中的障碍，社会工作者或援助者需要一些辨别能力才能诊断和克服。不同群体在福利需求表达上的障碍是不同的，这与其救助的经历有关，"过度求助"往往是不合理救助过程中长期博弈的结果。

3. 福利需求的满足依赖国家和社会

弱势群体由于自身的弱势状态，其自身福利需求的满足依赖于政府或社会的力量，有权利单向性特征。[①]这固然是特定政府和社会的责任所在，但如果增权措施不得力，也有养成弱势群体福利依赖性的危险。因此，还需要在需求满

---

① 范斌，《福利社会学》，146 页，北京，社会科学文献出版社，2006。

足的过程中建立一种模拟的"权利—义务"双向对等的模式,采取就业关联的策略。福利需求满足的方式也限定了需求表达的方向,长期以来会形成各个弱势群体的特定求助行为方式。

(三) 满足弱势群体福利需求的条件

1. 诉求渠道或政治条件

在专制体制下,君主经常通过微服私访的方式征求民意,包括弱势群体的福利需求。但这是没有制度保障的期望。在民主体制下,弱势群体首先是通过选举表达民意,将选票投给最能给自己带来福利的领导人。从政治制度上说,政府不仅要给予他们投票的权利,而且要鼓励和帮助他们实现投票的行为。在政治权力的博弈中,不参与就是退出,消极参与就是放弃。这种退出或放弃并不是独善其身,而是被边缘化、被遗忘,甚至被歧视、被侵犯、被欺压。弱势群体参与能力较低、影响力较小。如果他们不能够积极参与选举,其原有的社会弱势地位就会被政治弱势地位所强化。这是现代民主制度必须正视的问题。①在美国社会里有人辛勤地进行宣传,以推动弱势群体的政治参与,充分表达他们的声音。由于澳洲地广人稀,公民参与投票有较大困难,澳大利亚政府干脆规定选举日不参加投票者罚款。哪怕你投弃权票,也要到投票站投上一票。

根据宪法和法律的规定,我国公民直接参与政治、表达利益诉求,主要有如下几种方式:(1) 直接选举和罢免;(2) 对国家机关及其工作人员活动的监督;(3) 信访;(4) 基层群众自治;(5) 听证会;(6) 行使《立法法》第九十条规定的违宪和违法审查请求权,请求修改或撤销某项行政法规或地方性法规。如果上述诉求机制都无效,老百姓会有一些其他的诉求办法。例如,古代拦巡按大人的轿子,现在的农民工讨工资时经常爬塔吊、爬高压电塔;拆迁户举报、信访都无效,最后上吊自杀等。

2. 福利需求主体的诉求能力不足和增权

弱势群体的诉求能力低下主要表现在:没有感到自己的福利需求,也没有福利诉求的愿望和意识;甚至缺乏表达的能力;或者即使有意愿和能力,但是没有话语权,说了没有人听。缺乏社会资本也是弱势群体福利诉求能力低下的重要原因。由于声望和职业地位低下,弱势群体往往只是被关注、被关心、被扶持、被救助,而他们自己却缺乏主动表达福利需求的机会,缺乏引导社会舆

---

① 丛日云:《为了弱势群体的政治参与》,中国选举与治理网,2008-10-28。http://www.chinaelections.org/NewsInfo.asp? NewsID=136589。

论的资源。总之，弱势群体的诉求表达能力低下是其弱势地位的反映，实质是主体性的丧失。要表达弱势群体的诉求能力，我们需要通过增权策略要提高弱势群体的主体性。增权可以从个体层面、人际关系层面和社会参与层面着手。①

二、传统弱势群体的福利需求

（一）儿童社会福利需求

1. 儿童社会福利一般规定

（1）儿童的特点

《世界儿童权利公约》中，儿童"系指 18 岁以下的任何人"，就是"未成年人"。我国根据儿童生理、心理、社会发展的特征以及我国儿童工作的具体情况，一般将儿童的年龄界定为 0～14 岁，这是一个狭义的儿童概念。此后，随着青春期来临，同时离开少先队，成为共青团的发展对象。

人类的婴儿比其他物种的幼仔更加无助。儿童或未成年人作为个人生命中的一个阶段，在生理、心理上都处于幼稚的时期；作为社会人群中的一个部分，具有区别于其他人群的特殊弱势性。因此，需要给予特别的照料和保护，包括法律上的特殊保护。正如《中国儿童发展纲要（2001～2010）》所言，儿童期是人的生理、心理发展的关键时期。为儿童成长提供必要的条件，给予儿童必需的保护、照顾和良好的教育，将为儿童一生的发展奠定重要基础。

（2）儿童的问题

儿童的问题主要表现在环境对儿童的伤害和儿童发展障碍两个方面：一方面是环境问题，包括社会环境和自然环境；另一方面，是儿童发展障碍问题。这实质是由于社会本身的快速变革，由于成人社会自身的压力及误区，造成儿童行为和心态偏差。这实质是重要的社会问题。后者表现为以下几个方面：

一是学习压力和智力发展问题。由于文化传统、教育体制、教育理念、家庭结构等多种原因，儿童从小就会感受到越来越强烈的升学和考试的压力。学习过程中，如果学习方法和教育方式不得当，会损害儿童的智力发展，更重要的还会造成儿童的创造性、自主性障碍。二是儿童道德发展中的问题。现代社会中，道德冲突、价值冲突不仅是成年人常常面临的严重问题，而且也是儿童成长中需要辅导的重要问题。如果得不到妥善解决，就会适应不良，甚至形成反社会的价值观和道德观，影响到健康成长，甚至导致未成年人违法犯罪行为。

---

① 范斌：《福利社会学》，150～157 页。

三是社会化问题。主要表现在与同伴交往过程中遇到的困惑。儿童与同伴的交往使得儿童有机会进行社会交往的技能练习，强化自我观念。交往中的不快容易则导致儿童的情绪问题。如果得不到解决，孩子在社会交往中就会退缩，能力发展不足，将来就是社会化的问题。

2. 儿童福利需求的主要内容

（1）基本生活照顾的需求。家庭或社会对儿童成长过程中的基本生活和养育方面的需要，应该给予满足。这是儿童身心发展阶段的特点所决定的基础性需求，从乳儿期开始一直贯穿整个童年。

（2）健康需求。由于缺乏自我照顾能力，处于快速生长期的儿童，尤其是5岁以下儿童，是疾病的易感人群，因此，需要给予儿童健康特殊的照顾。对于患有严重疾病的儿童，例如白血病，如果没有专项疾病治疗基金或医疗保障制度的支持，不少家庭是难于承担其治疗费用的。因为这些疾病的产生有社会的根源，发生几率有限，应该有一种社会的风险分担机制来满足患病儿童的健康福利需求。儿童的健康需求，应该从儿童营养这个基础开始重视，否则发育不良、免疫力低下，将来的健康就更容易成问题。

（3）受特殊保护的需求。儿童比成年人更弱势和敏感，更缺乏自我保护的能力，这种特征导致儿童更容易受到伤害，也更需要受到特殊保护。这不仅是家庭的责任，而且也是全社会的责任。创造一个良好的社会环境、构建儿童安全保障机制，这应该是和谐社会建设中的应有的首要任务。

（4）教育需求。儿童处于迅速成长期，教育尤其是系统的学校教育对于儿童的身心发展有至关重要的作用。《三字经》有言：养不教，父之过，教不专，师之惰。教育福利不仅是一般意义上的社会福利，而且是我国已经受法律保障的基本权利。此外，教育应该是为孩子全面发展服务的，心理发展和社会交往能力的发展也应该包含在教育福利需求之中。

（5）文化娱乐的需求。游戏是孩子的天性。不仅寓教于乐，文化娱乐是儿童社会化、接受社会文化价值观的重要途径，而且也是儿童缓解压力、获得快乐的重要途径。出于竞争压力而过度削减儿童文化娱乐的时间，结果不仅是不能满足儿童的文化娱乐的福利需求，而且长期看来会影响到儿童的身心健康，影响到成年期的生活质量。

儿童福利需求得不到满足迄今依然是一个世界性问题。根据联合国儿童基金会在2008年世界儿童生活状况报告估计，世界上有大约1亿儿童流落街头，成为暴力迫害及剥削的对象；有60个国家存在儿童生存与安全问题亟须解决，其中38个分布在非洲次撒哈拉地区。在非洲次撒哈拉地区，有多达40％的女生和 36％的男生没有上小学，有 35％年龄介于 5～14 岁的孩童被迫当童工。中国的儿童福利尽管进展很快，但是并非没有问题，突出如单亲子女的保护问题、流浪儿童的社会化问题、童工问题以及残疾儿童的照顾问题。

3. 留守儿童的福利需求

家庭是儿童福利需求得到满足的主要途径。在当今中国，尤其是经济落后地区的农村，父母亲由于家庭经济需要而外出打工，将未成年孩子留在老家由自己的父母或亲戚朋友照顾，造成了大量的"留守儿童"。"留守儿童"的主要问题不在基本生活照顾或者文化娱乐的福利需求上。而在健康福利需求、教育福利需求和受特殊保护的需求。

（1）健康福利需求。这突出体现在营养问题和心理问题上。由于代理监护人照顾不周，或者到条件艰苦的寄宿制学校生活，缺乏父母关怀的"留守儿童"营养不良发生率要高于同年龄孩子，而其心理问题也正在得到社会的关注。

（2）教育福利需求。家庭教育和家庭环境对个人的影响是至关重大的，而代理监护人根本无法切实感知和了解孩子的心理发展动态，难以实施正确的引导教育，不利于儿童的心理健康成长。在心理发展和社会能力的发展方面，"留守儿童"更容易被忽视，问题得不到及时解决，长期看也会影响到学习成绩。尤其是隔代老人思想观念相对保守落后，重养不重教、重物质轻精神，很少去关注孩子的心理变化，这无疑严重影响孩子的健康成长。

（3）受特殊保护的福利需求。留守儿童比其他儿童更容易受到伤害，尤其是留守女童被性侵犯的事件常有耳闻。一些农村不法人员利用女孩的无知、自我保护能力差进行性骚扰、诱奸、强奸。有学者还认为留守破坏了孩子的本体安全感。[①]对于留守儿童来说，亲子互动的缺失，抚养代理人模糊的职责意识，造成儿童缺乏对信任的感受和体验，因而容易产生焦虑和对别人的不信任。这种童年期形成的焦虑和不信任会影响到孩子成年期的社会合作能力和生活满意度。

（二）妇女的福利需求

1. 女童时期的福利需求

女人，尤其是未成年的女童，往往更为弱势，更为容易受到伤害。她们应该得到与男孩一样的权利，但是往往在受教育、被保护和免于奴役方面没有得

---

① 美国心理学家埃里克森认为，家庭对儿童的本体安全感的形成具有十分重要的意义。这里的"本体安全感"就是"基本信任"，它是当孩子的基本需求满足后，孩子对周围人产生的一种信任感；感到世界是可靠的，人是可靠的。

到相应的待遇。这些权利正是她们核心的福利需求。

女童受教育的权利往往被父母或监护人剥夺。由于社会歧视的存在，女孩子上学往往被认为是不必要的，或者相对于男孩来说是次要的。因此，贫困家庭往往选择让女孩子不上学，或者上几年之后就辍学在家干活，作为童工来使唤。在没有实施义务教育之前这个问题非常严重，目前有一些贫困地区问题依然严重。

女童受特殊保护的权利，尤其是性安全，往往会成为一个严重问题。由于监护人忙于工作而疏于看护，天真而无戒心的孩子遭受不法分子伤害，甚至失去生命。无论城市还是农村，都有相当数量的女性在童年期就遭受到性侵害，而且侵害者不少是周围熟悉的邻居、亲戚。童年期创伤会给她们成年后的家庭幸福带来持续的困扰和危害。

免于奴役的权利。在落后地区，柬埔寨、缅甸或者中国西部山区，女童在失学之后往往过早地从事苦力工作，背石子、背煤块、拾棉花或者到工厂做机械工而辛苦地工作。在中国东部一些工厂，一些幼稚的面孔却有着粗糙的双手，问她们年龄总是回答"十八岁"！每天十多个小时的工作不容许她们有娱乐嬉戏的时光，辛苦的工作剥夺了她们童年的快乐。

2. 生育期的福利需求

女性进入生育期，作为未来的母亲，社会应该提供一个安全的环境，让她们幸福地恋爱、结婚、生育。但是，现代社会中却做不到。当女性进入青春期后，随着性魅力的增强，女人从未成年期就不断受到各种骚扰，遭遇到欺骗、诱奸、强暴。当她们婚后按照习俗离开自己的老家而从夫居住，这个新家能保护她，使她免于社会伤害，但是面临的也许是硬性的和柔性的家庭暴力。

目前中国多数女性已经有工作，在工作中享有一定的福利，但是针对女性生育期的特殊福利却很少。我国已经加入的《经济、社会及文化权利国际公约》，其中第十条第二款规定：在产前和产后的合理期间，应给以特别保护。在此期间，对有工作的母亲应给以带薪休假或有适当社会保障福利金的休假。但是对于月经期间的休工，尚未有明确的规定，各用人单位几乎忽略了女性特殊生理时期的保护和关爱。

3. 寡居期的福利需求①

受传统文化影响，男性结婚年龄高于女性，而平均寿命低于女性，也就是

---

① 林娟芬：《妇女晚年丧偶后的适应——一个以台湾地区为例的叙说分析》，上海，世纪出版集团与上海人民出版社，2007。

说结婚晚而去世早，结果就产生许多女性中老年"未亡人"。我国台湾地区的统计数据表明，寡妇的比例约为鳏夫的 3 倍，65 岁以上的女性中有 2/3 处于丧偶状态，这些丧偶女性很少有再婚机会。

由于女性受教育程度低，在就业方面处于劣势，这些丧偶女性本来很少有工作机会，本来缺乏保障制度的照顾，本主要仰仗丈夫的工资、退休金和子女的赡养费。丈夫去世后，丧偶女性在经济上更依赖于子女。此外，受"男主外，女主内"的家庭分工的影响，这些女性在情感和社会交往方面也有很大程度的依赖丈夫，在承受丧偶之痛的同时，在社会交往上也容易陷于孤寂。如果和儿孙同住，帮忙照顾儿女的家庭，如果儿女孝敬，忙碌之余尚且可以安享天年；如果儿女不孝敬，或者家庭矛盾多，则只能忍气吞声，苟且偷生，苦不堪言。

有一些妇女在丧偶之后，因为家产、保险费、抚恤金、子女监护权等原因，成为夫家的防卫对象，遭受不公正的待遇。悲痛和怨愤却难以找到倾诉和宣泄的渠道，因此患上抑郁症等精神疾病。这时就需要及时干预，做心理辅导，帮助她们调适心态。因此，寡居期的妇女的福利需求是全方位的，养老、医疗、社会交往、心理援助等方面都是社会工作者在需求评估时应该关注的内容。

4. "留守妇女"的福利需求

农民工进城的负外部性就是"留守妇女"的困苦。随着农村男劳力大量进城打工，农村"留守妇女"作为一个特殊群体正在形成。她们守着家中的一亩三分地，忍受着与丈夫长年分居的孤寂，承担着家庭的重任，赡养老人，照顾孩子。她们身上所承受的压力有三方面：

一是劳动强度高。男人外出打工，家中上有老、下有小，所有粗活、重活、忙活都压在了她们肩上，比家里有男人的女人累多了，苦多了。

二是"留守妇女"们忍受着身体和心理的双重负担。一整年"守活寡"，嗅不到男人味，还担心丈夫在外会不会出事，遭遇婚姻"红灯"。

三是缺乏安全感。由于丈夫不在，农村治安状况又不好，"留守妇女"普遍缺乏安全感。有的晚上根本不敢出门，早早地把门关好、顶死。[1]

（三）残疾人的福利需求

1. 残疾人现状概述

按照我国《残疾人保障法》的界定，残疾人是指在心理、生理上某种组织、功能丧失或者不正常，部分或全部丧失以正常方式从事某种活动能力的人。残

---

① 陈春园、秦亚洲、朱国亮：《走进农村留守妇女的现实生活》，《半月谈》，2005（21）。

疾人包括视力残疾、听力残疾、言语残疾、肢体残疾、智力残疾、精神残疾、多重残疾和其他残疾的人。

根据世界卫生组织的数据，世界上约有 6.5 亿人患有各种各样的残疾，约占世界总人口的 10%。其中 80%，也就是超过 4 亿人，生活在贫困国家，也是最缺乏残疾人所需设施的地区。我国根据全国残疾人小康进程监测指标体系及小康进程监测结果，2008 年度中国残疾人生存状况实现程度为 53.5%，发展状况实现程度为 38.7%，环境状况实现程度 59.2%。残疾人生存状况的实现程度体现于消费结构的特点是，食物消费（恩格尔系数）、医疗保健支出、居住支出所占比均明显高于普通人，合计占总支出的 80% 左右。

2. 残疾人福利需求的内容

残疾人不仅在满足一般性的福利需求方面，而且还有一些特殊的福利需求，主要在康复、无障碍环境和法律援助方面，需要社会给予帮助，才能得到较好的满足。具体来说，主要是以下三方面特殊福利需求应当给予特别关照：

（1）治疗和康复需求。残疾人有部分是先天性疾病导致的，更多是后天因病致残、因伤致残。无论是哪一种，伤病不仅使得他们的机体功能丧失，而且还会继续纠缠他们此后的生活，他们为了维护健康，必须顽强地和疾病和残废做斗争。治疗和康复是残疾人最重要的福利需求，也是生活的重要内容。2008 年《中国残疾人监测报告》表明，尽管残疾人的平均收入明显低于普通家庭，但是其医疗保健费用却明显高于普通家庭，城市是 1.65 倍，农村是 2.14 倍。主要原因还是残疾人的健康状况要比普通人群要差很多，本来刚性很强的医疗保健需求比普通人强得多。

残疾人的治疗和康复需求需要得到外界的帮助。《残疾人保障法》要求各级人民政府和有关部门应当采取措施，为残疾人康复创造条件，建立和完善残疾人康复服务体系，并分阶段实施重点康复项目，帮助残疾人恢复或者补偿功能，增强其参与社会生活的能力。广义上残疾人的康复常划分为医疗康复、教育康复、职业康复、社会康复等多种类型，这些类型既展示了残疾人康复的丰富内涵，也是残疾人康复的重要途径。目前我国残疾人康复服务利用率还很低，2008 年城镇残疾人的治疗康复训练利用率仅 15.5%、辅助器具配备率 9.1%、心理疏导利用率 10.0%、康复知识普及率 14.8%、日间照料与托养率 9.5%。农村残疾人还明显低于城镇残疾人，总体康复服务利用率还是非常低的。[1]

---

① 陈新民、陈功、吕庆喆：《2008 年度中国残疾人状况及小康进程监测报告》，《2009 年中国社会形势分析与预测》，71 页，北京，社会科学文献出版社，2008。

（2）无障碍环境的需求。交流不便、运动不便的残疾人，为了能与人交往、交流，需要有一些基本的设施条件。国家和社会应当采取措施，逐步完善无障碍设施，推进信息交流无障碍，为残疾人平等参与社会生活创造无障碍环境。特别是公共服务机构和公共场所应当创造条件，为残疾人提供语音和文字提示、手语、盲文等信息交流服务，并提供优先服务和辅助性服务。公共交通工具应当逐步达到无障碍设施的要求。有条件的公共停车场应当为残疾人设置专用停车位。组织选举的部门应当为残疾人参加选举提供便利；有条件的，应当为盲人提供盲文选票。无障碍环境的需求属于残疾人特有的福利需求，在残疾人福利需求体系处于非常重要的基础地位。不能满足这个无障碍环境的基本需求，残疾人就难以参与社会交往，其他的权利如教育、婚姻、就业、文化生活、社会参与等都成为空谈，残疾人就难以成为一个完整意义上的人。

（3）认可和尊重的需求。残疾人也是正常人，只不过更为不幸。他们一样有人的尊严和权利，需要得到社会的认可和尊重，他们也可以追求完美。这样的需求不是补偿性的慈善需求能给予满足的。如果说过去残疾人重视的是资源、福利的补偿，那么在现代社会，他们更重视对公民权利的诉求，更渴望获得社会的认同、接纳与尊重。作为一种福利需求，这个需求所反映的不是传统意义上的福利理念。德沃金在理论上给出了一个很有意义的解释。他认为，残疾是一种自然而然的不利遭遇，这种不利对于那些虽然残疾却想要追求完善生活的人，造成了深远的负面影响，可以用保险的逻辑给予理解。为了实现资源平等，社会尤其应对那些先天条件不足的自然残障者给予照顾，通过再分配来消除由于天生能力的差异所造成的后天不平等。对于后天的残疾，德沃金采用保险的方式建立起一个虚拟的保险市场：设定人们对于自己的自然天赋毫不知情，并假定每个人都具有某种先天上的劣势，然后用保险费固定的强制性保险为每个人保险；于是，如果人们需要为避免自然缺陷所造成的不平等而购买保险，由于每个人遭受残疾的风险几率相同，所以社会可以用税收或其他方式，采取强制性手段获取资金作为保险费提供给残疾人。这样，后天运气不好而残疾的人就可以得到足够的补偿。

3. 精神残疾人的权利和福利

我国残疾人事业在进步，但是在生存、发展和福利需求的满足方面，总体上还处于很不理想的状态。尤其是精神残疾者的权利和福利，社会往往采取剥夺和忽略的方式进行处理，甚至影响到中国的人权状况。

（1）智障儿童的权利。问题比较轻微的，如 2005 年发生的"南通儿童福利院切除两名智障少女子宫案"体现了我们的社会还不习惯按照残疾人自身的权利去思考和行动，容易忽视和侵犯残疾人权益。南通市儿童福利院管理人员认为智障女孩兰兰和琳琳经期不能自理，存在长期痛经现象，而且她们属于"重度智障"，因此联系南京市鼓楼医院，在没有为两位智障女作过任何其他替代治疗，手术指征不明显的情况下，直接切除了子宫。从女孩权利角度看，这是非常不人道的，也违背了《医疗事故处理条例》。合理的解释很可能是，福利院觉得照料月经期间的智障女孩麻烦，怕女孩在看管不严的情况下受到性侵犯导致怀孕，总之由于怕麻烦而利用监护人的权力进行了"特殊处理"。

（2）针对精神病人的谋杀。目前我国对精神病人的治疗和看护主要依赖家庭，大量的精神病患者本身家庭经济条件就比较差，根本无力承担需要长期治疗的费用，也没有时间和经历看护这些病人。这种情况导致"武疯子"病情不稳定，容易复发，对社会公共安全带来极大的隐患。有的家庭没有给病人治疗，将病人监禁起来，病人过着非人的生活；有些家庭不堪忍受重担，为了防止患者"祸害"家人和他人，甚至将精神病人谋害。

（3）精神病医院的社会功能。各地精神病医院作为专业的防治机构，应该为全社会的精神卫生和精神病人的治疗、看护、康复负有重要责任，其中有些医院在这方面进行了一些探索，提高了病人的福利。但是总体上精神病人的福利不尽人意，有些医院则虐待病人，违背了其基本职责，个别医院甚至发生将病人致死的事件。此外，也有报道说，有些地方的精神病院成为关押上访者的重要场所，医生也参与其中进行非法的迫害。

（四）贫困者的社会福利

1. 贫困及其原因

（1）贫困有绝对与相对之分

绝对贫困的划分依据的是布思（1903）提出的生存需要线，或者最低限度生活水平线。绝对贫困指在特定的社会生产和生活方式下，个人或家庭所获得的收入难以满足最基本的生存需要。目前常用的标准是世界银行1981年提出的：当某些人、某些家庭或者群体没有足够的资源去获取那个社会公认的，一般都能享受到的饮食、生活条件、舒适和参加某些活动的机会，就是处于贫穷状态。简单地说，就是缺少能力去满足基本需要的状态。

人们曾乐观的认为，随着社会财富的增长，绝对贫困能逐渐消除。但是社会发展情况是，社会财富的分配不均匀，绝对贫困没有能消除，而相对贫困的概念成为主要标准。相对贫困是与参照群体比较而言的贫困，一般以某个收入标准的百分比为标准，体现的是收入的劣势和社会参与的不足，包含着社会分层的观念。从绝对贫困到相对贫困，反映了贫困者的福利需求在提高，同时也逐渐得到社会的承认。我国的最低生活保障制度所确定的贫困线，最初以最低生活水平线为基准，后来逐渐随着社会生活水平的提高而不断提高，如果加上连带的福利待遇，已经越来越具有相对贫困的内涵。

（2）贫困的原因是多方面的

对于贫困成因的理论解释是多方面的。中国香港学者莫泰基（1999）将成因性贫困的理论分为社会分层论、个人素质论、贫穷文化论、传统经济论、权力支配论和经济剥削论。社会分层论把贫穷看作社会下层人士生活的常态，个人素质论把贫穷看作个人素质低下、能力不足、动机不足等原因导致的结果，贫穷文化论则将贫困归因于可代际传递的"贫困文化"，传统经济论认为由于过分依赖传统经济生产方式导致的结果，权力支配论和经济剥削论都是从政治经济学视角认识贫困，把贫困看作社会结构性不平等的反映。[①]

（3）贫困的影响也是多方面的

贫困的影响不仅在于生存层面将人饿死这么简单，贫穷会影响到健康状况、认识能力，影响到居住、教育、医疗保健、婚姻、就业等多方面需求，还会影响到社会交往，造成广泛的社会排斥。因此，要满足穷困者的福利需求，需要多方面的努力。

2. 资产建设：一种有效的贫困救助方式

除了传统的投资、教育、文化、就业、科技等扶贫策略外，社会政策界目前最为关注的是资产建设思路，其中以迈克尔和尤努斯两位教授的成就最为引人注目。

（1）资产建设思想

迈克尔认为：收入是资源的流动，而资产则是资源的储存，是人们长期积累与持有的。资产为提高长期状况的投资提供了保障与资源。收入和消费确实是必要的，但是它们并不能改善长期状况。发展必须通过资产积累与投资来实现。

阿玛蒂亚·森等人正着眼于能力（capabilities）作为福利标准的研究。资产持有是长期能力的一种测量。哈夫曼和沃尔夫曾作过一个美国资产贫困的详细研究，他们把净资产低于贫困线所界定的三个月的收入作为资产贫困的一个定义，结果得到一个 25.5 %的资产贫困率，这个数字比 1998 年官方发布 10.0 %

---

① 转引自彭华民：《社会福利与需要满足》，130～131 页，北京，社会科学文献出版社，2008。

的收入贫困率大得多；当他们把流动资产（现金、储蓄账户、结算账户）低于三个月的收入作为资产贫困的定义，得出了 39.7 ％的资产贫困率。换句话说，在富裕的美国，很大一部分家庭是"资产穷人"。这说明两件事情：第一，很多美国家庭在失业、疾病或其他收入短缺时，几乎没有金融缓冲来维持自身生活。第二，这些家庭的发展由于缺乏投资于教育、房屋、小生意等资产而受到限制。

美国以资产为基础的政策的例子包括：住房所有税收优惠、投资税收优惠；固定退休保险费账户，如个人退休账户。其他具有税收优惠的资产账户包括个人培训账户、教育储蓄账户、州立学院储蓄计划和医疗储蓄账户。但由于三方面原因，美国穷人缺乏积累资产的机会：一是穷人很少拥有房屋、投资或拥有退休账户。二是穷人在资产积累方面几乎没有税收激励或者其他激励。三是福利政策所包含的资产审查或资产限制抑制了"福利穷人"、或许还有"工作穷人"的储蓄行为。①按照资格审查的要求，积累了足够的资产就不再是"穷人"，不应享受鼓励穷人资产积累的福利政策；但是没有足够的积累，很可能重新成为穷人。

（2）穷人的银行家

尤努斯教授创办了给穷人小额贷款的乡村银行，并因此荣获 2006 年诺贝尔和平奖。他注意到一个普遍的现象：银行的法则是只给有钱人贷款，绝不给穷人贷款，尽管穷人最需要贷款。尤努斯也认为解决贫穷问题需要资产建设，于1983 年创立了格莱珉银行，专注于向最穷苦的孟加拉人提供小额贷款。目前全球已有 100 多个国家的 250 多个机构效仿格莱珉银行的模式运作。②

第一，尤努斯教授是经济学教授，他采取了贷款的方式去扶贫，而不是传统的慈善方式，如施舍、捐赠等。贷款需要偿还，权利和义务对等。

第二，他没有简单地向所有穷人贷款，他只向需要创业的人贷款。他认为向穷人发放贷款帮助他们个体创业是最有效的方法，其他的情况不是他们的业务范围。1976 年，他自己拿出 27 美元借给村子里 42 个制作竹凳子的农妇。只需要这一点点钱，她们就能够购买原材料，从而做起生意。尤努斯的小额贷款帮助她们永远摆脱了贫困。

第三，重视妇女的作用。借钱给最穷的人，其中大多数是贫穷的妇女，无须抵押，无须担保，不用签署法律文件，也不存在连带责任。尤努斯发现妇女

---

① ［美］迈克尔·谢若登：《美国及世界各地的资产建设》，《山东大学学报》（哲学社会科学版），2005（1）。

② 凌华薇、叶伟强：《尤努斯：穷人的银行家》，《财经》杂志，2006（11）。

更讲信用，更节俭，创业积极性更高。

第四，尤努斯提出了的解决贫困方案的同时，还采取了一系列简单有效的财务保障原则。传统银行业难以解决向穷人贷款的问题。原因在于两方面：一是穷人没有抵押品；二是单笔贷款金额较小，相应而言，放贷成本太高。格莱珉模式的巨大贡献，在于独创了一套向穷人贷款的体系和技术，解决了上述两大技术瓶颈。

尤努斯最初的目标是：通过资本建设，帮助穷人实现个体创业，从而使他们永远地摆脱贫困生活。目前他的乡村银行业务范围已经从最初的创业信贷向住房等福利的贷款发展，向穷人的福利改善政策提供越来越多的经验。

三、边缘人群的福利需求

边缘人群指那些有社会失范、越轨行为的人群，如流浪乞讨、性工作者、吸毒者，或者他们是"同志"（同性恋者）。他们背离了社会生活的常态，背负着社会"烙印"在社会夹缝里生活，但是他们一样有自身的福利需求。

（一）流浪乞讨者的福利需求

我国目前有 100 万流浪儿童，2005 年儿童救助机构仅 130 家，从 2003 年 8 月到 2004 年年底的统计表明，仅救助 12 万多次流浪儿童。[①] 估计潜在的人群有几百万，而不少地方的救助只具有象征性意义。因此，多数流浪儿童在家庭、社会和政府的保护之外，食无下顿，居无定所，病无所医，还受其他群体欺侮与侵犯，总体社会福利状况非常糟糕。流浪儿童是流浪乞讨人群这个边缘化群体中最为弱势也是最为紧要给予帮助的群体。如何做好他们的社会救助工作，让他们重返学校、回归家庭与社会，不仅对于他们的生存和发展，而且对于国家稳定和社会和谐都具有重要的意义。

（二）吸毒人群的福利诉求

吸毒者是一种特殊病人，需要对之进行治疗，但病人也有他的福利需求。如果不能满足这些基本的福利需求，戒毒的效果就会大打折扣。尤其是那些自愿走进戒毒所的吸毒者，社会更应该承担起救治的责任。我国通常是将吸毒者看作是病人或罪犯，针对吸毒者的生理病态和心理病态采取生理戒毒或心理戒毒加以救助。针对吸毒者危害社会安全和违法犯罪特点采取劳教戒毒和社会帮

---

① 菊青：《中国流浪儿童研究报告》，北京，人民出版社，2008。

教加以救助。

在我国的传统观念里，吸毒者往往被当作社会的"害群之马"，是不值得同情和救助的。因此，对于吸毒者而言，以下三个方面的福利需求的满足尤为重要：一是生活救助。在中国目前生活救助主要指最低生活保障。除了吸毒者本人，还要考虑解决其家属（特别是未成年子女）的生活救助问题。必须树立生命平等的观念，防止社会排斥，及时救助吸毒者及其家庭。二是医疗救助。对吸毒者而言，医疗救助对于防止艾滋病的流行有特别重要的意义。主要包括免费发放美沙酮等替代药品，吸毒者在毒瘾发作时给予及时救治。三是社会服务。在中国香港称为社会关怀服务，在英国称为个人社会服务。吸毒行为尽管有违法的一面，但并不妨碍其作为社会公民而享有政府或非政府组织提供的社会服务。[①]

（三）性工作者的福利诉求

性工作者以底层女性为主，尽管她们所从事的曾是一个古老的行业，在德国、荷兰都还可以合法经营，但是在新中国成立后就是一个违法行业，常常在公安机关打击之列，这使得她们的职业特点具有半地下特点。这种半地下特点使得其权利和福利得不到保障。其实即使是罪犯也应该保障其最基本的生命权和健康权，而性工作者的境况甚至不如罪犯，尽管她们只是定性为违法者。

1. 健康福利

健康权是所有人的权利，但是社会缺乏提供满足性工作者的健康福利需求的渠道。欧盟国家色情业和非法务工现象日益严重，许多来自东欧国家的女子沦为色情犯罪组织的受害者，犯罪分子往往以工作为名将她们拐卖到国外，扣留她们的护照后迫使她们卖淫，很少保护她们的健康。随"性旅游业"蔓延的艾滋病、性病使得性工作者成为健康高风险人群。为制止艾滋病的蔓延，中国一些地区的 CDC 和社会工作者深入性工作者人群进行健康教育[②]，并进行一些针对性的干预措施。

2. 生命安全

性工作者更容易成为暴力侵犯的目标人群，是由她们的弱势地位决定的：第一，女性在生理上、体能上处于弱势，自我保护能力较差；第二，性工作者很容易被接近，而交易对象具有流动性和不特定性等特点；第三，性工作者单

---

① 姚建平：《权利与福利：吸毒者的社会救助研究》，《江西公安专科学校学报》，2005 (5)。

② CDC 是 Centers for Disease Control 的简称。

独出台比较多，而她们被侵害后报案率很低。性工作者安全是一种应予重点关照的边缘者的权利。从这一点出发，警方教育性工作者如何保护自己的生命或财产，是完全合法的。[①]

(四) 同性恋者的福利需求

同性恋不是一种疾病，它不具备一般疾病的可治愈性。中国在 2001 年颁布的《中国精神疾病分类与诊断标准（第三版）》中，已明确地将同性恋疾病从疾病名单中删除了。同性恋不因社会价值观的严厉、宽容而消失或明显增长，同性恋人群在总人口中的比例是相对固定的，大概在 5% 左右。他们的福利需求同样需要得到关注。

无论是男同性恋还是女同性恋，他/她们首要问题是性需求、感情需求的满足，以及婚姻需求的满足。同性恋不同于一般的性变态者，他们的性需求可以在不伤害第三方的情况下得到满足，因此是一个宽容的社会应该允许的。[②]同性恋者的感情和异性恋者的感情是类似的，没有实质区别，大多数人还是比较专一的，社会应该给予尊重。同性婚姻在传统社会被禁止，主要是考虑到风化问题，以及对正常的异性婚姻可能的"伤害"。

同性恋者对婚姻福利需求的满足有社会文化条件的限制。尽管不少国家已经允许同性婚姻合法化，如 2008 年乌拉圭、挪威分别通过了允许同性恋婚姻的法律，但是，在伊斯兰教国家同性恋还不被承认，而且会受到石刑、死刑的严厉惩罚，更不用说婚姻了。目前我国的婚姻法还是将异性之间作为一个基本条件，同性之间不允许结婚，但这并非是根深蒂固的宗教、文化原因。

四、移民的福利需求

(一) 非自愿移民的福利需求

移民可以分为自愿性移民和非自愿性移民。自愿性移民遵照市场的逻辑，他们多数的收入和福利可以在市场中实现；而非自愿性移民主要遵照政治的逻辑，政府应该对其生计和福利负起更多的责任。工程移民、环境移民、灾害移民都属于非自愿移民。

---

① 陈晓舒、胡苏敏：《赵军：生命权无疑高过"社会风化"——"小姐"屡屡遭侵害背后的思考》，《中国新闻周刊》，2008（11）。

② 少数男同性恋者有滥交倾向，性传播疾病的危险性较大，应该采取一定的干预措施。

1. 工程移民的福利问题

工程性移民是由于国家或社区政府兴建某种工程而征用土地、房屋及土地附着物，使得这些土地及其财产所有者或使用者被迫进行迁移，人们通常称之为非自愿性移民。大至三峡工程的移民、水库的移民、南水北调工程的移民、核电站工程的移民，小至各地普遍的交通、基础设施建设工程的征地移民，经济补偿措施不足以弥补非自愿移民所带来福利损失。

世界银行研究表明，工程性迁移对移民所造成的影响是多方面的，包括：生产体系解体，失去生产资料或收入来源；亲族被疏散，社区团体和社会网络力量削弱；文化特性、传统权威及互助的可能性减小或丧失。移民在搬迁后将面临8个方面的风险：① （1）丧失土地；（2）失业；（3）无家可归；（4）边缘化；（5）食品不安全；（6）发病率增加；（7）失去享有公共财产和服务的权利；（8）社会解体。例如，三峡工程是一项对中国人民对抗经常性洪灾非常有益的壮举，但是对于三峡移民所担心的是，"我们全家不迁也得迁，可我们根本不清楚会迁到哪儿去。还能和邻居、亲友住在一起吗，不知道；能有足够的耕地吗，肯定不会有。"一些老人更不愿意走，"这些老人在这片河岸上过了大半辈子，他们在这里盖房子，在山坡上种菜，在码头边开店铺，习惯了在茶馆里和老朋友聊天。政府的补偿远远弥补不了他们生活上的损失。更重要的是，他们想在死后与家人及先人葬在一起。经济上的损失使他们觉得无路可走，情感上的打击更使他们觉得压抑受气。"②

以社会公共利益为目的而进行的公共工程建设，在实践中常常损害移民们的福利。这往往成为社会动荡的严重隐患。长期以来，在中国我们强调工程建设给国家、集体和受影响人口可能带来的正面效益，要求受影响人口服从国家建设的需要，而对非自愿移民的权利和福利重视不够，在工程性移民的安置工作中出现了许多失误。

2. 非自愿移民的社会整合

由于非自愿移民的特殊性，其社会整合成为移民社会重构和发展的核心议

---

① 陈阿江：《水库移民社会保障研究——T水电站S库区移民社会保障的个案分析》，《河海大学学报》，2001（3）；Michael M. Cernea：《风险、保障和重建：一种移民安置模式》，《河海大学学报》，2002（2）；阳义南：《建立移民社会保障制度的可行性研究》，《人口学刊》，2004（1）。

② 吴明：《三峡工程中的移民问题实地调查报告》，《当代中国研究》，1998（4）。

题，其中福利需求的满足是社会整合的重要途径。① 分散移民对村民的福利冲突最大，政府在福利方面的差别待遇很容易引起移民的反感和反抗。如果是整村移民，村庄内部的社会关系保存得相对完好，但也存在社会排斥的问题。这表现在：一是移民在地理上受到隔离，居住在企业的围墙内或半遗弃的老村内；二是移民没有参与当地政治生活的基本权利，这注定了他们在与其他村庄和工厂主的博弈中处于不利地位；三是移民没有属于当地居民的任何福利。除了不能享受地租分配的好处而外，移民还无法享有当地人享有的其他福利，很少有医疗保险、养老保险。[2]四是移民失业问题突出，就业压力巨大。

在工程移民中，是否为移民谋福利直接关系到社会稳定。例如，同样是DW 铁路工程移民，L 县与 W 市这两个"理想类型"反差强烈。L 站地区人们安居乐业，满意度比较高；而在 W 站，人们抱怨多并频频上访，干群关系十分紧张。主要原因是两方面福利需求的满足情况不同，一是与房屋拆迁与移民安置密切相关的居住福利的改善状况，二是与就业密切相关的生计恢复状况。L 站的拆迁安置能够严格按照政策办理，采取两种自拆自建形式，无论是房屋的补偿、安置地点，还是安置的方式，村民都比较满意，居住环境较之拆迁前有明显改善，同时还增加了一些就业机会。而 W 站的集中安置点在离火车站较远的一个偏僻小山坡上，生活设施也不齐备，也根本没有什么就业和从商的机会，移民的生计实际上没有得到恢复，并普遍反映现在的生活不如搬迁以前，移民生活的艰难已经显现出来。[3]

（二）农民工的福利需求

农民工既不是传统意义上的农民，也不是真正的工人，这种特殊性使他们生活在农村与城市的夹缝中。他们虽在城市工作，却缺乏合法的城市身份，"农民工"的社会标签引发了城市社会对他们的歧视和排斥，从而使他们沦为城市边缘群体。

1. 农民工的工作境遇

他们的工作境遇中几乎没有福利，主要问题表现在以下几个方面：首先是

---

① 陈阿江、施国庆、吴宗法：《非志愿移民的社会整合研究》，《江苏社会科学》，2000（6）。

② 姚洋：《社会排斥和经济歧视——东部农村地区移民的现状调查》，《战略与管理》，2001（3）。

③ 陈阿江、陈晓庆、王群：《安置效果差异及其原因——L 站与 W 站的移民安置类型比较》，《广西民族大学学报》（哲学社会科学版），2007（5）。

劳动就业受限制、工种较差，而且同工不同酬，拖欠工资。有的城市制定了外来劳动力就业分类目录，把脏、乱、差、累的工作留给农民工。作为"廉价劳动力"，工资水平低；作为外地人，拖欠工资时有发生。① 其次，超负荷工作，影响到职业健康和安全。作为"超时劳动力"，农民工的工作时间一般都很长，几乎是超负荷从事繁重工作。为了多挣点钱，农民工不得不跳进计件工资和加班加点的"陷阱"。2000 年在广东惠州曾发生过一起一个打工仔每月工作 500个小时以致当场累死的事件。童工、奴工、黑工也基本上都是农民工。最后，作为"高危劳动力"，各种安全事故频繁，工伤赔偿难以到位。农民工极易患职业病，工伤事故严重。但是，他们发生职业病和工伤事故后很难得到合理的赔偿，农民工把伤、残、病带回家乡，社会矛盾由城市转嫁到了农村。

2. 农民工的社会权利贫困

中国农民工的贫困主要不是表现为饥寒交迫，也不是他们的能力不够，更不是工作积极性不足，而是他们在城市里没有权利和机会立身存命，在居住、保险、子女教育、文化认同等方面遭到长期的限制和排斥。

首先，不能享受本地职工同等的保障和福利待遇。由于我国包括"三险"在内的福利与户口紧密联系在一起，而农民很少享受同城镇职工相同的福利待遇。大多数雇主没有为农民工办理养老金、住房公积金和医疗保险金，在政府强制要求下雇主为其中部分人办了工伤保险。而且，发生工伤事故后，不少企业推卸法律责任，甚至强迫农民工签订"生死免责"条款。一份对农民工保险待遇的调查表明，因重病、小病和女工孕产分别可以报销的比例是 33％、23％和 17.9％；有 87.1％ 的农民工在病假期间厂方拒发生活补助费；雇主只为3.9％ 的农民工办理了退休养老保险，为 11.9％ 的农民工办理了医疗保险。②

其次，在城市无安身之所，居住福利状况非常差。生存在这种灰色处境里的农民工之居住权利，至少在三方面遭到剥夺与排斥：第一，农民工拥有自己独立住房的权利受到排斥。第二，近四成的农民工居住在工棚或集体宿舍里，地方狭窄拥挤，室内肮脏零乱，除了被褥衣物，几无他物。第三，为防止出现城市贫民窟，城市政府不允许进城农民工私建住处，这种歧视政策的后果是逼使少数农民工流浪街头，由此增加了犯罪率。

再次，子女教育问题。城市没有考虑农民工的福利问题，更不会认真对他

---

① 农民工低廉的工资为什么会成为问题？农民工的最大竞争优势是工资成本方面的优势。在全球化竞争中，中小企业生存状况也并不好。工业利润留存不足、偷税漏税和克扣工人工资一直是企业控制成本的三大"绝招"。

② 洪朝辉：《论中国农民工的社会权利贫困》，《当代中国研究》，2007 (4)。

们的子女教育问题有所安排和投入，一些民工子弟学校，不仅教学质量不高，而且受政策干扰而稳定性很差。

最后，是社会认同问题。来自城市居民的歧视加剧了农民工对城市生活的不适应，产生孤独感、疏离感，难以融入城市的主流社会中而被边缘化。滋生的"过客"心理使得他们对城市缺少归属感和责任感。这不仅阻碍了农民工自身现代化、城市化的进程，也加剧了短期行为和越轨行为的发生，增加了城市的不安定因素。[①]

3. 新生代农民工的福利问题

农村劳动力向城市的非永久性迁移是在现有约束条件下的一种理性选择，是在收益和成本进行理性比较的基础上进行的自主决定，这种在寻求自身利益的过程中自动进行的劳动力资源配置也增进了社会效益。有人证明，相对于不迁移来说，非永久迁移无疑会增加社会总福利；但是，作为一种约束条件下的不得已选择，与没有限制的自由迁移相比，农民的非永久性迁移将会降低社会总体的福利水平。[②]政府应从长远的、全局的角度出发，尽快改革限制农村劳动力永久性迁移的限制性条件。

这一政策应该适用于新生代农民工，因为他们有不同于其父辈的特点，更倾向于永久性迁移：一是他们年轻且文化素质高于父辈，具备城市工人的劳动技能。二是他们的价值观不同于其父辈，对农村存留的眷恋比较少，更倾向于经过自己的奋斗在城市定居，有的甚至抱着"不混出个模样不回老家"的态度。三是他们经受的磨难少于父辈，自尊心和社会公平意识强烈，更容易形成抗争态度，甚至会采取极端维权措施。

随着我国城市化水平的提高，农村人口向城市的转移将会在相当长的时间内存在。加剧了农民工群体在城市社区中的相对剥夺感，因此，国家要在城市化、工业化中实现社会的长治久安，已经是到了考虑新生代农民工的福利需求的时候了。

思考题

1. 简析社会福利需求的基本特性。
2. 社会福利需求形成中，有哪些主要影响因素？影响如何？
3. 为什么安全是一种基本的社会福利？
4. 儿童福利需求有哪些主要内容？
5. 残疾人有哪些特殊的福利需求？

---

① 金崇芳：《当代中国农民工阶层的群体特征探析》，《理论月刊》，2005（11）。
② 贾晓华：《中国非永久乡城迁移的福利分析》，《科技和产业》，2006（12）。

第六章
社会福利供给与社会组织

内容提要:

社会福利供给是社会福利运行过程中的关键环节,只有通过这个环节,才能切实满足社会成员的福利需求,提高社会成员的福利水平。社会福利供给是一种系统性的社会行动,包括供给主体、供给对象、供给内容和供给方式四个基本要素。社会组织是提供和传递社会福利的载体,社会组织的多样性塑造了社会福利供给主体的多元化,其中最主要的是家庭、政府、单位和慈善组织。不同的福利供给主体在福利供给中既有分工又相互补充,共同构筑起社会福利供给的组织网络。推进不同福利供给主体之间的有机整合,是实现社会福利供给有效性的基本途径。

学习目标:

1. 理解和掌握社会福利供给的构成要素
2. 认识家庭在社会福利供给中的作用
3. 理解和掌握政府在现代社会福利供给中的地位
4. 了解国内外的单位福利制度
5. 结合实际认识慈善组织的福利功能

第一节　社会福利供给要素

社会福利供给是一种系统性的社会行动，包括供给主体、供给客体、供给内容和供给方式四个基本要素。每个要素分别承担不同的角色，具有不同的作用，它们之间的相互作用决定了社会福利供给的效果。

一、供给主体

福利供给主体是社会福利的提供者。在社会福利供给中，福利供给主体解决的是"谁提供福利"的问题，没有供给主体，就无所谓社会福利供给。

（一）供给主体的形态

在社会福利事业发展进程中，福利供给主体的类型和数量不断增加，并日益呈现出多元化的趋势。根据福利供给主体的规模，可以分为组织主体和个人主体两大类型；社会组织在福利供给主体中占据绝对的优势地位，是社会福利供给的主导力量。在社会福利发展史上，家庭、政府、单位和慈善组织是最重要的福利供给主体。

1. 家庭

家庭是建立在婚姻关系、血缘关系或收养关系基础上的生活共同体，承担着经济功能、人口再生产功能、教育功能、保障功能和情感功能等，其中的保障功能就是福利供给功能。家庭作为最早的福利供给者，包括两层含义：一是指家庭是人类发展史上产生最早的福利供给者。在社会组织的发展史上，家庭是产生较早的社会组织；在社会制度的演进中，家庭制度属于"原本的社会制度"，是产生最早、影响最深刻、最广泛的社会制度。[①] 在人类社会早期，对于个体社会成员而言，家庭不仅是最初的福利供给者，有时甚至是唯一的福利供给者。家庭作为原初福利供给者的地位，是其他社会福利供给主体无法比拟的。二是指家庭是为个人提供福利支持的最先者。在这层意义上，家庭作为福利供给优先者的作用与时代无关，无论是古代还是近代和现代，莫不如此。

2. 政府

政府是掌管公共权力、实行公共管理的政治组织。政府在社会福利供给中的地位经历了一个历史发展过程，在社会福利发展的不同时期，政府的地位不

---

① 吴铎：《社会学》，199～200 页，北京，高等教育出版社，2000。

尽相同。在国家产生以前，社会福利供给主体中没有政府的位置；国家产生以后，政府在社会福利供给中逐步成为一个供给主体，其地位越来越重要，作用越来越突出，并在现代社会中成为最重要的福利供给主体，发挥着主导作用。总体而言，政府在福利供给中的作用经历了一个从小到大、从补缺到主导的演变过程，并在福利国家时代达到顶峰。

3. 单位

单位是以业缘关系为纽带建立起来的社会组织。在高度分化和日益专业化的现代社会，根据社会分工需要而产生和建立的各种专门性的社会组织——工作单位已承担着重要的社会福利供给功能。一方面，它们对外参与公益活动，面向社会成员提供广泛的福利支持；另一方面，它们面向自己的职工提供福利，构建单位（职工）福利制度。正如美国学者 Neil Gilbert 和 Paul Terrell 所指出的："工作单位——工厂、农场、大学和服务公司——常常为其职员提供连同正常薪酬一起的与工作相关的商品和服务以提升他们的福利。……工作不仅提供了日常生活开支的来源，而且提供了各种工作福利，即平常所说的额外或职业福利（fringe or occupational benefit）。"①

4. 慈善组织

慈善组织是以慈善精神为思想基础建立起来的非政府和非营利的社会组织，慈善组织作为福利供给主体的历史渊源流长。在传统的农业社会中，当政府无暇、无心和无力顾及弱势群体的福利需求时，慈善组织已经行动起来，发挥了很好的补缺作用。在现代化的工业社会中，慈善组织仍然是一个重要的福利提供者，具有不可替代的福利供给功能。

（二）供给主体的角色

1. 福利生产者

福利生产者是指具体从事福利生产的组织。福利生产者是福利供给主体最重要的角色，没有福利生产，福利提供就成为"无源之水"。一般而言，政府并不直接从事社会福利的生产，主要是为社会福利生产提供或创造条件，或者通过购买方式提供福利。福利生产者主要有两类：一类是实物性福利的生产者，主要指从事物质生活资料生产的经济组织；一类是服务性福利的生产者，如我国的社会福利事业单位、医疗卫生服务机构、公立的基础教育机构以及从事福

---

① ［美］Neil Gilbert, Paul Terrell：《社会福利政策导论》，11 页，黄晨熹、周烨、刘红译，上海，华东理工大学出版社，2003。

利服务的志愿组织或慈善组织。

2. 福利输送者

福利输送者亦即福利传递者，是指把社会福利传递或送达福利需求对象的组织。福利输送者是连接福利生产者和福利使用者的中介和桥梁，具有"承上启下"的作用。在现实生活中，承担福利输送者角色的主要有四类：第一类是政府内部设立的专门机构。如，我国民政系统的各级组织，政府财政支出中用于救助最低生活保障对象的救助金和物资就需要依靠它们来传递。第二类是非政府组织，具体包括公司企业和慈善组织等。第三类是专业的社会工作者，社会工作者主要提供和输送服务类的社会福利。第四类是社会成员个人，他们输送的社会福利在内容上和形式上具有多元化的特性。

3. 福利筹集者

福利筹集者是指筹措和收集各种福利资源的组织和个人。通过福利筹集者的活动，把分散的福利资源集中和整合起来，既可为福利输送者提供便利，也有利于高效率地发挥福利资源的作用。政府由于其动员能力强、影响力大、信任程度高、号召力大，而成为最具权威性的福利筹集者。此外，公司企业、民间组织和公民个人也是筹集福利资源的重要力量。

4. 福利分配者

福利分配者是指把各种福利资源分配给福利需求者的组织和个人。福利分配者在福利供给中具有重要的作用，缺少了福利分配者，各种福利资源就难以公平有效地分配给福利需求者。最主要的福利分配者仍然是政府，但在政府系统内部，不同级别的政府所拥有的分配权力不同，中央政府的权力最大。在同级政府内部的不同部门，所拥有的分配权力也存在着差异。科学合理地划分不同级别的政府及其部门内部的分配权力，是一个需要深入研究的问题。此外，第二部门和第三部门也承担着一定的福利分配者角色。一个社会的三大部门之间如何划分福利分配权力也是一个重要的课题。

需要说明的是，在理论分析中，我们可以比较清晰的区分福利供给主体的四种具体角色；但在现实生活中，不同的福利供给主体可能承担相同的角色，同一供给主体也可能承担不同的角色，二者之间存在着相互交叉的关系。

二、供给客体

福利供给客体即社会福利供给的对象，具体指社会福利的需求者、接受者和使用者。福利供给客体解决的是"福利给谁"的问题，没有福利客体，福利供给就失去了目标和指向。根据福利供给客体的范围和重点，可分为一般客体和特殊客体两类。

（一） 一般客体

社会福利供给的一般客体是指一个国家的全体社会成员。理由有四：一是社会福利的本质要求。社会性是社会福利的本质属性，福利对象包含全体社会成员正是社会性的集中体现，也是"社会福利"区别于"家庭福利"、"家族福利"、"社区福利"、"单位福利"的意义之所在。二是全体公民存在着共同的基础性福利需求。尽管一个国家的社会成员可以依据不同的标准化分为不同的人群，但是，不同的人群在基础性的福利需求方面是相同的。如，解决温饱的需求（生存需求）、基础教育的需求（发展需求）和公共卫生和医疗救助的需求（健康需求）。这三项基本福利需求是人人躲不开、人人都需要的"重叠性需求"。全体社会成员的"重叠性需求"的存在，使满足全体社会成员的基础性福利需求成为社会福利供给中的一条"底线"。在这条"底线"上，全体成员都是平等的。① 三是全体公民都享有平等的福利权。从社会公平和社会公正的角度讲，一个国家的全体社会成员在接受社会福利时享有平等的权利，这在我国的《宪法》中有明确的规定。尽管存在着福利权利的事实不平等，但这并不影响法律上的平等权利。因此，从法律的角度看，社会福利权利遵循的是"普遍主义"原则而非"特殊主义"原则。四是符合社会福利的宗旨。社会福利的宗旨就是提升全体公民的社会生活质量，这是人类社会发展的目标和追求。②

（二） 特殊客体

社会福利供给的特殊客体是指社会成员中的弱势群体。③ 所谓弱势群体，是指拥有社会资源较少、抵御风险能力较弱、社会经济地位低下、需要外部力量支持才能参与正常社会生活的社会群体。回顾人类社会发展的历史时可以发现，弱势群体作为一种客观存在的社会事实并非今天才有，而是任何时代、任何国家都普遍存在的一种社会现象，是社会分化和社会分层的必然产物。在社会福利发展史上，最初的社会福利供给对象就是弱势群体。因此，把弱势群体作为一个特殊客体，优先满足他们（她们）的福利需求，不仅符合社会福利

---

① 景天魁：《社会保障：公平社会的基础》，《中国社会科学院研究生院学报》，2006（6）。

② 周沛：《社会福利体系研究》，239 页。

③ 国内学术界还有"劣势群体"、"脆弱群体"、"社会脆弱群体"和"社会弱者"等不同称谓。

发展的传统，也真正体现了社会发展的公平和公正原则。

根据弱势群体的成因，我国当前的弱势群体可分为四类：第一类是自然性弱势群体。自然性弱势群体是由于自然条件恶劣（如不适宜人类生存的自然环境）或自然灾害（如地震等）造成的弱势群体，主要包括自然条件和生态环境恶劣地区的居民和自然灾害造成的灾民两个群体。第二类是社会性弱势群体。社会性弱势群体主要是由于社会条件造成的弱势群体。造成社会性弱势群体的社会原因主要有社会转型、体制转换、结构调整和国家政策四类因素。社会性弱势群体主要包括城镇的下岗失业人员、城市农民工、库区移民和高校贫困生等群体。第三类是生理性弱势群体。生理性弱势群体主要指那些由于生理性的原因而在社会生活某些方面有所依赖、在社会竞争中处于弱势或容易被伤害的人群，包括老年人弱势群体、残疾人弱势群体和儿童弱势群体。第四类是心理性弱势群体。心理性弱势群体主要是由于心理疾病直接导致的弱势群体。在社会的急剧变迁时期，社会风险增加，社会生活中的不确定性因素凸显，社会适应能力较差的部分社会成员不能有效协调各种外在的社会关系，导致心理陷入冲突混乱，引发精神疾病。长期以来，我国对心理疾病患者存在着社会偏见甚至社会歧视，认为他们（她们）是"神经不正常的人"。心理疾病患者与生理疾病患者一样，是需要社会给予关心与帮助的弱势群体。

三、供给内容

福利供给内容解决的是"提供什么福利"的问题，没有可以提供的具体福利，福利供给行动只能是"画饼充饥"。从历史上看，福利供给的内容具有动态性和历史性，主要由社会成员的基本需要、经济发展水平和社会政策的价值理念所决定。

（一）货币福利

货币形式的福利即现金。现金是最直接、最方便的福利形式。现金福利具有多方面的优点：对于福利提供者而言，可以节省非现金支持的各种成本费用，手续简单方便；对于福利对象而言，手中握有现金，就可以根据自己的实际需要购买最紧迫的生活必需品或者用于其他支出事项，如贫困大学生可以用以支付学费、书费。当然，现金福利也可能产生一些负面作用：有的福利对象不一定能够合理开支甚至浪费金钱，有的福利对象可能手中有现金也不能买到自己急需的物品或服务。因此，现金福利不是万能的，没有现金福利也是万万不能的；关键不是现金的有无或多少，而是现金产生的实际效果。

（二）实物福利

实物福利是最常见和最普遍的福利形式，主要满足福利对象日常生活中吃、穿、住、行等基本需要。对于缺乏生活必需品的福利对象而言，实物福利是最有效的社会支持。对于处于绝对贫困的弱势群体，生活必需品的支持非常重要，这是维持他们最低生活甚至生命最有效的保障。如灾民和特困人口救助中提供的粮食、油盐、衣服和被子等。对于没有住房或者住房条件太差的弱势群体而言，最重要的支持可能是住房支持。政府可以建筑或者购置房屋，为住房特别困难的弱势群体提供"廉租房"和"免费房"。对于生活在边远贫困山区的农民而言，提供成本收费或免费的常用药品也属于实物福利。实物福利的局限性主要有二：一是成本费用高，二是传递系统内部存在"滴漏效应"。①

（三）服务福利

服务形式的福利是指为福利对象所提供的各种免费或低费的社会福利服务。福利对象的需求是多方面的，有的福利对象最需要的可能不是现金，也不是实物，而是社会服务。如针对生理性弱势群体的服务（老年人服务、残疾人服务和儿童服务）、针对心理性弱势群体的服务（心理干预和心理咨询）、针对自然性弱势群体的服务和针对社会性弱势群体的服务。服务福利具有鲜明的行动特征，实际是一种行动支持，在现代社会福利体系中越来越成为一项重要的内容，需要社会政策和社会工作的理论研究者和实际工作者给予高度重视。

四、供给方式

福利供给方式是提供社会福利的方法和手段，它所解决的是"怎样提供福利"的问题，没有针对性的供给方式，社会福利就不能有效地分配和传递给福利对象。

福利供给方式具有灵活多样性，在实践中采取何种供给方式，主要取决于供给主体、供给客体和供给内容三个因素。福利供给方式可依据不同的标准分为不同类型：

---

① 所谓"滴漏效应"，就是指在社会福利输送过程中，用于帮助和支持福利对象的各种实物资源在传输过程中会被各个中间环节"截流"和"私吞"，等最后"流"到弱势群体时，已经所剩不多或所剩无几。

（一）　免费供给与付费供给

免费供给即供给主体免费向供给客体提供福利支持，接受福利支持的对象不需要支付任何费用。免费的福利供给主要有三类：一是政府提供的社会救助。社会救助的资金来源于政府的财政预算和财政支出，接受社会救助的对象只要达到国家和法律规定的救助条件，就可获得免费的福利支持。如城乡绝对贫困人群享受的最低生活保障金、灾民的临时救济金等，都属于免费供给。二是社会提供的慈善捐助。自愿的慈善捐助本身来源于捐赠者的无偿奉献，接受慈善捐助的社会成员，本身也不需要支付任何费用，免费享受慈善捐助。三是社会福利机构提供的免费服务。如以国家全额财政拨款为事业经费的社会福利机构（孤儿院、孤老院、精神病院、流浪儿童救助站等）向一些特定的社会弱势群体提供的免费服务。

付费供给即福利对象必须通过预先缴费才能在有需要时获得供给主体的福利支持，是以付费为前提的供给方式。付费的福利供给主要有两类：一是政府提供的社会保险金。社会保险是一种强制性的社会保障，遵循权利义务对等原则，福利需求者只有先尽缴费义务，才有享受保险的权利。如社会医疗保险金、社会养老保险金和失业保险金的领取和支付就属于付费供给方式。二是社会福利机构提供的付费服务。付费服务是社会福利机构提供的福利服务形式之一，福利需求者在使用或享受相关的福利服务时需要支付一定的服务费用，至少是支付服务的成本费用。随着我国社会福利社会化的推进，社会福利机构的举办主体日益多元化，付费服务在福利服务中的比重将不断上升。

（二）　临时供给与固定供给

临时供给是一种非制度化和不定期的福利供给方式，主要适用于应对重大自然灾害和重大生活事件中的短期救助。自然灾害中产生的灾民，是一个暂时性的弱势群体，需要得到政府和社会的及时帮助，才能渡过突如其来的难关。重大生活事件（如经济危机、交通事故、重大疾病等）可能导致部分社会成员在短期内陷入生活困境，需要政府和社会提供短期内的福利支持。临时供给虽然不是制度化的供给方式，却是一种非常灵活有效的福利支持，是现代社会中不可或缺的福利供给方式。由于临时供给的应急性特征，一般情况下采取免费供给的方式实现。

固定供给是一种制度化、正式化和长期化的福利供给方式，主要适用于解决常规性的社会问题。固定供给既有免费的（如最低生活保障制度），也有付费的（如社会保险制度）。固定供给方式有一套成熟的运行机制和工作程序，有利于提高福利供给的规范化和制度化水平；同时，由于受到既定制度框架的约束，固定供给方式在应对突发的重大生活事件时难以作出迅速反应成为其最大弱点，并且在制度变革中容易受"路径依赖"的束缚。

第二节　家庭的福利供给

家庭是一个极为重要的福利供给主体，在任何时代和社会，家庭都是最基本的福利供给者，家庭福利保障是整个社会福利制度的基础。

一、家庭是福利供给的基石

考察家庭在社会福利供给中的地位，需要充分考虑时间变量的因素。在现代工业社会中，家庭的福利供给功能发生了某些变化，但尚未足以动摇家庭作为福利供给的"基石"地位。

（一）家庭是传统社会最重要的福利提供者

在传统农业社会，以国家和政府承担主要责任的正式福利制度尚未产生和建立，社会成员基本上依靠非正式福利制度的支持。在非正式福利制度的供给网络中，家庭是最重要的供给主体。在农业社会中，家庭是一个集多种功能于一身的社会群体，既是一个生产共同体，又是一个消费共同体，还是一个福利共同体。家庭作为一个福利共同体，是满足家庭成员各种福利需求的"保护伞"。一是维持生计。家庭成员的吃、穿、住、行等日常生活完全由家庭统一负责和安排，家庭成员之间在物质生活方面是真正的"同甘共苦"。二是哺育子女。子女的抚养和教育基本上由家庭承担，父母不仅教育子女如何"做人"，而且培养子女如何"做事"，子女的生活技能和生产技能也主要从父母那里习得。在多子女的家庭中，长子女甚至还承担了一些抚育弟妹的任务。三是赡养老人。中国文化中的"养儿防老"集中体现了家庭的养老保障功能，为了提高养老的保险系数，最有效的办法是多生孩子，这也是农业社会中大家庭占主导地位的重要原因之一。四是供养残疾。由于没有专门的机构或组织收养残疾人，供养残疾人成为家庭义不容辞的责任。五是照顾病患。在传统农业社会，规模化、专业化和正规化的医院尚未出现，疾病治疗主要依靠民间医生，病患者的饮食起居和日常照料完全由家庭中的其他成员承担。家庭福利保障的全方位化与家庭规模的大型化之间形成了一种互为因果的关系：家庭规模越大，保障功能越强；保障功能增强，家庭规模越大。

（二）家庭是现代社会不可缺少的福利提供者

在现代工业社会，随着工业化、城市化程度的提高，福利社会化进程的加快，以及福利供给主体的多元化，家庭的福利供给主体角色及其福利功能确实存在弱化现象，这是一个不可否认的客观事实。但是，家庭作为福利供给主体的作用绝不可因此而被忽视和低估。一方面，家庭依然是现代社会的细胞和基本单位，人们的童年和少年时代主要在家庭中度过，个人完成基本社会化的成本主要靠家庭承担，大多数老年人的赡养也在家庭中进行，家庭仍然具有不可替代的福利支持功能。[①] 另一方面，家庭福利是社会福利的补充与补偿。在现代社会福利制度比较发达的国家，政府主导的正式福利制度是社会成员最大的福利保障。但是，统一化的正式福利制度既难以完全覆盖社会成员福利需求的所有领域，也难以完全满足社会成员多样化、层次化的福利需求。这既为发挥家庭的福利补充功能留下了空间，也给家庭的福利供给提出了要求。更为重要的是，当今世界上真正建立"从摇篮到坟墓"都有保障的国家凤毛麟角，绝大多数国家的正式福利制度远远不能满足社会成员的福利需求；特别是一些不发达国家和落后地区，甚至还存在着不少社会福利供给的"盲点"和"空白"，家庭的福利供给在这些地方尤其重要。例如，在中国农村的一些贫困边远山区，远离其他福利供给主体，家庭几乎还承担着绝大部分甚至所有的福利保障功能。总之，无论将来的社会福利制度如何发达，覆盖面再宽，保障能力再强，也不可能完全取代家庭作为福利供给主体的地位。

二、家庭福利保障的形式

在不同的社会发展阶段，家庭福利的形式并不完全相同，家庭保障功能的重要性也不一致。总体而论，可把家庭福利保障的形式分为三类：

（一）物质支持

物质支持是家庭福利保障中的基础内容，主要包括货币与实物。从代际关系的角度看，中国家庭的物质支持有三种形式：一是父辈对子辈的支持。父母对子女的物质支持几乎贯穿子女的一生，重点是子女获得独立生活来源之前的日常生活费用、接受教育的费用以及医治疾病的费用，父辈对子辈的最后物质

---

① 周沛：《社会福利体系研究》，230 页，北京，中国劳动社会保障出版社，2007。

支持是留给子女的遗产（动产和不动产）。二是子辈对父辈的支持。子辈对父辈的物质支持主要是父辈年老体衰阶段即赡养阶段的物质生活支持和疾病治疗支持，这既是父辈的期待和权利，也是子辈的义务和责任，这是中国养老文化中"孝文化"的基本要求。三是同辈之间的相互支持。在多子女的家庭中，同辈兄弟姐妹之间的相互支持不可忽视。同辈之间的支持具有阶段性特征：同属一个定位家庭阶段，兄弟姐妹之间的相互支持是直接的；各自成家建立独立的生育家庭之后，兄弟姐妹之间的相互支持具有间接性的特征，相互支持的频率和程度也会产生变化。独生子女家庭的出现，宣告同辈之间的相互支持"退出"家庭支持的舞台。

（二）服务支持

服务支持是家庭福利保障中的重要内容，体现为家庭成员之间的相互服务。如父母在子女成长中的照护，子女对老人日常生活的照料，夫妻之间的相互照顾，家庭对疾病患者的长期护理，等等。在家庭成员之间的相互服务中，父辈的付出永远是最多的，他们不仅为子辈服务，还要为孙辈服务。正如中国人所常说的："子女永远是欠父母的"。家庭成员之间的相互服务是"无偿的"和"免费的"，完全与金钱无关，这是家庭服务支持的崇高性之所在。家庭成员之间的相互服务是一种很重要的家庭福利保障形式，长期以来被人们有意无意地忽视，在家庭福利供给研究中也经常被"遮蔽"。

（三）情感支持

在各种社会共同体中，家庭是情感因素最深厚的共同体，家庭内的人际关系是最亲密的，家庭是思想感情交流最为充分的场所，其情感支持功能主要包括三个方面：一是通过相互理解、表露与交流内心深层的情绪与感受，形成共同的思想情感基础；二是通过相互关怀与支持，消融家庭外的社会生活中带来的各种苦恼和挫折，得到从家庭外无法得到的精神寄托与安慰，缓和与协调个人与社会的某些紧张关系，形成和谐的心理状态；三是通过共同的家庭娱乐活动，调节身心，恢复体力，增进家庭成员之间的亲密程度，和睦温暖的家庭可以激发工作中的上进精神。另外，在现代社会，家庭的情感支持功能对于夫妻关系的和谐与家庭的稳定具有重要的维系作用。

三、家庭福利保障的特点

（一）基础性

　　家庭福利保障的基础性体现在三个方面：首先，家庭永远是社会结构的基本单位。自家庭产生以来，家庭一直是社会的细胞，在社会结构中处于基础性的地位。家庭的稳定和谐既是社会稳定和谐的基础，也是社会稳定和谐的标志。只要家庭存在，家庭作为福利供给原初者的作用就不可能被其他组织所取代。其次，家庭永远是个体社会化的起点。在个体从"自然人"成长为"社会人"的过程中，家庭是个体遇到的第一个社会化执行者，是个体接受社会教化的最初场所。通过家庭的社会化，个人基本掌握了日常生活技能，懂得了待人接物礼仪，学会了扮演基本的社会角色，基本具备了参与社会生活的基本知识和能力。再次，家庭永远是福利传递的落脚点。家庭是其他福利资源输送和传递的终点，是外部福利资源的最后"接收站"。家庭能够把各种福利支持有机整合起来，进行最有效的分配，以满足家庭成员的实际需要。强调家庭在福利供给中的基础性，目的在于提醒现代社会福利政策的制定者不能忽视家庭的福利保障功能，不能重走西方福利国家"重新找回家庭"的老路。

（二）伦理性

　　从家庭福利保障的思想基础看，家庭的福利供给主要建立在伦理道德的基础之上，离开了家庭伦理与家庭道德的约束，家庭的福利供给难以维系。首先，家庭成员之间的相互支持是一种道德义务。在中国的家庭关系中，渗透着很强的道德力量，特别是子女对老人的关系，这种关系使家庭中形成了以"孝"为基础的伦理秩序，强调尊老和敬老。在中国的家庭伦理观念中，比较强调家庭整体的利益与价值，强调家庭成员之间的互助。因此，家庭成员之间的相互扶助与支持，首先是一种道德义务。其次，家庭福利供给的实现依靠道德力量。在中国，家庭福利供给功能的发挥，主要依靠道德的力量来实现。我们看到，中国家庭成员之间的相互支持主要依靠的是家庭成员内在的自觉自愿，而非外在的强制力量。而且，在中国家庭中，父母不养育子女或子女不赡养老人，父母遗弃子女或子女遗弃父母等行为，首先受到的是道德评判和道德谴责，而非法律的追究与惩罚；强大的社会舆论和道德压力，对没有"良心"的父母或子女最具有威慑力。同样，受到社会褒扬的父母和子女，最初也是来源于道德评判。总之，离开道德力量的维系与约束，家庭的福利供给功能将难以发挥和实现。

(三) 效率性

从福利供给的效率看，家庭的福利供给是效率最高的。首先，家庭的福利供给及时、快速。在满足社会成员的福利需求时，家庭成员的反应速度是最及时和最快的。当一个人遇到困难需要帮助时，最先想到的是家人，最早得到的支持也来源于家庭。其他主体在提供福利支持时，有的需要募集过程，有的需要统一传递过程，有的需要申报、审核与拨付时间，这些环节大大影响了福利供给的及时性和快捷性。其次，家庭的福利供给简便易行。家庭成员之间的相互支持和福利供给源于血缘关系和情感关系，一般情况下不存在任何手续，也不需要办理任何正式手续。相反，其他主体尤其是政府在提供福利支持时，受助者需要办理一系列的正式手续。再次，家庭的福利供给没有管理成本。政府、工作单位、慈善组织的福利供给需要专门的管理机构，需要支出一定的管理成本。相反，在家庭的福利供给中，并不发生管理成本的问题。

(四) 社会性

从整个社会范围的角度看，家庭福利不仅仅使家庭成员受益，还使整个社会受益，家庭福利保障具有社会性的功能。德国学者弗兰茨—克萨韦尔·考夫曼（Franz-Xaver Kaufmann）认为，家庭福利的社会性功能主要体现在四个方面：[①] 首先，家庭为社会培养接班人。在一个社会中，所有其他社会系统都依赖于儿童的成长，他们在长大成人时承担起各种功能系统的任务，家庭对儿童的培育实质上是为社会培育接班人。不仅如此，家庭养育孩子的费用还以无偿的方式参与了国民经济的构成。其次，家庭是人力资源的培育者。考夫曼认为，人力资源指从属于一个社会的所有个人能向社会各个方面（经济、国家、文化、家庭等）提供的能力的总合。人力资源不仅涉及在经济中被利用的能力即专业才能或职业技能，而且还涉及用于人类生活其他方面的各种能力，如承担父亲或母亲、消费者等社会角色的能力。在这些能力的形成和提高过程中，家庭作出了贡献。再次，家庭是人力资源的维护者。人力资源的维护与家庭密切相关，因为直系亲属是我们倾向于与其保持终身关系的仅有的人，他们对个人的情感支持、自我形象的强化，以及对自身体验的延续具有重要的意义。人们投入各

---

① ［德］弗兰茨—克萨韦尔·考夫曼：《社会福利国家面临的挑战》，88～90 页，王学东译，北京，商务印书馆，2004。

个不同领域的能力和意愿，首先依赖于家庭的肯定和支持。最后，家庭是培养团结互助潜能的场所。家庭成员之间的关系是个人之间最稳定、最多样和最有效率的网络关系，亲属之间的团结互助会在全社会范围内产生效果；人们接受代际契约，是以每一个人在其较亲密的家庭环境中对社会保障体系的功效体验为基础的。

四、中国家庭福利保障功能面临的挑战

随着中国社会的快速变迁与发展，中国的家庭福利保障功能面临着越来越严峻的挑战：一方面是家庭的福利供给能力日益下降。家庭福利供给能力下降原因主要有：（1）计划生育政策的实施和生育观念的变化导致中国家庭规模的小型化和核心化，家庭成员数量的减少，弱化了家庭内部的相互支持能力；（2）妇女就业比率的上升虽然带来家庭收入的增加，同时也导致家庭照顾力量的减弱；（3）离婚率持续上升导致家庭稳定性下降和单亲家庭增加；（4）大量农村青壮年劳动力流入城市，产生大量的"留守儿童"和"留守老人"，导致农村家庭的抚育功能和养老功能弱化，等等。家庭福利保障功能的下降，造成家庭成员之间的关系紧张和家庭社会问题，二者之间的恶性循环势必带来更为严重的婚姻家庭问题。另一方面是家庭承担的福利责任越来越重。在农村地区，家庭联产承包责任制实施以后，农村家庭的福利保障功能又重新得到了强化。集体经济的衰落导致分散农户失去了"集体帐篷"的保护，需要独立面对自然风险、市场风险和其他社会风险；农村社会保障制度的不健全和市场化导致农村家庭的经济压力增加；人口老龄化和高龄化给家庭带来养老和医疗的双重压力。在城市，"单位办社会"体制的逐步解体和企业制度的改革，许多职工及其家属从单位中获得福利支持的数量和种类正在减少，个人或家庭不得不承担从单位剥离出来的部分福利保障责任，如住房、养老、医疗、教育、再就业等。总之，家庭福利供给能力下降与家庭福利责任增加同时并存，使中国家庭处于十分"尴尬"的境地，解决中国家庭福利供给所面临的困境已迫在眉睫。

第三节　政府的福利供给

国家产生以后，政府日益成为一个重要的福利供给主体。在现代社会中，政府成为社会福利供给的主导者，是最重要的福利供给主体。

一、政府在社会福利供给中的地位

（一）传统农业社会中的补缺地位

在传统农业社会中，制度化的社会福利体系尚未建立起来，社会成员主要依靠传统的福利供给主体（家庭、社区和慈善组织）满足福利需求。政府既不是最重要的、也不是最主动的福利供给主体，在福利供给中扮演着"补缺性"的角色。具体表现在两个方面：一是政府福利供给行动的"消极性"。在传统农业社会中，政府主要是一种政治控制和政治统治工具，为全体社会成员提供福利支持尚未成为政府的职能，也非政府的义务。处于社会福利供给"前台"的主要是家庭（家族）、社区和慈善组织，个人首先依靠家庭（家族）、社区和慈善组织来满足自己的福利需求。政府在福利供给中处于"后台"位置，扮演着"最后出场"的消极角色，政府提供的社会福利仅是对家庭、社区和慈善组织的补充。通常情况下，政府只有在这些组织和渠道失灵的情况下才会介入。"在十九世纪的大部分时间和二十世纪早期，美国仍然倾向于大量依靠公众自发的社会福利行为。"[①] 二是政府福利供给对象的"选择性"。在传统农业社会，不得不为公民提供福利支持的政府，在福利供给对象的选择上主要是针对社会中的少数人即弱势群体特别是贫困人群。这一点，在国内外社会福利发展史上概莫能外。例如，16世纪开始的英国圈地运动造成了大量的城镇贫民和城镇乞丐，为消除流浪和贫困现象，稳定社会秩序，英国政府于1601年颁布旧《济贫法》，但政府并未承担主要的济贫责任。直到1834年颁布的新《济贫法》，才认为救济不是政府的消极行动，而是政府的一项积极福利措施。在中国的社会福利发展史上，新中国成立之前的历朝政府，在福利供给上也一直扮演着"补缺者"的辅助角色，所提供的福利支持也主要限于弱势人群。[②]

（二）现代工业社会中的主导地位

在现代工业社会中，政府在社会福利供给中承担了前所未有的责任，成为最重要的福利供给主体，扮演着福利供给主导者的角色。政府之所以在现代社

---

① ［美］罗迈尼辛·M·约翰：《社会福利观念的变迁》，5页，辛炳尧译，厦门，厦门大学出版社，1990。

② 参见王子今、刘悦斌、常宗虎：《中国社会福利史》，北京，中国社会出版社，2002。

会的福利供给中居于主导者地位，主要源于两个方面的原因：[1] 一方面是国家责任的转变。近代国家的理念强调国家的权利源于公民的权利，国家不得干预公民的个人自由权，国家充当"守夜人"的角色，其公共职能被限定在国防、公共安全和税收等领域。19 世纪末 20 世纪初，随着自由资本主义向垄断资本主义转变，经济危机导致社会问题增多，社会矛盾加剧；市场和社会风险激增，个人和家庭的抗风险能力面临严峻挑战，要求政府积极干预社会事务以保护全体公民特别是社会弱者的生存权和发展权。由此，政府在社会福利供给中从"后台"走向"前台"，为公民提供社会福利成了政府的重要责任，同时也是政府获得合法性和民众支持的重要基础。另一方面是政府能力的增强。从传统农业社会到现代工业社会转变的过程，是一个政府能力日益增强的过程。在现代工业社会，由于社会福利需求的增加，社会福利的供给需要大量的社会资源，仅仅依靠民间组织和慈善机构，远远不能解决福利供给资源的筹集与调动问题；只有通过政府的力量，才能调动和整合各种社会资源，保障社会福利的供给。在工业化的现代社会，随着国民经济的增长，国家拥有广泛的税源，财政收入不断增加，政府拥有足够的财力为民众提供社会福利。总之，"传统社会网络无力应对市场给人们生活带来的不确定性危机，只有国家有能力运用手中的权力保护人民免于社会风险。"[2]

二、现代政府在社会福利供给中的责任

（一）选择社会福利制度

社会福利制度的选择是一个国家社会福利发展中最为重要和最为关键的问题，选择一个适合本国国情的社会福利制度，是现代政府作为社会福利供给主体最首要、最重要的职责和任务。在现代社会的任何一个国家，社会福利制度的选择权和决策权只可能由政府行使，也必须由政府行使。如果以 1834 年英国通过《济贫法》修正案亦即《新济贫法》为标志[3]，现代社会福利制度已有 170多年的历史，并经历了形成、发展、普及与改革调整四个时期。目前，世界上

---

① 周沛：《社会福利体系研究》，97 页。

② 钱宁：《现代社会福利思想》，193 页。

③ 关于现代社会福利制度的起源，在学术界有多种观点和看法，详见郑功成：《社会保障学：理念、制度、实践与思辨》，116 页脚注①，北京，商务印书馆，2000。

已有 172 个国家和地区建立了不同形式、不同程度的社会福利制度。[①] 根据不同的标准，这些国家和地区的福利制度可分为不同的类型。[②] 面对五花八门的社会福利模式，后发国家的政府面临着严峻的考验和挑战：一旦社会福利制度选择不当或者失败，所带来的不仅仅是社会福利事业发展的挫折问题，很可能是国家的社会动荡与政局稳定问题。中国政府正面临着重构和完善中国特色福利制度的历史任务，高度重视这一问题具有重要的现实意义和深远的历史意义。

（二）制定社会福利法规

通过国家立法推动现代社会福利制度的建立和完善，是世界各国社会福利发展史上的共同做法。英国政府在 1601 年和 1834 年先后两次颁布《济贫法》，最早建立起政府主导的社会救助制度；1948 年，英国政府颁布《国民保险法》、《工业伤害法》、《国民补救法》和《国民医疗保健服务法》，形成了一套完整的福利国家体系。19 世纪 80 年代，德国俾斯麦政府相继颁布了一系列法令：《疾病社会保险法》(1883)、《工伤事故保险法》(1884)、《老年、残障和死亡保险法》(1889)。进入 20 世纪以后，德国又从各个方面完善社会保险制度，先后颁布《帝国保险制度》和《雇员保险法》(1911)、《帝国矿工保险法》(1923)、《职业介绍法》和《失业保险法》(1927)。上述法令的颁布实施使德国成为世界上第一个拥有比较完备的社会保险体系的国家。继德国之后，奥地利、瑞典、匈牙利、丹麦、挪威、英国、法国、罗马尼亚、卢森堡等欧洲国家先后实施了单项目或几个项目的社会保险制度。1935 年，美国通过了历史上第一部《社会保障法》，实行以社会保险制度为核心的社会保障制度，确立了美国的社会福利模式。总之，以立法方式促进社会福利事业的发展，保证了社会福利法制化和制度化，符合现代社会日益法治化的要求。

（三）制定社会福利政策

社会福利政策是"国家为了实现社会资源再分配、影响社会福利、维系社会稳定和促进社会公平而进行的一系列政策活动。"[③] 政府通过制定和实施社会

---

① 张彦、陈红霞：《社会保障概论》，24 页。

② 毕天云：《"福利'造型业'的'厂家'和'产品'——西方学者关于福利制度类型的研究综述》，载《哲学社科学术新视点》（论文集），241～252 页，昆明，云南大学出版社，2005。

③ 库少雄、[美] Hobart A. Burch：《社会福利政策分析与选择》，6 页，武汉，华中科技大学出版社，2006。

福利政策，既能把社会福利法规具体化，又能为社会福利实践提供行为规范和准则。制定和实施社会福利政策既是现代政府的重要职责，也是现代政府公共政策能力的体现。在社会福利立法比较停滞后、法律制度不完善的国家，社会福利政策具有十分重要的作用。社会福利政策的领域比较广泛，根据本书对社会福利内容的划分，主要包括就业政策、生活保障政策、医疗卫生政策、教育政策、住房政策、社会救助政策、社会保险政策和公共福利政策等。新中国成立以来，我国政府颁布和实施了一系列的社会福利政策，① 取得了较好的社会效果，促进了中国社会福利事业的发展，今后还需要进行修改和完善现行政策，制定和出台新的政策。

（四）提供社会福利资金

社会福利资金是发展社会福利的财力资源，没有财力支撑，社会福利制度的目标就难以实现。社会福利资金主要有四个来源渠道：一是雇主和雇员缴纳的社会保障费；二是社会保障基金的运营收益；三是国家的财政补助；四是其他渠道，包括发行福利彩票、社会捐赠和服务收费。② 政府的财政支持是社会福利资金的重要来源之一，也是政府作为福利供给主体的重要职责。政府通过财政转移支付对社会福利进行投入是世界上许多国家的普遍做法，无论是早期的济贫制度、后来的保险制度，还是现代的福利国家制度，欧美国家政府的财力支持对于社会福利制度的正常运行发挥了重要的支撑作用。实践表明，一个国家的社会福利支出占财政支出的比重，反映该国政府对社会福利的重视程度。衡量一个国家的社会福利支出水平，最有效的指标是分析社会福利支出占国内生产总值（GDP）的比重，它不仅反映一个国家将财富的多大比例用于社会福利，还反映该国的福利发展水平。我国政府投入社会福利的财政支持有两种形式：一是显性财政转移支付。主要用于社会救助特别是最低生活保障、新型农村合作医疗制度以及弥补城镇社会保险基金的差额。二是隐性的财政转移支付。最典型的是对社会福利机构给予的税收优惠政策，如对福利企业和社区福利服务的税收优惠。③

---

① 周良才：《中国社会福利》，268～269 页，北京，北京大学出版社，2008。

② 库少雄、[美] Hobart A. Burch：《社会福利政策分析与选择》，200 页，武汉，华中科技大学出版社，2006。

③ 周良才：《中国社会福利》，244～247 页。

（五）兴办社会福利设施

社会福利设施是保障全体社会成员特别是弱势群体基本生活权益的物质基础，是为社会成员提供社会福利服务的"硬件"。社会福利设施的数量和质量是衡量一个国家社会福利水平的重要指标，也体现一个政府对社会福利发展的重视程度。社会福利设施属于非营利性设施，具有"公共物品"的属性，完全依靠市场组织（公司企业）投资兴办不切实际，完全依靠民间力量难以满足社会需要，政府应该成为兴办社会福利设施的主体力量。

改革开放以来，我国的社会福利设施建设取得了一定的成绩。截至 2008 年年底，全国共有收养类福利单位 4.2 万个，拥有床位 235.5 万张，比 2007 年增长 15.1%，收养老年人、残疾人、孤儿等各类服务对象 189.2 万人，比 2007 年增长 15.8%。福利企业 2.3 万个，集中安置 56.8 万残疾人就业，比 2007 年增加 1.2 万人。① 尽管如此，这些福利设施和机构远远不能满足特殊人群（老人、儿童、残疾人）的需要。在今后一段时间内，我国在儿童福利机构设施、农村五保供养服务设施、社区服务设施、老年人福利设施和残疾人福利设施建设方面将面临艰巨的任务，需要中央和地方各级政府进一步加大投入力度。

（六）整合其他福利主体

社会福利供给主体的多元化为满足社会成员的各种福利需求提供了丰富的渠道，有利于改进和提高社会成员的福利水平和生活质量。同时也要防止福利供给主体的多元化演变为分散化和重叠化，降低福利供给的"合力"功能。为此，需要高度重视多元福利供给主体之间的整合问题，减少内耗，增进和谐，实现社会福利供给能力的最大化和最优化。在福利供给主体中，由于政府的特殊地位，唯有政府才具备对其他主体进行整合的资格和能力。政府对其他福利供给主体的整合主要包括三个方面：一是组织整合。所谓组织整合，就是政府要加强与不同福利供给主体之间的联系，在不同福利供给主体之间建立通畅高效的沟通交流机制，及时协调与处理不同福利供给主体之间的关系特别是冲突关系，形成一个关系密切的组织网络。二是功能整合。所谓功能整合，就是政府应该为其他福利供给主体划定相对的功能边界与空间，明确各自的角色和作用，保证各个福利供给主体之间既相互分工，又相互配合、互相补充。三是行

---

① 民政部：《2008 年民政事业发展统计公报》，http://cws.mca.gov.cn/article/tjkb/200902/20090200026333.shtml。

为整合。所谓行为整合，就是政府应该综合协调不同福利供给主体的行为，主要是福利资源的筹集行为与传递行为，避免和减少福利资源筹集中的"福利争夺"现象，减少福利分配中的"福利不均"、"福利扎堆"和"福利缺失"现象。

三、政府在社会福利供给中的错位现象

政府在社会福利供给中的主导地位并不意味着政府一定能够为社会成员提供良好的福利保障。在社会福利供给实践中，存在着各种各样的政府错位现象，分析和研究政府错位的表现、成因和改进对策，具有重要的现实意义。

1. 政府错位的表现

在社会福利供给中，政府错位主要有三种表现：一是政府缺位。所谓政府缺位，就是政府"该做的事不做"，属于"放任型"的不作为。改革开放以来，在我国农村公共福利服务供给领域，政府缺位的现象就比较突出。如农村社区卫生服务（初级卫生保健）方面，基本上采取了市场化的运行机制；在传统农村社会养老保险制度中，政府基本没有财政支持。政府在农村社会福利发展中的缺位是造成城乡社会保障体系发展不平衡和城乡居民社会福利待遇悬殊的重要原因。二是政府越位。所谓政府越位，就是政府"做了不该做的事"，属于"包办型"的过度作为。如政府在有的社会福利项目上大包大揽，排斥非政府力量的进入；在有的福利项目上既是"运动员"又是"裁判员"，角色混同。三是政府失位。所谓政府失位，就是政府"既不知道做什么，也不知道怎么做"。尽管政府失位与政府缺位的后果比较类似，但政府失位与政府缺位之间仍然存在着明显的区别：政府缺位是"知道该做什么却不做"，政府失位属于"不知做什么和怎么做"。如在一些新弱势群体（如"农村留守儿童"）产生后，政府在开始时反应迟钝，没有及时采取针对性的社会保护对策。

2. 政府错位的原因

导致政府在社会福利供给中错位的原因很多，主要有四个因素：一是认识因素。即对社会福利在整个社会结构中的定位不准确，对社会福利与社会发展的关系认识不透彻，对政府在社会福利供给中的主导地位认识不明确等。思想认识不到位，行动必然有问题。二是制度设计因素。政府在社会福利项目的设计上考虑不周密，实地调查不深入，公民参与不足，缺乏充分的民意基础；相关政策的科学性不足，操作性不强，针对性不够。三是执行因素。从社会福利政策的运行过程看，有好的政策不一定就有好的效果。政府是最主要的社会政策执行主体，由于政策执行体制、政策执行者、政策执行客体和政策执行资源等因素的影响，经常出现"政策变形"和"政策走样"，从而产生政府错位。在

我国，特别需要指出的是政策执行中的"对策行为"即"上有政策，下有对策"，这种政策运行中根深蒂固的"反文化"和"潜规则"，致使一些政策在执行过程中偏离预定目标，产生"目标置换"现象。四是行政伦理失范。一些政府工作人员"官本位"意识浓厚，服务意识不强，宗旨意识和公仆意识淡漠；滥用权力，以权谋私，权力寻租，导致权力变异，腐败丛生。

3. 政府错位的纠正

政府在社会福利供给中的错位，不仅直接影响社会福利供给的质量与效果，还影响政府在广大民众中的权威性和公信力，甚至削弱损害政府的合法性基础，必须采取针对性措施加以纠正。一是以"补位"纠正"缺位"。"补位"属于履行本来就有的职责，承担本来就应该承担的责任；其关键在于政府要真正做到"在其位，谋其政"，不逃避、不回避、不推诿。通过政府的"补位"，及时填补社会生活中的"福利空白"和"福利盲点"。二是以"回位"纠正"越位"。通过"回位"，政府可以从"不该做、做不好和做不了"的事务中"抽身"，既避免了"越权越界"中的"摩擦"与"浪费"，又可以集中精力做好"本职工作"，更好地为广大民众提供社会福利。三是以"定位"纠正"失位"。政府在社会福利供给中失位的主要原因在于没有定位或定位模糊，通过重新定位和明确定位，可有效减少"失位"现象。

第四节　单位的福利供给

工作单位是现代社会中占主导地位的业缘组织，单位福利制度的产生和发展增加和丰富了现代社会的福利供给主体。工作单位面向所属职工提供各种福利保障，成为劳动者获得职业福利和职工福利的重要渠道。

一、单位福利的含义与功能

（一）单位福利的含义

所谓单位福利，是指以工作单位（企业、事业、国家机关等）为主体，为改善和丰富职工的物质文化生活，举办集体生活和设立服务设施，建立各种补贴制度，向职工提供物质帮助和服务活动的总称。由于单位福利的受益对象主要限于单位的职工或职员，单位福利也可以称为职工福利。单位福利的性质可以从三个角度理解：

1. 单位福利是一种"职业福利"

从劳动属性看，单位福利与社会成员的工作或劳动就业高度重合，成为某个单位的成员并且参加单位的集体劳动（脑力劳动和体力劳动）是享受单位福利的先决条件。[①] 换句话说，一个没有进入单位、没有固定单位或退出单位的社会成员，是不能享受单位福利的。同样，一个没有就业的社会成员，也就无所谓职业福利。单位福利作为一种职业福利，在分配原则上不同于职工的工资。工资的分配主要遵循"效率原则"，实行按劳分配；职业福利则主要遵循"公平原则"，按就业身份进行分配。

2. 单位福利是一种"公益福利"

从本质属性看，单位福利属于公益性事业，具有非营利性。一般而言，单位兴建的各种福利服务设施和项目不以营利为目的，而以免费、低费或者成本收费的方式提供给单位职工。单位福利的公益性主要是针对职工及其家属而言的，对于单位外的社会成员，既可是非营利性的，也可以是营利的。当然，单位福利的公益性并不意味着不讲成本核算，不计经济效益。

3. 单位福利是一种"集体福利"

从社会属性看，单位福利虽然具有一定的社会属性，但实质上却是一种封闭性的"集体福利"。单位也是一种集体，是构成宏观社会的组织细胞，是一种"小社会"。众所周知，在任何国家，单位福利都是有边界的，能够享受单位福利的社会成员是有限制的。不同单位的职工不能享受同一单位的职业福利，同一单位的职工也不能享受不同单位的职业福利。这种社会成员的单位身份限制，使得单位福利的社会性具有封闭性，或者说是一种"小社会福利"，这一属性使之显著区别于普遍性（开放性）的国家福利或政府福利。

（二）单位福利的特征

1. 平等性

从权利的角度看，凡是在举办职业福利的单位工作的职工，都平等地享有单位福利的权利。同一单位的每个职工，在享受单位提供的福利服务和分配福利津贴时，地位和权利是平等的。当然，权利的平等并非意味着每个职工之间按照平均主义的原则分配单位福利，事实上的不均等是客观存在的，但不违背权利平等的特点。

---

① 孙光德、董克用：《社会保障概论》，290 页，北京，中国人民大学出版社，2000。

2. 差异性

从单位的类型看，单位福利存在鲜明的差异性。一是不同类型的单位之间存在着福利差异，如中国的国家机关与事业单位和公司企业之间，在福利待遇上存在着比较大的差距。二是同一类型不同所有制的单位之间存在着福利差异。如在中国的事业单位内部，全民所有制、集体所有制和私人所有制单位之间就存在着差别。三是同一单位在不同时期的职工福利也可能存在着差异。如中国的住房福利经历了从计划经济时代的"福利房制度"向社会主义市场经济时代的"商品房制度"转型的过程。

3. 广泛性

从内容角度看，单位福利涉及职工生产劳动和日常生活的方方面面。生产劳动方面的福利主要包括改善工作条件和劳动环境，提供特需的防护用品，降低职业危害，减少职业病的发生率。日常生活福利涉及职工生活中的吃、穿、住、行、用等诸多方面，涵盖生、老、病、死、穷等领域。在计划经济时代，有的单位福利不仅为职工所享受，还惠及职工的家属。

4. 不可逆性

从发展水平看，单位福利具有"福利刚性"特征，是一种"刚性福利"，集中表现为单位职工对自己的福利待遇具有只允许其上升不允许其下降的心理预期。这种心理预期要求单位福利的规模只能扩大不能缩小，福利项目只能增加不能减少，福利水平只能升高不能降低。单位福利的这一属性告诉我们：要根据单位的经济实力设置福利项目，不能超越现有实力"好高骛远"；福利项目只能由少到多逐步增加，福利标准由低到高逐步提高，福利范围由窄到宽逐步扩展。

（三）单位福利的功能

1. 增强职工的凝聚力

单位福利是增强职工归属感和凝聚力的重要因素。首先，单位福利是吸引优秀人才的重要前提。在越来越激烈的人才竞争中，单位福利待遇的高低是吸引优秀人才的重要"筹码"，也是优秀人才选择工作单位的重要指标。其次，单位福利是留住优秀人才的基本条件。人才流动是现代社会流动中的常见现象，一个单位如何留住现有的优秀人才，除了"感情留人"和"事业留人"外，"福利留人"也是关键要素之一。再次，单位福利能够增强职工之间的向心力，有利于培育职工的"集体意识"，更好地维持职工之间的团结。最后，单位福利还有助于化解职工之间的矛盾与摩擦，缓解职工与单位之间的冲突与对立，改善职工之间、职工与单位之间的关系，增进和实现"单位和谐"，构建"和谐单位"。

2. 改善职工的生活质量

单位福利的好坏，直接关系到职工的切身利益。通过向本单位职工提供各种福利项目（集体福利和个人福利），拓展了满足职工福利需求的渠道，增加了职工的福利资源，提高了职工的福利水平，有利于改善职工的物质生活条件和精神生活状况，有利于改善和提高职工的生活质量和生活满意度，增强职工的幸福感。

3. 提高单位的竞争力

当今世界，核心竞争力已经成为一个单位特别是企业可持续发展的关键，是一个单位的生命力之所在。单位福利虽然不能直接提高单位的核心竞争力，但是，单位福利搞好了，能够有效地稳定职工队伍，激励职工士气，有助于激发职工的创新精神，提高工作效率。所有这些，正是一个单位不断增强和提高核心竞争力的基础和前提。

从单位福利的功能可以看到，虽然福利属于消费基金，但提供单位福利并非仅仅是一种消费行为，同时还具有很强的生产性。按照发展型社会政策的观点，职工福利具有"社会投资"的性质，发展职工福利是一种社会投资行为。在公司企业等经济组织中，职工福利的生产性尤为明显，发展职工福利归根到底是为了更好地提高企业的劳动生产率和经济效益，这是公司企业的"命根"和"轴心"。

二、中国的企业福利制度

由于中国的单位类型具有多样性，中国的单位福利制度也是多元化的，其中最主要的是国家机关福利制度、事业单位福利制度、企业福利制度和军队福利制度，不同的单位福利制度之间既有共性，也有个性。企业是市场经济中最重要的活动主体，企业福利制度是最有代表性和典型性的单位福利制度。

（一）中国企业福利制度的演变

新中国的企业福利制度建设始于 20 世纪 50 年代初期，随着中国经济政治形势的变化，企业福利制度经历了一个复杂的演变过程。1953 年 1 月，政务院财政经济委员会规定：国营企业可以提取一定比例的"附加工资"，其中占工资总额 2.5％的费用作为福利补助金。同年 11 月，财经委员会又在企业奖励基金办法中规定：国营企业可以从奖励基金中拿出一部分兴办职工福利。20 世纪 50 年代中期，国民经济迅速恢复发展，企业福利项目过多，造成福利补助金严重不足，国家于 1957 年对企业的职工福利进行整顿，但因"大跃进"等运动的影响，效果不佳。1962 年 2 月，财政部、国家经委提出国营企业提取企业奖金的临时办法规定：完成国家规定任务的企业，可提取相当于工资总额 3.5％ 的企业奖金，其中一部分可用以发展职工福利。"文化大革命"时期，职工工资增长被冻结，职工社会保险统筹蜕变为"企业保险"。1969 年 11 月，当时的财政部军管会发出通知，将企业奖金和福利费、医药卫生费合并为"企业职工福利基金"，按照总额的 11％ 提取，该规定一直执行到 1979 年。1973 年 5 月，财政部对企业职工福利基金的使用范围作出了具体规定，主要包括六个方面。[1] 20 世纪 80 年代以来，随着经济体制改革和社会主义市场经济体制的逐步建立，企业福利制度发生了重大调整，主要表现为职工集体福利的供给减少，供给方式变化，相关法律、法规不断增加。[2]

（二）中国企业福利的构成

企业职工福利的内容由两大部分构成：职工集体福利和职工个人福利。[3]

1. 职工集体福利

职工集体福利是指为职工提供必要的集体消费、共同性消费设施以及集体服务。职工集体福利是职工福利的主要内容，包括两个部分：一是集体生活福利。企业为职工兴建集体生活服务设施，以优惠待遇为职工使用，为职工提供生活上的便利，解决生活上的困难，以解除工作的后顾之忧。集体生活福利设施范围广、项目多，主要有职工食堂、职工医院、职工宿舍、托儿所、幼儿园、子弟学校、洗澡室和理发美发室等。在市场经济条件下，这些项目中的一部分在改变"企业办社会"的过程中，已经逐步与企业"分离"和"脱钩"，不再具有企业福利的性质。二是集体文化福利。企业为职工兴建文化、体育、娱乐等设施，以免费或减费的优惠待遇供职工享用，主要包括文化馆、俱乐部、图书馆、电影院、业余学校、体育场馆等设施，以及开展各种文化、体育、文艺和娱乐活动等。

2. 职工个人福利

职工个人福利主要是指用于职工个人生活方面的各种福利项目，一般称为职工福利补贴。补贴的形式主要是发放现金（如过节费等），有时也发放实物

---

① 孙光德、董克用：《社会保障概论》，293～295 页。

② 闫梅：《职工集体福利的理论分析与制度建构》，《云南大学学报》（法学版），2006（4）。

③ 孙光德、董克用：《社会保障概论》，292～293 页。

（如水果、大米、鸡蛋等）。职工福利补贴的项目主要包括职工生活困难补助、职工住房补助、职工冬季取暖补贴、职工探亲期间的工资和往返车船费补贴、职工上下班交通补贴、职工电话通信补贴等。此外，还包括水电补贴、卫生费、书报费等福利补贴。

（三）中国企业福利制度的改革

我国的企业福利制度是在供给制和传统计划经济体制下形成和发展起来的，其基本特征是：国有企业和城镇集体企业在全国统一的福利基金制度的支撑下，通过设置庞杂的福利补贴项目和兴办各种封闭的自我服务体系，将职工日常生活中的大量消费需求由企业包揽下来，形成典型的"企业办社会"。这种职工福利制度在"低工资、高福利"的特定历史时期，在满足职工的物质文化生活需求、推动社会经济发展、稳定社会秩序等方面发挥过积极作用，但在市场经济条件下暴露出了一系列的问题：抑制第三产业的发展；弱化了工资分配的激励作用；阻碍了全国劳动力市场的形成和劳动力的合理流动；福利资金的管理和使用存在大量问题，降低企业效率，拖累企业发展，等等。① 这些问题表明，随着经济全球化的挑战、社会主义市场经济的发展和企业改革的深入，企业福利制度的改革与创新势在必然。

在中国企业福利制度的改革中，需要特别注意解决好以下三个问题：一是企业福利制度的价值问题。提出这个问题是有针对性的：在计划经济时代，"企业福利制度"发展到了"极致"，成为社会主义企业优越性的重要体现而被人颂扬；在市场经济条件下，"企业福利制度"的弊端和"企业办社会"的福利模式因成为企业发展的"包袱"而受到一些学者的非议甚至彻底否定，有的学者甚至认为企业职工福利是"寄生于社会主义市场经济分配体制中的毒瘤和怪胎"，并断言"在不久的将来它必然要走向消亡。"② 从辩证法的角度看，这两种观点都具有浓厚的形而上学色彩，至少是有失偏颇。我们的观点是：企业福利制度的产生有其自身的必然性与合理性，问题的关键不在于需不需要企业福利制度，而在于怎样构建企业福利制度；历史将证明，只要还有企业存在，就必然存在着企业福利制度。二是企业福利制度改革中的"路径依赖"问题。制度经济学的研究表明，社会制度的演进具有很强的"路径依赖"特性，我国企业福利制度的演变也不例外。在改革企业福利制度的过程中，我们必须尊重历史，正确

---

① 孙光德、董克用：《社会保障概论》，296～298 页。
② 李文伟：《我国"集体福利"分配模式的演变研究》，《理论月刊》，2002（5）。

处理好继承与创新的关系。要从中国经济社会发展趋势中，从中国企业福利制度演变的脉络中，从广大企业职工的民意中，寻求中国企业福利制度的创新之路，而不是简单地照搬照抄国外的企业福利制度。三是"企业福利社会化"的问题。今天，"某某社会化"在中国已经成为一个被"用滥"的词语，成为一些人解决社会问题的"灵丹妙药"和"万能处方"。在企业福利制度改革问题上，有的学者认为，"企业福利社会化"是改变"企业办社会"的唯一出路。我们认为，仅仅开出"企业福利社会化"的"药方"是远远不够的，还需要深入研究和回答很多问题："哪些企业福利需要社会化？""哪些企业福利能够社会化？""哪些企业福利只能企业化？"等。

三、国外的企业福利制度

（一）西方的企业福利制度

在西方国家的企业中，雇主普遍对职工福利十分重视。西方国家的职工福利最早出现于 19 世纪末 20 世纪初，在 20 世纪 30 年代后迅速发展。20 世纪八九十年代之后，企业间的竞争日益激烈，保持稳定的职工队伍成为提高企业竞争力的关键，职工对生活质量也提出了更高的要求，西方国家的职工福利制度因此得到进一步的丰富和完善。[1]

西方国家企业职工福利的内容包括两大部分。[2] 一部分是国家通过立法规定要求企业必须提供的法定福利，主要包括社会保险、工人伤病补助、失业保险、带薪休假等。另一部分是企业自主向职工提供的非法定福利。非法定福利有的取决于企业管理者单方面的决策，有的则是工会与资方谈判的结果。西方国家的非法定福利项目主要有以下四种：（1）带薪休假。雇主在职工非工作时间里按照工作时间发放工资的福利称为带薪休闲，如带薪度假或在职工放弃度假时付给额外的工资、节假日按照工作日发放的工资、病假期间发放的工资等。（2）职工援助方案。援助方案是公司和企业用于处理职工的婚姻或家庭困难、工作表现、紧张情绪、情感和精神健康问题、经济困难、药品和酒精滥用以及不幸事件等问题的综合方法，处理这些问题的开支大部分或者全部由雇主承担。美国的一位总经理认为：一项良好的职工援助方案，将为方案中每 1 美元的投入赚回至少 3 美元。（3）教育援助。对企业职工提供教育资金援助，有的企业

---

① 孙光德、董克用：《社会保障概论》，300～301 页。

② 同上书，301～305 页。

为顺利通过学业的职工提供学费，有的企业为职工提供再培训的机会，还有的企业为了保证职工送子女上大学，向职工提供学费贷款担保和企业配给的储蓄。（4）生活福利。为职工提供一些方便生活的福利，有的企业开设托儿所、幼儿园和学前班，有的企业为职工的父母提供老年日托服务，有的企业提供交通车服务，很多企业把允许职工低价购买本企业的产品作为一项福利，有的企业向职工提供免费午餐等。

（二）日本的企业福利制度

日本的企业福利制度是一种个性鲜明、效果显著的单位福利制度（职工福利制度）。为了把工业化过程中产生的工人组合到新的社会共同体（公司企业等）中，日本以企业福利制度作为实体，实施家族主义方略。通过家族主义化的企业福利制度，将"家"的理念引入企业中，建立起"虚拟的家族"，在企业职工中形成强烈的"家意识"，培育职工对企业的认同感和归属感，促进职工与企业之间的一体感。[1]

日本的企业福利总体上可划分为"法定福利"和"法定外福利"。法定福利是企业按照法律规定的义务支出的福利，其中98％的为保险费。具体包括：年金保险、雇用保险、工伤保险的保险费，儿童补助金的企业捐助，残疾人雇用缴纳金等。法定外福利是企业任意或基于与工会签订的劳动合同而实行的福利，内容丰富，主要包括7个方面内容：[2]（1）住宅方面，提供家庭使用的住宅经费和供单身者使用的住房经费，以及私有房产的援助；（2）医疗保健方面，提供医疗设施和保健卫生补助金；（3）生活救助方面，包括食物供给、劳保服装、交通工具、家属救助等；（4）庆吊、互助和保险方面的祝贺金、吊唁金、慰问金、互助金和团体人寿保险等；（5）文化、体育、娱乐方面的设施和活动；（6）安全卫生方面的安全保护工具和安全卫生活动等；（7）退休金方面的一次性支付的退职金和退职年金等。

第五节　慈善组织的福利供给

慈善组织属于非营利性组织，主要针对弱势群体提供福利支持；慈善组织的福利供给，能够有效地弥补家庭福利、政府福利和单位福利的不足。

---

① 吕学静：《日本社会保障制度》，198页。
② 同上书，198～203页。

一、慈善组织概述

（一）慈善组织的含义

何谓慈善组织？学术界的定义不尽相同。有的学者认为，慈善组织是"基于慈善和公益等非营利目的而设立并从事各种慈善或公益活动的组织或机构。"[①] 有的学者认为，慈善组织是"以做慈善事业为目的不以营利为目的并为社会提供服务的非政府组织。"[②]

由于学术研究和现实称谓中有一系列概念与慈善组织概念密切相关，只有从比较的角度才能把握慈善组织的基本内涵。（1）慈善组织与民间组织。慈善组织属于民间组织，但并非所有的民间组织都是慈善组织。如农村的专业技术协会，虽然属于民间组织，但不是慈善组织。（2）慈善组织与社团。社团是自愿结社行为与活动的结果，它们也承担一定的服务功能，但并非所有的社团都承担慈善功能。（3）慈善组织与非营利组织。慈善组织属于非营利组织，但并非所有的非营利组织都是慈善组织，如学术团体。（4）慈善组织与非政府组织。慈善组织属于非政府组织，但非政府组织并不都是慈善组织，如农民专业合作社。（5）慈善组织与第三部门。慈善组织属于第三部门，但第三部门包罗万象，并非所有的第三部门都是慈善组织。（6）慈善组织与公民社会。慈善组织属于公民社会的主体之一，但并非公民社会中的所有主体都是慈善组织。（7）慈善组织与志愿组织。慈善组织属于志愿组织，但并非所有的志愿组织都是慈善组织，如"大学生志愿服务队"。

根据上述辨析，本书把慈善组织定义为：从事各种慈善活动以扶助社会弱势群体的非营利的民间组织。这一界定表明，需要同时具备四个特征（条件）的社会组织才是慈善组织。

1. 以弱势群体为对象。从慈善组织产生之日起，它就以扶助社会中的弱势群体为己任，直到今天也不例外。社会中的弱势群体主要有穷人、老人、病人、残疾人、孤鳏、灾民、乞丐等人群，慈善组织提供的福利支持主要就是针对和满足这些人群的福利需求。在风险社会时代，还可能不断产生新的弱势群体如失业人群，他们将构成慈善组织新的扶助对象。

2. 以非营利性为目的。慈善组织的成立完全基于非营利的目的，非功利性

---

① 孟令君：《中国慈善工作概论》，69页。
② 潘屹：《从社会政策角度看慈善组织的发展——一个简单的中西比较》，杨团、葛道顺主编：《和谐社会与慈善中华》，90页，北京，中国劳动社会保障出版社，2008。

正是慈善事业的无私性和高尚性之所在，这一特征使慈善组织区别于公司企业等营利性组织。

3. 以慈善活动为基础。开展慈善活动是慈善组织得以生存和发展的基础，也是慈善组织存在的意义和价值之所在。通过开展慈善募捐和慈善救助等慈善活动，才能为扶助对象提供实物和服务，真正帮助和支持弱势群体，实现慈善组织的使命。

4. 以民间性为归属。慈善组织是一种民间组织，慈善组织的民间性（非官方性或非政府性）使慈善组织区别于官方组织或政府组织。在政府部门中，也有一些机构接受社会捐赠，为弱势群体提供非营利性的服务，但由于它们自身的官方性而不属于慈善组织之列。如我国的民政部门和扶贫部门，从来就没有人会把它们视为慈善组织。

（二）慈善组织的类型

关于慈善组织的分类，仁者见仁，智者见智。有的分类体系比较合理，有的分类体系比较杂乱，以慈善组织所承担的任务或职责为标准的分类框架具有一定的参考价值。① 根据慈善组织的任务和职责的不同，可以分为五类：

1. 混合型慈善组织。混合型慈善组织是指同时提供慈善服务和从事公益事业的慈善组织。如中国香港最大的民间慈善组织"东华三院"和中国澳门著名的慈善组织"镜湖医院"，二者都是以慈善事业为主的混合型公益组织。前者在为穷人提供免费医疗的同时，还举办了 20 多所中小学校；后者同时承担着为穷人提供免费医疗和为一般市民提供收费医疗服务。

2. 综合型慈善组织。综合型慈善组织是指提供多种慈善服务的慈善组织，例如我国的"中华慈善总会"。中华慈善总会成立于 1994 年，由热心慈善事业的公民、法人及其他社会组织志愿参加的全国性非营利公益社会团体。中华慈善总会自成立至今，配合政府有关部门在紧急救援、扶贫济困、安老助孤、医疗救助、助学支教等方面做了大量工作。②

3. 专一型慈善组织。专一型慈善组织是指专门为某一项慈善事业建立的慈善组织，其特点是任务和援助对象比较单一。如中国香港的医药援助会、中国台湾的盲人重建院、旧中国的育婴堂；又如红十字会、救灾协会、中国扶贫基金会等。

4. 协调型慈善组织。协调型慈善组织是指协调慈善组织与政府的关系、募

---

① 孟令君：《中国慈善工作概论》，72～80 页。

② 中华慈善总会：《总会介绍》，http://cszh.mca.gov.cn/article/zhjs/。

捐机构与实施机构的关系以及各种慈善组织之间关系的慈善组织。

5. 附属型慈善组织。附属型慈善组织是指附属于企业而设立的慈善或公益机构，如中国香港汇丰银行设立的慈善基金会、中国《澳门日报》设立的读者公益基金会等。

二、慈善组织在福利供给中的作用

（一）募集慈善资源

募集慈善资源既是慈善组织的首要任务，也是慈善组织提供福利支持的根本保障。慈善资源是慈善组织从事慈善活动的物质基础，也是慈善组织提供慈善福利的"根基"；没有慈善资源，慈善组织的福利供给就成了"无源之水、无本之木"。慈善资源存在于广大的民众之中，需要有专门的组织和个人去开发和募集，才能成为现实的福利资源。在多元化的慈善募集主体中，慈善组织是重要的主体之一。慈善组织通过多种募集方式，面向企业、政府、社会团体、福彩发行机构、海外机构和个人募集慈善资源。慈善组织募集的慈善资源主要有资金（现金、支票、有价债券等）、实物（日常生活用品和医疗用品等）和劳务（慈善义工或慈善志愿者的志愿服务行为等）。通过慈善募集，慈善组织获得大量的慈善资源，为慈善福利的提供奠定了坚实的基础。从这个意义上说，募集慈善资源是慈善组织在社会福利供给中最重要和最基础的作用。中华慈善总会成立至今已直接募集慈善款物共折合人民币 50 多亿元，2008 年 1～6 月共接收社会各界捐赠款物 9.28 亿元。2006 年，中国共募集到慈善捐款约 100 亿元，其中慈善组织募集到 65 亿元，政府渠道募集 35 亿元，慈善组织募集的金额占总金额的 65%。[①] 2007 年，全年共接收社会捐款共计 132.8 亿元，其中慈善会 41.4 亿元，民政部门登记的各类基金会 40.5 亿元，二者合计 81.9 万元，占社会捐赠总额的 61.67%。[②]

（二）实施慈善救助

慈善救助在慈善组织的福利供给中占有十分重要的地位，一部慈善事业的发展史就是一部慈善救助史。慈善组织产生于慈善救助的需要，唯有通过慈善

---

① 孟令君：《中国慈善工作概论》，95 页。

② 民政部：《2007 年民政事业发展统计报告》，http://cws.mca.gov.cn/article/tjkb/200805/20080500015411.shtml。

救助行动，慈善组织才能把募集到的慈善资源输送给最需要的人群，真正兑现"取之于社会，用之于社会"的慈善承诺。因此，离开了慈善救助行动，慈善组织既无产生的必要，也无产生的可能，更没有存在的意义和价值。慈善救助的对象主要是社会弱势群体，在不同的国家和同一国家的不同历史时期不尽相同。现代慈善救助的对象主要有四类[1]：一是慈善助贫，包括贫困老年人慈善救助、贫困儿童慈善救助和失业人员慈善救助。二是慈善助残，包括改善残疾人的居住环境，为残疾人提供志愿服务，兴办助残实体，组织残疾人职业培训等。三是慈善助学。目前，我国慈善组织的助学对象主要包括城乡低保和特困家庭子女、农民工子女、家庭贫困的中小学生和大学生等；慈善助学的形式主要有发放慈善助学金、岗位助学、结对子帮扶和设立助学基金等。中国青少年发展基金会发起和组织的"希望工程"是当代中国慈善助学的"典范"。四是慈善救灾。慈善救灾主要指慈善组织在自然灾害发生后所进行的抢救、补救和救助，慈善救灾的对象是灾民。在慈善救灾中，慈善组织通过慈善募捐筹集救灾款物并及时发放给灾民，保障灾民的基本生活。在 2008 年 5 月发生的"汶川大地震"中，国内外慈善组织在灾民救助中反应迅速，作出了重要贡献。

（三）嫁接慈善桥梁

慈善组织在社会福利供给中具有沟通功能，发挥着桥梁和纽带作用。首先，慈善组织是连接政府与民众的桥梁。一方面，慈善组织通过接受政府部门"委托"或"购买"服务项目，帮助政府有针对性地制订社会福利计划项目，把政府提供的社会福利传递和输送给有需要的福利对象，成为政府福利的输送者和落实者。另一方面，慈善组织调查和收集社会成员特别是弱势群体的福利需求并反映给政府，为政府的社会福利政策决策提供民意基础。慈善组织与社会成员之间具有"天然的联系"，这种关系为了解社会成员的福利需求提供了良好的基础。慈善组织通过及时、深入、快速、细致地了解民情民意，汇集社会成员的福利需求，为政府提供针对性的福利支持提供准确的信息。其次，慈善组织是连接慈善捐助者与受助者的桥梁。慈善捐助者与受助者之间的关系有直接关系和间接关系两种，而且绝大多数属于间接关系。在间接关系中，慈善捐助者与慈善受助者之间存在着"信息不对称"的问题，无论是慈善捐助者寻找受助者还是慈善需求者寻找慈善捐助者，都需要付出很高的成本。在二者之间，慈善组织通过扮演"中间人"的角色，把两方连接起来：慈善组织通过收集慈善

---

① 孟令君：《中国慈善工作概论》，127～134 页。

者的信息或资源，为援助慈善需求者做好准备；慈善组织通过收集慈善需求者的信息和需要，为慈善捐助者提供帮助对象。总之，通过慈善组织的"牵线搭桥"和"穿针引线"，既能提高慈善救助的效率，也能降低慈善救助的成本。

（四）传播慈善文化

慈善文化是指人类在长期的慈善行动和慈善事业发展过程中形成的思想价值观念和行为规范的总和。慈善文化的深层结构是人类在慈善实践中形成和提出的慈善思想与价值观念，它是慈善行动的"精神家园"和"精神动力"，是慈善行为生生不息、世代延续的"精神源泉"。慈善文化的表层结构主要是指人类在慈善实践中形成的用于调整慈善行动或行为的规范和准则，包括通过"自发秩序"产生的非正式规范和准则（主要蕴涵在民间的习俗、道德和宗教之中）和通过"人为秩序"产生的正式规范和准则（如国家或政府制定的调整慈善行动和慈善事业的法律、法规和政策），它们构成调整和规范慈善行动的准则。慈善文化产生于人类的慈善实践之中，反过来又影响和作用于人类的慈善实践本身。慈善文化是促进慈善事业发展的内在动力，没有慈善文化作为支撑的慈善事业犹如"无根的浮萍"。[①]

慈善文化是社会福利文化的重要组成部分，慈善组织传播慈善文化就是为社会成员提供福利文化。实践表明，在社会成员中普及福利文化有时比提供有形的实物福利更为重要。在这个意义上，传播慈善文化就是慈善组织在社会福利供给中的重要作用之一。慈善组织既是慈善文化发展的产物，也是慈善文化的物质载体。慈善组织的慈善募集和慈善救助行动，本身就具有浓厚的慈善文化色彩，是实践慈善文化的最好体现。从传播的角度看，慈善组织是慈善文化的"播种机"，它所开展的各种慈善活动，既是对慈善参与者的慈善教育活动，也是慈善文化的宣传活动，应该高度重视慈善组织在慈善文化创造、传播和普及中的作用。

三、加快中国慈善事业的发展

（一）中国慈善事业发展的现状

慈善事业在中国具有悠久的历史。新中国成立后，慈善事业在中国走过了

---

① 毕天云：《论慈善文化的民族性及其意义》，杨团、葛道顺主编：《和谐社会与慈善中华》，49～59 页，北京，中国劳动社会保障出版社，2008。

一个曲折的发展过程，先后经历了 1949—1954 年的调整与改造时期、1954—1984 年的衰歇与停滞时期、1984—1994 年的复兴时期，1994 年以后的快速发展时期。[1] 1994 年 4 月 12 日，新中国成立以来第一个全国性的民间组织——中华慈善总会在北京成立，标志着中国内地的慈善事业进入一个新的发展时期。15 年来，中国慈善事业得到快速发展，主要体现在两个方面：

一是民间慈善机构纷纷建立，慈善组织呈现多元化发展趋势，不仅有混合型和综合型慈善组织，还有专门型和附属型慈善组织，这些慈善组织构成了中国慈善事业的主体。截至 2008 年年底，全国已建立了 3 万个经常性捐助工作站（点）和慈善超市，初步形成了社会救助网络；2008 年，各级民政部门共接收捐赠款 470.7 亿元，接收捐赠衣被 4.9 亿件，其他物资折款 16 亿元，共有 2383 万人次受益。[2]

二是开展形式多样的慈善救助活动。全国各地的慈善机构和组织，发动和依靠社会各界力量赈灾救难，开展形式多样的慈善救助活动，帮助社会弱势群体。中华慈善总会在全国拥有 260 多个会员单位，近几年来开展了救灾、扶贫、安老、助孤、支教、助学、扶残、助医八大方面几十个慈善项目，逐步形成了遍布全国、规模巨大的慈善援助体系。2007 年全年共接收社会捐款共计 132.8 亿元，其中民政部门 50.9 亿元，慈善会 41.4 亿元，各类在民政部门登记的基金会 40.5 亿元，比上年增长 59.8%。捐赠物资折款 15.6 亿元，接收捐赠衣被 8756.8 万件，其中：棉衣被 2707.4 万件。间接接收其他部门转入的社会捐款 1.6 亿元，衣被 2830.4 万件，其中：棉衣被 445.8 万件，捐赠物资折款 9875.1 万元，使 3069.7 万人（次）困难群众受益。[3]

中国慈善事业发展的时间比较短，总体上还比较落后。目前存在的主要问题有：慈善捐赠水平较低，占 GDP 的比重不到 1%；慈善组织和机构的发展刚刚起步，组织数量少，动员社会资源的能力弱，社会公信力不高；公民慈善观念落后，个人主动性慈善捐赠参与率较低；发展慈善事业的法律、法规和政策不健全。[4]

---

① 周秋光、曾桂林：《中国慈善简史》，362～408 页，北京，人民出版社，2006；孟令君：《中国慈善工作概论》，42～45 页。

② 民政部：《2008 年民政事业发展统计公报》，http://cws.mca.gov.cn/article/tjkb/200902/20090200026333.shtml。

③ 同上。

④ 葛道顺：《中国慈善事业的现状和发展对策》，杨团、葛道顺主编：《和谐社会与慈善中华》，280～281 页，北京，社会科学文献出版社，2007。

（二）加快慈善事业发展的思路

胡锦涛同志在党的十七大报告中提出：中国社会保障体系建设"要以社会保险、社会救助、社会福利为基础，以基本养老、基本医疗、最低生活保障制度为重点，以慈善事业、商业保险为补充，加快完善社会保障体系"。发展慈善事业是中国社会福利（保障）体系建设的重要组成部分，是提高慈善组织福利供给能力的有效途径，对于促进共建共享、缩小贫富差距、化解社会矛盾、增进社会和谐、实现社会公平具有重要的现实意义。

根据《中国慈善事业发展指导纲要（2006—2010）》的要求，加快中国慈善事业发展需要树立系统思维，采取整体推进的策略。一是健全慈善法律制度。我国目前的慈善法律法规数量少，没有系统性，要加快慈善捐赠法律制度、慈善组织监管法律制度和慈善信托法律制度的建设，实现慈善事业的法制化。二是完善慈善财税政策。优惠的财税政策有利于鼓励社会捐赠，加速慈善事业发展。我国目前的慈善财税政策比较分散，原则性过强，灵活性和操作性不足；需要进一步修改、调整和完善慈善组织和慈善捐赠人享受的税收优惠政策，扩大优惠范围，提高优惠比例。三是推进慈善组织的专业化。要进一步加强对慈善组织的监管，特别是帮助慈善组织提高公信力；加强慈善组织队伍建设，提高慈善组织的能力。四是推进慈善财务的透明化。加强慈善组织和慈善机构的财务审计和财务监督，确保慈善资金使用的合理化和公开化。五是加强慈善文化建设，实现慈善事业的普及化。慈善文化是慈善事业的内在动力，通过宣传和普及慈善文化，增强公民的慈善意识和慈善行为的自觉性。六是加快慈善事业的国际交流与合作，学习国外的先进理念与经验，拓宽获取国际资源的渠道。

思考题

1. 简析社会福利供给的构成要素。
2. 为什么说家庭是福利供给的基石？
3. 联系实际分析政府在福利供给中的错位现象。
4. 试述单位福利制度的特点和功能。
5. 联系实际分析慈善组织在社会福利供给中的作用。

第七章
社会福利与社会分层

内容提要：

社会福利制度和社会分层之间关系密切。社会福利制度起源于济贫救困活动。如果从社会分层角度看待社会福利，那么，社会福利是社会阶层之间的资源再分配，是调节社会阶层之间关系的重要工具，它可以促进社会阶层之间建立和谐关系。如果从社会福利角度看社会分层，那么，在微观静态层面，人们在社会阶层体系中的位置反映社会福利的多少；在微观动态层面，人们的社会流动反映社会福利制度的成效；在宏观静态层面，不同的阶层对福利制度决策有不同的影响，对社会福利制度改革的态度也会不同；在宏观动态层面，理想的社会阶层结构是由社会福利制度促成的，阶层结构状态也会影响社会福利制度的改革。

学习目标：

1. 了解社会分层的含义和标准
2. 深入理解从社会福利的角度看社会分层
3. 掌握社会福利对社会分层的主要影响
4. 掌握社会分层对社会福利的主要影响

第一节　社会福利的社会分层视角

社会福利和社会分层（这里的社会分层是一个广义概念，包括社会分化、社会阶层、社会流动和阶层结构）是相互影响的。无论是政府提供的社会福利还是单位、社区提供的社会福利，都属于再分配范畴。再分配的意思就是福利资源从供给主体向接受主体转移。一项能够成功实施的社会福利制度一般要求：供给主体的人口基数较大、实力（如经济实力、服务能力）较强；接受主体的人口基数较小，实力较弱；福利再分配的后果不致影响供给主体的生产积极性。社会福利的供给主体和接受主体之间存在阶层差异。社会分层是一个从古至今一直存在的社会现象。现代福利制度被看成是工业化国家的必要措施，因此，社会福利制度如何与社会分层现象在同一个社会和同一个时间中相互作用，成为一个很有意义的学术问题。从世界范围看，两者在不同的国家有不同的表现。本节从社会分层的视角分析现代社会福利制度，考察社会分层视角下的现代社会福利制度，也反过来考察从社会福利的角度看待社会分层。

一、什么是社会分层

社会分层，是指按照一定的标准将社会成员分为高低不同的等级序列的阶层结构，是社会学家用来描述社会结构分化的概念。社会分层带有较强的主观性，不仅每一个人具有独特的判断标准，而且不同学者也有不同的定义。由于没有统一、方便而准确的测量标准，社会分层也就不能作为社会政策的制定依据。虽然如此，经典社会学家还是形成了几种较为成熟的社会分层标准。马克思坚持用阶级结构和阶级关系的方法分析人们的社会地位，衡量的标准就是生产资料的占有与否。韦伯坚持用个人主义的方法分析人们的阶层类型，采用的标准有：权力、地位和声望。桑德森认为"社会分层是指一个社会中存在着拥有不平等财富和权力的群体。"[1] 吉登斯认为，社会分层反映的是生活机遇的差异，生活机遇指的是"在一既定社会里，个人分享由社会创造的经济或文化资

---

[1]　S. K. Sanderson, 1991, *Macrosociology: an introduction to human society* (*second edition*), New York, Harper Collins Publishers Inc, p. 48.

源的机会"①。国内多数学者直接采用上述的某一种标准，但也有学者将之分为主观和客观两个层面：客观层面是指社会成员在社会生活中由于获取社会资源的能力和机会不同而呈现出高低有序的等级或层次的现象和过程；主观层面是根据一定的主观标准将其社会成员划分为高低有序的等级或层级②。社会分层是一个学术概念，它的标准具有一定的开放性。比如描述某一个体的社会阶层状况，可以从多种角度加以分析，比如主观分层和客观分层，经济分层、政治分层和声望分层，收入分层、消费分层。社会分层还有许多延伸，如区域分层、制度分层、文化分层、生活质量分层、职业分层，甚至还有种族、性别分层。几乎任何影响社会分层的因素均可能被看成社会分层的标准。每一个学者只能根据自己的研究需要来确定一种或一组分类标准。此处，我们不展开论述社会分层标准的选择问题，而关注社会分层对于社会变迁和制度变革的意义。

（一）社会分层是社会发展的强大动力

　　这是功能主义的观点。戴维斯和摩尔在《社会分层的一些原则》一文中表述了社会分层的主要功能：社会分层促使人们去从事价值更高的职业；人们的角色是通过履行各种社会职业来实现的；由于各种职业需要培训的时间长短不同、对社会的价值也不同，一些重要的职业需要更长的培训时间，有更大的社会价值、更高的报酬；报酬的不平等分配导致了各种特定形式的社会分层；社会分层是社会进化的一种途径，它对社会的生存有着积极的功能③。国内也有学者将社会分层的功能归纳为两个方面：第一，在生产力水平不能满足全体社会成员需要的情况下，通过社会资源的差别分配，保证一部分社会成员能够把主要精力投入到人类社会所必需的创造性活动中去。第二，由于社会资源的差别分配，在社会中形成了一种激励机制和竞争机制，推动着人们为追求更多的社会资源去奋斗和竞争，从而有力地推动社会的繁荣和发展④。

---

①　Giddens, Anthony, 1973, *The Class Structure of the Advanced Society*, London, Hutchinson & Co (Publishers) Ltd, pp. 130-131.

②　刘祖云：《社会转型和社会分层——20世纪末中国社会的阶层分化》，《华中师范大学》（人文社会科学版），1999（4）。

③　戴维斯和摩尔：《分层的一些原则》，载［美］戴维·格伦斯基编：《社会分层》（第二版），38～39页，北京，华夏出版社，2005。

④　吴鹏森：《当代中国社会分层结构的历史演变及其启示》，《南京师大学报》（社会科学版），2002（6）。

（二） 社会分层也会带来结构性矛盾

冲突理论对于社会分层给出了与功能主义理论几乎截然对立的解释。1953年，美国普林斯顿大学社会学教授图明认为：首先，社会分层严重限制了那些非特权阶层的机会，阻碍了社会智力大规模的开发和利用；其次，社会分层具有维持现状的作用，社会特权阶层用规范的形式使人们相信和承认既定社会不平等现象的存在无论从逻辑上还是道义上讲都具有合理性；再次，由于社会分层制度植根于不公平的报酬分配，因而往往会引发非特权阶层对特权阶层的对立、不满、怀疑和不信任情绪，最终导致社会的动荡和骚乱①。他认为，根本出路在于发展社会生产力，健全社会的运行机制和稳定机制，避免社会的两极分化和社会矛盾的激化。

（三） 社会分层的后果就是形成社会阶层结构

将社会中的人口根据一定的社会分层标准进行分类，就可以获得不同形状的社会阶层结构。有的形如倒丁字，有的形如金字塔，有的形如橄榄。在这三种形状中，中间阶层的数量比例越来越高。特别是橄榄型结构，它是一种上下两层小、以中间阶层为主体的社会分层结构。大多数学者认为，这是一种最稳定的社会结构。从发达国家的经验看，该结构的优点是：第一，当中间阶层成为社会的主体时，同时也就意味着上层和下层的人数都比较少，成为社会的少数群体，从而避免了社会的严重两极分化现象，极大地缓和了社会的矛盾与冲突；第二，当中间阶层成为社会的主体时，就会形成比较稳定的主流价值观念和意识形态，从而有利于社会的稳定；第三，当中间阶层成为社会的主体时，社会既能够有效地制约作为少数的上层，也能帮助作为少数的下层社会，特别是有助于建立完善的社会保障体系，实施有效的扶贫政策，从而有效地缓和上下层之间的社会矛盾②。

如何形成理想的社会阶层结构？这就需要探讨社会分层机制。刘欣在《当前中国社会阶层分化的制度基础》一文中提出社会分层机制的概念，即"社会分层机制作为制度化的社会不平等的再生机制，总是嵌入特定社会经济形态之中，并由规定着这一社会经济形态特征的产权所有制及其与国家权力之间的关

---

① 图明：《分层的一些原则：一个批判分析》，载［美］戴维·格伦斯基编：《社会分层》（第二版），46～51 页。

② 吴鹏森：《当代中国社会分层结构的历史演变及其启示》。

系来解释的"①。不过，他强调的是计划经济、市场经济和混合经济的作用及差异。郑海波和杜学元认为，社会分层机制研究主要回答了什么力量引起人们在社会中的阶级、阶层地位变化的；哪些力量更占主导地位；变化的阶级、阶层之间是如何互动的；以及其规律是什么等问题。他们认为，无论是社会分层的权力安排还是市场安排都不足以完全解释当前的社会分层机制，同时对机制的内部各因素间的互动也缺乏研究。他们认为中国社会分层机制主要体现在四个方面：（1）文化价值取向。如果社会的文化价值取向是"安贫乐道"，人们会安于现状。如果是一个提倡"吃得苦中苦，方为人上人"的社会，人们则处处表现为进取、奋发图强，力求超越。（2）政治体制。任何社会阶层的沉浮都是由这种权力结构决定的，并且也主要以权力为标准划分社会阶层。（3）市场经济体制。随着市场经济体制的逐渐建立和完善，经济能力和财富成为社会分层的主导力量。（4）教育。通过教育可以帮助获得理想的社会地位，更容易实现代际间的向上流动②。

　　从上面的分析可以看出，社会分层机制是社会分层研究的核心问题。只有认识社会中关键的社会分层机制，才能解释社会阶层结构的历史和现状，才能针对理想的社会结构建构新的社会分层机制。社会福利制度是将社会财富从高层群体向底层群体转移，是一个重要的但易被忽视的社会分层机制。可以预见，随着社会福利制度所包含的资源日渐丰富，制度日渐完善，它的重要性将会日益提高。

二、从社会分层角度看社会福利

　　如果从社会分层的角度看待社会福利，那么，社会福利就是调节社会阶层之间关系的重要工具。通过社会福利的成功运作，社会阶层之间的关系将会趋向缓和。当然，社会福利的成功运行也需要具备一定的条件，否则可能导致意想不到的负面效应，如社会福利的供给者不堪重负，逆向调节再分配，扩大社会的两极分化，让福利接受者产生不思进取的依赖心理或道德风险。

（一）社会福利制度是社会阶层之间的资源再分配

　　这里的资源泛指社会福利体制中涉及的物质、收入、机会和服务。历史和

---

① 刘欣：《当前中国社会阶层分化的制度基础》，《社会学研究》，2005（5）。

② 郑海波、杜学元：《从社会分层的视角反思当前教育的功利追求》，《内蒙古社会科学（汉文版）》，2006（3）。

现实证明，受"看不见的手"支配的市场机制通过要素竞争、市场契约和优胜劣汰机制可以实现有效率的初次分配，但也容易引起不可容忍的贫富差距。贫富差距虽然有个人努力程度、个体能力等主体性原因，但在市场经济中，更多的是由市场失灵所引起的。市场体制对自身引起的贫富差距却无能为力。在这种背景之下，社会福利制度作为一种精致的制度设计，是调节社会的中上阶层与中下阶层之间的利益关系的基本杠杆。这里的中上和中下阶层的划分方式是多样的：相对退休者、失业者来说，劳动者是中上阶层；相对老弱病残者来说，健康者是中上阶层；相对幸运者来说，不幸者是中下阶层；相对无负担的家庭来说，有子女和老人负担的家庭是中下阶层。社会福利制度历来是中上阶层向中下阶层传递福利的渠道。在经济上，社会福利制度直接调节着中上收入阶层与中下收入阶层之间在收入上的再分配；在社会服务上，社会福利制度就是调节老弱病残人士与健康、有服务能力人士之间在服务资源上的再分配；在生存物品方面，社会福利制度就是调节着拥有剩余生活资料的中上阶层与缺乏生活必需品的中下阶层之间的再分配。在劳动力市场上，社会福利制度也可调节就业弱势群体和就业强势群体之间在就业机会上的再分配。

（二）社会福利制度可以促进社会阶层之间的平等程度

福利经济学创始人庇古把国民收入的大小和国民收入在社会成员之中的分配情况作为检验社会福利的标志。他认为，根据边际效用递减的法则，把富人的一部分货币转移给穷人，将会增加一国的经济福利。因此，国家通过财政税收和转移支付的办法把富人的一部分钱收来用做举办社会福利事业，让低收入者享用，可以增加社会福利。当所有人的收入均等从而使货币的边际效用相等时，社会经济福利就会达到最大化，也即改进社会的公平程度相当于给社会多创造了财富[1]。凯恩斯也主张，国家通过社会福利手段干预经济体系，有助于提高有效需求，实现宏观经济的均衡[2]。从国际范围考察，社会福利制度的健全程度与国家在维护社会公平方面的强制力呈正相关关系，与一国的贫富差距呈负相关关系，如美国约有7％的社会财富，德国约有15％的社会财富，瑞典约为25％的社会财富通过社会保障实现了收入再分配[3]。相应的，美国、德国

---

① 张长有：《我国农村社会保障制度与资本主义农村保障制度的区别》，《农业经济与科技》，2008（1）。

② 同上。

③ 侯明喜：《防范社会保障体制对收入分配的逆向转移》，《经济体制改革》，2007（4）。

和瑞典的基尼系数分别为 0.41、0.30 和 0.25（1997）①。尼古拉斯·巴尔用经济学理论证明：在不涉及意识形态的情况下，福利国家是一种带有普遍性的社会制度②。作为一种制度的福利国家可以明显降低一个国家的贫富差距。以英国为例，在 1995—1996 年年度，所有现金给付的福利联合起来使得基尼系数下降了大约 15％③。因此，社会福利制度可以成为促进社会公平的重要手段。

（三）社会福利制度是构建和谐阶层关系的手段

社会福利制度被誉为"安全网""减震器"或"社会稳定器"，是促进社会团结、和谐，协调阶层之间关系的手段。国家通过建立社会福利制度，有效地解除了社会成员在养老、哺幼、医疗、失业、工伤及其他生活服务等方面的后顾之忧，能够防范和消化社会成员因生存危机而可能出现的对社会和政府的反叛心理和反叛行为，从而有效地缓和乃至消除引起社会震荡与失控的潜在风险，维护社会秩序的稳定、健康发展④。面对这种情况，不同的理论有不同的解释。如马克思主义者认为，福利政策为垄断资本主义提供了其所需要的合法性和社会安定。政府愿意向穷人提供救助不是因为社会确实有此需求，而是因为政府认识到了如果不这样做，社会稳定就会受到威胁；福利国家包容了有产阶级和无产阶级，并一视同仁，将阶级冲突转化为地位竞争，因此，社会福利解决了阶级斗争爆发的关键问题。⑤

社会福利制度也改变了政治权力的斗争形式，各派政治力量摒除意识形态，而介入公共教育、健康保险、住房补贴、老年福利等具体问题上的争论。通过政府机构、社区机构、慈善组织、个人和志愿者等渠道，国民收入在贫困阶层和富裕阶层之间的再分配，社会服务在强势人群向弱势人群的传递，生活资料从物质充裕阶层向物质匮乏阶层的捐赠。这样既有利于发展各阶层之间的经济、文化和心理联系，也同时密集地编织了社会关系网络。艾斯平—安德森在分析

---

① 刘志英：《社会保障与贫富差距研究》，83、102、142 页，北京，中国劳动社会保障出版社，2006。

② ［英］尼古拉斯·巴尔：《福利国家经济学》，3 页，北京，中国劳动社会保障出版社，2003。

③ UK Office for National Statistics 1997, *Economic Trends*, No.520, March (London：HMSO).

④ 尹刚：《论社会福利制度与和谐社会建设》，《法制与社会》，2007（11）。

⑤ Gosta Esping-Andersen, *The Three Worlds of Welfare Capitalism*, Princeton University Press, 1990, p.56.

福利国家时也认为，福利国家是一种调节阶层关系，缓和阶层之间的矛盾，构建社会秩序的重要机制①。

（四）社会福利制度合法性评价须引入阶层视角

社会福利制度必须适应周围的社会环境，否则，它必然面临变革的压力。这里的适应程度仍然需要社会各阶层加以评判，因此，社会阶层的结构状况成为一个重要因素。任何社会福利制度都涉及三类群体，一是福利供给主体；二是福利接受主体；三是决策主体（有时还增加传递主体、监督主体和评估主体）。福利供给主体代表的是社会中掌握资源较多的阶层，也就是富裕阶层（这里的富裕是广义的，可以是经济、文化、技能、健康等），是社会中的强势群体，能够成功驾驭市场机制的力量。但是，社会福利供给主体的强势也有一定的限度，只是相对的和暂时的强势，不能因为社会福利的转移支付而降低其生产积极性，更不能因此而成为社会中的弱势群体。也就是说，社会福利制度对于富裕阶层的福利供给要求不能超出他们的合理承受范围，否则，该项社会福利制度就不具有合法性，需要加以变革。社会福利接受主体代表的是社会中的弱势群体，但并不是所有的弱势群体具有同样的福利需求。即使同一个阶层，也可能具有不同的福利需求。以农民工为例，研究者发现，不同层次和类型的农民工对社会保障的需求不尽相同：高中以上学历者对医疗保险的需求量最多，低学历农民工更注重工伤保险；50岁以上的农民工对失业保险的需求率为0；40岁以上的农民工考虑最多的是养老保险，50岁以上的农民工对养老保险的需求量达到42.9%，养老保险对老年农民工来说最为重要②。社会福利的决策主体代表的是权力阶层，是政治领域的强势群体。他们掌握公共领域的支配权。社会福利制度变革在本质上取决于社会福利供给者和社会福利接受者之间的关系状况，但在形式上却取决于社会福利的决策主体。由于社会福利供给主体和社会福利接受主体之间存在利益损益关系，因此，决策主体需要正确分析福利制度的运作、成效和问题。需要重点关注的是：不同阶层福利供给能力、福利态度；中下层的福利需求和福利观念；福利制度是否能实现自身目标，是否适应变化的社会环境。只有认真评估社会福利制度对于双方的影响，决策者才能

---

① Gosta Esping-Andersen，*The Three Worlds of Welfare Capitalism*，Princeton University Press，1990，pp. 56-57.

② 王明：《不同层次农民工社会保障需求的比较分析——基于对四川等省份农民工的调查研究》，《农村经济》，2007（6）。

找到解决福利矛盾的本质是什么，如有的是传递渠道问题，有的是执行者问题，有的是信息沟通问题，之后才能确定合理的改革措施。社会福利制度的顺利实施，既需要仔细周密的政策设计，也需要各种结构力量的通力协作。

三、从社会福利角度看社会分层

国内关于阶层化机制的探讨还处于开始阶段。刘欣根据中国转型社会的制度视角，总结了三大阶层分化的动力：公共权力机构合法的再分配权力，权力精英牟取私利的寻租能力，社会个体在生活机遇中的市场能力①。根据西方社会福利制度的发展经验，当社会福利制度所包含的再分配资源在整个社会资源分配的比重日渐增强时，社会福利也日渐成为社会阶层分化的力量，社会福利制度也就成为重要的阶层化机制。

（一）从微观静态看，人们在社会阶层中的位置反映社会福利的多少

社会福利制度是再分配制度，社会分层是一种位阶序列。再分配的原理总是从社会的中上阶层向中下阶层转移资源。社会福利制度中的税费一般是按照累积递进的方式征收的，如个人所得税、财产税，因此，阶层地位越高，所拥有的福利越高，承担的福利责任也越大。但是，不管转移的比率是多大，转移之后，阶层地位高的群体仍然比阶层地位低的群体占有更多的资源。中下阶层获得的福利数量与社会福利制度有直接关系。社会福利制度一般可以分为制度性福利制度和补救性福利制度②。如果是前者，社会福利的转移支付较大，覆盖面更广，中下层的社会福利就越多。如果是后者，社会福利的转移支付较少，覆盖面限于困难群体，中下层的福利改善有限。社会福利制度变革会给各个社会阶层带来不同的损益，自然会导致不同的态度。对于中间阶层来说，如果是制度性福利制度，那么他们就有积极性支持积极的福利制度，因为他们也是社会福利的受益者。如果是补救性福利制度，中间阶层很可能是责任大于权利，那么他们对于社会福利制度也就可能持反对态度。对于中上阶层来说，无论哪一种福利制度，均是责任大于权利，因此，他们倾向于反对加强社会福利制度。

---

① 刘欣：《当前中国社会阶层分化的制度基础》，《社会学研究》，2005（5）。

② Wilensky, Harold L., Lebeaux, Charles N., (1958). *Industrial Society and Social Welfare*：*The impact of industrialization on the supply and organization of social welfare services in the United States* New York，Russell Sage Foundation. pp. 283-334.

对于中下阶层来说，正好相反，他们坚定地支持加强社会福利制度①。

（二）从微观动态看，人们的社会流动反映社会福利制度的成效

社会福利制度的目的是为了缓和社会阶层之间的矛盾。缓和的表现之一就是社会阶层之间相互开放。中下层的成员通过个体努力能够成为中上阶层的一员，这就是向上的社会流动；中上阶层的成员如果懈怠或者犯错，就可能掉入中下阶层，这是向下的社会流动。如果上下阶层之间出现较为明显的社会流动，那么整个社会就会表现出活跃、勤奋和积极向上的景象。社会福利制度通过给予中下阶层更多的教育、医疗、住房和收入等福利，减少他们向上流动的障碍。如果一套社会福利制度实行一段时间之后，整个社会出现以向上流动为主的流动方式，中上阶层的人数比例逐渐提高，整个阶层结构就会渐趋合理，那么，这样的社会福利制度就是成功的。如果社会福利制度并不能改善中下阶层的民生问题，也不能推动社会阶层结构向理想的目标演进，那么，这样的社会福利制度就是失败的。失败的社会福利制度让社会中的中下阶层难以流动、不想流动，整个社会总体呈现向下流动的趋势，中下阶层的人数越来越多，比例越来越多。以美国的"伟大社会计划"为例，查尔斯·莫雷研究了"潜在贫困的人群（people in patent poverty）"，指的是如果没有国家福利的存在就会处于剥夺状态的个人。他发现，在推行计划前的1950—1965年期间，潜在贫困者数量从占人口的三分之一下降为18％。然而，当"伟大社会计划"开始产生效果时，这个数字开始上升：潜在贫困者从1972年的19％，上升到1976年的21％，并于1980年达到22％②。这说明"伟大社会计划"并没有取得理想的效果。

（三）从宏观动态看，理想的社会阶层结构是由社会福利制度促成的

任何社会都有对"什么是理想社会阶层结构"的设想。社会福利制度正是实现理想社会阶层结构的有效机制和途径。欧洲福利国家的历史经验表明，社会福利制度打破了过去的社会等级，改变了社会的结构和分层，使社会分层平面化③。国家党派之间的政治冲突从争夺权力转变为对有限资源的集体性分配；

---

① 郑秉文：《"福利模式"比较研究与福利改革实证分析——政治经济学的角度》，《学术界》，2005（3）。

② Charles Murray, *Losing Ground：American Social Policy*，1950-80，New York，Basic Books，1984，转引自［英］诺曼·巴里：《福利》，127页，长春，吉林人民出版社，2005。

③ 周弘：《福利的行政化与政治化》，《中国人口科学》，2007（3）。

对劳动者的分类不是根据财产，而是根据教育程度、职业情况及性别和就业领域等①。因此，福利国家的决策不仅影响下层群众的生存和福利水平，而且还影响着国家内部政治力量的对比，影响政治团体的组织方式和行动计划。

社会阶层结构决定社会福利制度，同样，社会福利制度也塑造社会阶层结构。社会福利制度通过向弱势群体提供教育、住房、收入、就业以及医疗、养老等服务，弥补他们在第一次分配中因弱势地位而可能遭受的不公正待遇。以劳动关系为例，社会保险责任的不同划分不仅直接影响劳资双方的利益，而且还影响双方的关系结构。为了合理确定社会福利责任，社会福利制度改革必须遵循成本—风险—利益原则，即谁享受利益，谁承担责任，不仅承担投入的成本还要承担生产中的风险。比如，工伤问题主要责任在雇主，因而，工伤赔偿制度应该实行单方责任原则，由雇主单方承担对受伤雇工的赔偿。在失业、健康等问题上，国家、雇主及雇工都存在一定的责任，因而宜实行共同责任原则②。如果没有遵循合理的原则，任由劳资双方自由签约，那么，在资强劳弱的背景下，劳动者的权益难以得到充分保护，而资方的风险却转嫁到劳动者身上，结果造成劳动者的低工资、低保护和高风险，而资方获得低投入、低风险和高利润。当前存在的"生死合同③"就是实例。社会的两极分化将在所难免。

第二节　社会福利对社会 分层的影响

社会分层状况受到多种因素影响，常见的如所有权制度、税收政策、收入分配政策、劳动力市场。我们通常忽视社会福利制度的影响，一方面是因为我

---

① Herbert Kitschelt, *The Transformation of European Social Democracy*, Cambridge University Press. 1994，pp. 280-281.

② 丁建定：《英国现代社会保障制度的建立（1870—1914）》，《史学月刊》，2002（3）。

③ "生死合同"指的是某些用人单位为了摆脱工伤事故责任，而与职工事先预定将来发生损害的责任条款或者保证合同。这种合同通常将责任全部推给职工，以此形成职工伤残而用人单位免责的约定。矿主和矿工签订的"生死合同"，通常规定一次性付给矿工一定数额的赔偿，除此之外不再负责其他善后事项。如2005年2月14日发生的孙家湾矿难，矿主和矿工的"生死合同"中就规定：矿工井下施工过程中出现的伤、亡事故，部分丧失劳动能力的，煤矿一次性付给生活费4000元；全部丧失劳动能力的，煤矿一次性付给生活费6000元；死亡的，一次性支付抚恤金2万元，善后所需费用由矿工自理。参见曾芸：《从"生死合同"看我国矿难赔偿机制》，《东北财经大学学报》，2007（3）。

国通过社会福利制度分配的财富总量并不巨大；另一方面是因为社会分层标准的混乱，对于社会分层机制缺乏深入全面的探讨，尚停留在经济转轨过程中的产权制度上，如计划经济和市场经济和混合经济的收入分配规则。社会分层机制研究不仅要解释现存的社会阶层结构是如何形成的，更重要的是对于不够理想的阶层结构，采取何种对策使其达到理想的状态。在我国还没有建立完善的市场经济之时，探讨市场经济的价值和力量，自然还有一定的研究空间，但是通过对西方发展历史的考察，即使建立起完善的市场，也不能自动实现理想的社会结构。市场经济是按要素分配的，也就是说，如果你的要素少，那么，即使市场是公正的，那么你获得的收益也会少，而且是越来越少（因为存在规模效应）。有些需要投资的项目，如教育、卫生保健、食品营养，就会因为底层阶级无力投资而导致他们和他们的子女失去很多竞争机会。他们始终处于被动地位，他们的潜能难以发挥，他们的劳动积极性无处施展。底层社会的长期积怨对于社会稳定也是一种威胁。如果在实行市场经济的过程中适时推出社会福利制度（再分配制度），给予中下阶层适当的补助，实现机会平等，让其重返劳动力市场，那么，理想的阶层结构就可以较快速地建立。

一、社会福利与贫富差距

社会福利制度的最显著功能就是减小贫富差距。对于市场转型导致的贫富分化，国际上比较流行的解释是库兹涅茨的倒"U"形曲线理论。其实，倒"U"形曲线与其说是一种理论，不如说是对于各国市场转型状况的一种描述。库兹涅茨发现，在市场转型过程中，贫富差距的变化是有规律的，市场转型的初期，贫富差距会急剧上升，而当市场转型完成后，随着市场体制的健全，贫富差距又会较大幅度地下降，这种下降不是自然发生的，而是市场机制相配套的体制完善的结果，如社会保障体制，贫困救济，个人所得税制度，对高收入者收取高额累进税以及廉政和反贪对策等[1]。以英国为例，1994—1995 年，英国全部家庭中平均每个家庭的初始年收入是 16 720 英镑。按五等分划分，上层 20％家庭平均初始年收入为 40 330 英镑，下层 20％家庭为 2040 英镑，二者收入差距是 19.8 倍。但英国现行的税收和福利政策则使这种差距大幅度缩小：（1）在加上家庭的货币福利收入后，二者的税前毛收入的差距便降低为 6.2 倍；（2）在减去收入税、保险税后，二者可支配收入的差距又降低到 5.4 倍；（3）如果加上教育、医疗、住房、交通等各种实物津贴和补助后，二者最终收

---

① 李强：《中国的贫富差距与市场转型》，《中国特色社会主义研究》，1999（6）。

入差距只有 3.7 倍，其收入的基尼系数也仅在 0.34 左右①。目前瑞典中产阶级的比重占 55%，主观认同于中产阶级的比率高达 80%，是世界上中产阶级队伍最庞大的国家之一。由于分配和再分配制度合理，瑞典没有很穷的人，也没有很富的人，人均收入水平很高，但基尼系数自"二战"以来一直没有超过 0.28②。

自改革开放以来，我国的贫富差距迅速扩大。国际公认的贫富差距指标是基尼系数，可惜，我国国内还没有权威的相关数据。根据世界银行的相关研究成果表明，我国的基尼系数在改革开放前约为 0.16，2003 年升至 0.458，2004 年超过 0.465，2005 年逼近 0.47，连续几年超过了 0.4 这一国际公认的警戒线，处于危险的边缘；占总人口 20% 的最贫困人口收入或消费的份额只占 4.7%，而占总人口 20% 的最富裕人口收入或消费的份额高达 50%③。仔细考察原因，我们可以发现，我国的社会保障支出占国家财政支出的份额比较小，从 1998 年至 2004 年，社会保障支出占国家财政支出的比例一直在 10% 左右徘徊，而美国、德国、瑞典和英国等发达国家的社会保障支出占财政支出的比例一般在 30% 以上，瑞典甚至接近 50%。发展中国家智利的社会保障支出占国家财政支出的比例也基本保持在 30% 以上。经验表明，利用强大的财政进行福利供给可以有效降低贫富差距。由于我国财政对社会福利供给的不足，社会福利制度不能够有效地发挥其调节收入分配的功能，导致贫富差距不断扩大④。

说到贫富差距，城乡差距是一个不得不提的内容。据有关学者测算，中国城乡收入差距由 1978 年的 2.57 倍下降到 1985 年的 1.86 倍；进入 20 世纪 90 年代以来，随着中国城市化进程的加快，城乡收入差距持续扩大，到 1999 年上升到 2.65 倍；进入 21 世纪之后，城乡收入差距逐步上升，到 2005 年上升到 3.22 倍，也即中国城乡收入差距在 3 倍以上⑤。如果将社会保障、公共医疗和公共教育等因素考虑在内，城乡实际收入差距将更大。如果考察两者的转移性收入，那么我们会对城乡差距更加表示惊讶。"城镇居民每人年均转移性收入

---

①　胡连生：《美欧收入分配政策的差异及其成因》，《科学社会主义》，2003 (6)。
②　杨宜勇：《关于瑞典和德国中产阶级的调研报告》，《北方经济》，2004 (4)。
③　刘宗阳、彭彩霞：《关于居民收入差距加大的思考——借鉴罗斯福新政》，《经济论坛》，2007 (11)。
④　夏杰长、张晓欣：《我国公共服务供给不足的财政因素分析与对策探讨》，《经济研究参考》，2007 (5)。
⑤　肖严华：《中国社会保障制度的多重分割及对人口流动的影响》，《江淮论坛》，2007 (5)。

1995 年为 725.8 元；2000 年为 1440.8 元；2003 年为 2112.2 元；2004 年为 2320.7 元。而农村居民的每人年均转移性收入同期仅为 65.8、147.6 元、143.3 元和 160.0 元。农村居民的转移性收入仅为城镇居民同期的 9.0%、10.2%、6.7%、6.9%"①。也有学者研究发现，公共服务因素在城乡实际收入差距中的比例占到 30%～40%②。可见，社会福利制度是影响城乡差距的重要因素，以城市为中心的社会福利制度进一步扩大了城乡收入差距。

关于贫富差距和社会福利的关系也可以通过欧美福利制度差异进行分析。根据胡连生的研究，美国与西欧诸国同属发达资本主义国家，但在收入分配政策方面却存在较大差异：美国在收入分配上坚持向富人倾斜的政策，而欧洲各国则坚持收入分配均等化的政策。"二战"后，美国个人所得税的起征点和边际税率进行了多次调整。1970 年至 1975 年，起征点降为月收入 1000 美元，最低税率为 14%；从 1981 年到 1984 年政府分三次降低税率，1986 年又将边际税率修改为 15%、25%、35% 三种。瑞典一直坚持高税收政策，最低税率为 30%，最高税率在 70% 左右。德国，1999 年个人收入所得税的最低税率为 19%，最高税率为 53%。同时，在社会福利制度方面，美国与西欧国家有明显区别。欧洲国家把社会福利当作公民应当拥有的社会权利，社会福利具有普遍性，横向覆盖全民，纵向从摇篮到坟墓，基本上使全民有了优裕的生活保障，而美国基于社会良知和同情心理念，设计的是"补充市场不足角色"的社会福利制度，强调福利的针对性，偏重于对贫困人口的救济。结果，美国的社会再分配程度较低，转移支付的规模较小。在社会福利惠及全民，大幅度提高全民生活质量方面，美国和欧洲无法同日而语。社会福利政策上的差异导致了美欧在社会贫富差距上的不同结果。美国贫富两极分化继续加深，而欧洲各国的贫富差距则控制在比较平均或比较合理的范围内。以企业最高主管的薪资是基层员工比例为例，德国为 5.8 倍，英国为 6.5 倍，法国为 7.5 倍，意大利为 7.6 倍，美国则为 12 倍以上。至于瑞典，贫富差距要更小一些。有人甚至说，瑞典只要拿出国民生产总值的 0.5% 就可以把所有人的收入拉平。按最富 10% 人口的收入对比最穷 10% 人口的收入的方式测算，1994 年美国收入最高的 10% 人口与收入最低的 10% 人口的收入差距为 14：1，瑞士为 11：1，瑞典为 4：1(1997 年税后)③。

① 迟福林：《政府转型与收入分配制度改革》，《科学决策》，2006 (10)。
② 夏杰长、张晓欣：《我国公共服务供给不足的财政因素分析与对策探讨》，《经济研究参考》，2007 (5)。
③ 胡连生：《美欧收入分配政策的差异及其成因》，《科学社会主义》，2003 (6)。

上述分析表明，社会福利制度可以缩小贫富差距，但不是必然的。有时候，社会福利制度也可能扩大贫富差距。社会福利制度只有向贫困者倾斜，才能缩小贫富差距。以我国为例，城乡社会保障的二元体制导致城乡收入分配的逆向转移。我国农村9亿多农民，占人口总数的70％，其中大多数没有被社会福利制度所覆盖，仍主要依靠家庭和土地保障。在养老保障方面，根据2000年年底中国老龄研究中心对全国城乡老年人口抽样调查的数据，城市老年人的养老保险覆盖率达到70％以上，而农村老年人的养老保险覆盖率不到4％①。从供给来看，我国公共财政中的社会保障支出结构极不平衡，2002年，我国农村人口占60.9％，而农村社会保障支出仅占全社会总量的11％，农村社会保障支出远远低于城市。社会保障制度的实施本应缓解农村居民与城市居民之间的贫困差距，却由于中国的社会保障制度使城镇居民的贫困问题得到一定改善，而对农村居民基本没有起到作用，使城乡居民之间的贫富差距越来越大②。

当前，中国的社会保险制度也存在福利的逆向调节作用。在社会保险方面，参保比例较高的是那些有特殊专业技能和高素质的劳动力。调查发现，除了国有单位以外，只有三资企业比较多地进入了社会保险体系，因为一个企业是否进入社会保险体系不仅仅是主观愿望问题，与其在市场中的竞争能力、盈利能力有密切关系③。因为他们的收入较高，缴费能力较强，参保率也越高，而享受的社会保险福利也越高。对于那些在个私经济中工作的劳动者和非正规就业的劳动者，他们收入本来就不高，参保比例较低，享受的社会保险福利自然较少。这说明，我们的社会保险制度没有能发挥修正市场机制缺陷的作用，市场中竞争能力强的人在社会保险体系中仍然是强者。

二、社会福利与阶层关系

公正合理的社会福利制度有助于改善阶层之间的关系。社会福利制度作为一种再分配制度，是在社会的强势群体和弱势群体之间（包括共同体成员之间的共同抵御风险的社会保险）的资源转移。再分配的两方通过物质、财富、服务的传递有助于导致相互关爱和尊重。在福利国家，人们已经普遍认识到福利

---

① 胡鞍钢：《追求公平的长期繁荣》，载世界银行：《2006年世界发展报告：公平与发展》，13页，北京，清华大学出版社，2006。

② 刘志英：《中国城乡贫富差距与社会保障制度》，《江汉论坛》，2004（3）。

③ 杨伟民：《当前中国的社会保险在社会分层中的作用》，《社会学研究》，2005（5）。

对于"重新划分和构造阶级的力量"①。一个社会中总是存在强势群体和弱势群体。如果不重视保护弱势群体的利益，给予相当的关怀，而任其过着前景黯淡的日子，会诱发社会动荡，影响稳定，从而间接阻碍社会发展②。如何筹集给予弱势群体关怀的物质、财富和服务？从社会福利的理论和实践上看，让强势群体承担更多的社会义务，是一条普遍的规则。

（一）社会福利制度的强力推行让强势群体和弱势群体能够实现更大程度的社会公平

社会公平有三种表现：起点公平、规则公平和结果公平。三者之间的关系是：（1）只有规则公平才能实现经济发展的高效率，公平的规则激发社会主体参与经济活动的积极性。（2）政府加强在社会福利上的投入有利于实现起点公平，促进自由竞争。例如，政府通过特定的福利政策，投资于针对贫困人口的义务教育，将在一定程度上缓解由于教育程度、竞争能力上的差距而形成的行业垄断，使得生产要素（这里指人力资本）的自由流动和自由竞争在一定程度上得到加强，从而带来经济运行效率的提高。（3）结果公平要适度。谋求过度的结果公平将会对效率造成损害，例如，高税收打击了高收入者的生产积极性，高福利政策会使贫困者养成懒惰和依赖心理。但是，社会成员间财富分配差距过大也会损害效率，过度的结果不公平将会通过循环累积作用，影响起点公平和规则公平的有效性，进而影响到效率的实现③。

（二）社会福利制度的强力推行能够促进社会分层结构的开放程度

一个自我调节的社会结构倾向于封闭而不是开放。社会分层也往往成为那些居于支配性地位的社会阶层为了维持和增强自身的特权而用来排斥从属阶级的手段④。一个处于社会中下阶层的新生个体所能获得的社会地位不仅"自然"

---

① Gosta Esping-Andersen, *The Three Worlds of Welfare Capitalism*, Princeton University Press, 1990, p.55.

② 杭行、刘伟亭：《关于社会福利制度的深层次思考》，《复旦学报》（社会科学版），2003（4）。

③ 同上。

④ 李路路：《社会转型与社会分层结构变迁：理论与问题》，《江苏社会科学》，2002（2）。

地受约束于财产权、劳动分工、教育程度、权威等级和消费模式等①，而且也受约束于社会强势群体的挤压和排斥。自然，没有民主法制的推进，社会阶层体系的开放程度不可能有大的改观，但是，即使有了法规、制度层面的开放，对于中下阶层个体来说，如果没有条件让其掌握向上流动的技能，那么，法规的美好愿望也不能成为现实，因此，还需要一个社会制度，它能够使中下阶层获得向上流动的必要技能。社会福利制度就可以扮演这个角色。

（三）不同的社会福利制度规定不同的利益流向，同时塑造了不同的阶层关系

根据郑秉文的研究，社会福利制度根据其内容特点，可以将之归纳为美国模式、欧洲大陆模式、北欧模式三种②。下面，我们就考察这三种模式之下的社会阶层关系。

1. 美国模式

美国模式以美国和英国为典型，其特征是广泛经济调查式的社会救济、少量的转移支付与作用有限的社会保障计划。弱势阶层获得社会补助，他们既是这个制度的主要救助对象，又是这个制度主要的忠诚支持者；中间阶层与市场结合在一起，并逐渐予以制度化，是市场化制度的主要支撑者。因为弱势群体的社会福利已经接近"底线"，因此，其他任何改革措施对他们来说几乎或至少都是中性的，而对于那些本来其福利就已经市场化程度很高的中间阶层来说，其对社会福利的需求和容忍程度具有很大的灵活性。因此，福利改革也相对容易。由于中间阶层和弱势群体之间的转移支付并不明显，中间阶层也没有获得太多利益，因此，在这种制度下，各个阶层之间的关系是松散的，既没有激烈的冲突，也没有紧密的合作，各自在独立的利益领域进行活动，阶层关系是相对独立的。

2. 欧洲大陆模式

在欧洲大陆模式中，等级森严的合作主义制度使本来就是社会中坚的中间阶层的地位在社会保险中进一步得到巩固，从而使中间阶层对福利国家更加忠诚。既然欧洲大陆模式铸造了中间阶层的忠诚，那么，社会福利制度改革只要使中间阶层的利益稍微受到触动，就必然遭到他们的反对。例如在法国，1995

---

① Giddens，Anthony，1973，*The Class Structure of the Advanced Society*，London，Hutchinson & Co（Publishers）Ltd，pp. 107-109，p. 167.

② 郑秉文：《OECD 国家社会保障制度改革及其比较》。

年 12 月社会福利改革流产，总理也因此下台。2003 年 5 月公共部门又因社会福利改革而大示威。当这种等级森严、部门分割的社会福利制度遇到危机不得不需要改革时，首先遭遇的就是两大阶层在福利权利上的争夺，福利特权阶层希望继续保持特权，下层阶级希望获得平等的社会福利。如果进行改革，就会遭遇运动，如果不进行改革，福利制度难以为继。因此，围绕福利负担和权利之争很容易成为政治性冲突。在欧洲大陆福利模式之下，社会阶层关系是相互对立的①。

3. 北欧模式

在北欧模式中，由于私人部门的福利市场相对发展不足，慷慨的福利供给可以满足不同阶层的各种需求，所以，该模式使传统的工人阶级和中间阶层都从中受益，高昂的预算和社会支出使他们形成一种紧密的社会连带关系，共同依赖于福利国家的调节。在北欧国家，只要支撑这个制度的工人阶级和中间阶层联合起来达成共识，政府的社会福利改革就有可能将他们的福利需求置于福利国家之中。虽然中上阶层承担社会福利的主要成本，但是只要社会存在较高的流动水平，对于每一个可能存在向下流动机会的人来说，保证每个人通过再分配进入中间阶层，是一个不错的制度选择。北欧模式限制了人们对暴富或者永远保持富贵的向往。在这种制度下，社会阶层之间的关系是相对和谐的。

（四） 社会福利制度改革的不同方向也会塑造不同的阶层关系

社会阶层之间的关系主要是依靠利益分配加以调节的。现代社会福利制度作为社会最重要的再分配制度，自然对社会阶层关系起影响作用。其影响的方向取决于社会福利制度改革的内容。以美国为例，1981 年 2 月 18 日，里根政府发布《美国的新开始：经济复兴计划》，抛出一套以恢复自由竞争机制为核心内容的改革方案。其重要措施是减税改革，个人所得税边际税率进一步降为 15％和 28％两档，公司所得税税率下调至 15％、25％、34％三档。新税法还扩展了劳动所得的税收优惠，以鼓励生产。减税改革的本意是减少再分配对市场原始分配格局的扭曲，通过增加收入激发生产动力。但是，在减税改革中受惠最大的实际是上层而不是中下层群体。1986 年，年收入 100 万美元以上的家庭税负减少了 31％，而收入在 3 万～4 万美元之间的家庭则仅为 7％。因此，减税

---

① 郑秉文：《OECD 国家社会保障制度改革及其比较》。

改革实际是以强化经济压力的负面形式刺激中产阶级生产主义的恢复①。英国的社会福利制度改革不同于美国。它保全了中产阶级的利益，让中产阶级成为社会的主导阶层。1949 年，1％最富裕者的收入占所有收入的 11.2％，到了1976 年就降为 5.6％，10％最富裕者的收入也由 1949 年的 33.2％降为 1976 年的 25.8％。剩下的人口中，以中位数为标志，相对贫穷的一半人口的收入占总收入的比例仅由 1949 年的 23.7％上升到 1976 年的 24.3％，而相对富裕的一半人口占总收入的比例则由 1949 年的 43.1％上升到了 1976 年的 49.9％②。

（五）制度设计不当会对阶层之间的关系造成负面影响

这种负面影响主要表现为两个方面：一是财富的逆向转移，二是福利接受者的道德风险。除了上面提到的城乡居民之间在财富上的逆向转移，所有制或单位性质也是逆向转移的渠道。改革开放以来，除国有垄断行业、机关和事业单位之外，我国逐渐放弃了原有的社会福利方式，在相当长的时间里让众多弱势群体处于无助状态。同时，适应市场经济体制的新社会救助制度又迟迟不能建立起来。结果造成，在社会福利制度方面，对部分强势人群的过度保护和对社会弱势群体救助总体不足并存③。

制度设计不当也可能造成福利接受者的道德风险问题。由于管理信息系统建设滞后、信用体系的不完备等原因，无论是家计调查还是资格审查都可能存在一些不适合的人群混入到福利给付群体之中。如隐性就业人员混入到失业人员中，提前退休人群混入到领取养老金人群之中，非贫困人群混入到低保人群中，非贫困家庭骗取廉租房、经济适用房。据调查，失业津贴领取者有60％～70％有隐性就业经历；刻意创造提前退休条件导致我国实际平均退休年龄降至53 岁；低保家庭占城市所有家庭数的 9.0％，但城市贫困家庭获得最低生活保障的只占贫困家庭的 30.1％，而非贫困家庭获得最低生活保障占其比例达到6.9％④。为了建立社会阶层之间的和谐关系，我们应该充分利用社会福利制度

① 安然：《"里根革命"与美国中产阶级生产主义的恢复》，《北京师范大学学报》（社会科学版），2007（2）。

② Lowe，R.，*The Welfare State in Britain Since* 1945，New York，St. Martin's Press，1993，p. 283.

③ 国家发展改革委宏观院考察团：《对俄罗斯收入分配情况的考察》，《中国经贸导刊》，2006（1）。

④ 王德文、蔡昉：《收入转移对中国城市贫困与收入分配的影响》，《开放导报》，2005（6）。

的积极功能。中国今后的社会福利制度应当逐步走上全国统一之路，宁可国民福利水平低一点，也应当构建"全国统一的社保制度"①。

为了这个目标，我们应该加强研究、试验、总结和评估，设计出开放、公正、能够规避风险的社会福利制度体系，包括建立居民生产和生活信息系统，建立社会福利服务组织，以及能够应对社会风险的人才体系。只有经过政府、学界和社会福利组织的协作，才能实现社会福利制度的目标。

三、社会福利与阶层结构

社会福利制度的推行有助于加速形成理想的阶层结构。理想的社会结构一般是开放的、以中间阶层为主的社会，由后天行为决定社会成员是向上流动还是向下流动。任何一个现代社会，要保持长期稳定的重要法宝，就是超过半数以上甚至80%的公民成为受过良好教育、具有专业知识和技能、拥有守法观念和教养的中间阶层，其原因是：从政治上看，中间阶层是介于高层与底层之间的缓冲层；从思想上看，中间阶层在社会上代表温和的、保守的意识形态，对抑制极端思想和冲突观念有积极意义；从经济上看，中间阶层是引导社会消费的最主要群体②。社会普通公民的中产阶级化也会使国家的福利制度更好地辅助社会下层的发展③。到 20 世纪 70 年代，各主要发达国家的白领人数都达到了 40% 以上，到 2001 年，一般都超过了 50%，美国更是达到近 60%④。

反观我国的阶层结构，离理想状态存在较大差距。李强教授利用第五次全国人口普查数据，结合国际职业声望量表研究发现，中国的底层人员（农民和类似农民的职业）占总劳动人数（15 到 64 岁人口）的 64% 左右；"蓝领"工人占 23.9%；"白领"阶层占 12.2%，"白领"阶层中最上层的专业人员阶层和管理者阶层，仅占整个社会劳动者总数的 1.1%⑤。他判断中国的阶层结构为倒"丁字形"结构。据陆学艺研究员主持的课题组测算，1999 年，中国的中间阶层（私营企业主阶层、个体工商户阶层、专业技术人员阶层）只占整个社会结构的 15% 左右，2002 年估计约为 18%。他认为，一个国家要形成一个合理的

---

① 王德文、蔡昉：《收入转移对中国城市贫困与收入分配的影响》。

② 李强：《关于中产阶级和中产阶层》，《中国人民大学学报》，2001（2）。

③ 刘大椿、段伟文：《社会运动：当代资本主义社会嬗变的促力》，《学术界》，2002（6）。

④ 李强：《关于中产阶级的理论与现状》，《社会》，2005（1）。

⑤ 张翼、侯慧丽：《中国各阶层人口的数量及阶层结构——利用 2000 年第五次全国人口普查所做的估计》，《中国人口科学》，2004（6）。

有活力的社会阶层结构，不仅要靠经济力量，还要靠"无形的手"的推动、调控和引导。他乐观估计，今后 20 年能以每年增长 1 个百分点的速度发展，到 2020 年，中间阶层的规模就能达到 38%～40%①。可事实却不乐观。我们即使不考虑农村问题，就是在中国经济发达的大城市，自 20 世纪 90 年代中期以来，由于市场机制与再分配机制及国家垄断机制的交互作用，原有的扁平形行业分层结构已为金字塔形结构所替代，而且至今仍缺乏中等收入阶层成长发育的制度条件和产业结构条件②。如果这种状况不改善，社会阶层的两极分化无疑仍将持续，城市内部也将产生稳定的二元格局。

对于如何实现理想的社会结构，中国学界并不是没有思考。但遗憾的是，到现在为止我们还没有找到清晰的制度方法，阶层分化存在盲目性。陆学艺就认为，中国社会阶层结构的演变具有明显的自发性；城市化过程严重滞后、社会政策缺位、社会制度创新滞后、整体社会的发展思路还不清晰，这些问题都不利于中间阶层的发展③。李强认为，中间阶层发育需要经济结构、职业结构和教育结构的土壤：经济结构实现从第二产业向第三产业的转型；职业结构实现用现代职业结构取代传统职业结构；教育结构实现高等教育的普及化④。但是，产业结构变迁的条件是什么？职业结构变迁的条件又是什么？是先有阶层结构的变化还是先有产业变迁和职业变迁？脱离阶层结构的变迁，产业变迁和职业变迁是否可能？社会的变迁不可能单独让一个因素发生变化，却让其他因素原地不动。社会中的个体也不是被动地等待其他主体的规划、指挥，而是自我发展的主体。他有权根据自身的利益选择自己的行动。因此，我们认为，产业变迁和职业变迁是个体追求自我利益、参与社会流动的结果，而不是原因。社会或政府如果希望产生正常的社会流动和秩序，希望形成理想的社会阶层结构，那么就应该帮助社会个体消除社会流动的障碍，提高其社会流动的能力。从这个角度看，社会福利制度的功能是巨大的，它可以消除因市场力量自发运动造成的两极分化和社会流动障碍，它也可以用公共财政保证每一个公民获得平等的能力训练。由于我国的社会福利制度并不强大，因此，难以看出其具备的巨大潜力。通过先行国家的经验总结，我们发现社会福利制度在社会阶层结

① 陆学艺：《当代中国社会阶层的分化与流动》，《江苏社会科学》，2003（4）。

② 叶立梅：《从行业分层看城市社会结构的嬗变——对 20 世纪 90 年代以来北京分行业职工工资变化的分析》，《北京社会科学》，2007（5）。

③ 陆学艺主编：《当代中国社会阶层研究报告》，92 页，北京，社会科学文献出版社，2002。

④ 李强：《关于中产阶级和中产阶层》。

构形成中的巨大力量，也可以说，合理的社会福利制度可以塑造出理想的社会阶层结构，理想的社会阶层结构需要社会福利制度助推。

（一） 合理的社会福利制度有助于减少贫困阶层的人数

1982 年，贝克尔曼和克拉克通过一项经验研究得出：如果没有现行的社会保障制度，英国生活在贫困状态中的人将比实际多出 7 倍①。1985 年，希金斯指出：1982 年占 20％ 的英国最贫困家庭只能挣得 0.6％ 的收入，但由于收入的再分配，他们得到了 11.3％ 的国民可支配收入；1986 年，经政府的现金形式和实物形式的福利救济之后，占 20％ 的英国最贫困家庭年平均最终收入从 130 英镑增加到 4130 英镑②。对于我国来说，按照农村绝对贫困标准 627 元来计算，2002 年年底全国农村绝对贫困人口为 2820 万，贫困发生率为 3.0％；初步解决温饱但还不稳定的农村低收入人口为 5825 万，占农村人口的比重为 6.2％③。因此，如果实行积极的社会福利制度，就可以让近 10％ 的农村人口摆脱贫困问题。

（二） 社会福利制度可以加强家庭的福利供给

合理设计社会福利制度也可以让家庭成为福利供给的主要单位，避免社会向以个体为单位的方向分裂。以韩国为例，政府要实施保障所有人的基本生活水平，通过社会的共同努力，满足国民的物质和非物质的需要，提高生活质量；希望建立一个以家庭为中心、奉行儒教传统的社会，视孝敬父母为家族福利；政府鼓励以家庭为单位实行社会福利，老年人和残疾人等弱势群体不是由相关机构收容救助，而是提倡由各个家庭负责；政府对这样的家庭在居住、税收等方面给予优惠，而且为防止家庭破坏，实行夫妇优待制度，对独身则不优待。④

（三） 社会福利制度改革影响各阶层的利益结构和生产行为

1981 年 2 月 18 日，里根政府发布《美国的新开始：经济复兴计划》，将过度的社会福利与保障视为扭曲自由竞争、制造财政困境、腐蚀发展精神的直接

---

① 转引自刘志英：《中国城乡贫富差距与社会保障制度》，《江汉论坛》，2004 (3)。
② 同上。
③ 国家统计局农村社会经济调查总队：《2004 年末全国农村绝对贫困人口 2610 万》，《调研世界》，2005 (4)。
④ 王颖：《部分国际大都市处理社会分化的经验与启示》，《当代世界》，2007 (12)。

诱因，抛出一套以恢复自由竞争机制为核心内容的改革方案。其中的福利体制改革是：设置社会安全网，即政府只负责保证无劳动能力者最基本的生存需要，减少给予中、上层收入集团的津贴；福利体系私营化、市场化，减少中央政府直接供给，分责于社会，推动社会保障主体和形式的多元化。根据安然的研究，福利改革削弱了市场竞争的替代机制，还原了市场分配的不平等性。由于福利津贴减少、生活成本上升，美国中产阶级遭到了自 20 世纪 30 年代以来最严重的损失。生活压力迫使中产阶级努力工作、克制消费冲动。1984—2003 年，中产阶级家庭的医疗支出占年均总消费额的比重由 4.06％上升到 7.17％；幼儿接受幼儿园学前教育的比例从 4％增加到 67％；而经理与专家阶层的教育开支占年均消费总额的比例上涨了 70％。从 1979 年到 1984 年，中间收入阶层的收入比重平均下降了 1.4％。因此，"里根革命"并不是美国中产阶级的福音，但它确实刺激了中产阶级生产主义的恢复；美国经济借此摆脱了滞胀困扰，恢复了霸主地位。结果，美国在 1984 年的国民生产总值增长率达 6.8％，在其他 OECD 国家中稳居首位[①]。

（四）社会福利制度必须适应社会经济、文化和法律环境

与西方经验相比，东方社会的先行经验，更应值得我们研究。尽管战后东亚资本主义的发展基本沿袭了欧美资本主义 200 多年的发展道路，但在中产阶级的发生方面，东亚的个案则和西方世界有所不同。其中最重要的区别有二：其一，在东亚地区的发展中，国家或地区政府的力量通过直接和强有力的干预，在塑造和重塑阶级结构方面发挥着巨大的作用；其二，在东亚地区，虽然新中产阶级不断增加，但包括小业主在内的老中产阶级或小资产阶级的规模并没有减少。结果，在所有四个东亚社会都经历了新中产阶级和老中产阶级的同时增长[②]。从日本社会发展的经验也可以看出，只有适应经济发展的水平，选择合理的社会政策，构建起较为完整的社会政策体系，才能真正为合理的现代阶层结构的形成和培育创造良好的社会条件，才能逐渐扩大中等收入阶层的比重，并最终形成稳定的"橄榄形"社会结构。日本政府在经济体制改革上推行"人人平等原则"，在发展壮大中间阶层上所采取的社会政策主要是：平等的教育政策，全面的社会保障制度，合理的收入调节制度。普及高等教育、终身雇用制、

[①]　安然：《"里根革命"与美国中产阶级生产主义的恢复》。

[②]　王晓燕：《韩国、新加坡、中国香港和台湾：中产阶级正在崛起》，《扬州大学学报》（人文社会科学版），2005（2）。

全民参与的社会保障制度、收入再分配、对资产所得者征收极高的遗产继承税和赠与税等手段都是政府意志的直接产物。政府通过税收和转移支付两个途径来实现阶层之间的"抽肥补瘦",最终在极短的时间内实现了社会阶层结构的转型①。

不可否认,社会福利制度实施不当也可能带来福利陷阱,如"贫困陷阱""失业陷阱"和"食利阶层"。实践表明,不当的社会福利制度对人们的工作积极性将产生负面影响。1960年,在最低收入的美国家庭中,近三分之二的户主都有工作。到1991年,这样的家庭仅占三分之一,其中只有11%的户主是长年工作的。大多数福利领取者,特别是长期领取者,往往缺乏必要的工作技能,即使找到了工作,其工资收入并不比福利津贴要高。1965年,最低工资的工作每月约220美元,其中并不包括与工作有关的费用,如服装和交通费。而在这一地区,平均每个福利家庭每月可领取177至238美元福利津贴,但他们不用花费与工作有关的费用。可见,不当的社会福利制度会导致人们产生福利依赖现象。美国政府采取的改革思路就是将领取福利与工作联系起来,旨在打破"福利循环",减少福利依赖,建议一种"工作福利",让每一个人相信工作比依赖政府救济更能改善自己的经济境况②。

同时,我国学者也提出,中间阶层的规模必须要保持一个与现实的生产力发展水平和技术条件相适应的总体比例和内部结构,不能盲目地认为中间阶层越多越好,而忽略了生产力水平对其规模、结构的决定性③。西方福利国家的历史表明:"二战"后,利国家推动中间阶层规模的扩展和实力的增强,中间阶层为福利国家提供广泛的社会基础,但是,福利国家的不断扩张不但使中间阶层偏离了自然发展的轨道而趋于刚性膨胀,强化了其消费性功能而抑制了其生产性功能,最终导致了福利国家的体制性危机。福利危机造成了中间阶层的萎缩,不仅他们的收入减少,职位稳定性下降,而且焦虑情绪滋长,社会心理问题层出不穷。

---

① 邓玮:《日本中间阶层发展的可鉴之处》,《社会》,2004(5)。
② 徐再荣:《当代美国的福利困境与福利改革》,《史学月刊》,2001(6)。
③ 刘钰、徐锦贤:《对"橄榄形社会结构"一说的反思》,《学海》,2006(6)。

第三节　社会分层对社会福利的影响

进入工业社会之后的国家，或多或少存在社会福利制度。不同的阶层在社会福利制度中扮演不同的角色。由于责任、利益、福利观念和决策能力的不同，各级社会阶层可能产生不同的行为和态度。不同的阶层结构对于社会福利制度的制定、运行和改革产生重大影响。因此，探讨社会分层对于社会福利制度的影响就是一个十分重要的问题。

一、不同的阶层对福利制度决策的影响力不同

社会福利制度的制定涉及社会中的权力分配。不同阶层对于福利制度决策产生不同的影响力。社会福利制度有多种来源，如国家、社区、单位、家庭等。不同的福利类型就拥有不同的决策主体，因此，从这个角度上说，社会福利制度的决策主体存在一定的多样性。福利国家的决策主体是议会和行政机构，社区福利的决策者主要是社区自治组织，单位福利的决策者主要是单位的领导，家庭福利的决策者主要是家长。虽然这些主体的决策会受到当时法律和政策的约束，但是，一方面法律和政策由于不合时宜存在修改或废弃的可能性，另一方面，法律和政策只是粗线条式的规制，不可能具体规定福利对象、福利事项和福利传递渠道，因此，福利制度（也包括福利分配）的决策者仍然具有很大的权力空间。运用政治分层视角，我们可以清楚地看到，福利制度和福利分配的决策者都是掌握公共权力的上层人士，他们就是政治维度的上层阶级。广大的农民和工人在福利制度的制定过程中影响较弱。在民主体制下，他们只能通过选举自己的代言人间接地表达自己的权利诉求。当间接渠道不能满足自己需求的时候，他们也可能采用游行、示威等手段直接提出诉求。游行、示威并不能直接带来决策的改变，因为福利制度的决策权仍然掌握在政治精英手中，所以，他们的诉求仍然要回到政治精英的办公桌上协商、谈判和解决。除非福利制度的变革问题采取全民公决，否则他们的人数优势并不能转化为决策优势。

可是，至今还没有看到哪个国家围绕福利制度举行过全民公决①。民主体制的优势是，当提出福利诉求的下层阶级人数达到一定规模，影响到选举形势的时候，那些政治精英就有压力进行认真地处置。在集权体制下，下层阶级不仅不能参与福利制度的决策，而且也没有机会选择福利制度的决策者。政治精英与社会中下阶层是隔离的。福利制度的动力主要是决策者（类似家长）的统筹安排，取决于他对于社会稳定形势的判断以及社会财富配置的观念。如果社会面临严峻的福利改革压力，而又遇到一个有远见、有魄力的政治精英（家长），那么，集权体制能够高效地催生出符合国家长远发展的福利制度。当然，这些条件不是容易具备的。可见，无论民主体制还是集权体制，为了实现自己的权利诉求，社会的中下阶层（无权的弱势群体）需要付出长期的、有策略的艰苦努力。英美国家均发生过这种抗议运动。1974—1976 年，英国的地方纳税人行动集团国家联合会、个体经营者国家联盟等中产阶级组织发起反对大幅度提高税率、反对征收个体经营者额外保险税和新财产税等反抗运动。美国新中产阶级也指责福利国家是一架进行再分配的机器，政府官僚将每个人口袋里的钱拿出来，侵犯了个人自由，最终将引导美国"走向极权主义"②。

由于社会权力的不平等，即使在福利较少的农村，也可能演绎本地人和外地人的等级差异。中国农村实行集体经济制度和农村个人住房制度，它决定着本村居民与外来人口之间的不平等关系。表现在：第一，就业不平等。村办企业和集体单位中福利较好的岗位留给本地村民，而让低级岗位面向外来人口，形成了有利于本地人的劳动力市场分割；第二，在福利分配上，只有村民才可以享受集体经济的福利分配，如企业分红、养老金、住宅新村等；第三，由于个人宅基地制度，村民可以自行建房，而外来人口没有这种权利③。

---

① 这里提到全民公决，并不意味着作者赞成用全民公决的方式决策福利制度。之所以提到，只是从"下层阶级不能发挥其人多的优势"的角度。其实，笔者倾向于否定这种方式，主要的原因有两个：一是福利制度十分复杂，非专业人士难以全面理解它对于社会的影响，也就是普通公民在这个问题上是失去判断力的；二是福利制度涉及的是财富转移，这是一种阶层之间的财富转移，上下阶层的利益始终是对立的，因此，如果采用全民公决有"多数人暴政"的含义。社会福利制度的改革一般是一个协商过程，需要很多条件，如财富观念、贫穷观念的变化、考察社会流动状况、组织、技术和配套制度的完善。这些因素决定了福利制度改革是一个漫长的过程，需要有专业人士参与设计。民意可以通过公开、透明的辩论加以表达。

② 安然：《福利国家改革与西方中产阶级的变迁研究》，《社会科学战线》，2006（2）。

③ 张展新、郭菲：《城市社区格局重组与流动人口聚集地的社会分层——北京等五城市流动人口社区调查》，《开放导报》，2005（6）。

二、不同的阶层对于社会福利制度改革持不同的态度

社会福利制度的内容影响社会各阶层的利益和态度。以社会保障制度的建立为例，工人阶级总体上要求和支持建立现代社会保障制度（如养老保险、失业保险、医疗保险、工伤保险、扶贫、住房、八小时工作日及禁止超额劳动等），但也有些人反对，他们认为社会保障制度是资产阶级欺骗人民、分化瓦解工人运动的手段，不理解社会保障制度是工业社会发展的必然结果，认识不到社会保障制度在减轻工人贫困、促进工人生活和健康条件改善方面的重要作用。还有一些贫困者也可能反对，主要原因是基于现实的经济压力而无力缴纳社会保障方面所需的费用，但是，他们只是对需要缴纳费用的社会保障项目表示反对。

雇主阶级对于社会福利制度存在一定的矛盾心理。面对工人的维权斗争和要求，雇主除了要求政府镇压外，也反对建立社会保障制度。他们认为，工资待遇、劳动条件等问题是劳资双方之间的事，由市场决定，政府无权干涉；社会救济会增加自己的负担，还会使许多工人丢失工作加入失业行业。20 世纪 30 年代，一些雇主认为失业保险就是"社会工资"，它使工人有了安全感，工作不再努力，反而更加好斗[1]。也有一些雇主对建立现代社会保障制度作出了比较积极的反应，原因是：他们对贫民表示某种程度的同情，认为国家应该关心民众的疾苦；如果工商业者和国家对社会保障持消极或无视态度，那么，"工党的观点和主张就会在全国范围内得以传播并被采纳，最终使工商业者不得不屈服于工党"[2]；同时，社会福利措施也被认为是工业社会发展的必然结果和提高工业生产效益的需要，是一种对工人、社会、国家都有利的举措，例如"工人赔偿法"中的自动赔偿规定，省去了企业与工人打官司的时间，且固定的赔偿金额不会因工人的要求而提高[3]，建立一个工人伤病、失业和退休基金，让老工人退休和给失业工人以生活费，可以减少整个劳动力，有利于采用机器和提高

---

[1]　Alvin Finkel, *Origins of Welfare State in Canada*, in J. M. Burnsted ed., *Enterpreting Canada's Past*, Oxford University Press, 1986, p. 309.

[2]　J. R. Hay. *The Development of the British Welfare State*, 1880—1975. Arnold, 1978, pp. 2-38.

[3]　Michael Piva, *The Workmen's Compensation Movement in Ontario*, in *Ontario History*, Vol. LXVII, 1975, p. 47.

工作效率①。不少雇主如制造商和房地产商从自身行业出发也支持福利制度，因为他们感到福利制度可以提高工人的购买力而扩大本行业在市场中的份额。一部分雇主利用福利制度诱使工人忠于自己的公司。早在19世纪50年代，有的铁路公司就向技术工人提供娱乐活动，其他的雇主有的提供阅览室，有的在圣诞节向听话的工人发放额外的奖金，有的向工人提供医疗服务和图书馆，资助工人的铜管乐队、弦乐队和体育运动队②。雇主总是考虑和维护自身的经济利益，有的从长远或整体利益出发，有的局限于一些短暂或局部的利益，正是前者的出现和扩大才使福利制度的建立成为可能③。

资产阶级上层统治者的态度在一定程度上关系到现代社会保障制度的命运。与雇主类似，上层统治阶级对建立现代社会保障制度问题的认识既存在分歧也存在变化。早期，多数上层统治阶级反对建立社会福利制度。但是，随着工人运动的深入发展，有些重要的政治人物开始改变对于福利的认识，主张建立现代社会保障制度。如英国的劳合·乔治，他认为贫困是因为许多人工资低、失业、年老和生病，甚至认为英国的土地制度也与贫困有关，他主张"国家的多余财富首先应该分给那些无法生活的正直的人们"④。1908年，他就任财政大臣后，推行人民预算制度，为自由党更广泛地制定社会保险立法准备财政基础。他亲赴德国考察社会保险立法，认为英国也应该推行这一制度。1911年当《国民健康保险法》遭到反对时，他竭尽全力进行呼吁，寻求各方支持，终于使这项具有开创意义的社会立法顺利通过。资产阶级上层人物支持建立现代社会保障制度的目的当然主要是为了维护其自身的统治。客观地说，开明的上层统治阶级对于福利制度采取坚定的支持态度，给公民争取社会权利带来巨大的便利，也可以显著降低改革的社会成本。不可忽视的力量还有知识分子。他们积极从事社会调查，为现代社会福利制度的建立提供有价值的资料。如布思在伦敦的调查，鲍利在南安普顿、沃灵顿、斯坦利及雷丁的调查，曼恩在贝特福德郡的调查，巴克斯顿在牛津郡的调查以及朗特利在约克城的调查和对全国农村的抽样调查。这些调查连同这一时期至少18次政府同类调查所得资料为制定有效的

---

① Alvin Finkel, *Origins of Welfare State in Canada*, in J. M. Burnsted ed., *Enterpreting Canada's Past*, Oxford University Press, 1986, p. 300.

② Paul Graven ed., *Labouring Lives*, University of Toronto Press, 1995, p. 335.

③ 李巍：《加拿大工人运动与福利制度的起源》，《山东大学学报》（哲社版），1999（4）。

④ 转引自丁建定：《英国现代社会保障制度的建立（1870—1914）》，《史学月刊》，2002（3）。

社会保障制度提供了可靠的依据①。

　　令人惊奇的是，社会福利制度的受益人也可能反对社会福利制度变革。即使社会福利制度是确定的，但是由于各人的知识、信息以及经济能力等因素的限制，有些社会弱势群体并不能获得社会福利制度赋予他们的利益。比如，在孩子的教育问题上，研究显示，没有接受过太多教育的家长掌握的信息往往少于接受过良好教育的家长，对于已经掌握的信息，他们也不懂得如何很好地利用②。在这种情况下，如果存在社会服务或者社会工作的介入也许会增进公平，提高效率。同样，后工业化也对中下阶层带来不小的挑战。后工业化社会对专业性强、技术含量高的劳动者需求大量增加，对不熟练劳动者的需求减少，结果，后者只能得到低收入、不稳定的非全职工作，这些人对缴费型的社会保险几乎不感兴趣。因此，社会福利制度变革需要细心设计，耐心解释、宣传，让每一个相关人员充分了解其真实意义。

三、阶层结构状态影响社会福利制度改革的路径选择

　　社会福利制度的改革是一种经常性现象。诺曼·巴里认为，福利问题不是某种可以留给自发过程的问题，它要求运用技巧和技能来解决，需要社会科学家展开因果法则和收集相关数据的技能③。社会阶层结构就是一个影响社会福利制度变革的重要因素。考察它对于社会福利制度改革的影响自然是必不可少。

（一）原理

　　社会福利制度改革的主要原因是福利供给和需求之间出现矛盾。从前面的论述我们可以看到，社会福利的供给和需求都与社会阶层有密切联系。因此，福利供给和需求之间的矛盾背后其实是社会阶层结构的变迁。在社会福利制度中，中上阶层的再分配资源并不是直接向中下阶层转移支付，而是通过政府这个中间环节进行的。政府手中最大的福利资源就是公共财政。公共财政的收入主要是由中上阶层贡献的，而公共财政在福利上的支出则主要用在中下阶层身上。因此，公共财政在社会福利上的支出越多，中上阶层向中下阶层的转移支付越多。当社会福利制度出现矛盾时，首先表现在财政上，如财政赤字，福利支出比例过高等。在法国的社会福利总支出几乎占 GDP 的 30% 以上，芬兰为

①　转引自丁建定：《英国现代社会保障制度的建立（1870—1914）》。

②　［英］尼古拉斯·巴尔：《福利国家经济学》，351 页。

③　［英］诺曼·巴里：《福利》，31 页，长春，吉林人民出版社，2005。

34.8%，丹麦为33.7%，荷兰为32.3%，德国占30.8%①。如果失业率维持在较低水平，也就意味着中间阶层占社会的绝大多数，那么这种情形是可以继续维持下去的。但问题是，大量的社会福利开支久地用在消费领域，占用了生产资源，导致投资水平下降，经济衰退，终于出现高失业，社会福利制度也就难以为继。如到1992年，瑞典的失业率竟高达20%，至此，社会民主党被迫收缩目标，由扩张转为巩固和改造现行福利制度。

社会福利改革也与福利观念变革有密切联系。功利主义者侧重实现福利的最大化，自由主义者强调实现个人自由，社会主义者关心实现平等问题，贝弗里奇的目标则是要征服贫困、疾病、愚昧、肮脏及懒惰这五大障碍。罗尔斯主义者侧重实现社会公平，以基本的自由权利平等原则，用有利于弱势群体的再分配实现机会均等；里根、撒切尔等新保守主义者认为，消费既非奢侈行为，也不是流行时尚，而是一种真正意义上的必需品，是服从于生存和发展需要的自我维持机制，体现了生产主义回归的内涵，他们主张的改革就体现了经济发展最迫切需要的效率取向和动力要求②。"第三条道路"理论综合了激进和保守的理论主张，改变了社会福利制度的走向。"第三条道路"理论认为：第一，把机会均等、权利必须与责任相伴以及国家、市场和个人之间有效平衡作为基本原则；第二，国家不应负担公民的衣、食、住、行，而应确保公民能够以自己的努力获取维持公民效率必不可少的东西的条件；第三，福利国家的结构性改革应与经济增长协调一致，强调职业培训，提高贫困人口的行为能力；第四，福利制度的改革不能对那些不可能从福利转向工作的人造成损害。③"第三条道路"正视全球化和知识经济的时代特征，超越传统思维模式，发展了社会民主主义的主张，为福利国家的制度变革提供了新的福利政策思路。

（二）实例

郑秉文先生比较了欧美两种社会福利制度模式。他认为，欧洲模式的缺点是碎片式的，福利水平高一些，但问题也多一些，激励不足，惰性有余，企业负担大，国家的负担也大，对劳动力市场的扭曲也较大；美国社保制度正相反，待遇水平低一些，甚至没有全民医疗保障，但第二支柱的医保效率较高，总体医疗支出水平占GDP比例并不比欧洲低很多。养老保险也是一样，水平低一

---

① ［英］尼古拉斯·巴尔：《福利国家经济学》，31页。

② 安然：《"里根革命"与美国中产阶级生产主义的恢复》。

③ 李斌：《论社会保障制度的理论基石》，《社会科学战线》，2004（1）。

些，但第二支柱即与职业相联系的补充保险作用很大，所以，总体的实际福利并不太低，只不过人们必须要努力工作，从工作当中获取福利。这种获取福利的方式并不是"welfare"（社会福利导向），而是"workfare"（工作福利导向），企业负担不大，个人福利不小，激励机制比较完善。

美国在1935年社保立法时就注意到了要防止碎片化倾向，制定了一个全国统一的大制度，一个缴费水平，一个待遇比例，无论什么部门（是公共部门还是私人部门），无论什么职业性质（雇员还是自雇者），他们在一个水平和起跑线上，要改革可以全国一盘棋，一个步调和一个政策，不存在群体和部门利益。所以，在美国几乎没有出现过因为社保制度改革引起的全国性或地方性的群体事件和街头事件。欧洲模式的显著特点是福利的碎片化，不同碎片间的待遇存在很大差距，导致不同群体之间的福利攀比；面对福利刚性和不断攀升的财政支出，唯一办法就是降低"特殊制度"的待遇水平，提高他们的缴费标准。这部分群体由于切身利益被触犯，于是，就走向街头表示抗议，进而掀起全国性的罢工浪潮。如法国，每次社会福利改革都会引发罢工和社会动荡[1]。

（三）中国的出路

中国社会的两极分化现象十分严重。根据李强2005年的研究，中国的低地位群体（主要为农民和蓝领工人等体力劳动者）占了全部就业者的86%；中间地位群体组（主要是管理人员、专业技术人员、办事员和商业服务业人员）占10%；高地位群体组（白领阶层、知识分子、管理人员、企业主、官员等）占4%；如果区分城市和农村的话，在城市，低地位群体组占55.3%，中间地位群体组占26.5%，高地位群体组占18.2%；在农村，社会低地位群体组占到农村全体劳动者的96.7%。[2] 可见，中国的城市与农村在社会结构上存在差异，农村的"丁字形"结构更为明显。这样的社会阶层结构是不可能通过社会阶层之间自发交往来实现整个社会阶层结构转型的。因为在这样的结构中，社会群体之间的社会需求差异太大，社会交换都难以进行。例如，中产阶级体面生活所需要的基本设施，在"丁字形"结构的下层群体看来都是奢侈的或用来谋生

---

① 郑秉文：《法国"碎片化"福利制度路径依赖：历史文化与无奈选择》，载谢立中主编：《经济增长与社会发展：比较研究及其启示》，25页，北京，社会科学文献出版社，2008。

② 李强：《"丁字形"社会结构与"结构紧张"》，《社会学研究》，2005（2）。

的途径①。因此，我们必须采取一些行动。当然，在思考对策的时候，首先须弄清我国社会的特点，应该走什么样的道路。我们认为，东亚先发国家和地区（如日本、韩国）的经验值得我们好好学习。

维尔丁认为，东亚福利体制的共同特征是：低水平的公共福利开支；以经济增长为中心的生产主义社会政策；对"福利国家"一词的普遍厌恶；明显的补救主义取向；对社会公民权的有限承诺；以家庭为核心的社会福利体系②。怀特和戈德曼认为，东亚社会不同于西方福利国家的特点有三：其一，与西方国家相比，它们的福利支出较低；其二，那种认为国家提供的福利是公民的社会权利的观念，并未得到广泛的认可，相反，人们倒是期望非政府机构——社区、雇主和家庭——满足福利需求；其三，与普遍性相比，人们倾向于选择性，与靠税收融资的现收现付相比，人们更倾向于基金积累的社会保险方案③。结合中国的社会结构特点和东亚先行国家的经验，我们认为，中国应该选择的道路是：中央政府应以坚强的意志和强大的公共财政力量，如同当初推行市场经济一样，实行国家福利制度，实现"人人共享、普遍受益"的目标。

思考题

1. 从社会分层的角度看，社会福利制度具有哪些功能？
2. 社会福利制度如何影响社会阶层结构？
3. 社会阶层结构又是如何影响社会福利制度的变革的？
4. 根据我国的社会阶层结构特点，思考社会福利制度的变革方向？

---

① 李强：《"丁字形"社会结构与"结构紧张"》。

② Wilding, P. (1997) *Social Policy and Social Development in Hong Kong*, Asian Journal of Public Administration, Vol. 19, pp. 244-275.

③ White, G. and Goodman, R. (1998) *Welfare Orientalism and the Search for an East Asian Welfare Model*, in R. Goodman, G. White and Huck-ju Kwon, *The East Asian Welfare Model Welfare Orientalism and the State*, London, Routledge, pp. 3-24.

第八章
社会福利与社会运动

内容提要:

社会运动是一种常见的群体行为方式。在社会福利领域里，人们发起和参与社会运动的主要目的是为了提高生活福利。本章从社会运动的概念和内涵入手，阐述社会福利视角下的社会运动和社会运动视角下的社会福利，然后分析以争取社会福利为目的的社会运动的特点以及几种基本类型，最后从社会稳定角度阐述社会福利与社会运动之间的互动关系。

学习目标:

1. 了解社会运动的内涵和类型
2. 深入理解社会运动的社会福利视角
3. 深入理解社会福利的社会运动视角
4. 掌握社会福利运动的特点和类型
5. 深入理解社会福利与社会发展、社会稳定之间的关系

第一节　社会运动的概念与视角

社会运动是群体争取自身权益的一种常见方式。在福利社会学领域，社会运动则是社会群体或个体争取福利的一种方式，这表明社会福利与社会运动存在着密切联系。当代社会福利制度是由两种力量促成的，一种是自下而上的维权运动，一种是自上而下的制度革新。社会福利水平的提高以及社会福利制度的建立反过来也影响社会运动的发生和发展。一方面，它使得社会运动的发生频次有所降低；另一方面，也使得社会运动不再演变成为颠覆社会基本制度的革命运动。没有社会运动，一些特殊群体的权益就可能受到忽视，比如残疾人权益、妇女权益。没有社会运动，一些陈旧的社会福利观念也难以得到改变，同时新的社会福利观念也难以得到实现。比如重男轻女思想、养儿防老观念、环境保护观念等。社会运动是社会进步的一种方式，是公民社会发育、成长、维持的一个非常重要的因素，也是获得社会福利权利的重要手段。

一、社会运动内涵

社会学和政治学都研究社会运动。因此，社会运动有多种定义。从社会学角度看，社会运动常常是指有组织的一群人，有意识、有计划地改变或重建社会秩序的集体行为，其用意是促进或抗拒社会结构或观念的变迁，实现群体的目标或想法。戴维·波普诺（David Popenoe）认为，"社会运动是为了促进社会和文化的变迁而进行的有目的的集体行动"[1]。从政治学角度看，社会运动是有意识、有组织的集体活动，旨在通过非制度化的方式引发或阻止社会秩序的大规模变迁[2]。赵鼎新认为，社会运动是指"有许多个体参加的、高度组织化的、寻求或反对特定社会变革的制度外的政治行为"[3]。从这两个角度的定义可以看出，社会学的定义比较宽泛，侧重社会运动的目的和内涵，政治学的定义更多地体现革命色彩，而淡化社会运动的目的和内涵。对于社会运动的产生原因，两个学科也有不同的解释。经典社会学家涂尔干把社会运动（如骚乱、罢工、起义和革命等非制度化的抗议方式）归结为社会失范，将此类社会现象解

---

①　戴维·波普诺：《社会学》，610页，北京，中国人民大学出版社，1999。

②　J. Wilson. *Introduction to Social Movement*, New York, Basic Books, 1973, p. 5.

③　李培林、李强、马戎：《社会学与中国社会》，767页，北京，社会科学文献出版社，2008。

释为社会的瓦解①。政治学家查尔斯·蒂利（Charles Tilly）则认为，是组织的瓦解而非社会的瓦解，促进了罢工等集体行动的出现，以组织和动员为核心的集体行动与制度化的非抗议政治都是推动结构变迁的重要动力②。

（一）　社会运动的特点

社会运动的特点是从社会运动的概念基础上作更为具体的描述。社会运动的特点与很多因素有关，如政治、经济、法律、文化、行为目的、组织水平等。但是，不管是什么样的社会运动，都包含一些共同的特征。总结现有的社会运动理论和实践，可以将社会运动的特征归纳为以下三点：组织的非正式性，参与的直接性，时间的持续性③。

1. 组织的非正式性

社会运动是组织性和自发性的混合。组织性体现在社会运动往往由一个或多个相互认同、领导和协调的组织参与。社会成员如果想参加社会运动，首先需要取得成员身份，共享主导社会运动的集体价值观和目标。自发性体现在社会运动初期通常采用抗议或游行等非制度化方式，形成群体性事件。临时组成的集体属于松散组织，或多或少自发地聚集起来，成员之间的关系没有明确的规则和程序界定，他们只是在社会运动中共享某种见解。因为社会运动经常采取非制度化的方式，所以，社会运动往往与现存秩序有一定的对抗性。这种对抗有的表现为激进方式，有的表现为和平方式，但是对于现行的政治统治秩序会构成一种压力。它既能促使社会的制度化变革进程，又被认为是影响社会稳定的一个重要因素。

2. 参与的直接性

社会运动必须要有广大群众的参与，少数几个人构不成社会运动。社会运动的产生是因为集体共同遭遇到疏离感、剥夺感或挫折感。共同的心理感受和共同的利益促使他们形成一个较为明确的团体目标，引导大家采取有计划的共同行动。社会运动作为社会变迁的一种手段或策略，需要广泛的群体直接参与。没有大规模群众的直接参与，社会运动仅仅是一种设想或计划而已，不能对社会变迁产生实质影响。

3. 时间的持续性

社会运动往往通过一定的意识理念和明确的行为目标来说服参与者与一般

①　渠敬东：《涂尔干的遗产：现代社会及其可能》，《社会学研究》，1999（1）。
②　［美］查尔斯·蒂利：《社会运动（1768—2004）》，3页，上海，上海人民出版社，2009。
③　陈国钧：《中外社会运动比较研究》，3～5页，台北，"中央"文物供应社，1981。

大众前来参加，因此它能够表现出一定的持续性。这一特点有别于群体性事件，群体性事件往往是合法利益受到侵犯而作出的对抗性行为，缺少意识和理念的支持。因此，群体性事件往往持续时间比较简短，范围比较小，大部分是受某种刺激所引导。当短暂的刺激让位于长期目标、有持续性的组织替代临时聚集的人群时，其结果就是社会运动。社会运动可以持续几周、几月甚至几年。

（二）社会运动的类型

根据不同的标准，社会运动可以分为不同的类型。以社会运动的参与主体为标准，可以将社会运动分为农民运动、劳工运动、业主运动、残疾人运动、妇女运动等。以社会运动的内容为标准，可以将社会运动分为福利运动、经济运动、政治运动、思想运动、文化运动、宗教运动等。以社会运动的目的为标准，可以将社会运动分为改革运动、革命运动、保守运动与乌托邦运动等。由于本章的重点是争取社会福利的社会运动，而且后面将重点介绍农民运动、劳工运动和业主运动，因此，此处仅将以社会运动的目的为标准的分类作一介绍，可以作为分析农民运动、劳工运动和业主运动的一个维度。

改革运动是指社会运动成员希望改变社会某一部分或项目，并非企图推翻整个现有体制。改革运动是社会运动的主流。革命运动是指社会运动成员对现有社会秩序极度不满，希望推翻现有制度，并根据自己的意识形态重组整个社会。革命通常是在一连串改革运动失败之后群众采取的更为激进的抗议手段。保守运动也叫抗拒运动，是希望维持既有社会价值与制度，并且防止变革的社会运动，其成员对于某些社会变迁带有怀疑与嫌恶眼光，不仅不愿前进，而且试图逆转目前的趋势。乌托邦运动是指具有长远目标，以创造新社会形态取代既有社会制度形态的一种社会运动。虽然乌托邦理想与境界达成的方式经常模糊不清，但这类运动的成员想像：无论是目前较小规模的变迁，或未来某个时期的大规模改变，都会带来根本变迁与幸福生活。本章主要从社会福利的角度论述社会运动，主要关注争取福利权利的社会运动，因此，涉及的主要类型是改革运动和保守运动。前者是为了推进社会福利制度，后者是为了保全现有的福利制度。

需要说明的是，社会运动只是一种试验性的制度变迁行动，即它所主张的意志并不一定能够成为现实。只有经过正式程序确认之后，这种主张才能成为社会的行为或利益规范。有的社会运动对于改变社会秩序没有结果，但是满足了公民的参与需求。成功的社会运动可以使权力合法性得到加强，当然，即使是失败的社会运动我们也不能忽视它的作用。因为许多重要的社会变迁就是靠无数次、长期的艰苦抗争以及大规模、不停息的社会运动换取的。

　　对于政府来说，社会运动是社会发展的客观产物。社会运动既不是越少越好，也不是越多越好。也就是说，社会运动的数量指标并不能反映一个社会的稳定程度或者现代化水平，更不能反映这个国家的社会福利水平。在发达国家，社会运动一直是经济、社会、政治各方面进步的推动力。从早期的资本主义到福利国家，从威权到民权，从专制到民主，都与各种形式的社会运动密切相关。但是另外一方面，如果社会运动处理不好，消化不了，就会造成社会混乱，不但不能成为进步的动力，反而导致社会的倒退。

二、社会运动视角下的社会福利

　　社会运动存在许多研究视角，如社会运动的原因、目的、参与成员、组织方式、行动策略以及最后结果等。我们主要论述社会福利与社会运动的关系，因此，我们分析的重点就是从社会运动的原因和后果来看社会福利建设与发展，对于中间的组织过程忽略不谈。即使探讨社会运动的原因和后果，也是从社会福利的视角展开的。社会运动与社会福利存在密切关系。从广义上说，人们参加社会运动的目的就是提高自己的社会福利或者实现组织的集体福利。从历史上看，个体谋求自身福利的改善行动，往往以失败而告终，而由广泛群众参与的社会运动往往可能产生良好的效果。如果能够发起社会运动，那么，社会福利供给也可以大大增强。如 18 世纪 20 年代北美发生大觉醒运动（Great Awakening），其倡导者认为：贫穷并不是天生的，每个人都有理性，穷人有权分享社会资源；许多知名牧师如乔治·怀特菲尔德（George Whitefield）为债务人、灾民、大学和其他事业募集慈善基金，推广慈善事业[①]。因此，社会福利的进步常常与社会运动不可分割。

（一）社会福利是社会运动的最重要目标

　　社会运动是一种松散的群体行为。群体成员之所以参与社会运动，是因为他们希望能够提高自身福利。比如，农民运动的主要目的是获得土地、减租减税和减役，也就是获得粮食、提高收入、减轻劳动负担。劳工运动的主要目的是提高劳动收入、改善劳动条件、降低劳动强度、减少劳动时间等。社区运动的主要目的就是增加社区福利设施、改进社区环境卫生、提高社区生活质量等。

（二）社会福利需要由社会运动加以明确

　　每一个个体都可以形成自己的社会福利需要，每一个个体的福利需求也各

---

　　① 威廉姆·H. 怀特科、罗纳德·C. 费德里科：《当今世界的社会福利》，185 页，北京，法律出版社，2003。

不相同，但是个体对于自己的福利意愿是否现实，是否具有合法性并不清楚。如果每一个个体单独地提出福利主张，而不是相互沟通、交流，那么个体的福利意志很难上升为群体的福利意志，以致无法产生集体行动，也难以提高自身的社会福利水平。社会运动可以把分散的个体组织成一个群体，通过社会运动组织者的运作，可以将各自分散的意见经过多个回合的协商、沟通，最终达成能够付诸实施的社会福利行动方案。

（三）社会福利供给由社会运动加以推动

社会福利供给也是会变化的。其变迁的方向受到福利观念、福利制度以及经济社会发展水平等多种因素的影响。福利观念与制度的转变和形成受到社会运动的重要影响。社会福利需求者通过社会运动向社会福利供给者阐明福利理念、福利态度以及福利不能获得所可能产生的后果。社会运动带有一定的破坏性。如果不能得到恰当处理，社会运动将影响社会的秩序和稳定，也将影响社会福利供给者的利益。因此，如果双方能够相互协商解决，那么，社会福利供给就可能达到新的水平。例如，世界第一个社会保险制度就是在社会运动的压力之下建立的，德国宰相俾斯麦看到法国发生的巴黎公社起义，引起了对无产者革命夺权的恐惧。他感觉到要维护资产阶级的统治，抵制社会主义的影响，仅仅依靠对工人运动的镇压是不行的，而只有对"现在进行统治的国家政权采取措施，方能制止社会主义运动的混乱局面，办法是由政府去实现社会主义的要求中看来合理的，功能与国家社会制度相一致的东西"①，结果，德国从1883年开始陆续建立了医疗保险、事故保险、伤残保险和养老保险等制度。

（四）社会福利制度由社会运动得以确立

社会福利制度已经成为现代社会制度的重要组成部分。社会福利制度的目的就是为了实现社会福利供给的常规化。只有经过制度化之后，社会福利需求者才能获得稳定的社会福利供给，也可以让社会福利供给者产生稳定的行为预期，减少社会的摩擦，有利于社会财富的公平分配。社会福利制度的确立是社会福利事业成熟的标志。社会福利制度也需要调整、修改或者新建。社会福利制度的变迁有时需要自下而上的社会运动来推动。以美国为例，1929—1933年爆发经济危机，数千万美国人处于贫困无救的困境，社会救济成为首要问题，特别是失业者、老年人、伤残者和无依无靠的儿童。可是，当时的总统赫伯特·胡佛主张，社会救济主要由地方政府和社区、私人慈善团体来进行，联邦

---

① 迪特尔·拉夫：《德意志史：从古老帝国到第二共和国》（中文版），165页，波恩，inter nationes 出版社，1985。

政府少管闲事，救济重点在于大工业资产者、金融家和大农业主。随着危机的蔓延，人们发现，是制度、政策出了问题，而不是个人，因此，各种社会运动风起云涌，汇聚成一股强大的动力，促使罗斯福政府作出了重要抉择：1935 年8 月 14 日，罗斯福政府正式颁布了《社会保障法》[1]。

三、社会福利视角下的社会运动

如果从社会福利视角看待社会运动，那么，社会运动的原因就是人们对于社会福利现状或者社会福利制度改革的不满，社会运动的目的是为了争取或者捍卫自己的社会福利，社会运动的后果就是要么获得了预期的社会福利，要么没有实现预期的社会福利。如果没有实现社会福利目标，社会运动还可能再次发生。如果实现了社会福利目标，那么社会运动就会终止或者向另外的目标前进。对于具有普遍性的社会福利，通常会成为一个社会中的福利制度。因此，各国社会福利制度既是社会维护稳定的安全阀、保护器和调节剂，也是各阶层争取经济、社会权益而斗争的成果。

(一) 社会运动源于人们对于自身福利现状的不满

社会运动的发生原因多数是社会主体对于目前社会福利水平或者社会福利制度的不满。比如劳工运动，就是因为工人认为自己的劳动所得远远少于自己的劳动价值，其剩余价值部分被资本家所获得，因此，为了获得属于自己的那一部分价值，他们就可能组织起来通过罢工、游行、示威等方式来争取自己的福利权益。再如解放前的农民运动，最革命的通常是贫农，其次是中农，最后才是富农，其原因主要就是贫农基本上没有任何的社会福利。

(二) 社会运动是人们追求社会福利的手段

社会运动是一种工具性行为，社会运动的参与者绝大部分不是政治家、革命家。他们的参与原因就是认为自己的福利受到了损害，通过社会运动可以获得福利补偿。因此，社会运动是人们获得社会福利的手段，只是这个手段属于公共领域范围内的手段，是一种群体性的维权行动。它虽然具有破坏力，但是最终目的还是为了改善社会福利的分配制度，让社会的财富能够更为公平地分配。

---

[1]　黄安年：《当代美国的社会保障政策（1945—1996）》，4 页，北京，中国社会科学出版社，1998。

（三）社会运动可以随着人们福利的改善而逐渐演变

这主要体现在三个方面：社会福利的改善改变了社会运动的目的，社会福利的改善可以消除部分社会运动的发生，社会福利的改善也改变了社会运动的形式。首先，社会福利维权组织在获得一个福利之后，将会为下一个福利而奋斗。例如，1907 年加拿大工会联合会在解决了法律地位及工伤赔偿问题之后，又鼓励会员参与和支持社会改革：养老金制度、失业制度、国家保险、《济贫法》的修正、工人住房、八小时工作日及禁止超额劳动①。其次，社会福利制度的推行可以减少针对性的社会运动。如 1930 年 3 月《劳资争议处理法》正式颁布后，上海罢工事件大大减少，而劳资纠纷协调解决的数量则大增②。但是，社会福利制度的推行是否减少社会运动的发生次数，还是一个尚不清楚的问题，因为社会运动的发生还有更多的复杂因素起作用。最后，社会福利的改善确实可以改变社会运动的形式。当温饱问题还没有得到解决的时候，社会运动的目标主要就是解决温饱问题，其参与者因为没有退路，往往表现出为生存而死拼，容易引发战争或革命，农民战争或农民起义大抵如此。当温饱问题解决之后，社会运动的主要目的转向社会财富的分配以及其他社会服务，如公共服务、发展机会和公共财政等。社会运动的形式也发生改变，如协商、静坐、罢工、游行、示威等。

另外，还有一种情形在福利国家比较常见，就是社会福利制度的改革不当也会引发社会运动，如法国 1995 年的大罢工③。这既说明了社会福利制度的敏

① 李巍：《加拿大工人运动与福利制度的起源》，《山东大学学报》（哲社版），1999（4）。
② 李培林等主编：《社会学与中国社会》，786 页，北京，社会科学文献出版社，2008。
③ 1995 年 11 月 15 日，法国总理朱佩在国民议会宣布对社会保障制度进行改革。改革的主要内容有以下八点：（1）加强政府和议会对社会保险的监管；（2）建立统一的医疗保险制度，强化地方政府对医院的管理，定期对医药费开支进行审核和评估，规范新的就诊方式，提高医院收费标准；（3）扩大社会保险交费基数，把工资以外的各种收入都作为交费比例的基数；（4）提高部分社会保险项目的交费比例；（5）开征社会保障债务税，所有人员按总收入的 0.5% 缴纳，计划征收 13 年，仅此一项每年可增加 250 亿法郎的社会保险基金；（6）把近年来已征收的社会普遍贡献税改为固定税种，税率按工资收入的 2.4% 征收；（7）减少家庭补贴，即家庭添丁进口不增新的补贴，增人不增费；（8）将公务员等获得全额养老金的工作年限由 37.5 年延长为 40 年。这一改革计划一经宣布，便引发了一场大规模的罢工浪潮。罢工持续之长、涉及范围之广（60 多个城市近 200 万人参加）为十多年来所罕见。除了罢工以外，许多工会还组织大型群众集会和游行示威活动，从而酿成了一场严重的社会政治危机。见李培林：《法国福利体制的危机及对我国的启示》，《社会学研究》，1997（2）。

感性，不能寄希望于通过社会福利制度的建立消除社会运动，也说明人们的社会运动主要是为了争取社会福利权利，只不过这次他们是社会福利制度改革的牺牲者而已。

第二节　社会福利运动特点与类型

社会运动和社会福利的结合产生"社会福利运动"这一术语，是十分自然的事情。在英语文献中，我们也发现了哈里森（Malcolm Harrison）和里弗（Kesia Reeve）对社会福利运动所下的定义。他们认为，社会福利运动是指由一系列相关的自觉行动、互动和相互关系组成的集体行动，其目的是获得消费、掌握重要服务或者达到个体、家庭或群体超出直接工资之外的需要和期望[1]。该定义既突出了社会运动的内涵，也清楚地指出了社会福利运动的目的，反映了我们对于社会福利运动的期望，只是比较复杂。因为我们前面已经有了社会运动的定义，所以可以这样简单概括："社会福利运动是为了追求社会福利的社会运动的简称。"

一、社会福利运动的特点

社会福利运动除了社会运动常见的特点之外，还有一些自己的特点。

（一）阶层性

这主要体现三个方面：一是不同的阶层对于社会运动有不同的态度。例如，对于农民运动，不同的农民阶层有不同的态度：富农的态度是消极的；中农不甚积极，但是可以争取；贫农非常积极，最革命[2]。二是不同的阶层对于社会运动有不同的目的。再以农民运动为例，雇农的第一要求是增加工资，第二要求是减少工作时间，第三要求是改良待遇；青年雇农和女雇农要求工资与成年雇农、男性雇农相平等；佃农的第一要求是打倒包农制，第二是规定最高限度租额，第三是规定公用量衡，第四是取消押租额、上期租及租额外的附加送品，第五是荒年免租，其生产费额由地主补偿，第六是禁止地主无故换田；自耕农

① Malcolm Harrison & Kesia Reeve, *Social Welfare Movements and Collective Action: Lessons from two UK Housing Cases*, Housing Studies Vol. 17, No. 5, pp. 755-771, 2002.
② 毛泽东：《湖南农民运动考察报告》（一九二七年三月），载于建嵘主编：《中国农民问题研究资料汇编》，323～324 页，北京，中国农业出版社，2007。

的第一要求是取消田赋正额以外的附加捐及一切额外征收,第二是反对预征钱粮,第三是取消无地钱粮。[①] 三是不同的阶层对于社会运动采取不同的行为方式。争取社会福利的运动主要是由社会的底层群体参与的,抵制福利改革的主要是上层阶级。

(二) 斗争性

社会福利运动的目标是提高社会运动参与者的福利水平。在社会总体福利不变的情况下,社会福利的帕累托最优仅仅是一个理想化状态。在现实生活中,提高社会运动参与者的福利水平意味着降低另一个群体的社会福利水平,如果社会福利运动的目的是习惯变迁,也是社会新习惯取代社会旧习惯的斗争。根据庇古的福利经济学原理,如果两个群体的社会福利的边际水平不同,那么从社会福利边际水平低的群体向社会福利边际水平高的群体转移社会福利,可以提高社会的整体福利水平。但是,这个福利转移并不是自然就能达成的,而是充满着斗争。从这个角度说,社会福利运动就是参与者向供给者(主要是国家、企业主、地主)索取福利的斗争。如果参与者具备了阶级意识,那么社会福利运动也成为了阶级斗争的一种形式。

(三) 进步性

社会福利运动与政治运动的不同在于:政治运动的主要目的是为了政治权利,民众的政治权利越多,政治运动的发动成本越低,政治运动越容易发生,因此,社会的进步不一定能够减少政治运动的数量,政治运动很可能成为社会生活与例行政治的一部分;社会福利运动的主要目的是为了提高社会成员的福利,不能被视为一时的偏差或冲突,是寻找新社会秩序的一种有意识的努力。社会福利运动未必以夺取国家权力作为其最终目标。社会福利运动通过福利转移,可以促进社会和谐、平等和共同富裕。社会福利运动通过社会福利制度化,规范了相关利益群体之间的责任和权利,可以终止不必要的利益纠纷和消除同一起因的社会运动。因此,社会福利运动通过其正确的主张、积极的行动,可以创造出一个美好的社会。

社会福利运动自然不能避免与国家、政府发生联系,也不能避免被政党和其他政治力量利用,这决定了它具有高度的政治意涵。但是,社会福利运动不

---

① 《广东省第一次农民代表大会的重要决议案》(一九二五年五月),于建嵘主编:《中国农民问题研究资料汇编》,第一卷上册,16 页。

是为了运动而运动，它属于工具性的行动类型，如果有更好的方法达到目标就应采用更好的办法，其成功与否取决于既定目标是否达成。因此，社会福利运动应是描述性概念，而不是规范性的概念。

二、常见的社会福利运动

社会运动有传统社会运动和新社会运动之分。传统社会运动主要是工业革命时代的社会运动，如劳工运动。新社会运动是指民权运动、学生运动、妇女运动、环境运动、消费者运动、和平运动、反堕胎运动等。新社会运动的特点是：追求个人自治的价值观、采取直接的参与方式、参与者主要是边缘的弱势群体或者敏感的中产阶级①。由于社会福利主要是大众的日常生活福利，因此，这里我们介绍了劳工运动。因为中国的人口主体还是农民，因此，我们还分析了农民运动②。业主运动是住房商品化之后的产物，将对中国城市的基层社区建设产生重要影响，因此，我们也加以探讨。

（一）农民运动

在工业革命之前，社会运动的主要形式是农民运动，这是因为当时世界人口的主体都是农民。由于生产力水平低下和剥削严重，农民始终处于贫困或者贫困的边缘状态，遇到战争或者天灾，农民往往处于生存困境，为了求得生存、获得土地、谋求基本生存权，反对当时的土地兼并、苛重的地租、赋役，不满贪官污吏和人身依附关系，在中外历史上曾经发生了多次的农民起义③。因此，农民起义可以视为古代农业社会的社会福利运动，只因为它包含了政治、经济和文化内涵，学术界很少将之称为社会运动。20世纪二、三十年代，中国确实出现了真正意义的农民运动浪潮。彭湃的《海丰农民运动》和毛泽东的《湖南农民运动考察调查》就是真实记录该运动的名著。

1. 农民运动的主体

在新中国成立以前，农民运动的主力和主体是贫农和雇农。贫农是农民中受苦最深的社会群体，他们没有土地，生活毫无保障，在封建政治下他们的地

① 彭华民、杨心恒主编：《社会学概论》，347～348页，北京，高等教育出版社，2006。

② 如果将农民理解为一种身份，那么，现在农民工的群体维权行动也可以归入农民运动。但是，它的实质就是劳工运动，因此，这里不单独加以分析。

③ 张绍良、郑先进等编著：《中国农民革命斗争史》，295页，北京，求实出版社，1983。

位又最卑贱，饿和死是他们不可逃的两个命运①。贫农的最大目的是获得属于
自己的土地。农村雇工也是农村的底层群体，他们一年到头牛马似的工作，所
得工价最廉，待遇最苦，每年所得最高不过一百二十串，最低如鄂北有低至十
八串或二十串（银洋每元换钱八串），而最低生活每日需五百文，以致全年辛苦
工作，不能养活父母妻子一人。农村雇工参加社会运动的目的是"增加工资与
工作及生活物价相称、缩短劳动时间不害及雇农健康，改善伙食，废止饭食特
别苛刻、不能同桌就食、病时扣工资，年终结算改为三期（端午、中秋和过年）
结算，禁止强迫童工、女工做超过其能力的工作，女工工资较男工工资不得过
低，准许童工参加教育，准许雇农参加农协会议及其他革命活动"②。新中国的
土地改革之后，农民获得了自己的土地。在农村，也不再使用贫农和雇农，但
也存在农民运动（习惯上称为集体维权行为）。现代的农民运动主体主要是经济
建设过程中利益受到损害的群体，如失地农民、农村移民，农村复员军人、老
干部或者接受污染转移的农民等。

2. 农民运动的内容

20世纪二、三十年代的农民运动首要任务是推翻地主政权，以及族权（由
宗祠、支祠以至家长的家族系统）、神权（由阎罗天子、城隍庙王以至土地菩萨
组成的阴间系统以及由玉皇大帝、各种神怪组成的鬼神系统）和夫权（女子还
受男人的支配）。农民运动取消了土豪劣绅把持乡政时强加于农民的苛捐（如亩
捐），要求地主不准加租加押，不准退佃，有的还减租减押、减息。湖南贫农还
阻止地主富农的谷米出境，禁止高抬谷价和囤积居奇。结果，贫农的目的达到，
谷米阻得水泄不通，谷价大减，囤积居奇绝迹，粮食问题不如从前严重，土匪
的收入来源也大大减少。当时的农民运动还禁止牌、赌、鸦片，组建合作社，
特别是消费、贩卖、信用三种合作社，修道路、修塘坝③。20世纪80年代以来
的农民运动主要争取自己的合法权益，比如承包地、住宅、就业权利、环境权
利等。参与运动的方式、手段等比较繁杂。由于农民的合法维权渠道较少，他
们也不太熟悉如何维护自己的权益，一般采用堵路、罢工、集会、游行、示威、
请愿（跪拜或静坐）、卧轨、挟持、围堵甚至暴力抗争的形式。凡是能够想到的

---

① 《湖南农民运动真实情形——湖南民众团体请愿代表团的报告》，载于建嵘主编：
《中国农民问题研究资料汇编》，199页。

② 《农村雇工问题决议案》，载于建嵘主编：《中国农民问题研究资料汇编》，155页。

③ 毛泽东：《湖南农民运动考察报告》（一九二七年三月），载于建嵘主编：《中国农民
问题研究资料汇编》，327、330、333页。

办法与手段，人们都会自发地去尝试。

3. 农民运动的功能

农民运动可能破坏农村社会秩序，影响农村经济和生活。应该看到，农民运动往往是一种较为被动的诉求（如减租减税、要求赔偿），追求的是基本生存需要或者合法权益。农民也十分清醒地意识到，自己已经是社会的底层，是现代化过程中的边缘群体，为了获得想要的权利要付出比他人更多的成本。在农业社会里，农民参与任何政治组织都可能失去宝贵的时间和引起当地地主的报复①。农民运动不仅表明农民有信心捍卫自己的生存权、财产权和人格尊严，而且还表明农民在困难面前能够组织起来，共同应对侵权对象。后者的实践经验将推动农民转变为现代公民，用自己的行动实现自己的权益，用自己的行动承担自己的责任。农民的集体维权行动有助于扩大农村的公共领域，也有助于更好地治理它。

（二）劳工运动

劳工运动也叫工人运动，是工业革命之后社会运动的主要形式。劳工运动的发展史表明，社会福利是劳工权益诉求的最主要部分，工人往往通过社会运动去争取属于自己的劳动时间、劳动条件、职业教育、劳动报酬以及各种社会保险和家庭成员福利等项目。现代社会的福利制度主要是受劳工运动推动而制定出来的。自从工业革命以来，劳工运动一直连续不断。在不同阶段，劳工运动表现出了不同的特点。下面从三个方面简要叙述。

1. 劳工运动的原因

劳工运动的原因来源于劳工自身的贫困，这种贫困主要包括三种。一是绝对贫困。当生产安全受到威胁或者生活处于绝对贫困的状态时，工人们很可能会组织起来进行抗争。如安源煤矿起义，当时矿工们每天在"火焰山""水帘洞"里工作 12～14 小时，有的连续两个星期不能出井，他们所创造的价值每月约 70 块钱（旧币），而所得工资每月仅 3 块钱，最多不过 9 块钱，余者均被剥削去了；而且，安源煤矿工人在极其艰苦的条件下劳作，死人的事是经常发生的。据史料记载，1908 年 12 月一次事故死了 100 多人，1917 年 8 月 12 日一次事故死了 90 多人，1920 年 1 月一次事故死了 39 人，至于被残害致死和被饥饿、疾病夺去生命的，从 1893 年建矿到 1937 年为止的 36 年间就达 8000 余人②。煤

---

① ［美］米格代尔著：《农民、政治与革命》，199 页，北京，中央编译出版社，1996。

② 彭生林：《安源工人运动的辉煌历史及其启示》，《求实》，2004（4）。

矿当局当时规定,死一个工人仅发抚恤金16块钱,而当时买一匹马则要50多块钱,就是说三个工人的生命还抵不上一匹马的钱,工人们真是过着牛马不如的生活①。二是相对贫困。相对贫困不同于绝对贫困,它是与别的群体相比较而产生的主观感受。但是这种不满情绪也可能产生劳工运动。例如,根据美国"联合争取公平经济研究所"的一项调查显示,从1990年到2000年的11年间,美国企业总裁的工资增长幅度高达571%,而普通工人工资的增长水平只有37%,扣除10年来的通胀幅度32%,工人实际平均工资增长无几②。三是社会福利的削减。这与福利刚性有关。所谓福利刚性就是指人们对自己的福利待遇具有只能允许其上升不能允许其下降的心理预期。福利的这种"刚性"特征,使得具有社会福利性质的社会保障制度缺乏弹性,一般情况下规模只能扩大不能缩小,项目只能增加不能减少,水平只能升高不能降低,否则,就容易引发社会运动③。例如在美国,近年来,雇主将社会福利项目的花费转嫁到工人头上,削减对劳工家庭的保护程度,主要联邦社会保险项目也因移交、分解或私有化等而受到威胁,因此,美国劳工组织提出,必须坚决反对任何对基本社会福利的攻击行为,工会有责任为建立一个广泛的社会保障网而斗争,有义务为保护所有劳工家庭的健康、福利和经济安全而奋斗④。

2. 劳工运动的方式

在西方发达国家,早期的劳工运动采取的方式往往是罢工或者起义,大都在资产阶级国家机器的强力镇压下以失败告终。随着斗争经验的积累以及国家制度的人性化,多数劳工运动的组织者(多数是工会)开始淡化其政治色彩而转向以改善工人经济社会福利为目标的"工联主义"。工联主义主张通过与雇主的集体谈判来提高工资、改善工作条件,不再关注超过劳动者经济社会福利范畴的社会目标。例如,2005年年底美国纽约公交工人大罢工就是以对话谈判为主,辅之以必要的罢工示威;既维护了纽约公交工人的利益,也兼顾了社会其他成员的利益;在对工会非常不利的形势下,迫使企业作出一定让步,给全行业工人加薪10%、保留原有养老金系统等主要部分的要求⑤。因为工联主义不

---

① 彭生林:《安源工人运动的辉煌历史及其启示》。

② 李会欣:《战后美国劳工运动的特点分析》,《当代世界社会主义问题》,2002(2)。

③ 赵志刚、祖海芹: 《从福利刚性看我国养老保险制度改革》, 《中国劳动》,2005(7)。

④ 李会欣:《战后美国劳工运动的特点分析》,《当代世界社会主义问题》,2002(2)。

⑤ 罗文东、李潇潇:《从纽约公交大罢工看美国工人运动的特点和趋势》,《高校理论战线》,2006(8)。

反对国家的政治、经济制度，因此就避免了与国家机器的直接对抗，政府也可以以调停人的身份协调劳资双方的利益关系，更好地发挥公共权力机构的价值。

3. 劳工运动的功能

毫无疑问，劳工运动会对社会运行产生不利影响。比如罢工将损失劳动时间，游行、示威将影响交通，有时会发生流血冲突、毁坏公共设施，甚至引发社会动荡。从另一方面看，劳工运动也促进了工会的发展，推动了工会的组织建设和制度建设，使得工会不仅在人数规模上不断扩大，而且维权斗争的分工日渐完善。正是因为长期的劳工运动，社会保障和现代福利国家才得以出现[1]。卢森堡总工会主席约翰·加斯特涅罗说："工人现在的工资水准和劳动条件相当良好，这一切是工会多年来斗争的结果，并不是政府和资本家让给我们的。我们面对的资本主义不是好对付的，它们不会给我们送礼，只有斗争，才能取得进步"。[2]

当然，劳工运动是否能够取得成效，关键在于劳工组织的力量。劳工组织必须在劳工运动的发展过程中才能巩固，而劳工运动也必须依赖劳工组织的健全才能推进。劳工运动是各种社会运动中最主要的一种，因此，劳工运动在内容和形式上都摆脱不了本国社会传统和政治制度的影响[3]。

（三）业主运动

业主是一个新的名词，是随着我国住房制度和福利制度改革而产生的。业主首先是城市居民，而且还具有明确的边界，就是必须居住在一个物业小区。一个小区的居民就构成业主群体。业主对于小区内的房屋拥有所有权或使用权，对于小区内的公共空间和设施拥有共同利益，因此，所有小区居民也就是一个利益共同体。当他们面临共同的矛盾或者权利侵害时，他们就可能酝酿成业主运动。业主运动在不同的阶段有不同的对象。在小区还没有建成之前，业主运动的对象是开发商。在小区建立之后，业主运动的对象既可能是物业管理公司，也可能是整个小区居民，后者主要目标是提升居民素质，扩充社区服务等。在每一次业主运动中，政府机构很可能是关联主体。

1. 业主运动的产生原因

从 20 世纪 90 年代以来，城市中突然出现了大量以维护住房、居住环境权

---

①　郑秉文：《社会权利：现代福利国家模式的起源与诠释》，《山东大学学报》（社会科学版），2005（2）。

②　胡连生：《美欧收入分配政策的差异及其成因》，《科学社会主义》，2003（6）。

③　陈国钧：《中外社会运动比较研究》，265～266 页。

益之类为目标的群体性事件。为什么会产生这种现象？其原因主要有三个。

第一是业主权利意识的觉醒。2003 年 9 月中国《物业管理条例》的颁布，教育和唤醒了业主们的维权意识。在购房过程中，他们与开发商围绕"拖延交房、面积缩水、质量低劣、侵占小区公用设施"等问题展开维权活动。在物业管理过程中，他们与物业管理公司之间围绕"服务质量低、乱收费、侵占业主公共利益"等问题展开维权活动①。

第二是现有法规的不完善。中国现有关于房产纠纷、物业管理、业主委员会的法律、法规层次较低，且规定得比较笼统，主要停留在条例和规章上。这些制度容易受到部门利益的影响，与人们的实际需求有相当大的距离。比如国务院颁布的《物业管理条例》第 49 条规定：县级以上地方人民政府房地产行政主管部门应当及时处理业主、业主委员会、物业使用人和物业管理企业在物业管理活动中的投诉。但是什么叫"及时处理"，经过什么程序来处理投诉，均语焉不详，这就给业主不满与业主运动留下隐患。

第三是政府行为的缺位和越位。《物业管理条例》规定，业主委员会不但受行政主管部门的管理、指导和监督，还要受居民委员会的指导和监督。第 16 条规定，业主委员会应当自选举产生之日起 30 日内，向物业所在地的区、县人民政府房地产行政主管部门备案。什么是"备案"呢？地方政府部门在实际运作中把备案定位为审核和批准，这样就造成了业主委员会的合法性最终不是由大多数业主的选票决定，而是由政府主管部门的审核、备案来确定。如上海市房地局（1997）954 号文件第 8 条规定，"召开涉及改选或罢免业委会成员的业主大会或业主代表大会，业委会应通知区、县房地局参加会议"。如果业委会（原来的）连会议尚不同意召开，又何谈通知主管部门前来参加罢免自己的会议？这里隐含的另一个法律前提是，只要区、县房地局不参加业主代表大会，那么会议就属非法，业主代表大会的权力也就成为一纸空谈②。现有的业主、开发商（或物业公司）、政府应当在一个公正的制度框架里协调三方关系，但是在现有的制度框架中，三方关系并没有协调得很好，主要原因在这三方机制中，政府既发挥着关键作用，又扮演多重角色，给制度设计增加了困难。房地产商利益集团的强势地位，导致开发商和物业公司侵权现象大量出现。业主维权运动具有比较低调和保守的基本特点，它的主要目的是使自己的正当权益合法化，

---

① 徐道稳：《业主维权 政府怎么办？——访深圳大学社会学系副教授徐道稳》，《南风窗》，2006（6）。

② 卢嵘、汤涌：《业主运动》，《南方周末》，2003-08-14。

而不是争取新的权利①。

2. 业主运动的形式

业主运动的领导者和积极分子往往都是些年轻人，中老年人多半成为追随者。主要原因是年轻人思想束缚较少，更倾向于通过独立组织渠道保证自己利益的最大化，而中老年人由于受到原有价值观的约束，更倾向于通过旧有渠道解决问题；年轻人有开放的社交渠道，如酒吧、网络等渠道比较容易组织成一个群体，而中老年人更多依赖的是传统的社会交往圈，如亲戚、同事等熟人关系；另外，年轻人在精力、热情以及现代民主和法律知识上更具明显的优势②。业主运动的参加者一般首先选择体制内的表达渠道，如直接与物业公司、开发商进行谈判，向人大代表或政协委员反映，向主管部门、新闻媒体投诉，进行民事诉讼以及上访等。当正常的维权形式无法获得或者无法达到业主目的时，一些维权分子甚至会通过体制外途径进行利益表达，如拉关系、走后门、集体越级上访，甚至发生大规模群体性事件，而且群体性事件还会表现出反复和逐步升级的特征③。当然，群体性事件容易破坏社会秩序，需要承担较大的政治风险，而互联网空间可以在现实的社会之外虚拟形成一个社会，加上现在的互联网十分发达，各个小区一般都在上面建立了自己小区的论坛，因此，业主运动借助网络空间是一个十分自然的选择，利用它可以方便、高效地进行社会运动的虚拟运作。通过论坛，业主们可以方便地相互联合和沟通，自由表达各自的利益和见解，可以反复酝酿直至形成较为成熟的集体意见，向物业公司、开发商以及其他相关部门表达利益诉求。因此，网络成为业主运动的新形式。

3. 业主运动的机制

当前，中国城市中业主运动的运作机制是：微观机制是有维权骨干和积极分子的领导；中观机制是业主委员会有效动员业主丰富的资源和选择适当的策略；宏观机制是具有强烈的政府背景的房地产商利益集团对社会运动具有决定性的影响④。业主要通过动员机制获得相关政府部门的支持，克服房地产商利益集团的障碍，实现正当权益合法化。无论是主动的还是被动的维权运动，能否获得相关政府部门的支持是制胜因素。由于制度上的障碍和资源上的严重不

① 张磊：《业主维权运动：产生原因及动员机制——对北京市几个小区个案的考察》，《社会学研究》，2005（6）。

② 同上。

③ 徐道稳：《业主维权获胜的出路在哪里》，《社区》，2005（21）。

④ 张磊：《业主维权运动：产生原因及动员机制——对北京市几个小区个案的考察》。

对称，几乎每一个维权人士都经历了艰辛的维权道路。有些开发商和物业公司利用其强大的组织资源和经济实力，对维权人士进行拉拢离间、借机拖延、造谣中伤，甚至人身攻击①。因此，中国的业主维权运动往往处于比较被动和困难的局面。

4. 业主运动的功能

业主运动的目的是为了争取社区以及业主自身的福利。社区福利的关键特征就是普遍性和区域性②。所谓普遍性，就是说只要是社区成员，均可以平等、毫无例外地享受基本权利。而区域性就是指社会福利必须立足于本社区特点，面向社区需求，依托社区资源开展，社会福利的成果也仅限于小区居民。普遍性既说明业主运动的公益性质，也说明可能存在"搭便车"的潜在可能。从目前的情形看，由于当前的矛盾主要是以房产纠纷为主，因此，业主运动的主要对象是房地产公司和物业管理公司。随着房产纠纷相关法律的完善和行业的规范竞争，这方面的社会运动应该会越来越少。当然，广大业主们通过选举、议事、谈判、协商、集体行动，受到了民主熏陶，培养了民主习惯和自治能力，激发了公民的参政热情③。它为今后以提高社区生活质量为主题的社会运动奠定了基础。社区是社会福利的基础，它通过整合政府力量和市场力量，可以调适人与人的关系，重塑有利于实现社会公正的社会结构，增强社会的自我维护能力。如果社区能够发展一套成熟的社会帮困、社会救助、社会保障体系和运作机制，不仅有助于控制潜在和现实的非稳定因素，而且还有助于缓解社会不公平现象引起的社会矛盾。

三、社会福利运动与社会发展

社会福利运动与社会发展存在较为紧密的联系。一方面，社会福利运动多数是底层群体发动并参与，他们基于对现实福利状况的不满，希望能够在社会中重新再分配利益。如果这种再分配需求获得满足，那么社会不平等的程度将可以有所降低。一个公平程度更高的社会，既可以保持社会的稳定，又能促进社会各阶层之间的良性互动，使社会发展速度更快、发展水平更高。反之，如果一个社会始终压制民间的社会运动，对于底层群体的福利需求置若罔闻，那

① 徐道稳：《业主维权获胜的出路在哪里》，《社区》，2005（21）。
② 徐永祥：《社区发展论》，207～208页，上海，华东理工大学出版社，2002。
③ 邹树彬：《城市业主维权运动的特点及其影响》，《深圳大学学报》（人文社会科学版），2005（5）。

么，中下层群体由于消费能力难以提高，日益觉得被主流社会所抛弃。他们对于社会分配制度的怨恨情绪将日渐增加，生产积极性逐渐降低。在大多数劳动者的积极性不能充分发挥的情况下，社会资源就不能得到合理配置，社会发展的速度和水平也将随之降低。随着时间的不断积累，社会中的生产—分配—消费系统将受到梗阻，经济危机的发生也将在所难免。中下层群体的社会怨恨情绪积累到一定程度，就可能酝酿成更大的社会危机。人为压制社会福利运动的结果很可能是导致更大的社会福利运动，上层群体刻意维护的社会福利权益也可能在不经意之间失去。阶层之间的内耗只能减慢社会发展。

换一个角度，社会发展也影响社会福利运动的发生和发展。社会发展体现为物质文明和精神文明的增加。物质文明的增加给现有的社会福利制度带来更大的改革空间。它可以修正以前社会福利制度的不公正，增加福利水平偏低的群体。但是，任何社会的福利制度改革均不是自动发生的，需要有人提出需求，制造政治改革压力，需要与相关群体协商谈判。因此，在这个过程中，社会福利运动扮演了重要角色。社会发展给社会福利运动提供了可能，如我国退休老人提出共享改革开放成果的福利要求。中央出台改善养老福利的政策给他们提供维权的合法依据，如果所在单位没有执行，他们就会组织起来，采用集会、静坐、游行、上访等手段，对单位领导施加压力。物质文明的进步也可能增强统治阶级的控制能力，使他们能够更有效地遏制社会福利运动的发生，从而也可以表面上减少社会福利运动的发生频次。精神文明的发展对于社会福利运动的发生和发展也会产生影响。与社会福利相关的精神文明主要有法制、伦理、道德。社会福利相关法制的完善，可以制止重复性的社会福利运动，减少社会福利运动的频次，也可以更有效地规范社会福利运动。社会伦理体系的完善可以更加明确地规范家庭、家族中的福利责任和权利关系，利用社会关系网络的互助力量提高人们的社会福利，从而降低对国家和社会的福利依赖，有助于减少社会福利运动。社会道德水平的提高可以在更广大的范围内开展社会互助的活动，人们不再限于血缘、地缘和业缘关系网内进行互助，只要是在公共领域中发生符合自己道德观念和福利信念的福利需求情境，都会伸出援助之手。这既可能增加社会福利运动的发生频次，也可能减少社会福利运动的发生频次。前者是因为人们关注福利的程度越高，一些以往不被注意的福利需求也可能突然被放大，成为社会福利运动的追求目标；后者是因为人们福利需求满足程度的提高，有利于减少他们对于社会福利制度的不满。

由此可见，社会福利运动与社会发展之间存在紧密的复杂关系。两者既可能相互促进，也可能相互破坏。导致截然不同的结果的关键是社会各阶层之间的相互关系。如果社会阶层之间的关系是融洽的，双方认识到相互之间的分工和合作体系，共同自觉地维护社会秩序，那么，社会福利运动可以改善下层群体的福利水平，增进社会的公平程度和安全感，促进社会发展。反之，如果社会阶层之间的关系是敌对的，双方将对方的利益理解为自己的损失，为了自己的利益最大化不惜牺牲社会秩序，那么，社会福利运动不能促进社会发展，社会发展也可能遏制社会福利运动。

第三节　社会福利与社会稳定

社会福利和社会稳定的关系比较复杂。总体来说，社会福利水平越高，社会稳定程度也会越高。但是，如果社会福利制度越来越不公平或者社会福利水平倒退，那么，社会运动也可能有增加的趋势，危及社会稳定。社会福利可以分为制度性和非制度性两类福利。前者运用制度保证每一个人的福利供给，避免贫困者铤而走险，通过转移支付缓和阶层之间的紧张关系。社会福利制度有时需要调整，那些利益受到损害的群体可能发起社会运动，表达自己的权益。但是，这不是要取消社会福利制度，而是进行社会福利内容或方案的改革。社会福利制度通过营造越来越多的共同利益，将社会各个阶层群体团结起来。当然，即使完美的社会福利制度还是不能避免激进的社会运动，这主要原因在于执行阶段中可能存在不作为、腐败和执法不当等因素。非制度性的社会福利包括慈善组织、志愿者服务以及社会工作服务等，他们通过民间主体之间的相互协助，共同解决弱势群体的困难，增进各个阶层之间的相互了解和信任，提高弱势群体的生存能力和抗击社会风险的能力。在社会转型时期，我们认为，改善农民福利和劳工福利，提高普遍福利，是促进整个社会和谐稳定发展的关键。

一、改善农民福利

与传统农业社会里的农民不同，改革开放以后中国农民出现分化：一是传统的农民，他们以农业劳动为主，农副产品是其收入的主要来源；二是兼业农民，他们既从事农业生产，又从事非农劳动，因非农劳动的机会和收入决定农业劳动的时间长短；三是农民工人，他们基本上已经脱离农业劳动，但拥有农民身份，有的常年在乡镇企业工作，有的常年进城打工，已经成为一支常态的劳动大军；四是创业农民，他们掌握一定的生产资料，采用个体户或者私营企业的形式，是农村经济社会发展中的一支生力军。不同类型的农民具有不同的福利需求，因此，改善农民福利需要有针对性。对于有农业收入的农民来说，加大农业补贴可以显著提高其福利。对于农民工，加强农民工的劳动保护、提高农民工待遇、建立农民工社会保障制度可以显著提高其福利水平。对于农村中的经济和生活困难群体，加大社会救助制度是当务之急。而对于失地农民，关键是做好就业福利和养老福利。另外，生态环境是农村居民的公共福利，保护农村环境是具有国家战略意义的社会福利项目。

（一）加大农业补贴

农业问题涉及我国的粮食安全，而粮食安全则是公共福利的重要项目。威胁粮食安全最大的不是自然灾害，而是农民的种粮积极性以及农民能否从中获得比较好的收益。由于种植粮食的经济效益较低，农民很自然地将自己的资源、精力投放在经济效益更好的领域，如打工、种植经济作物。也因为农业用地的经济效益较低，农民有时候也就默认土地的商业开发。因此，如果仅仅依赖市场机制进行调节，我国的粮食安全就难以保证。对农业实施补贴既是国际社会的通行做法，也是符合我国从农业社会向工业社会变迁的一般发展趋势。农业补贴是政府运用财政资金给予特定对象、特定环节的导向性支出，是实现特定目标的财政支农政策手段[1]。农业补贴的主要内容有良种补贴、农机具购置补贴、农民种粮直补、农资综合直补等方式，近年来有大幅增加趋势。2008年，上述"四项补贴"资金规模就达1028.6亿元，比2007年翻了一番，是2006年的3.32倍[2]。另外，粮食最低收购价也可以保证农民获得稳定的收入。农业补贴既可以提高农业生产的科技水平，降低因灾损失，也可以提高农业的经济效益，增加农民收入，促进农业生产的持续稳定发展。农业补贴既是国家调控农村经济的重要手段，也是农村社会福利制度的重要项目，是"以工补农，以城促乡"战略的重要体现。虽然近年来农业补贴规模快速增加，但是与建设现代农业的需要比，补贴总量、补贴范围还显不足，标准偏低，办法也有待完善。

（二）做好农民工的劳动保护

农民工一般是指进城务工的农民，他们从事工人的劳动还具有农民的身份。农民工的广泛存在既反映了我国城市化远远落后于工业化的结构性问题，也反映我国城市化的制度性障碍。因此，做好农民工的劳动保护，既可以保护企业的生产安全，又可以确保农民工的健康福利。农民工虽然从非农劳动中获得比

---

①　潘丽：《提高农民收入的实证分析研究》，《中国集体经济》，2008（12）。
②　徐祥临、卞靖：《算一算农民的实惠几何》，《半月谈》，2008（23）。

农业劳动更高的经济收益，但是也付出了不小的代价。由于受教育、技能和社会资本等因素的限制，农民工普遍从事苦、脏、累、险的工作。他们工作时间长，经常加班加点；劳动收入少，有时低于最低工资标准；劳动环境和工作条件比较差，发生职业病比例较高；缺乏必要的安全培训和劳动防护用品，工伤事故较多。农民工由于流动性高和谈判能力弱，多数不能与用人单位签订劳动合同，不能得到与城镇职工同等的权益和待遇，等等。农民工在城市中感受更多的是歧视，而不是作为公民应有的基本尊重。

从上面可以看出，农民工的福利水平本身较低，福利期望也较低。如果农民工获得法律规定的收益或者按照劳动合同的约定回报，那么他们一般不会引发群体性事件。但是，如果他们连最低要求都不能满足，比如欠薪、无故克扣工资、没有工伤待遇，那么农民工的反抗就会比城市工人更激烈，进行社会运动的动力就更强大。为了社会和企业的稳定，对于农民工的劳动保护，用人单位应该遵守国家关于劳动时间、报酬、支付办法、职业培训、安全保护和社会保险等方面的相关法规，给农民工必要的社会保障，尤其是农民工最迫切需求的工伤保险和收入安全保障。政府部门应该完善相关法规，积极处理农民工的合法投诉，督促用人单位落实劳动保护措施。

（三）保证失地农民（拆迁户）的权益

随着城市化和工业化进程的加速，失地农民问题也成为重要的农村问题。据统计，目前，中国每年从农民手里征用的土地将近 20 万公顷，因征地引起的农村群体性事件已占到全部农村群体性事件的 65％以上[1]。农村征地过程中突出的矛盾有三个：一是耕地的减少和国家粮食安全的问题；二是对被征地农民的经济补偿问题；三是失地农民的就业和社会保障问题。为了做好失地农民工作，中央政府应该鼓励地方政府提高现有非农用地的使用效率，严格控制新征用地的规模，提高征用农村土地的补偿标准，确保失地农民的生活水平不因征地而降低；同时，要加强对失地农民的职业技能培训和就业安置，将他们纳入当地城镇居民的社会保障体系当中。当然，失地农民的社会保障可以按照不同的年龄段实行不同标准：16～35 周岁的被征地农民以培训就业为主；36～59 周岁的失地农民以个人、集体、政府三方缴费的方式进入养老保障体系；60 周岁以上的失地农民实行老年生活津贴补助，按月发放，直至终老等[2]。就业安置

---

① 陈锡文：《中国将坚持实施最严格的耕地保护制度》，《中国青年报》，2006-02-22。
② 王政：《对失地农民社会保障的建议》，《农民日报》，2006-05-18。

有难度的，也可以提供一定资产，例如住房，兴办集体经济，建设标准厂房、市场等，或者以小额贷款、减免税费优惠政策促进自主创业①。总之，以土地换保障是失地农民能够接受的方式，一次性的失地补偿或者强制性就业安置均不是长治久安的方法。失地农民的市民待遇化是合情合理的福利需求。各级政府可以在自身实践的基础上出台明确的、可操作的实施办法。

（四）完善农村社会救助制度

社会救助是给予无劳动能力或失去生活来源者，以及因自然灾害等原因造成生活困难者的物质帮助，从而保证其基本的生存权，是对低收入群体提供的最后一道"安全网"②。传统的农村社会救助制度主要是以救灾、扶贫、农村五保供养、助残等为主要内容的保障制度。在过去的五十年里，它对于救助农村鳏寡孤独、赈贫济穷、稳定社会秩序、保护生产力起到了重要的作用③。改革开放以后，为了适应农村经济社会的发展以及农民生活水平提高的要求，农村社会救助制度虽然也进行了变革，解决了很多农民的生活无着问题，但是，随着农村经济社会的进一步发展，现行的农村社会救助制度日益体现出它的局限性。一是救助主体能力不强。农村社会救助制度的主体是村集体和地方政府，而国家只是这些救助主体的辅助而已。如果集体经济以及地方财政困难，那么就很难有效地救助农民。二是救助范围太窄。农村救灾、扶贫、五保供养和助残面对的不是全体村民，而只是一部分"三无对象"（无收入、无劳动能力、无子女赡养）、赤贫和有困难的残疾人。可是，农村中有大量的略高于绝对贫困人口的低收入人口，他们的生活状况也不稳定。三是救助渠道不畅，中央财政的社会救助资金往往与对乡村总体转移支付额打捆下拨，常常在执行中被各种名目所侵占④。另外，农民在自然灾害面前也遭受巨大的福利损失。农村是自然灾害的主要发生地，每年因地震、泥石流、洪水、干旱、雷击、冰冻等而造成巨大的损失。他们希望在完善农业保险的同时，也可以设立自然灾害基金，让灾民获得较为稳定的经济补偿，增加农民的福利供给⑤。这也有利于维护农村

---

① 厦门市对被征地农民实施"金包银"工程就是提高被征地农民收入福利、住房福利、工作福利的一种综合性措施。

② 冯英、聂文倩编著：《外国的社会救助》，1页，北京，中国社会出版社，2008。

③ 陶敏：《试论我国农村社会救助制度的健全和完善》，《西南财经大学》，2004（2）。

④ 童海保：《关于制定农村社会救助法的议案》，《人民日报》，2007-03-04。

⑤ 2004年浙江省义乌市专门设立地质灾害基金，广东省梅州市地质灾害防治基金。二者的统筹范围均较小。

社会的稳定。

（五）加强农村生态环境保护

随着工业化进程的加快，农村生态环境越来越受到工业污染、农业污染和生活污染等方面的威胁：工业污染主要来源于乡镇工业污染、城市污染物的转移；农业污染主要是化肥、农药、机械作业造成的环境污染、生态退化；空气环境污染造成酸雨时有发生，无机物和重金属污染破坏土壤、草地结构。草地、森林退化引发水土流失，生物多样性急剧减少，生态灾害频率增加。加强农村生态环境治理与环境保护是保障农民福利的重要组成部分。

农村环境治理要突出重点，从污染危害大、群众反映强烈的环境问题入手。首要任务是确保广大农民能够喝上清洁水，呼吸清新空气，吃上放心食物。其次是加大技术投入，奖励环保农户。政府应推广绿色种植、养殖技术、无公害农产品生产技术，以及农产品有害物质快速简便检测技术、农业区域生态环境污染预测及日常监管技术、农业污水及固体废弃物净化处理技术、进口物资病虫害检测技术和农业污染事故应急处理技术等，加快建立、健全农药残留、防疫检测体系，农业环境监控网络体系，农业环保技术市场体系等，确保农业安全[1]。政策应对环保农户、低农药使用农户和绿色农产品农户提供可观的补助金，激励农民使用环保、绿色技术。再次是建立环境治理组织体系，改变当前农村环保工作的"四无"（无组织机构、无工作人员、无基本设施、无经费投入）状况。我国应建立环境保护决策、投入保障、利益导向、监督管理、激励惩处、责任追究等方面的工作体系，国家财政在广大农村投资生态建设，既可为子孙造福，也可使相当一部分剩余劳动力在农村就业，增加收入[2]。最后是加大环境教育。多数农民缺乏环保知识，环境意识淡薄，自我保护能力差，因此，需要通过多种渠道教育农民如何在农业生产中开展循环经济，如何在生活中保持环境卫生。

二、改善劳工福利

劳工福利是工人从用人单位处获得的劳动回报以及从社会得到的福利项目。它既与劳动者本人的劳动付出有关，也与当地执行劳动法规以及整个社会福利供给有关。劳工的福利水平既影响劳工的生产积极性，影响企业的效益，也影

---

① 姜亦华：《国外农业补贴趋向及其启示》，《学术界》，2005（1）。
② 同上。

响劳资关系，因而与社会稳定关系密切。从中国目前的劳工福利状况看，最低工资制度、安全保护制度、休假和职业培训是最重要的四项劳工福利。

（一）建立最低工资制度

根据我国的《最低工资规定》，最低工资是指劳动者在法定工作时间内提供了正常劳动的前提下，所在企业应支付的最低劳动报酬。它不包括加班加点工资，中班、夜班、高温、低温、井下、有毒有害等特殊工作环境、条件下的津贴，以及国家法律法规、政策规定的劳动者保险、福利待遇和企业通过贴补伙食、住房等支付给劳动者的非货币性收入等。最低工资制度是国家对劳动者的劳动收入的一种保护，因为很多劳动者缺乏谈判能力，在劳动力供大于求的情况下更是如此。最低工资制度合理地保障了低收入劳动者的工资水平，保障劳动者个人及其家庭成员的基本生活，让劳动者共享企业发展的成果，避免劳动者仍然陷于贫困的现象。同时，最低工资制度也有利于扩大劳动者的消费需求，增强他们对社会的幸福感与满意度，促进国民经济又好又快地发展；有利于改善工资分配关系，促进社会公平。但是，目前我国的最低工资制度也存在一些问题，如标准确定不够科学合理，部分企业按照最低工资标准支付职工工资，少数企业采取延长劳动时间、随意提高劳动定额、降低计件单价等手段变相违反最低工资规定等问题[1]。今后，政府应继续加大调整最低工资标准的力度，规范用人单位工资支付行为[2]。计件工资应通过劳动者和用人单位平等协商的方式确定劳动定额和计件单价，保证劳动者在法定工作时间内提供正常劳动的前提下，应得工资不低于当地的最低工资标准。

（二）确保职业安全

职业安全是指保证劳动者在生产过程中人身安全和健康的措施与条件。职业安全是劳动者的基本要求，只有在安全的工作环境中，劳动者才可能愿意付出自己的劳动，才可能发挥劳动积极性，提高生产效率，从而为企业、社会创造效益。因此，职业安全是保护劳工权利的重要内容。目前，我国的职业安全形势不容乐观，无论是接触职业危害人数、新发现职业病人数、职业病患者累计数量以及因工伤事故死亡人数均居世界首位[3]。据不完全统计，全国有50多

---

① 李明宇《企业职工工资增长有喜有忧》，《中国劳动保障报》，2007-12-15。

② 劳社部函〔2007〕20号：《关于进一步健全最低工资制度的通知》。

③ 范思立：《企业安全文化建设是职业安康必越的河》，《中国经济时报》，2006-05-08。

万个厂矿存在不同程度的职业危害，实际接触粉尘、毒物和噪声等职业危害的职工有 2500 万人以上；许多作业环境的有害物质的污染水平超过国家标准的要求；每年因工伤事故和职业病给国家带来的经济损失达 2000 亿元以上，占 GDP 的 2.5% 左右①。在珠三角，每年至少发生断指事故 3 万宗，被机器切断的手指头超过 4 万只②。工伤事故和因工死亡不仅给人民生命财产造成重大损失，也影响社会稳定。为了工人的健康和生命安全，为了社会的和谐稳定，我们必须大力提高职业安全水平，加强劳动环境的安全检查，推进工伤保险和职业病防治工作，而不是任由企业主的经济理性逻辑决定在劳动安全上的投入。

（三）完善休假制度

休息权是任何一个劳动者的基本权利，也是劳动者最基本的福利待遇。我国《劳动法》明确规定，"劳动者每日工作时间不超过 8 小时、平均每周工作时间不超过 44 小时的工时制度"。休假的方式目前有公休假日，国家法定节假日、探亲假、婚假、产假、带薪年假等。休假给予劳动者的不仅是休息、恢复体力和情绪，而且是自由的时间。在这个自由的时间里，他可以去消费、去休闲放松，还可以进行社会活动、接受教育培训。相反，超时劳动不仅影响劳工的健康、导致就业机会减少、消费萎缩、工作效率降低、工伤事故概率增大，有的甚至产生过劳死，对国民经济的可持续发展、对社会的稳定和谐，都有着巨大的危害性③。当然，休假也需要考虑方式，是集中休假还是分散休假，是全国统一休假还是分地区、分部门休假。从目前的经验看，集中休假制度对公共交通、旅游业也产生巨大的压力，需要有更为灵活的对策措施。总之，用人单位应该坚持"以人为本，关爱职工，珍惜生命"为原则，尊重职工的休息权利，劳动执法部门应该严格执法，保护劳工的基本权利，并给所有用人单位一个公平的竞争环境。

---

① 张敏：《我国工伤事故职业病带来经济损失年超 2000 亿》，《工人日报》，2006-05-09。

② 胡亚柱：《每年三万断指案，珠三角繁荣的代价?》，《南方农村报》，2008-07-10。

③ 农民工按人均每天工作 11 小时，每月工作 26 天计算，每 2 个农民工实际上干了相当于法律规定需要 3 个人来干的工作量，即每两个农民工就业就减少一个就业机会。按照这个标准，农民工超时加班造成 6000 万个就业机会的减少。以每位白领每周工作 60 小时计算，目前 5000 万白领干了 6800 万人干的工作。即白领加班加点使标准就业机会减少了 1800 万个。

（四）加强职业培训

职业培训，也称职业技能培训，是指对准备就业和已经就业的人员，以开发其职业技能为目的而进行的技术业务知识和实际操作能力的教育和训练[1]。职业培训的内容是针对某个岗位或工种的技术业务知识和实际操作能力。经过职业培训，劳动者可以获得相关职业的技术业务知识和实际操作能力。职业培训也是劳动者的一项重要福利。职业培训也不只是劳动者本人的需求，用人单位同样需要高素质的劳动者。因此，正规的用人单位一般会定期对劳动者进行职业培训。劳动者只有逐步提高自己的劳动技能才能增加自己的就业竞争力，才能创造更大的社会价值，获得更高的劳动报酬。即使与原用人单位解除劳动关系，劳动者还可以凭借自己的技能重新实现就业。因此，职业培训的推行有利于解决失业问题，减轻失业保险支付的压力，有利于社会的稳定。从这个角度说，职业培训是用人单位应尽的社会责任。

三、提高普遍福利

从历史上看，西方国家的社会福利制度经历了从救济贫困者（以英国救济法为代表）到劳工社会保险（以德国的社会保险制度为代表）到全民福利（以福利国家为代表）的发展演变过程。我们这里讲的普遍福利比福利国家的全民福利更为宽泛些，福利国家最显著的特征是高税收、高福利，是建立在经济发达基础之上的制度。可是，我国的经济发展水平还比较低，为了保证国家的经济竞争力，税收负担也不可能很高，因此，我们需要在低经济发展水平、低税负水平之上建立一种社会福利制度，而且这种社会福利制度仍然能覆盖全体人民，体现普遍性原则。在这样的约束之下，当前的社会福利制度只能重点放在改善民生问题上，重点是社会底层群体，让他们得到来自社会其他阶层的温暖，部分地释放对于现行社会制度的怨恨情绪。

（一）提高公共财政在社会福利上的投入力度和平等程度

公共财政是国家或政府为市场提供公共产品或公共劳务而进行的政府收支活动模式或财政运行机制模式，具有公共性、公平性和非盈利性三个特征[2]。

---

① 朱克亿、雷小波、张柏森：《论职业培训概念的界定》，《河南职业技术师范学院学报》（职业教育版），2004（4）。

② 郎志刚：《充分发挥公共财政在构建和谐社会中的作用》，《辽宁日报》，2006-12-14。

所谓公共性是指公共财政应致力于满足社会公共需要，实现公共产品和服务的有效供给。公平性是指公共财政的收支活动应该有助于缩小居民收入不合理差距、实现城乡区域协调发展，也要求公共服务在各个地域和群体中得到均等配置。非盈利性要求合理界定政府与市场分工，不与民争利，维护市场公平竞争和经济运行的平稳有序。现行的公共财政制度的再分配、再调节功能显得不足，居民之间、地区之间的差别日益扩大。公共财政实行"取之于民，用之于民"的原则。在国家处于和平时期，民生问题就是国家的最关键问题。因此，公共财政在社会福利上加大投入具有合理性。

事实上，最近几年，我国政府也在社会福利事业上加大了公共财政的投入力度。2005 年，我国在社会保障和社会福利支出上有 13 427 亿元，占 GDP 的 7.3%，它主要用于城镇单位职工和离退休人员，农民基本上享受不到社会保障，在城市打工的农民工不仅工资水平低，大部分享受不到基本的社会保障和福利①。因此，公共财政在社会福利投入上加大总量的同时，也必须注意公平性问题。对于每一个公民来说，他的感受和评价只是来自于他所获得的社会福利水平。如果公共财政在各地区、群体之间的分配向强势者倾斜，那么，社会福利投入的增强只会加大各地区、群体之间的差距。群众在"不患寡而患不均"的心理作用之下，难以对社会福利制度有正面的评价，自然不利于社会稳定。

（二）完善社会保险制度

社会保险制度是社会建设的一种长效机制，是民众普遍认同的社会福利项目。为了发挥社会保险的这个作用，需要拓宽社会保险的覆盖面。养老保险不仅包括企业职工，还应该包括机关事业单位职工和农民，让支付能力差异显著的各种群体共同处在一个体系之中。这既有利于社会财富在体系内的顺利转移，也有利于养老保险的抗风险能力。当然，社会保险需要体现贡献和收益的对应问题，因此，可以规定养老保险的享受等级（应大大低于一次分配的收入差距）与他们的贡献挂钩。其他社会保险也可以类似操作。有了全覆盖的社会保险网络，各种社会保险之间就可以共享基础信息，既节省了高额的运行成本，也可以让每一个公民在各个统筹单位之间自由地接续转移。由于该网络覆盖全国范围，因此，全体国民就可以真正体会到公民共同体以及国家在生活中的存在。有了这个基础，流动人口在就业、劳动、社会保险和福利等方面也可以获得更

---

① 朱庆芳：《经济社会和谐发展指标体系综合评价》，http://www.sociology.cass.net.cn/shxw/shgz/shgz30/P020070104397421565803.pdf。

多保障的国民待遇。这对于当前的农民工来说，是一个治本的措施。社会保险体系包容而不是排斥农民工、失业者、残疾人等弱势群体，将会成为社会和谐和公平正义的基础保障。

（三）发挥民间组织的作用

市场和国家仍然是当今世界最重要的力量和原则，但它们都不是万能的制度[①]。民间组织仍然有很大的发展空间，可以弥补市场和政府在福利供给和运行中的不足，可以增加社会福利的总量。具体来说，民间组织可以在激发社会活力、促进社会公平、倡导互助友爱、疏缓就业压力、反映公众诉求、推进公益事业、化解社会矛盾、解决贸易纠纷、促进科教兴国等诸多方面发挥积极的协调作用[②]。通过参与社会福利事业，民间组织还可以有力地监督政府公共行为，预防腐败，提高政府行政效率。民间组织的主要形式有：教育、科技、文化、卫生、体育、社会福利等领域中的民办机构，行业协会、学会、商会等社会团体，公益基金会等[③]。当前，我们要着重培育发展经济类、文教类、公益类民间组织、农村专业合作组织和社区服务组织，同时，也要加强对民间组织的依法监督，规范民间组织行为，遏制破坏社会稳定的现象。

（四）积极调动社区资源

社区是人们生活的主要空间。这里有家人、亲戚、朋友、邻居、志愿者和社区领袖、社区积极分子等非正式网络，有医院、养老院、福利院、精神病院及各种康复中心等制度性设施。社区服务既包括政府、企业和民间福利机构提供的专业服务，也包括由社区居民提供的非正式服务。社区福利质量的高低直接决定人们的社会福利获得水平。现在，社会福利发达的国家也开始重视社区建设，提高社区照顾在生活福利中的地位，鼓励人们回归社区。

社区中最重要的资源是人力资源。社区可以通过建立慈善组织、活动中心、老人之家、青少年之家、读书会、运动会等方式培育志愿者、社区公民和社区领导，提升社区的人力资本。任何一个社区总有老人、残疾人、疾病患者、孤

---

① 于海：《志愿运动、志愿行为和志愿组织》，《学术月刊》，1998（11）。

② 余亚夫：《构建和谐社会应充分发挥民间组织的作用》，《贵州省科学社会主义暨政治学会 2005 年年会论文集》，2005。

③ 中国共产党第十六届中央委员会第六次全体会议公报：《中共中央关于构建社会主义和谐社会若干重大问题的决定》，中发〔2006〕19 号，2006-10-11。

儿、不良少年等福利需求群体。社区服务组织可以调动社区资源，设计适宜的社区服务流程，从便民、利民和受照顾者的需要角度提供社区照顾服务。社区服务组织可以通过开展志愿者服务和公益活动，鼓励社区居民参与，培养社区居民独立自主的意识，使社区更具凝聚力。当然，如果社区内部没有热心的领导者，缺乏社区的集体行动，那么，社区发展就需要外部力量来带动。20 世纪初期，在英国、法国和美国，出现了一场"睦邻运动"。睦邻运动的重要内容是，由外来的工作人员同社区成员相结合，了解社区成员的生活需要，建立睦邻组织，如幼儿园、保健站、夜校、职业训练班等，修建公共活动场所，如剧场、茶室等。① 睦邻运动的实质就是社区福利运动，通过运动把社区的人力、物力资源组织起来，共同创造一个美好的社区。

思考题

1. 如何看待社会福利的社会运动视角？
2. 如何看待社会运动的社会福利视角？
3. 举例说明社会福利运动的特点。
4. 社会福利与社会稳定存在何种联系？
5. 从社会福利角度分析维护社会稳定的措施。

---

① 杨勋：《国外和台湾地区的社区发展运动及对中国大陆的启示》，《中国农村经济》，2000（6）。

第九章
社会福利与文化建设

内容提要:

社会福利与文化之间具有密切的内在联系,文化是理解和透视社会福利不可或缺的重要维度。社会福利和文化之间的互动机制是多元化的,总体上可分为文化起源论、文化背景论、文化决定论、文化传播论和福利文化论五种。福利文化论揭示了文化影响和作用于社会福利的内在机制,在社会福利的文化透视中具有重要的理论和实践意义。任何一个国家在发展和完善本国社会福利制度的过程中,唯有重视和加强适应本国国情的福利文化建设,才能为社会福利制度的可持续发展提供文化支撑。

学习目标:

1. 认识和理解文化影响社会福利的机制
2. 理解和掌握福利文化的内涵和功能
3. 联系实际理解建设中国特色福利文化的意义和途径

第一节 社会福利与文化的关系

人是"文化动物"，在人类的社会福利实践活动中，文化的影响无处不在，无时不有。只有全面认识社会福利与文化之间的互动机制，才能充分理解中国特色福利文化建设的必要性和重要性。

一、福利社会学中的文化概念

文化是人文社会科学研究中普遍使用的基本范畴，不同的学科、同一学科的不同学者有着不完全相同的理解和界定，迄今已有上百种定义。本章中的"文化"概念，主要包括以下两层含义。

（一）观念形态的文化

观念形态的文化（即观念文化）是文化系统中的隐性要素。社会观念属于社会意识范畴，存在于人们的思想中，并通过人们的态度和行为表现出来。观念文化是人与动物相区别的根本标志，没有观念文化，就没有人类与动物的区别。观念文化是文化系统中最有活力的要素，是人类创造活动的精神动力。人类活动领域的广泛性决定了观念文化的要素或形式的多元性。在观念文化中，最为重要的是价值观念，价值观念既是观念文化的核心，又是社会文化系统的"灵魂"。价值观念反映主体和客体之间的价值关系，是社会成员评价事物好坏、对错以及是否有意义时所持的态度和观念。价值观念决定人们支持什么，赞赏什么，追求什么，选择什么样的生活目标和生活方式。价值观念不仅仅存在于人们的内心，还体现在各种行为规范和行动准则中，渗透在人类创造并赋予其意义的物质产品中。

（二）规范形态的文化

规范形态的文化（即规范文化）是文化系统中的显性要素。规范文化是人类在社会生产和社会交往中遵循的各种行为准则的总和，是处理人与人之间关系的"调节器"。规范文化是人类为了满足自身需要而制定或自然形成的，是观念文化"外在化"和"客观化"的产物。规范文化的发展具有累积性的趋势，随着人类社会的发展而日益丰富，主要包括习俗、道德、宗教、法律、规章、制度等形式。习俗是人们约定俗成、世代相传的行为规范，它是产生最早、最常见和最普遍的行为规范。习俗具有地域性、民族性、历史性、多样性、民间性等特点，有的习俗甚至具有"集体无意识"的特性。习俗与日常生活的关系最为密切，渗透在日常生活的各个方面，对人们的日常生活及其行动具有直接影响。道德是以善恶评价为中心的行为规范和准则，道德规范主要依靠社会成员的内化及内心信念维系，违反道德规范，就会受到社会舆论的谴责。宗教是一种与神圣事物相联系的信仰和规范体系，宗教的教义影响人们的世界观、人生观和价值观，宗教的教规控制和约束教徒的各种社会行为。法律是一种具有强制约束力的行为准则，在法治社会里，法律的作用渗透到社会生活的诸多领域，违反法律就要受到相应的制裁和惩处。规章制度主要与不同的社会部门、社会组织和社会群体相联系，在人们的职业生涯中扮演着重要的角色，主要用于规范人们的职业行为。各种规范之间相互联系，相互渗透，互为补充，规定了人们行动的方向、方法和式样，共同调整社会成员之间的各种关系，保障社会运行的有条不紊。

在抽象的理论分析中，可以把文化的不同存在形态或要素"抽离"出来进行独立阐述，但并不意味着它们在社会现实中是相互分离的，两种形态的文化要素是相互依存甚至是互相渗透的，或者说是一体的。

二、社会福利与文化的互动机制

从福利社会学角度分析社会福利与文化的关系，最为关键的问题在于阐明文化与社会福利之间的互动机制。在对社会福利进行文化透视的学理研究中，许多学者进行了富有成效的探讨，提出了五种理论观点。[①]

(一) 文化起源论

"文化起源论"认为，以国家出面举办并承担主要责任的社会福利制度，其产生和形成的根源在于文化价值观，是社会文化价值观"催生"了一个国家的社会福利制度。

"文化起源论"包括"道德起源论"和"宗教起源论"两种观点。我国台湾学者林万亿认为，国家福利制度的"道德起源论"立基于假设普及的社会价值渗入社会行动，并且引导社会解决问题的正义方向，进而认为社会福利政策是一种道德正义的结果。美国学者伦宁格（Rimlinger）指出，早期德国俾斯麦的社会保险政策是受到19世纪德国微弱的自由主义、坚强的"父权社会思想"以及"基督教的社会伦理"所激发；在美国则因强烈的放任自由价值以及对个人

---

① 毕天云：《社会福利的文化透视：观点与简评》，《社会学研究》，2004（4）。

主义与自助的承诺，导致对社会保险的顽强抵抗。吉达佛德（Zijderveld）认为，瑞典、荷兰等国家比较具有非道德的社会思潮，而使其得以发展福利国家；相反的，美国的新教伦理与日本的家源道德主义思潮却抑制了该国社会福利发展的可能性。① 美国学者米基利（James Midgley，又译梅志里）在分析国家福利的起源时提出"社会良心理论"（social conscience theory），认为国家（政府）建立和扩展社会福利制度的动因在于"人道主义的推动力"。② 英国学者保尔·斯皮克（Paul Spicker）从社会哲学角度对社会福利制度的道德起源作了比较充分的理论和经验论证。③ 我国学者周弘在追寻西方福利国家形成和发展的根源时，对西方福利制度的道德起源作过精辟的分析。④

"宗教起源论"认为，社会福利制度的产生与宗教密不可分，宗教是社会福利制度形成的文化根源。英国学者米歇尔·拉斯汀（Michael Rustin）指出：宗教是福利制度产生的一个重要根源，宗教信仰不仅为教徒之间的相互帮助提供了观念基础，还为宗教组织发展社会福利事业提供精神动力；宗教不仅在前现代社会成为福利支持的重要支柱，还参与了现代福利国家的建构，并在后现代社会里出现"复兴"的趋势。⑤ 杨昌栋全面分析了基督教在中古欧洲社会福利发展中的重大贡献：中古欧洲的基督教一方面直接为社会弱势群体（穷人、病人、远人、奴隶、农奴、妇女、婴孩等）提供各种福利；另一方面影响政府采取措施为社会弱势群体提供救济性福利以改善他们的艰难境况。⑥ 我国台湾学者万育维在分析社会福利的发展时指出：中、外社会福利制度的缘起都与宗教信仰有关，佛教的社会福利思想尤其是福田观念（旷陆义井、建造桥梁、平治险隘、孝养父母、恭敬三宝、给事病人、救济贫穷、设无遮会）与中国社会福利的发展密不可分。⑦

"文化起源论"看到了文化（道德和宗教）在社会福利产生和发展过程中的

① 林万亿：《福利国家：历史比较的分析》，78～79 页，台北，巨流图书公司，1994。

② James Midgley, *Social Welfare in Global Context*, SAGE Publications, Inc., 1997: pp. 98-99.

③ 参见 Paul Spicker, *The Welfare State: A General Theory*, SAGE Publications Ltd., 2000。

④ 周弘：《福利的解析——来自欧美的启示》，28～34 页，上海，上海远东出版社，1998。

⑤ Prue Chamberlayne, Andrew Cooper, Richard Freeman & Michael Rustin, *Welfare and Culture in Europe: Toward a New Paradigm in Social Policy*, Jessica Kingsley Publisher Ltd. 1999: pp. 257-260.

⑥ 杨昌栋：《基督教在中古欧洲的贡献》，1～132 页，北京，社会科学文献出版社，2000。

⑦ 万育维：《社会福利服务：理论与实践》，6～7 页，台北，三民书局股份有限公司，1998。

重要作用，在文化与社会福利之间搭起了一座"因果桥梁"，这在一定程度上反映了社会福利发展的客观事实。但是，在社会福利制度尤其是国家福利制度的起源问题上，任何"单因论"的解释都是不全面的，仅凭文化因素难以完全解释国家福利制度的起源。事实上，以国家（政府）为主导的福利制度的产生是多种因素综合作用的结果，除了文化因素外，还与统治阶级的政治意图有着密切关系（如俾斯麦时期的社会保险制度），也与一个国家的经济发展水平和政府财力分不开。西方学者在分析西方"福利国家"起源时，还提出了另外 5 种理论解释——"工业主义逻辑"、"新马克思的资本主义国家论"、"扩散模型与世界政体观"、"民主政治模型"和"国家中心论"。此外，"文化起源论"主要回答的是"国家（政府）福利制度"的起源，而较少或没有回答"民间福利制度"的起源。由国家举办的"正式福利制度"是在民间"非正式福利制度"的基础上发展起来的，考察社会福利制度的起源，首先必须回答社会福利制度的民间起源，然后才是国家福利制度的起源。

（二）文化背景论

"文化背景论"认为，社会文化是"型塑"社会福利的一个环境变量，文化对社会福利的影响和作用集中体现为社会文化是社会福利制度的背景。

"文化背景论"起源于英国社会行政学的鼻祖理查德·蒂特马斯（Richard M. Titmuss）。他认为，社会政策总是置于一定的社会文化环境中，"在研究别国的福利制度时，我们见到它所反映该社会的主导文化和政治的特征"。[①] "文化背景论"的观点在由英国学者约翰·迪克逊（John Dixon）主持编辑的"比较社会福利系列丛书"中得到充分强调和重视。该丛书中的 6 本专著以国家、地区为分析单位，分别介绍了亚洲、非洲、中东、拉丁美洲、发达市场经济国家和社会主义国家等近 50 个国家和地区的社会福利体系及其文化背景。在分析这些国家或地区的社会福利体系时，作者把各国（地区）国民的思想价值观念（ideological values）作为"型塑"其福利体系的一个重要背景。[②] 英国学者阿

---

① ［英］蒂特马斯：《社会政策十讲》，9 页，台北，商务印书馆股份有限公司，1991。

② 详见 John Dixon, Hyung Shik Kim, *Social Welfare in Asia*, Croom Helm Ltd. 1985；John Dixon, *Social Welfare in Africa*, Croom Helm Ltd. 1987；John Dixon, *Social Welfare in the Middle East*, Croom Helm Ltd. 1987；John Dixon, Robert P. Scheurell, *Social Welfare in Developed Market Countrie*, . Routledge. 1989；John Dixon, Robert P. Scheurell, *Social Welfare in Latin America*, Routledge. 1990；John Dixon, David Macarov, *Social Welfare in Socialist Countries*, Routledge. 1992。

瑟·高尔德（Rrthur Geound）在比较日本、英国与瑞典等国家的福利制度时，也把三个国家各自的"文化特性"作为塑造三国各自福利制度的一个主要背景。他认为影响日本福利制度的"文化特质"主要有公平与平等的观念、福利父权与家庭主义、尊重权威的观念、慈善政府观念、善良管理观念、孝忠与顺从观念等①；影响英国福利制度的"文化特质"包括自由放任个人主义、效用主义和社会民主主义三个传统②；影响瑞典福利制度的"文化特质"有务实的、意识形态的、具适应力的和有道德的观念。③

首先，"文化背景论"的最大功绩在于指出社会福利研究中被"经济主义"、"物质主义"和"操作主义"所忽视的文化因素，看到文化是影响福利体系的一个"基础性"因素或变量。其次，"文化背景论"对构成社会福利制度背景的各种文化要素（思想价值观）进行了较为具体的分析，有利于人们从经验的角度识别是哪些文化因素在起作用。再次，"文化背景论"对文化和社会福利之间的互动机制作了"环境—中心"的理论解释。这种解释实际上已经触及或者蕴涵着"嵌入论"（embedment theory）的观点，即任何一个社会的福利制度并非是"文化悬置"的，相反，它是"嵌入"到该社会的文化环境之中的；只有从不同社会的文化脉络中，才能真正地"解读"和"把握"福利制度模式的差异。当然，"文化背景论"的缺陷也是明显的：一是"外生化倾向"。它把文化仅仅看成是福利体系的一种"背景"或"环境"，这样，文化仅仅是福利体系的一种"外生变量"，它只是从社会福利体系的外部发挥作用。其实，文化是一种活生生的力量，它一定会渗透在社会福利实践活动中并时时发挥作用。二是"平面化倾向"。上述研究文献在分析各国（地区）福利体系的文化背景时，只是列举出影响福利体系的各种思想价值观念，并没有对这些思想价值观念进行层次划分。事实上，影响福利体系的各种思想价值观是分为不同层次的，不同层次的思想价值观对福利体系和福利实践的作用是不一样的。有的处于深层，起主导和支配作用，对人类的各种福利实践具有"本体论"的意义；有的处于中间层次，仅对某一类福利活动发挥作用；有的处于表层，只对一些具体的福利活动产生作用。对于"文化背景论"，在承认其基本贡献的同时，还必须对它进行"内生化"和"层次化"的改造。

---

① ［英］阿瑟·高尔德：《资本主义福利体系：日本、英国与瑞典之比较》，40 页，台北，巨流图书公司，1997。

② 同上书，134 页。

③ 同上书，220 页。

（三）文化传播论

文化传播论认为，一个国家（地区）的福利制度的产生和发展与文化传播紧密相关，是受"异域文化"（他国文化和他民族文化）影响的结果。

从文化角度透视社会福利的学者大都持有这种观点，在约翰·迪克逊主编的 6 本"比较社会福利系列丛书"中，作者在分析有过殖民地经历国家的社会福利制度发展时，都指出其福利体系深受"宗主国文化"的巨大影响。我国香港学者周永新在考察香港社会福利的发展时说："香港社会福利的发展在很大程度上受到西方宗教思想的影响。到了今天，仍有众多教育、医疗和福利机构与天主教和基督教有密切的关系。回顾过去一百多年社会服务的发展，教会团体应是最重要的推动力量。"① 全菲认为，西方思想的传播是推动海湾国家建立社会福利制度的一个主要力量，"社会福利的许多方面实际上在阿拉伯各国已经存在了相当长的时间，但建立起一套现代化的社会福利体系，以及各国许多社会福利机构和社会条款的诸多规定，都是依据西方社会福利制度的经验发展的"。② 田毅鹏认为，从 19 世纪中叶到 20 世纪初，伴随着西方列强对中国的武力入侵，大量西方文化传入中国，在中国近代社会思想史上出现了研究并且试图借鉴和引进西方社会福利制度的一次高潮。③

"文化传播论"看到了一个国家（地区）在建立和发展社会福利制度过程中受到"他文化"影响的事实，这在总体上也属于探讨文化与社会福利之间互动机制的范围。它提醒我们在全球一体化加剧的时代背景下建设和完善社会福利制度时，既要保持"文化自觉"的心态，也要重视"异域文化"的影响（积极的和消极的）。由于"文化传播论"对社会文化与社会福利之间关系的解释采取"异域文化"—"本土福利制度"的"嫁接论"逻辑，它既没有解决"异域文化"如何"本土化"的问题（没有这个过程，异域文化只能处于一种"圈内的局外人"地位），也没有回答一个国家（地区）自身的"本土文化"如何影响其福利制度。

---

① 周永新：《社会福利的观念和制度》，4 页，香港，中华书局（香港）有限公司，1990。

② 杨光、温伯友：《当代西非亚洲国家的社会福利制度》，85 页，北京，法律出版社，2001。

③ 田毅鹏：《西学东进与近代中国社会福利思想的勃兴》，《吉林大学社会科学学报》，2001（4）。

（四） 文化决定论

"文化决定论"认为，当今世界上的社会福利制度模式多种多样，决定不同福利模式差异的根本原因不是经济发展水平和政治制度，而是文化因素。

英国学者罗伯特·平克（Robert Pinker）在研究英国和日本的社会福利制度差异时说："社会心理学的现象，可以协助来解释英国和日本之间一些社会福利义务和受益资格明显的差异"。[①] "如果审阅了正式的和非正式的福利项目各自的范围，并且探索两者之间与文化因素的关系，比较分析的方法未必可以用来揭示两个社会的相似之处"。[②] 黄黎若莲通过对中国传统文化和传统福利制度的研究，得出"结构和文化因素对福利模式起了决定性的作用"的结论。[③] 王继认为，"香港社会福利计划的制订，是从香港市民的价值观念出发的，有什么样的文化，就有什么样的社会福利制度"；"以中国传统价值观念为主体的香港文化，决定了香港社会福利的目标是鼓励个人自强、自立而不盲目依赖社会福利"。[④]

20 世纪 70 年代后期以来，在西方学者中出现了以意识形态为主要标准划分不同社会福利模式的观点，认为每一种社会福利制度背后都有自己的意识形态，不同的意识形态决定了不同的福利模式。"意识形态决定论"属于文化决定论，其中最有代表性的是英国学者乔治（Victor George）和韦尔定（Paul Wilding）。他们根据影响社会福利发展的四种意识形态差异，把社会福利制度分为四种模式。一是反集体主义福利模式（anti－collectivists）。该模式的社会意识形态强调自由、个人主义和不平等的社会价值，强调个人有选择的最大自由；社会福利服务的供给必须依靠个人选择的自由，政府的功能在于确保个人自由，任何不当的政府干预都可能扭曲市场机能的正常运作[⑤]。二是勉强的集体主义福利模式（reluctant－collectivist）。该模式的社会意识形态与反集体主

---

① 转引自 [英] 阿瑟·高尔德：《资本主义福利体系：日本、英国与瑞典之比较》，103 页。

② 转引自黄黎若莲：《中国社会主义的社会福利——民政福利研究》，16 页，北京，中国社会科学出版社，1995。

③ 黄黎若莲：《中国社会主义的社会福利——民政福利研究》，228 页，北京，中国社会科学出版社，1995。

④ 参见王继的两篇论文：《香港社会福利经验对我们的启示》，《社会》，2001（5）；《试论香港社会福利模式选择的客观基础》，《复旦学报》，2001（5）。

⑤ Victor George，Paul Wilding，*Ideology and Social Welfare*，Routledge & Kegan Paul plc. 1985：pp. 19-43.

义的福利模式十分相似，强调个人自由和不平等。但这个模式坚信：如果要达到个人自由的目标，资本主义的市场分配必须透过规范和控制才能确保资本主义的效率和功能；但是，政府在提供福利服务上所扮演的角色十分有限，政府若是过度干预可能会威胁到个人选择的自由①。三是费边社会主义福利模式（Fabian Socialist）。该模式所追求的社会价值是平等、自由、友爱和民主，认为社会不平等导致缺乏效率，同时也违背社会正义的原则。主张政府干预市场机制提供福利资源，以弥补市场机制的缺点，透过社会福利以达到收入再分配的目标②。四是马克思主义福利模式（Marxist）。该模式的价值理念与费边社会主义的福利模式十分相似，都是强调自由、平等以及博爱等价值理念；主张由政府统筹经营所有的生产资源和提供所有的福利资源，政府的角色在于提供各种福利服务，使社会福利供给能够满足各种不同的福利需求。③

"文化决定论"在社会文化和社会福利模式之间构建了一种"决定论"的逻辑，与"经济决定论"相比，它在解释不同国家、地区的社会福利模式差异时具有相当的说服力。但它还有几个问题没有解决：第一，"文化决定论"要完全成立，必须具备一个前提条件即经济发展水平和政治制度完全相同的国家建立了不同的福利制度，那么，造成它们之间差异的原因只能是文化因素，问题是在现实中并不具备这样的前提条件。正如世上没有完全相同的两片树叶一样，现实中也不存在经济发展水平和政治制度完全相同的两个国家。第二，"文化决定论"把不同的国家纳入同一个福利模式，忽视了国家之间的文化差异，世界上也没有文化完全相同的两个国家。第三，就一个国家内部而言，"文化决定论"还有一个没有言明的前提假设即一个国家的价值观念是完全一致的、共识的，这个前提条件也难以成立，"文化多元化"不仅存在于国家之间，也存在于国家内部。

（五）福利文化论

"福利文化论"认为，不同社会（国家）之间的福利文化差异决定了不同社会（国家）的福利制度和福利模式差异。

福利文化论的代表人物首推英国的罗伯特·平克，他是最早提出和使用

---

① Victor George, Paul Wilding, *Ideology and Social Welfare*, Routledge & Kegan Paul plc. 1985：pp. 44-68.

② Ibid. , pp. 69-95.

③ Ibid. , pp. 96-98.

"福利文化"（welfare culture）概念的学者。1986 年，平克发表题为《日本和英国的社会福利的比较研究——社会福利的正式和非正式的内容》的论文，文中首次提出"福利文化"概念。① 1999 年，由 4 位英国学者：凯姆贝莱恩、库珀、弗里德曼和米歇尔·拉斯汀（Prue Chamberlayne, Andrew Cooper, Richard Freeman & Michael Rustin）共同编辑的《欧洲的福利与文化：走向社会政策的一个新范式》在英国出版。书中不仅提出了社会政策研究的"文化转向"问题，而且提出了从文化角度研究社会政策的新范式即"福利文化范式"。作者认为，文化不仅是福利的一个内在的、本质的方面，而且随着时空的变化而变化，福利文化"从根子上"揭示了社会福利体制的差异。②

"福利文化论"与前面的"文化决定论"有着直接的"血缘关系"，在一定程度上可以说是从"文化决定论"中发展出来的。当然，二者之间的区别还是明显的，前者是"文化决定论"，后者是"福利文化决定论"。"福利文化论"的思想和方法在分析社会文化与社会福利之间的互动关系，在解释社会文化对于社会福利的作用机制上比前四种观点更具深度，更切中问题的要害，因为它克服了前四种观点的根本缺陷即"外生化倾向"。

"文化起源论"、"文化背景论"、"文化传播论"和"文化决定论"有一个共同的弱点即"外生化倾向"：它们都把"社会文化"和"社会福利"看成是两个相对独立的系统，不管用"起源"还是"背景"，"传播"还是"决定"，都是把社会文化看成是社会福利体系的"外生变量"，文化仅仅从外部作用于社会福利。与此相反，"福利文化论"把文化与社会福利有机地结合起来，文化不再是脱离社会福利的文化，而是福利文化。这样，文化就成了人类福利实践活动中的"内生变量"，文化（福利文化）就成为社会福利体系中的一个有机层面。正是在这个意义上，"福利文化论"较好地揭示了社会文化作用于社会福利的内在机制，是分析文化与社会福利的互动机制时更为合理的理论视角和概念工具。③

特别需要指出的是，社会福利与文化之间的互动机制是复杂的，上述五种观点都有一定的合理性，但其中任何一种观点都不可能穷尽文化与社会福利之

---

① 黄黎若莲：《中国社会主义的社会福利——民政福利研究》，16 页。

② Prue Chamberlayne, Andrew Cooper, Richard Freeman & Michael Rustin, *Welfare and Culture in Europe：Toward a New Paradigm in Social Policy*, Jessica Kingsley Publisher Ltd. 1999，p. 276.

③ 当然，这并非盲目崇拜"福利文化论"。如果认为不同国家的福利模式差异完全是由福利文化的差异造成的，这仍然是一种片面的观点，仍然没有跳出"文化决定论"的窠臼。同时，承认"福利文化论"更具合理性并非意味着前四种观点没有价值。

间的全部互动机制。因此，试图用单一模型来揭示文化与社会福利之间互动机制的努力均会冒着"以偏赅全"的风险。如何对待这些观点？我们借用美国社会学家艾尔·巴比在向学生介绍各种社会科学范式时的一段话作为结语：

"社会科学家已经发展了很多解释社会行为的范式。但是，在社会科学中，范式更替的模式与库恩所说的自然科学并不相同。自然科学家相信一个范式取代另一个范式代表了从错误观念到正确观念的转变，譬如，现在已经没有天文学家认为太阳是绕着地球运转的。

"至于社会科学，理论范式只有是否受欢迎的变化，很少会被完全抛弃。正如你们将要看到的，社会学范式提供了不同的观点，每个范式都提到了其他范式忽略的观点，同时，也都忽略了其他范式揭露的一些社会生活维度。

"因此，我们将要考察的每一种范式，都为关注人类社会生活提供了一种不同的方式，每一种都有独特的关于社会事实的假定。我建议把每种范式当作理解社会的一扇窗户来看待，而不必管那种范式对或错。归根结底，范式本身没有对错之分；作为观察的方式，它们只有用处多少的区别。因此，最好是尝试去发现这些范式可能带给你的益处。"①

第二节　福利文化的含义与功能

福利文化是影响和"型塑"社会福利制度的基础变量，它产生于人类的社会福利实践，又反作用于人类的社会福利行动。

一、福利文化的含义

何谓福利文化，罗伯特·平克认为："在任何社会中，福利文化分成两个部分：价值观，它影响人们对权利和义务的看法；行为习惯，价值观通过它找到了在实践中的表现方式。这两个部分组成的福利文化一方面以正式的社会福利项目的形式表现出来；另一方面见于家庭、朋友和邻居间的非正式的互助。价值观主要影响制定社会政策的决定选择，而制度安排则受到国家特色的影响。"② 平克使用的"福利文化"概念对于揭示社会文化影响和作用于社会福利的内在机制是一个非常有用的概念，他把文化对福利的作用"内生化"了，同时也把福利文化与福利机构、福利措施、福利活动区别开来（即福利文化是一

① ［美］艾尔·巴比：《社会研究方法》，57页，第8版，北京，华夏出版社，2000。
② 转引自黄黎若莲：《中国社会主义的社会福利——民政福利研究》，16页。

种观念和规范)。但是，平克的界定存在着两个不足：一是模糊。平克的福利文化定义不够明确，他在定义福利文化时没有直接与社会福利联系起来，如果在前面换一个其他的修饰词，就可能变成其他文化而不是福利文化了。二是笼统。平克把福利文化定义为"影响人的责任和权利的价值观，以及通过这些概念找到表现的习俗"，这是一种比较抽象的界定，难以操作化。

1999 年，在由四位英国学者共同编撰的《欧洲的福利与文化：走向社会政策的一个新范式》一书中，也使用了"福利文化"一词，但他们没有对"福利文化"的内涵作出明确的界定。在国内学术界，经常见到有学者使用"福利文化"或"社会福利文化"一词，但对其内涵与外延尚未达成一致认可的共识。

本书认为，福利文化属于社会文化的一部分，是指人类在长期的社会福利实践活动中产生和形成的思想价值观念和行为规范的总和。这一界定包括两层含义：

第一，福利文化是社会福利场域的文化。根据法国著名社会学家皮埃尔·布迪厄（Pierre Bourdieu）的"场域—惯习"理论，社会福利是现代社会中的一个"子场域"，福利文化是社会福利场域的"惯习"即"福利惯习"。[①]因此，从结构的角度看，福利文化是相对独立的，是专属社会福利场域的文化。福利文化是社会福利场域的"内生变量"，是在人类的社会福利实践中产生和形成的，并非什么文化都可以"塞进"福利文化这个"筐"里。例如政治场域中的政治意识形态可能与社会福利事业密切相关，但不能把政治意识形态作为福利文化的组成部分，福利文化的这一层含义把福利文化与其他文化相对区别开来。

第二，福利文化是社会福利场域中的思想价值观念和行为规范。社会福利场域作为一个相对独立的社会子系统包括许多要素：有的属于客观化的物质要素，如福利机构或组织、福利物资（金钱和物品等）；有的属于客观性的活动要素，如福利供给行为和捐赠行为；有的属于观念性或精神性的要素，如福利思想和福利价值观念；还有的属于物化或客观化的观念要素，如调整福利行为的规范与准则等。虽然这些要素相互联系，但它们之间也存在着明显区别，不能把社会福利场域的所有要素都称为福利文化。如果什么都是福利文化的话，那么，福利文化则什么都不是。在这些要素中，福利文化指称的是福利思想、价值观念以及福利行为规范，其他要素则不属于福利文化的范畴。福利文化的这

---

① 毕天云：《社会福利场域的惯习：福利文化民族性的实证研究》，92～96 页，北京，中国社会科学出版社，2004。

一层含义把福利文化与福利系统中的其他要素区别开来，分清这一点对于深化福利理论研究非常必要。

二、福利文化的特征

(一) 层次性

从福利文化的内部结构看，福利文化具有层次性。福利文化本身是由一系列要素构成的系统，不同的构成要素处于不同位置，总体上包括表层结构和深层结构两个层次。福利文化的深层结构是指在人类福利实践中形成和提出的福利思想与价值观念，如福利模式观念、贫困观念、救济观念、养老观念、生命价值观念、疾病观念、教育观念和宗教福利观念等。[1] 福利思想观念是福利行动的"精神动力"，是福利行为生生不息和世代延续的"精神源泉"。离开了福利文化的深层结构，一切福利行为都将成为"无源之水"和"无本之木"。福利文化的表层结构是指在人类社会福利实践中形成的用于调整福利行动的规范和准则，包括"自发秩序"产生的非正式规范和准则（主要蕴涵在民间的习俗、道德和宗教之中）和"人为秩序"产生的正式规范和准则（如国家或政府制定的调整福利行动和福利事业的法律、法规和政策）。福利文化的表层结构实质上是深层结构的"外化"或"客观化"，通过表层结构可以"透视"深层结构，通过深层结构可以"预测"表层结构，二者之间存在着"相互建构"的关系。

(二) 民族性

从福利文化的创造主体和承载主体看，福利文化具有民族性。福利文化是人类创造的文化成果，民族是基本的人类共同体之一。民族既是福利文化的创造者，也是福利文化的承载者。任何一个民族在福利实践中积累起来的福利文化归根到底要依靠本民族的成员去保存、维护、传承与创新，在不同民族的福利文化互动与交流中也主要依靠本民族的成员去宣扬与传播。福利文化的民族性首先体现为民族共同性。迄今为止，世界上已有 172 个国家和地区建立了社会福利制度。社会福利制度在不同国家和民族中的普及与存在，是多种因素共同作用的结果，福利文化的共同性是重要因素之一。在不同国家和民族的福利文化中，有哪些共同因素呢？一是人道主义思想。从社会福利的发展历史看，

---

[1]　毕天云：《社会福利场域的惯习：福利文化民族性的实证研究》，35～42 页，北京，中国社会科学出版社，2004。

社会福利制度产生的思想源头是人道主义。人道主义主张尊重人、爱护人、同情人、关心人、帮助人和善待人，这些都是各民族文化中共有的因子。二是对社会公平的追求。从"形而上"的层次看，社会福利制度本质上是一种实现社会公平的手段和工具，没有对社会公平的追求，就没有社会福利制度的产生和普及。对社会公平的追求，这是人类的共同理想，也是各民族共有的价值。三是社会保险观念。在当今世界，绝大多数国家或地区的社会福利制度都以社会保险制度为核心，这种共同的制度选择背后，所蕴涵的就是对社会保险机制的认同。

福利文化还具有显著的民族差异性。在跨民族的福利文化比较研究中，福利文化的民族差异性受到许多学者的关注与重视。根据对民族共同体的内涵与外延的不同理解，福利文化的民族差异性体现在三个层次上：一是宏观层次的民族差异性，如东方民族的福利文化与西方民族的福利文化差异，中华民族的福利文化与西洋民族的福利文化差异；二是中观层次的民族差异性，如中华民族大家庭中 56 个民族之间的差异；三是微观层次的民族差异，主要体现在同一民族内部不同支系或族群之间。这三个层次的民族差异性研究分别具有不同的意义和价值，从宏观层次到中观层次再到微观层次的过程是一个由粗到细、由广至深、由模糊到清晰、由抽象到具体的过程。目前，国内学界对福利文化民族差异性的分层研究还相当缺乏，基本上还停留在宏观层次，至于中观层次和微观层次的研究，公开发表的研究成果尚属凤毛麟角。

（三） 地域性

从福利文化产生的地理空间看，福利文化具有地域差异性。地域即地理环境既是构成人类社会的基础要素，也是人类文化创造的物质条件。文化生态学的研究表明，地理条件的差异性是导致社会文化多样性的重要原因，不同的地理环境"孕育"出不同的文化。福利文化是在人类的社会福利实践过程中产生和形成的，生活于不同地域的人，社会福利实践不完全相同，从中产生和形成的福利文化也不尽相同。由于地理空间或地域范围有大有小，福利文化的地域差异性也表现在不同的范围，如福利文化的洲际差异（如欧洲和亚洲）、洲内差异（如西欧和北欧）、城乡差异（如农村和城市）等。我国学者林卡从地理空间与文化特征相结合的角度，分析了六类国家在福利规范重点、人际关系原则和福利意识形态等方面的差异。他认为，在地中海欧洲国家、盎格鲁—撒克逊国家、欧洲大陆国家、斯堪的纳维亚国家、儒家化的亚洲国家和斯拉夫国家，福利规范的重点分别是社群主义、个体竞争、身份确证、社会平等、家长式统治和中央集权制；人际关系的基本原则分别是家族主义、商品化、合作主义、民主化、家族式的团体主义和集体主义；福利意识形态的构型分别是天主教、自由主义、保守主义、社会民主、儒家学说和列宁—斯大林主义。① 福利文化的地域性表明，福利文化具有"地方性知识"的特征，社会福利政策的制定和实施要充分考虑不同地域之间的差异性。

（四）时代性

从福利文化演变的历史进程看，福利文化具有时代差异性。福利文化的形成与发展，福利文化的内容与形式都受一定时代的经济制度、政治制度、社会结构和福利实践的影响，不同的时代具有不同的福利文化。纵观福利文化的发展进程，可以看到福利文化具有鲜明的时代烙印：自然经济时代和商品经济时代的福利文化不同，前工业社会、工业社会和后工业社会的福利文化存在差别，农业经济时代、工业经济时代和知识经济时代的福利文化各有千秋。美国学者罗迈尼辛·M·约翰（John M，Romanyshyn）详细分析了美国社会福利观念在传统农业社会和现代工业社会的差异。② 罗迈尼辛认为，在传统农业社会，美国社会福利观念的总体特征是"消极的福利观念"，具体表现为"补缺性观念"、"善行观念"、"特殊主义观念"、"有限观念"、"个人责任观念"、"自发观念"和"济贫观念"。相反，在现代工业社会，美国社会福利观念的总体特征是"积极的福利观念"，具体表现为"制度性观念"、"公民权观念"、"普遍主义观念"、"完善观念"、"社会责任观念"、"公益观念"和"发展观念"。福利文化的时代性表明，福利文化具有历史性、动态性和发展性，没有一成不变的福利文化；随着时代特征的变化，福利文化或早或迟也将发生变化。

三、福利文化的功能

（一）导向功能

从福利文化对社会福利实践的指导作用看，福利文化具有导向功能，即为人类的社会福利实践活动提供思想导向和行为导向。福利文化中的思想价值观念是福利行为的精神基础。在公民权利意识比较浓厚的民族或国度中，公民把

---

① Lin Ka, *Confucian Welfare Cluster：A Cultural Interpretation of Social Welfare*, University of Tampere，1999.

② ［美］罗迈尼辛·M·约翰：《社会福利观念的变迁》，2～7页，厦门，厦门大学出版社，1990。

提供福利视为国家或政府的责任和义务，把得到和享受福利视为自己的权利。在这种福利文化环境中，就比较容易产生制度型的福利观念，进而追求与建立"制度型福利模式"。相反，在公民权利意识比较薄弱的民族或国度中，民众普遍持有"感恩戴德"的社会心理，把国家或政府提供的福利看做政府的"仁慈"或"恩惠"。在这种福利文化环境中，孕育出来的主要是补缺型的福利观念，与之相应的是"补缺型福利模式"。福利文化中的行为规范，无论是正式规范还是非正式规范，都是调整人们福利行动的准则，为人们在社会福利场域中的行为模式作出导向。福利规范不仅规定和告诉社会福利场域的行动者能够做什么、可以做什么、应该做什么和不能做什么、不可做什么、不该做什么，而且还规定了各种福利行动的处罚或褒扬方式，以支持积极有益的福利行动，限制消极有害的福利行为，特别是惩罚社会福利场域的各种越轨行为。[①] 此外，福利规范还是调整福利行动者之间各种关系的准则，通过福利规范明确不同福利行动者的权利、义务和行为边界，当社会福利场域的行动者之间在意见、利益等方面发生分歧、矛盾和冲突时，福利规范还充当处理福利行动者关系的调节器。

（二）维系功能

从福利文化在社会福利系统中的作用看，福利文化具有重要的维系功能，即为相应的社会福利制度提供思想基础和理论支持。任何一个国家在选择和建立福利制度时，都需要有相应的思想理论支撑以证明福利制度的合理性与合法性。在高度分化的现代社会里，社会福利已成为一个相对独立的社会子系统，福利文化又是社会福利系统的一个子系统。为此，可以借用美国社会学家帕森斯的 AGIL 模型来理解福利文化在整个社会福利系统中的作用。帕森斯认为，任何一个行动系统为了保证其自身的存在、持续和有效性，就必须满足一定的功能要求。在一般意义上，有四种功能必要条件是不可缺少的，即适应功能、目标达成功能、整合功能和潜在模式维系功能。帕森斯认为，社会系统作为一种行动系统，为了维系自身的存在和发展，也必须具备相应的四个功能系统：经济系统执行适应功能，政治系统执行目标达成功能，社会共同体系统执行整合功能，文化系统执行模式维持功能。在社会系统的四个子系统中，文化系统是由规范、价值观、信仰及其他一些与行动相联系的观念构成，是一个具有符号性质的意义模式系统。帕森斯特别强调文化系统的功能，认为文化系统出了

---

① 例如，我国的《城镇居民最低生活保障条例》就对可能出现的各种"道德风险"和"机会主义"行为的处罚作出了明确的规定。

问题，整个社会系统就有解体的可能，或者原来的社会系统就难以有效运行。根据帕森斯的 AGIL 模型，可以把一个国家的社会福利系统看做是由四个子系统构成的整体，经济和物质资源在福利系统中发挥适应功能，权力和决策机构在福利系统中发挥目标达成功能，相关的管理机构和执行机构在福利系统中发挥整合功能，福利文化在福利系统中起着维系功能，为相应的社会福利制度提供思想基础和理论支持。也就是说，福利文化与福利制度之间是相互适应的，每一种福利制度都有与之相适应的福利文化，一旦原有的福利文化发生变化，原来的整个福利系统就有可能解体或不能持续。同样，原有福利制度的改革必须以福利文化的变化为基础，没有福利文化变化的福利制度改革是难以推行的，建立新的福利制度必须培育新的福利文化，或者促使旧的福利文化实现自我更新。

（三）区别功能

从福利文化在区别不同福利制度（模式）中的作用看，福利文化具有区别功能，即福利文化是解释不同福利制度（模式）差异的关键变量。世界上绝大多数国家都有自己的福利制度，但每一个国家的福利制度又各具特色。为什么不同的国家会有不同的福利制度？研究社会福利的学者最早从经济角度寻求答案，提出"经济决定论"，但"经济决定论"却无法回答经济发展程度基本相近的国家为什么会有不同的福利制度（如英国、美国与北欧国家之间的差异）。还有的学者试图从政治角度解释福利制度的差异，结果仍然不能令人满意，因为政治制度相同的国家之间，其社会福利制度仍然存在较大差异，如中国与朝鲜。我国香港学者黄黎若莲提出福利文化在区分不同福利制度中具有重要作用。她说："要试图解释不同国家福利发展的差异的原因，社会福利文化或价值观值得我们做深入的思考。"①

在《中国社会主义社会福利——民政福利研究》一书中，黄黎若莲从福利文化的角度解释了中西福利制度差异的原因。她把中国传统福利文化归纳为五个方面：第一，强调家庭义务和差序格局的相互关系，社会肯定福利精神，认为它是人性的反映和一种高贵的品德。舶来的但已在中国本土化的佛教倡导仁慈，这亦巩固了福利为怀的价值观和实践。第二，儒家思想强调对家庭的责任感，互助互利原则还导致了以本社区和共同职业为中心的互助活动。第三，因为强调家庭责任和政府资源有限，政府除了承担救荒工作之外，并未提供大规

---

① 黄黎若莲：《中国社会主义的社会福利——民政福利研究》，15 页。

模的公共福利。第四，因为人们享受到的社会福利非常有限，并且俱来自与自己切身利益有关的群体，所以人们没有全民共享福利的意识。个人从血缘和地缘组织得不到援助就陷入求助无门之地，除非恳求别人大发善心给予人道上的帮助。在这样的情况下，提供的援助往往是非正式得到的、带随意性的和令人耻于接受的。第五，中国人有强忍艰辛的性格，这源于其独特的文化信仰，亦与生态环境有关，譬如强调勤劳、遏制欲望、自给自足和接受命运等特质也令中国老百姓对官府的要求很低，亦没有养成依赖国家福利的习惯。黄黎若莲认为，中国传统的价值观与西方国家的保守社会福利模式在表面上有相似之处——双方都强调自力更生，以家庭和市场力量满足个人需要，强调互助和福利的重要性，政府只担任辅助角色，提供最少量的和临时的公共福利措施。但是，在表面相似的背后存在本质区别：一是中国社会强调群体取向而非个人主义；二是在中国社会中家庭和家族居于中心地位；三是中国的个人与国家之间不存在契约关系，个人缺乏公民权利观念。[①]

（四）建构功能

从福利文化在福利场域中的作用看，福利文化具有建构功能，即福利文化从意义层面建构福利场域，使福利场域成为充满各种意义的社会空间。福利场域是具有"双重存在"特性的场域。福利场域不仅仅是一个纯粹的"客观世界"，还是一个充满各种意义和价值的"主观世界"；福利场域不是一个纯粹物质化的社会空间，在场域里活动的行动者也并非是一个一个的"物质粒子"，而是有知觉、有意识、有精神属性的人；福利场域中的各种行动者（决策者、管理者、服务者、研究者、提供者、传递者、接收者等）在福利实践活动中都有各自的客观位置、主观立场和"策略"。[②]

福利文化对福利场域的意义建构，体现在福利场域的各种行动之中。福利场域的行动包括很多方面，如制定福利政策，建立福利制度，设置福利机构，提供福利服务，等等；但归纳起来无外乎四个"W"一个"H"：为什么要提供福利（why）？谁来提供福利（who）？给谁提供福利（whom）？提供什么形式的福利（what）？怎样提供福利（how）？在思考与回答这些问题的过程中，充分体现了福利文化对福利场域的意义建构。（1）为什么要提供福利？不同的学者有不同的回答。经济学家说，提供福利是为了保证劳动力的再生产和经济发

---

① 黄黎若莲：《中国社会主义的社会福利——民政福利研究》，219～220 页。

② 毕天云：《布迪厄的"场域—惯习"理论在社会福利研究中的运用》，《思想战线》，2007（3）。

展资源的可持续；社会学家说，提供福利是为了解决社会问题（特别是贫困问题）维持社会稳定；政治学家说，提供福利是为了维护统治阶级的政治统治和政治秩序；法学家说，提供福利是国家义不容辞的责任，享受福利是公民的基本权利，等等。（2）谁来提供福利？自由主义和个人主义认为，个人是自己福利的最佳判断者，个人对自己的福利负责；福利国家主义认为，保证公民的基本生活是国家的责任，国家是个人福利的提供者；家庭和家族主义认为，家庭和家族是福利的基本提供者；道德主义认为，为他人提供福利是每一个有良心的人的责任和义务；福利多元主义认为，福利提供者包括自己、家庭、邻里、朋友、志愿组织、工作组织、市场和国家；集体主义者认为，福利的提供应该是"我为人人，人人为我"。（3）给谁提供福利？补缺主义（或特殊主义）认为，福利应该优先提供给老、弱、病、残、孤、寡、穷等弱势群体，他们是"福利不足者"和"福利丧失者"，因而是"福利的不能自给者"，如果没有"外来的福利"以支持，这些弱势人群就难以生存；普遍主义则认为，福利是每个人的权利，福利应该提供给所有的社会成员，不论他们的性别、年龄、民族、种族和贫富。（4）提供什么形式的福利？物质主义者主张提供现金福利和实物福利，服务主义者认为福利服务是最重要的福利，精神主义者认为同情、安慰、关怀等精神福利是最好的福利。（5）怎样提供福利？需求主义者认为，福利的提供应该以人的福利需求为基础，根据人们的福利需求来设置福利项目；供给主义者则认为，福利的提供要以供给能力为基点，"有多大的能力办多大的事"，否则，福利就会成为一种包袱；条件主义者认为，福利的提供要以"家庭经济情况调查"（Means Test）为前提，只有经过严格审查并符合条件者才能享受福利，以避免各种机会主义者"搭便车"；保险主义者认为，福利的获得应该遵循"权利义务对等"的原则，"天下没有免费的午餐"，只有先尽义务（缴费）才能享受权利（福利）。

　　总之，福利场域中各种行动者不同思想认识和价值取向的存在，充分体现了福利文化对福利场域的意义建构，使福利场域成为一个充满意义的世界，一个被赋予人类的感觉和价值的世界。

第三节　中国特色福利文化建设①

　　中国特色福利文化是中国特色福利制度的重要组成部分，中国特色福利文化的形成，既是"自然历史过程"的产物，更是中华民族自觉建设的结果。

---

　　① 本节内容参见毕天云：《论建设中国特色的福利文化》，《学习与实践》，2009（4）。

一、中国特色福利文化建设的意义

(一) 中国特色社会主义文化建设的组成部分

党的十七大报告提出，中国特色社会主义事业的总体布局由经济建设、政治建设、文化建设和社会建设等"四位一体"组成，文化建设是中国特色社会主义事业不可或缺的重要组成部分。胡锦涛同志在"十七大"报告中指出：当今时代，文化越来越成为民族凝聚力和创造力的重要源泉、越来越成为综合国力竞争的重要因素，要推动社会主义文化大发展大繁荣，提高国家的文化软实力。

在现代社会，随着社会福利制度的发展及其社会地位的提高，福利文化已经成为现代社会文化体系的重要组成部分。中华民族的传统文化中一直包含着丰富的福利文化因素，中国特色社会主义文化不能没有中国特色的福利文化，中国特色社会主义文化建设不能没有中国特色福利文化建设。缺少了福利文化的中国特色社会主义文化既割断了民族文化的历史性联系，也背离了现代社会文化要素日益丰富的发展趋势；没有中国特色福利文化建设，中国特色社会主义文化建设就不全面。强调中国特色福利文化建设在中国特色社会主义文化建设中的地位，还有一层特别重要的意义。在计划经济时代，我们对西方发达资本主义国家的社会福利制度的理论认识是不全面的，甚至存在着误解和误识。在当时的历史背景下，提出福利文化建设既不合时宜，也难以为当时的政治意识形态所接纳。今天，随着党和政府对社会福利制度重要性认识的提高，随着对社会福利制度研究的深入，建设中国特色福利文化的思想认识障碍已经减弱，加快福利文化建设的时机已经成熟。

(二) 构建中国特色福利制度的重要保证

进入 21 世纪以后，中国社会福利制度建设的时代背景已经发生了巨大变化，中国已经不可能在完全封闭隔绝的国际环境中建设自己的福利制度。在新的时空结构中健全和完善中国的社会福利制度，无法回避也不可能回避中国社会福利制度的全球化与民族化的关系问题。在世界各国的社会福利制度发展过程中，全球化与民族化两种趋势并行不悖，全球化一方面削弱民族化，另一方面也加剧和促进了民族化。自 1978 年以来，中国经历了 30 年的社会福利制度改革与重构，在处理中国社会福利制度的全球化与民族化的关系上，我们走过弯路，有不少经验教训需要深入反思与总结。其中非常重要的一条就是忽视了本土福利文化在社会福利制度建设中的重要作用，试图抛开中国的福利文化土壤，简单移植国外的社会福利模式，结果只能是"水土不服"。当今世界的社会福利模式五花八门，影响比较大的主要有"美国模式"、"西欧模式"、"北欧模式"和"新加坡模式"。社会保福利模式的多元化表明，世界上没有最好的社会福利模式，只有最合适的社会福利模式。这些模式之所以能够产生，不是因为它们是最好的，而是因为它们最适合这些国家或地区。因此，无论是"美国模式"、"西欧模式"还是"北欧模式"，都不可能成为中国社会保福利制度建设效仿的榜样。中国的社会福利场域不完全同于西方国家的福利场域，中国的福利文化传统与西方国家之间存在着较大的差别，简单"复制"国外的福利模式，脱离中国福利文化之"根"的福利制度注定不能成功。正如只有中国特色社会主义才能发展中国一样，也只有切合中国福利文化的社会福利制度才能适应中国国情，满足中华民族的需要。

（三）加速社会建设和改善民生的推动力

党的十七大报告提出，中国特色社会主义的社会建设包括六大任务：一是优先发展教育，建设人力资源强国；二是实施扩大就业的发展战略，促进以创业带动就业；三是深化收入分配制度改革，增加城乡居民收入；四是加快建立覆盖城乡居民的社会保障体系，保障人民基本生活；五是建立基本医疗卫生制度，提高全民健康水平；六是完善社会管理，维护社会安定团结。社会建设的根本目标是保证全体人民"学有所教、劳有所得、病有所医、老有所养、住有所居"，改善民生既是社会建设的重点，也是社会建设的归宿。社会福利制度与民生问题息息相关，是一种典型的"民生制度"，社会福利文化本质上是一种"民生文化"。从这个意义上说，加强中国特色福利文化建设，是加速我国社会建设进程和改善民生状况的题中之意。通过中国特色福利文化建设，能为社会建设和改善民生提供文化支撑力和文化推动力，引领社会建设沿着保障和改善民生的正确方向前进，有利于体现"立党为公、执政为民"的理念，有利于贯彻"以人为本"的科学发展观，有利于建设社会主义和谐社会。

二、中国特色福利文化建设的内容

（一）观念层面的福利文化建设

1. 确立社会公平的价值理念

任何国家的社会福利制度都以一定的价值理念为基础，没有价值理念的社会福利制度是不存在的。更进一步说，只存在社会福利制度价值理念的差异问题，并不存在社会福利制度价值理念的有无问题。社会福利制度的价值理念问题是人们在"追问"社会福利制度存在的价值依据过程中产生的。社会福利制度存在的依据是什么？人们可以从不同层次和不同角度去寻求答案。从"形而下"的经验层次看，社会福利制度的直接目的在于应对和解决工业化、市场化和现代化过程中产生的各种社会问题特别是贫困问题，以保障公民的基本生活（生存）权。但"形而下"的回答是远远不够的，因为这种解释具有浓厚的"自发论"色彩。影响公民福利的社会问题的存在只是建立社会福利制度的必要条件而非充分条件，社会问题的存在并不会自然而然地产生社会福利制度。从社会问题的存在到社会福利制度的建立之间，还有一系列的中间环节需要阐释。社会福利制度的产生还有一个非常重要的条件是人类自身的价值追求因素，也即社会福利制度的价值理念问题。价值理念在社会福利制度中属于"形而上"的层次，它所体现的是通过社会福利制度所要实现和达到的某种深层的或终极的价值目标。因此，从"形而上"的抽象层次看，社会福利制度实际上是人类为了实现自身发展所追求的某种深层或终极价值目标的工具和手段。

中国的社会福利制度以什么作为自己的价值理念呢？国内学者提出了两种相反的观点：一是"平等主义"观点，二是"效率主义"观点。① 主张"平等主义"观点的学者内部也有一些小的分歧，在具体表述上有"社会公平论"、"社会正义论"、"社会公正论"、"公民权利论"等。"平等主义"与"效率主义"两种观点，实质上反映了中国社会福利制度价值理念中的"公平"与"效率"的关系问题。我们认为，社会福利制度的运行需要讲求效率，但效率不能成为中国社会福利制度的价值理念。只有以社会公平为基本的价值理念，才符合社会福利制度的本性，才与建设和谐社会的根本要求相吻合，才能正确处理经济发展与社会发展的关系，实现"公正的社会发展"。② 以社会公平为价值理念，就要改进和解决中国社会福利领域中的各种不公平现象，实现社会福利的城乡公平、地区公平、行业公平和人群公平。

2. 提高制度化的互助共济意识

众所周知，现代社会福利制度的核心是社会保险制度，而支撑社会保险制度运行的思想基础则是制度化的互助共济意识。没有制度化的互助共济意识，社会保险制度就失去了坚实的社会心理基础。在中国的福利文化传统中，并不

---

① 景天魁：《中国社会保障的理念基础》，《吉林大学社会科学学报》，2003（3）。

② 参见景天魁：《社会公正理论与政策》，1～7页，北京，社会科学文献出版社，2004。

缺少非制度化的互助共济意识，但制度化的互助共济意识却比较薄弱。在民间的社会互助行动中，助人者的援助行为是自愿的和主动的，无须动员。因为对于施助者而言，受助对象是明确的，今天帮助别人就等于帮助明天的自己。当自己遇到困难时，人们可以期待和预期曾经帮助过的对象会回报自己，而曾经的受助者一般也会回助曾经的施助者，否则将受到道德审判和舆论谴责。正是由于民间互助行为的交换属性和伦理属性，孕育了非制度化的互助共济意识和行为。

　　社会保险制度则不同，尽管社会保险遵循的"大数法则"与民间所说的"一方有难，八方支援"具有一致性，但在社会保险的互助机制中，施助者与受助者之间既不可能完全直接见面，也不可能完全相互认识，双方关系的"陌生化"与讲求"熟人关系"的中国民间文化差别巨大，降低了人们参与社会保险的意愿。以失业保险为例，有的人一生可能交纳了上万元的失业保险金，但他（她）最终可能没有享受过一分钱的失业救助金；相反，有的人则是缴费少，受益多。社会保险机制与"各人自扫门前雪，不管他人瓦上霜"的处世观念是矛盾冲突的，这就是城市社会保险"扩面"工作难度大和进展慢的文化根源。制度化的互助共济意识在农村地区更为薄弱，在新型农村合作医疗制度试点中，政府为什么要采取"商业保险"的机制（自愿参加）来实现"社会保险"的目标？为什么要设立"家庭账户"？其背后的深层原因不是农民的缴费能力和经济因素，而是制度化的互助共济意识在农民中尚未完全"扎根"。在传统农村社会养老保险制度中，虽然名义上叫"社会养老保险"，但实质上却是典型的"个人养老储蓄"。总之，中国要建立以社会保险制度为核心的社会福利制度，必须下大力气培养和提高广大民众的制度化互助共济意识，这是中国福利文化建设中一项非常艰巨的任务。

　　3. 大力提倡与弘扬慈善精神

　　慈善组织在传统农业社会中承担着非常重要的福利供给功能，在现代工业社会中仍然扮演着积极的角色。在中国共产党的十七大报告中，慈善事业已被纳入中国社会保障体系，成为社会保障制度的重要补充。根据经济学家的观点，社会资源的分配一般有三种机制，不同的分配机制遵循不同的原则。第一次分配以市场机制为基础，属于市场行为，遵循效率原则；第二次分配以政府调控为基础，属于政府行为，遵循公平原则；慈善事业属于第三次分配机制，以社会成员自觉自愿的捐赠为基础，属于社会行为，遵循志愿原则。慈善事业的发展离不开经济发展水平的提高和公民经济收入的增加，更离不开公民慈善意识和慈善精神的培育。实践一再表明，个人财富的多少与慈善精神的有无之间并非正比关系。在 2008 年四川汶川大地震的社会救助中，一个讨饭的老头可以捐出乞讨得来的"活命钱"而义无反顾，一些"富裕人群"却对自己的"一毛不拔"而无动于衷。

从福利社会学的角度看，源于人道主义或宗教信仰的慈善精神属于福利文化的范畴，是福利文化的构成要素，大力提倡和弘扬慈善精神是我国福利文化建设中的重要任务。社会成员慈善精神的强弱与慈善捐赠行为的积极性高低之间呈正相关关系，慈善精神在社会大众中的普及程度越高，参与慈善捐赠的人数越多，获得的慈善资源（如金钱、物品、服务、时间等）就越多。研究和比较中西方慈善文化差异的学者发现，慈善精神在社会大众中的普及性程度是中西方慈善文化差异中的一个突出现象。例如，1996 年，美国有 70％的家庭参与了慈善捐赠，每个家庭用于慈善事业的平均支出为 696 美元；同年，美国的志愿者总数达到 9300 万人，有 48.8％的美国成人和 59.3％的美国青年投身其中。① 1998 年，我国人均慈善捐助只有 1 美元，到 2000 年，人均慈善捐助下降到不足 1 元人民币。美国只有 10％的捐款来自公司企业，5％来自大型基金会，而 85％的捐款来自普通民众。② 一项慈善公益组织的专项调查显示，在中国上千万个企业里，有过捐赠记录的不过 10 万家，99％的企业从来没有参与过慈善捐赠；我国人均捐款一度仅为 0.92 元，不足人均 GDP 的 0.012％，志愿服务参与率仅为全国人口的 3％。③

（二）规范层面的福利文化建设

1. 正式福利规范的健全与完善

正式福利规范是由国家和政党（主要是执政党）制定和实施的、调整社会福利关系、规范社会福利行为的各种准则，包括社会福利法规和社会福利政策。正式福利规范具有权威性、公开性和正式性等特点，是福利规范体系中的"主文化"和"大传统"。正式福利规范的完善与否，不仅体现一个国家对社会福利的重视程度，而且反映一个国家社会福利的发展水平。不可否认，新中国成立以来特别是改革开放以来，随着中国社会福利事业的发展和福利制度的改革，

---

① 王开岭：《"西方的'瘦身'与东方的'胖虚'"》，《文史知识》，2003（7）。

② "慈善文化：中国慈善事业的短腿"，http：//auto. sina. com. cn/news/2006-07-19/1821201690. shtml。

③ "中国慈善面临'文化再造'"，http：//www. chinacharity. cn/wzzxnrxsservlet？ zxlx＝grzx&zxxh＝9965。

我国先后制定和实施了一系列的正式福利规范，对中国社会福利制度的健康发展起到了积极的促进作用。毋庸讳言，我国的正式福利规范体系建设还存在不少问题。如社会福利立法工作滞后，至今尚未制定和出台全国统一的《社会福利法》；社会福利法规和政策数量不足，有些方面或环节处于"无法可依"的状态；不同社会福利法规和政策之间存在着冲突和矛盾，正式福利规范体系的耦合性和一体化程度不高；部分正式福利规范滞后，跟不上社会发展的进程和需要；有的福利领域缺乏正式福利规范的调整和监控，处于"失范"状态，等等。因此，在福利规范文化建设中，当务之急的任务就是健全和完善正式福利规范。

健全和完善正式福利规范，一要树立整体观和系统观。要把正式福利规范体系的建设作为一项系统工程对待，纵向角度分为不同层次，横向角度分为不同类型；实现纵向贯通，横向耦合，使之成为一个有机协调的体系。二要加大社会福利立法进度，制定新的社会福利法规，提高社会福利的法制化水平。三要根据实际情况调整现行的正式福利规范，具体方式包括修改、合并、分解、废止、替代、缩减和扩充等。四要提高政府的社会政策能力，及时制定和出台新的社会福利政策。"政策治理"是中国治理文化的显著特点，在"法律治理"条件不成熟的领域，"政策治理"有较大的空间。五要细化正式福利规范的实施细则。正式福利规范具有一般性和普遍性的特征，宏观的福利规范与微观的福利问题之间存在着一系列的转化环节，只有把抽象的福利规范转化为具体的、可操作的实施细则，才能把一般性的福利规范落到实处。六要强化正式福利规范执行的检查与监督。在社会福利制度的运行中，仅有"良法"和"良策"是远远不够的，必须特别关注福利规范的执行过程。通过有效的监督和检查，避免和减少"规则走样""规则变形"的发生，预防各种"对策行为"的出现，提高福利规范执行的效率和质量。

2. 非正式福利规范的继承与创新

非正式福利规范是普通民众在日常福利实践中产生和形成的行为准则，包括调整日常福利行为的风俗习惯、道德准则和宗教规范。非正式福利规范具有民间性、非成文性和灵活性等特点，是福利规范体系中的"亚文化"和"小传统"。非正式福利规范历史悠久，深深扎根于普通民众的日常福利行动中，既为老百姓所熟悉，也为老百姓所认同，是正式福利规范的重要来源。继承与创新传统的非正式福利规范，是福利规范文化建设必不可少的内容。一要深入研究和总结非正式福利规范中的优良传统。在中华民族五千年延绵不断的历史中，积累了许多优秀的非正式福利规范，如中国养老文化中的"敬老"、"尊老"和"养老"习俗，"扶危济困"的世俗伦理，"禁恶行善"的道教伦理，"慈悲为怀"

的佛教伦理等。时至今日，这些非正式的福利规范仍然广泛地渗透于民间百姓之中，并发挥着积极的行为导向功能。二要促进传统非正式福利规范的变革与创新。传统非正式福利规范主要与自然经济和农业社会相适应，在工业社会特别是"风险社会"时代，其中一些非正式福利规范已经不能完全适应时代发展的要求，与正式福利规范之间存在着矛盾甚至冲突，制约着现代社会福利制度的发展和完善。对于这些成分，需要通过正式福利规范去改进它、提升它甚至置换它。

三、中国特色福利文化建设的途径

（一）古为今用

根据唯物辩证法的内外因辩证关系原理，"古为今用"是中国特色福利文化建设的根本途径。每一个民族创造福利文化的条件不完全相同，每个民族的福利文化中都有自己独具的成分，每一个民族的福利文化只有在它"出生和生存"的环境中才能发挥"如鱼得水"的作用。福利文化变迁的历史继承性也表明，在其演进过程中难以摆脱和超越"路径依赖"的制约。在中国特色福利文化建设过程中，只有立足于本民族的福利文化传统源流，才能寻找到自我发展与自我更新的有效途径和方法。在中华民族几千年的发展中，曾经创造和积累了丰富的福利文化资源，需要认真地挖掘、总结、提炼和发扬，这是当代中国特色福利文化建设的捷径。在总结和继承中华民族福利文化传统的过程中，要反对福利文化观上"自我文化中心主义"和"排外主义"。福利文化观上的"自我文化中心主义"与"排外主义"表现形式不同，实质上却"两极相通"。它们都主张本民族的福利文化是最好的福利文化，其他民族的福利文化基本上无价值可言。这是文化心态上的"夜郎自大"是一种典型的"文化封闭主义"，长此以往，必然导致文化封闭和文化停滞。

（二）洋为中用

现代社会福利制度的全球性普及是 20 世纪社会制度建设中最伟大的发展与成就之一。20 世纪初，只有少数几个欧洲国家通过立法建立了以社会保险为核心的社会福利制度。1940 年，建立包含任何一项社会保险项目的社会福利制度的国家有 57 个；1958 年，建立社会福利制度的国家有 80 个；1977 年增加到

129 个，1995 年达到 165 个。① 到 20 世纪末期，世界上已有 172 个国家和地区建立了不同形式、不同程度的社会福利制度。② 现代社会福利制度的全球性普及过程，也是现代社会福利制度在不同国家（社会）、地区之间相互传播、相互影响、相互交流、相互借鉴的过程。这一历史进程表明，在现代社会福利制度日益发展的背后，蕴涵着某些共同的、普遍的规律，这些共性的东西不仅是民族的也可能是全人类的，不仅是地方性的也可能是全球性的，这就需要我们从个性的研究中去总结、发现和借鉴共性的普适法则。福利文化的共同性意味着不同民族的福利文化之间具有一致性或相同性的成分，福利文化在不同民族之间具有共享性。福利文化的共享性是不同民族在建设福利文化时能够相互学习与借鉴的内在基础。因此，在中国特色福利文化建设过程中，需要通过中西福利文化之间的互动与接触，借鉴西方发达国家福利文化中的合理成分，使之融入中华民族的福利文化体系，这是实现中华民族福利文化更新的重要途径。在吸收和借鉴外国福利文化的过程中，要坚决反对福利文化观上的"民族虚无主义"和"媚外主义"。福利文化观上的"民族虚无主义"和"媚外主义"虽然表现形式不同，但实质一致。其根本主张就是否定本民族的福利文化，"羡慕"甚至"崇拜"他民族的福利文化。这两种观点在理论上比较容易驳斥，因为一无是处的福利文化和十全十美的福利文化均不存在，但在实践中却难以根除，值得我们注意和警惕。

（三）学术研究

加强学术研究是中国特色福利文化建设的有效途径。一方面，学术研究能为中国特色福利文化建设提供理论支持。没有理论指导的实践是盲目的实践，建设中国特色福利文化，首先必须解决理论基础问题。目前，福利文化的理论研究还处于起步阶段，许多基础性的理论问题研究不透，学术积累不多，尚未形成系统成熟的基础理论，严重滞后于社会福利实践的现实需要。学术研究是创新理论和发展理论的根本方法，也是突破中国特色福利文化建设的"理论瓶颈"的必由之路。另一方面，学术研究能为福利文化建设提供实践对策。中国特色福利文化建设重在实践，没有扎扎实实的建设行动，中国特色福利文化的形成只能是美好的"空中楼阁"。通过学术研究，能够及时发现建设实践中产生

---

① 郑功成：《社会保障学：理念、制度、实践与思辨》，18 页，北京，商务印书馆，2000。

② 张彦、陈红霞：《社会保障概论》，24 页，南京，南京大学出版社，1999。

的问题，总结建设实践中积累的经验教训，认识和把握建设实践中呈现的规律，提出针对性和可行性的对策建议，保证中国特色福利文化建设取得实效。中国特色福利文化建设中的学术研究，需要重点解决和回答以下问题：福利文化的内涵与外延，福利文化与非福利文化的关系，福利文化在社会文化系统和社会福利体系中的地位与功能；福利文化产生、形成与演变的历史进程，福利文化发挥作用的机制；中国传统福利文化的内容与特征，中国特色福利文化的个性及其体现；跨地区、跨民族的福利文化比较，不同福利文化之间的互动机制与相互借鉴，等等。

（四）宣传教育

中国特色福利文化的形成既是社会福利实践的产物，也是宣传教育的结果。宣传教育是中国特色福利文化建设的重要方法，具有多方面的积极作用。一是普及作用。通过宣传教育，向广大人民群众传播和普及中国特色福利文化，使他们知晓和熟悉中国特色福利文化，拥护和支持中国特色福利文化，为中国特色福利文化建设创造良好的社会心理环境。二是动员作用。中国特色福利文化建设是亿万人民的共同事业，需要广大人民群众的积极参与。通过宣传教育，才能广泛发动群众，充分调动广大人民的建设热情，发挥全体社会成员的聪明才智。三是引导作用。宣传教育具有社会评价的特性，能够提高参与者明辨是非和判断正误的能力，进而引导广大人民群众追求和建设先进的福利文化，识别和抵制落后的福利文化，形成健康向上的社会氛围。四是组织作用。中国特色福利文化建设是有领导、有组织、有计划、有步骤的社会行动，而非"单打独斗"的个人行为。"人心齐，泰山移"，通过宣传教育可以凝聚人心和组织群众，形成中国特色福利文化建设的合力。在宣传教育过程中，要坚持"以人为本"的理念，坚持群众路线，尊重民意，反映民声；高度重视对象的层次性、要求的适当性、内容的具体性、方式的灵活性、渠道的多样性、方法的针对性、需求的多样性以及活动的实效性。

思考题

1. 评述对社会福利进行文化透视的五种观点。
2. 如何理解福利文化的含义？
3. 分析福利文化的特征和功能。
4. 联系实际阐述中国特色福利文化建设的意义。
5. 联系实际分析中国特色福利文化建设的途径。

第十章
社会福利与社区建设

内容提要:

本章着重讨论社会福利与社区建设的关系。从区分社区和社会的概念出发,阐述在现代社会发展中加强社区建设的必要性;在社会现代化过程中,社会福利与社区建设相结合的必然性;社会福利社区化的内涵和意义;并在总结中国特色社区福利发展经验的基础上,概括出几种不同的发展模式。

学习目标:

1. 理解社会福利与社区建设的必然联系
2. 明确"社会福利社区化"的概念及社区福利建设的内容
3. 了解中国特色社区福利发展的经验

从滕尼斯提出"社区"概念（1887）以来的 120 年间，社会福利有了长足的发展，社区也发生了历史性的演变。在这个发展和演变过程中，社会福利和社区越来越紧密地联系在一起，终于形成了"社会福利社区化"的概念，展开了社会福利和社区建设的新画卷。那么，社会福利与社区建设为什么会结合起来，其时代背景或与现代化进程的关联是什么，"社会福利社区化"对于现代文明的发展具有何种意义？本章拟通过讨论社会福利与"回归社区"的必要性、与社区服务的开展以及形成的社区福利的不同模式，尝试回答上述问题。

第一节　社会福利与"回归社区"

社会福利与社区建设的内在关联，既有理论上的，也有实践上的。追溯这些联系，可以更深入地理解社区建设的重要性和社会福利的发展道路。

一、社会福利与社区建设的内在联系

（一）社会福利与社区建设紧密联系是中国社会转型的必然要求

改革开放前，中国社会管理体制的最大特点是与"行政制"紧密结合、什么都管的"单位制"，那时的职工福利是"单位福利"，生老病死、交通住房等，统统由单位负责。即使有所谓的"社区"，也大都是"家属区"、"宿舍区"，是由"行政单位"管理的。

改革开放后，原有的单位逐步转变为功能单一的利益主体，企业就是企业，学校就是学校，机关就是机关，不再承担更多的社会事务，企业和事业单位剥离了办社会的职能，越来越多的社会成员也从对本单位有极强依赖性的"单位人"变成自主性越来越强的"社会人"、"社区人"。由此，社会成员对社区的依赖程度也日益加深，社区的地位和功能日益增强。于是，社区开始积极地回应社区成员的需求，包括福利需求，原来由"单位"承担的福利职能也向社区转移，例如，社区提供就业服务、退休职工养老金的社会化发放、困难补助、低保户的申请、甄别以及生活保障金的发放，等等，这就推动了政府的公共服务转化为主要由社区及其成员和组织提供的社会服务。

（二）社会福利与社区建设紧密联系是现代文明发展的必然结果

任何社会进步所带来的社会影响都具有两面性，作为现代文明的两个主要趋势的工业化和城市化，在给人们的社会生活带来大量的积极变化的同时，其负面影响也是巨大的。

从空间特点看，现代城市虽然人口集中，但居住格局单元化、封闭化，居住稠密而关系疏远，不像传统社区的邻里间、家族内的交往那么密切。楼上楼下、左邻右舍，相邻多年，互不相识，在城市是司空见惯的。这种空间特性导致人际关系陌生化、孤立化，居住在同一区域的人们缺乏共同体意识。

从人员构成看，城市居民来自四面八方，他们之间大多缺乏血缘关系，即使具有血缘联系的人也不一定居住在同一地区。城市居民的异质性，使他们感到生活在"陌生人的世界"。这些陌生人不知从何而来，为何而去，人与人之间产生疏离感，很难形成传统意义的"社区"那种亲密无间、同质性的社会生活共同体。

从人际交往特点看，城市人以快节奏从事自己的活动，总是来去匆匆，相互之间形同路人，加之人们参与社会生活的范围扩大，所以，一般说来，城市居民在人际交往中情感色彩比较淡薄，照章办事、人走茶凉、就事论事的交往方式比较普遍。

总之，现代文明在给人们带来活动和交往的自由空间的同时，也使"共同体"关系日趋衰微，守望相助的"熟人社会"被个人日常生活孤立化的城市生活方式所取代。现代社会逐步丧失了传统社区所蕴涵的某些有价值的东西，导致了社区精神的失落。[①]

社区建设是要将特定区域内的社会成员、社会力量动员和凝聚起来，重塑共同体意识，消除人们之间的陌生感，增强亲近感，唤起共同的社会责任感，大家都关心和参与社区公共事务，维护和实现社区的共同利益，更好地解决社区存在的问题，保障社区生活和秩序的正常运行。

二、逆滕尼斯过程：从社会到社区

（一）从社区到社会

滕尼斯把社区和社会区别开来，认为它们是人类社会的两种类型，也是社会发展的两个阶段。其中，"社区"是指在一定地域内生活并具有成员归属感的人群所组成的生活共同体。社区成员一般具有共同习俗和价值观念，同质性较强，而且关系密切、互动频繁。与社区相对应的社会则是由具有不同习俗和价

---

① 陈正良、戴志伟、龚桐主编：《人文社区——构筑和谐社会的基石》，8页，宁波出版社，2005。

值观念的人们组成，彼此有分工、异质性较强，一般靠契约维持关系。

从传统社区到现代社会的演进，是一种必然的历史趋势。现代城市社会是现代文明的标志，与工业化相伴随的专业分工，市场制度带来的理性计较，必然导致人际关系的疏远；社会流动加快，必然造成传统联系的减弱甚至瓦解。于是，"熟人社会"渐渐消退，"陌生人世界"日益形成。充满人情味的传统社区也就被冷漠的、理性化的城市社会所取代。

滕尼斯首先在概念上区分了"社区"和"社会"，并且用这两个概念描述了西方工业化、城市化、理性化的历史过程，所以，我们把从社区到社会的演进称为"滕尼斯过程"。而他对这一过程的思考和怀疑，也对我们反思这一历史过程提供了启发。

（二）从社会回归社区

在现代化发展过程中，随着工业化、城市化、理性化对社会生活的负面影响日益显现，人们开始不断地思考和探索重建"社区"的可能性，这不是情感上的"怀旧"，也不是对现代化的简单否定，而是一种自觉的、更为理性的反思。这时的"社区"也不仅是一个用于描述和分析的概念，而是一种社会实践，并且，就其具有明确的目的性、鲜明的组织性、广泛的动员性等特点而言，也可以说是一种社会运动。这并不是要返回到前现代的社会阶段，而是要复兴传统"社区"那种亲和的人际关系、温馨的社会环境和良好的社会秩序，寻求和形成更有利于提高居民生活品质、实现人的全面发展的现代社会结构。这就是组织现代社会生活的一条"回归社区"的道路。

20 世纪二、三十年代，欧美国家就提出了"社区重建"的口号，出现过"睦邻运动"、"社区组织运动"等，培养社区居民的自治精神和互助精神，动员他们参与改造社区生活的活动。1951 年联合国经济社会理事会通过 390D 号议案，计划建立社区福利中心，推动全球经济、社会的发展。[1]

20 世纪中叶以来，复兴社区、回归社区逐渐形成了一股世界性的潮流。国外的社区发展，最初的启动是从慈善、救济等社会福利开始，通过开展社区互助、社区照顾等活动，增强社区的凝聚力。在此基础上，社区建设已经向社区的经济、社会、教育、生活全面参与的方向发展，社区发展的目标包括了政治、

---

① 陈正良、戴志伟、龚桐主编：《人文社区——构筑和谐社会的基石》，11 页。

经济、社会、文化各方面的改善。[①]

重建社区，主要目的在于解决工业化、城市化所带来的社会问题，但它又是在肯定工业化、城市化的积极成果的基础上进行的，毋宁说，社区建设是现代社会建设的新形式、新途径。在这个意义上说，所谓"从社会回归社区"是经由社区发展来推动社会发展。从发展理念上说，这是现代化的更符合人类本性和需求的新阶段。所以，从传统社区到现代社会符合社会前进的方向，从社会回归社区也是社会前进的方向，是社会发展的必然。

社区是人们日常生活中直接接触的社会环境，通过加强社区建设，可以使它成为增进社会福利的良好载体。完善的社区机制、良好的社区设施是解决与工业化、城市化相伴随的社会问题的重要条件。把社区建设成为更有人情味的生活共同体，能够削弱现代社会对人的异化，克服人们之间的冷漠和疏离，使人们获得幸福感、安全感和归属感。在这个意义上，回归社区，也是关于社会发展的价值观念的提升。

社会发展不是片面地而是整体地推进的，一方面的发展总会以另一方面的不同的仿佛是反向的发展作为补充。如工业化、城市化既瓦解了传统社区，又要求在新的意义上回归社区一样，经济全球化既冲破了地区性的交往屏障，扩大了各种资源的流动范围，但奇怪的是，它也成为推动社区重建的新动力。吉登斯认为："全球化进程的推进使得'以社区为重点'不仅成为可能，而且变得非常必要，这是因为这一进程产生的向下的压力。'社区'不仅意味着重新找回已经失去的地方团结形式，它还是一种促进街道、城镇和更大范围的地方区域的社会和物质复苏的可行办法。"[②]

第二节　社会福利与社区服务

社区是最贴近社会成员的基层组织，社区服务因其具有便捷性、有效性和亲近感，而成为社会福利的主要内容和主要载体。如果说，社会建设主要是通过加强管理来实现的，那么，社区建设主要是通过提供服务来实现的，社区服务是社区建设的基石。

---

① 黎熙元、童晓频、蒋廉雄：《社区建设——理念、实践与模式比较》，70 页，北京，商务印书馆，2006。

② 安东尼·吉登斯：《第三条道路：社会民主主义的复兴》，83 页。

一、社会福利社区化

为了适应改革开放和社会转型的需要，20 世纪 80 年代中期以来，我国民政部门一直推动社区服务（包括无偿的福利服务、低偿的便民利民服务和有偿服务），社区功能逐渐由管理型向服务型转变，服务主体也由单一的行政化和半行政化机构向多样化的基层组织转变。

20 世纪 90 年代中期，我国加快经济体制改革，国有企业建立现代企业制度、集体企业也进行产权制度的改造，原由企业兴办的社会事业，如学校、医院、服务性事业单位等与企业脱离，一大批职工回到社区，退休职工的福利保障也随之推向社会，大量服务性工作改由社区承担，于是，社区提供服务包括福利服务的功能得到强化。另一方面，由于社会流动加大，传统的家庭保障功能逐渐弱化，也将福利服务的责任越来越多地转移给社区。这样，社区自然成为社会福利的重要载体，社会福利就被社区化了。

2000 年，中共中央办公厅、国务院办公厅联合转发了《民政部关于在全国推进城市社区建设的意见》，将社区服务作为社区建设的主要组成部分而加以推展。进入 21 世纪以来，我国经济发展驶入快车道，社会流动性加大，流动人口激增；与此同时，我国进入老龄化社会，社区管理和社区服务任务加重。在新形势下，各地进一步加大对社区服务的支持力度，社会福利社区化保持着强劲发展的势头。

社会福利社区化并不是我国特定时期的特殊现象，它在国际上是普遍的潮流，发达国家或地区在这方面起步较早，已经取得了可观的成绩。国外的事实也已证明，社区建设可以带动社会福利的发展。美国前总统克林顿在 1998 年的一次关于社区发展授权的招待会上，曾高度评价社区建设对社会福利以及对改善社会状况的促进作用："在不到 6 年的时间里，我们创造了 1600 万个工作岗位，是 28 年中失业率最低的时期，是 25 年中犯罪率最低的时期，是 29 年中我们的人民依赖福利百分比最低的时期，是在 29 年中第一次平衡预算并有赢余的时期，是多年来通货膨胀最低的时期，是历史上家庭所有制身份最高的时期，几百万人利用家庭许可法，获得了他们以前不能取得的养老金。"[①]

从国内外的经验看，尽管社会福利社区化的内容有所不同，具体做法也有不小差别，但对社会福利社区化概念的理解还是基本一致的。社会福利社区化是指以社区为平台的社会福利实施与服务，它是社会福利体系与社区功能相结

---

① 转引自夏学銮：《社区发展的理念探讨》，《北京行政学院学报》，2001（4）。

合的一种福利提供模式；也是把社会福利落实到社区基层，并由社区内各方力量共同参与、共同建设社区社会福利的过程。[1]

二、社区服务的含义和性质

社区的一切工作都应当着眼于提高居民的生活质量，因而社区建设的主要内容是开展社区服务，社区服务则是以增进社区福利为目标。在我国不同时期，不同情境下，关于社区服务的称谓有很多，"社会服务"、"社区福利服务"、"社区照顾"、"社区照顾服务"、"社区公共服务"，等等。尽管这些称谓的含义有所区别，本节为简明起见，统称为"社区服务"。

社区服务的范围有宽狭之分。从服务对象来说，狭义的社区服务对象仅指社会中的弱者，如老人、儿童、残疾人、病人、贫困者、优抚对象等；广义的对象指社区中的所有居民。从服务内容来说，狭义的社区服务仅包括满足服务对象的基本生活需求，如老年照顾、医疗福利、儿童照看、生活补助等，广义的服务内容包括为提高社区居民的生活品质而提供的所有服务，如安全服务、教育服务、便民服务等；从服务性质来说，狭义的社区服务仅指由国家和社会提供的无偿和低偿服务，不包括有偿服务，广义的社区服务既然是指由国家和社会旨在提高居民生活品质而提供的服务，那就可以包括有偿服务，至少是相当一部分有偿服务，例如某些便民服务、休闲服务、健身服务、娱乐服务，尽管服务本身是有偿的，但国家和社会提供这些服务仍然具有某种程度的福利性。

社区服务范围之所以有宽狭之分，与人们对社会福利有不同的理解密切相关。在以上服务对象、服务内容和服务性质三个方面，狭义的理解对应的是"小福利"概念，这是民政系统长期以来使用的概念，也为社会大众所熟悉，因而，它们作为社区服务的重要内容是没有疑义的。对以上三个方面的广义的理解，是最近才在社区服务实践中不断扩展的，各地因时、因事、因具体条件的不同，做法上也很不一样，因此，在概念的理解上出现差别，也是很自然的过程。

第一种意见认为，社区服务只具有福利性和公益性。它主要面向社区中的弱势群体成员及其家庭，也包括面向全体居民的公益性服务活动。一般为无偿或低偿提供。这种意见的一大特点，是坚持福利性应当是社区服务的基本宗旨，并且将福利性与营利性决然区分开来。按照这种理解，社区服务首先以维护、确保社会弱势群体如老年人、残疾人及其他特殊群体的基本生活为出发点和归

---

[1]　周沛：《社会福利体系研究》，246～247 页，中国劳动社会保障出版社，2007。

宿，这是它的福利特性最明显的体现。同时随着国家和社会支持力度的不断加大，社区服务的对象也在日益扩大，直至将社区全体居民包括于其中。这方面的社区服务包括面向全体社区居民的便民利民的生活服务、文化娱乐服务、卫生保健服务、环境保洁服务等。这些服务以提高全体居民的生活质量、增强社区凝聚力和整合度为目标，是社会工作所追求的更高一个层次的目标。①

李迎生具体归纳了社区服务与商业性或市场化服务的区别："其一，社区服务主要面向社会弱势群体成员；而商业性服务面向全体居民，主要为非弱势群体成员，因为只有他们才能实际购买商业性服务。其二，社区服务运作的主体主要为政府、社区组织、各种非营利机构及居民等；而商业性服务的运作主体是各种营利组织（企业）等。其三，社区服务不以营利为目的，所追求的是社会效益；商业性服务则以营利为目的，追求利润的最大化。其四，社区服务采用福利性服务与市场机制相结合的运行方式，即便是有偿服务，也是收费低廉的，不实行等价交换原则；商业性服务采取市场化方式运作，实行等价交换原则。"②

第二种意见强调社区服务产业化。而且认为社区服务产业化是社区服务发展的必由之路。社区服务产业化主要包括以下几个方面的内容：一是社区服务多元化。传统的社区服务是政府部门办的，不是针对全部社区居民的，而是针对少数社区居民的，社区服务主体只有多元化，才能促使社区服务业的全面繁荣。二是社区服务市场化。狭义的社区服务往往带有福利性质，广义的社区服务必须引入市场机制，大多数社区服务可以是经营性的。三是社区服务规模化。社区服务规模化可以促进专业分工，进一步拓展社区服务的内容；社区服务规模化可以进一步降低服务成本和服务价格，从而扩大社区服务的需求。③

事实上，社区服务产业化是 20 世纪 90 年代到 21 世纪初一度盛行的提法。1992 年，中央《关于加快发展第三产业的决定》提出，大部分福利型、公益型和事业型第三产业单位要逐步向经营型转变；1993 年年底，民政部等部委颁发了《关于加快发展社区服务业的意见》，推动社区服务从单纯的福利型服务向福利型服务与有偿性服务相结合转变。在此期间，一些城市社区兴办"社区经

① 李迎生：《坚持福利性的基本宗旨推进城市社区服务》，《社区福利服务新取向》（2008 年两岸社会福利学术研讨会文集），225 页。参见江立华、沈洁：《中国城市社区福利》，社会科学文献出版社，2008。
② 李迎生：《坚持福利性的基本宗旨推进城市社区服务》，225 页。
③ 杨宜勇：《社区就业：中国城市就业新的增长点》，《宏观经济研究》2001（5）。

济",商业性市场性服务有所发展,而福利性服务却有所萎缩。可见,社区服务产业化的实践背景是经济体制的市场化改革,经济可以市场化,社区服务,公共教育、卫生医疗等公益性事业是否也可以产业化,引入市场机制?福利性事业引入市场机制是否会解决可持续性的困难?与社区服务产业化同时,也提出并实行了教育产业化、"医院创收"、"以药养医"等。到 2003 年的"非典型性肺炎"流行引发的社会危机,激起全社会的反思,"上学难上学贵"、"看病难看病贵"成为社会不满和热议的焦点。党中央及时提出科学发展观和建设社会主义和谐社会,为正确认识政府与市场的关系,处理福利性、公益性、商业性和市场性的关系,推动社会福利、社会保障以及所有公益性事业的更好更健康的发展指明了方向。上述第一种意见,就是在反思社区服务产业化的背景下形成的,在一定程度上是对"产业化"、"市场化"以前的社区服务福利性基本认识的回归,当然是在反思基础上的回归,因而有了新的理解;下面第三种意见则是另一种反思性的认识。

第三种意见认为社区服务包括三个层次:福利性服务、公益性服务和微利性服务。福利性服务主要是以满足服务对象的基本生活需求为目的的服务,其对象是老年人、残疾人、孤残儿童、优抚对象等传统社会福利对象;公益性服务是以改善全体社区居民的生活环境和生活质量为目的的服务,主要指社区内的道路、绿化、环卫、社区治安建设等社区公共物品建设和服务;微利性服务是以提高社区居民生活质量和筹集福利社区化资金为目的的服务,服务对象主要是有经济支付能力的社区居民。① 这种意见将微利性服务包括在内,微利也是营利,并不是一般的"有偿"。在服务主体上并不排除企业,在服务性质上也不绝对排除营利性(市场性),只是限定要"以提高社区居民生活质量和筹集福利社区化资金为目的"。

在总结实践经验,进行理论反思的基础上,学术界和实际工作部门对社区服务的含义和性质取得了许多共识:

1. 就服务对象而言,首先要面向各类困难群体和优抚对象开展福利服务;同时要面向社区所有居民,满足多方面、多层次的生活需要。

2. 就服务理念而言,要强调以人为本,重视民生,把不断满足社区成员的物质文化需求作为出发点和归宿,尤其要把解决困难人群的基本生活需求作为社区服务的首要任务。

3. 就服务内容而言,要包含涉及民生的所有方面,凡是社区居民生活需要

---

① 周沛:《社会福利体系研究》,246~247 页,中国劳动社会保障出版社,2007。

的，都要尽可能地提供服务。如，面向失业人员、毕业学生和流动人员等开展就业再就业和社会保障服务；面向老人、病人、儿童、残疾人等开展社区照顾等福利性、公益性服务；面向青少年和所有社区成员开展多层次、多类型的教育服务；面向普通居民开展便民生活服务；面向社区内的企事业单位和机关团体开展"后勤保障"服务；为所有社区成员提供安全服务、健康服务、文化娱乐服务、环境维护服务等。

4. 就服务性质而言，首先要强调和提供保障和改善民生的福利型服务和公益性服务，同时，面向不同收入水平的社区成员可以力所能及地提供非福利的经营性服务。区别不同服务对象、不同服务内容，采取无偿、低偿和有偿服务等多种形式。政府提供的公共服务要坚持福利性和公益性；社会组织提供的多方面的社区服务也要尽可能地突出福利性和公益性，而以商业性、市场性经营服务为补充，把市场机制作为开展社区服务的工具，在有利于满足民生需要、提高居民生活质量的前提下，开展营利性经营活动；在服务项目的选择上，把福利、微利和经营性服务结合起来，以利于增强社区服务的可持续性，增强社区服务的丰富性，增强社区居民的满意度，增强社区居民的共同体意识。

5. 就服务方式而言，要大力提倡志愿服务、邻里互助服务，动员社区成员积极参与；鼓励所有社区成员关心社区、爱护社区、做社区的主人；同时强调和落实政府责任，发挥政府的主导作用，增加政府对社区服务的投入，兴办基础性、示范性的社区福利服务设施和服务项目，资助社会力量兴办社区福利事业。[①]

总之，社会福利社区化要求以社区内的所有居民为服务对象，但要首先满足弱势人士的基本生活需要；以满足居民的生活需要，提高居民生活质量为目的；以提供福利型、公益型服务为重点。在此前提下，只要是以社区为平台，以社区居民为主要服务对象，不论是由政府、社会还是由家庭和个人提供的，不论是无偿、低偿还是有偿的服务，都属于社区服务的范围。

三、社区服务的主要内容

社区服务的内容十分丰富，人民群众的需求十分迫切，而且要求越来越高，因而，社区服务的发展前景是十分广阔的。在不同时期、不同发展阶段，不同社区针对不同服务对象，服务内容自然有所不同。

---

① 郑杭生：《破解在陌生人世界中建设和谐社区的难题——从社会学视角看社区建设的一些基本问题》，《学习与探索》，2008（7）。

这里，只简单介绍几种当前比较主要的社区服务内容。

（一）社区就业服务

为弱势群体创造更多就业机会，提供比较满意的工作岗位，是社会福利的重要内容，是最有利于发挥社会成员的能力，使之最体面地获得福利的好方式。对社会而言，也是提高福利支出的社会效益的好方法。因此，国外提出了"工作福利"的概念，即对有工作能力的福利服务对象而言，要以参加工作亦即就业作为获得福利服务的前提或条件。而社区就业是克服贫困、消除社会排斥的一个主要途径。20世纪70年代以来，欧美国家为了缓解就业压力，促进经济发展，特别是为了给弱势群体创造就业机会，以利于降低社会排斥，实现社会团结，开始重视社区就业与社会福利的关系，重新"发现"和"回归"社区，大力促进社区就业服务。

社区就业服务是政府、企业、社区和福利组织在社区层面为在市场上难以获得就业机会的弱势群体提供的就业机会与就业支持服务。这里的弱势群体是指那些在劳动市场和社会生活中处于不利地位和处境的群体，例如失业者、青年和老年求职者、有劳动能力的残疾人、妇女、移民和少数民族等。

在我国，随着20世纪90年代国有企业和集体企业改革的深入，数千万职工下岗，进入社区，迫切需要再就业，政府的一部分就业服务职能也进入或转移给社区，社区发挥贴近服务对象、信息沟通方便灵活的优势，在就业服务中发挥了独特的作用，许多城市迅速建立了社区就业服务站，杭州等城市建立并完善了三级或四级就业服务网络，社区就业成为重要的平台。

社区就业存在着巨大的发展潜力，通过发展社区服务业促进就业应该成为就业和再就业工作的重点。由于人口老龄化、生活现代化、家庭小型化、住房单元化等一系列的社会变化，以及社会流动性加剧等因素的影响，社区服务需要量激增，社区服务中的临时性和非固定性的工作岗位日益增多。发达国家的社区就业份额为20％～30％，发展中国家的社区就业份额为12％～18％，而我国在2001年只有3.9％。[1]据一项调查显示，全国大城市有77.6％的家庭需要社区服务，而目前居民这类需求的满足率只有26.1％。[2] 与此同时，大批的失业人员、新增劳动力、毕业学生迫切需要就业机会。鼓励和支持他们通过参加社区服务实现就业，改变"有活没人干，有人没活干"的状况，就具有了加快社

---

① 杨宜勇：《社区就业：中国城市就业新的增长点》，《宏观经济研究》2001（5）。

② 左焕琛：《关于大力促进和发展社区就业的建议》，中国网，2003-03-06。

区建设和实现再就业的双重功效。上海市下岗职工再就业工作起步较早，全市累计有 139 万下岗职工，通过再就业工程已经使 100 多万人重新就业，其中通过社区服务解决再就业近 30 万人次①。大量成功经验证明，社区就业是目前最具有活力的就业增长点，对促进我国经济社会发展，实现社会的稳定和进步都有着十分积极的意义。因此，社区就业并非一时之需，应急之策，而是一种前景良好的产业，也是意义重大的社会建设事业。从社会长远发展看，社区服务业将是一项支柱产业，随着人民群众需求范围的扩展和需求水平的提高，应该积极发展社区服务，促进社区就业，全面提升社区服务业在经济和社会发展中的地位和作用。

社区就业的目的是服务社区，根据服务对象或内容的不同，社区就业岗位一般可分为四大类：一是面向老年人、儿童、残疾人、贫困家庭、优抚对象等的社会支持性和福利提供型服务；二是公益性服务类，与面向少数人的高消费类服务相区别，公益性服务具有为大众服务，使大众受益的特点，属于非营利性，社区建设和管理的许多内容都属于这一类，当前要结合对退休人员实行社会化管理的需要，开发健身、娱乐以及老年生活照料等工作岗位，结合社区组织建设、公共管理和公益性服务的需要，大力开发社区治安、市场管理、环境管理等社区工作岗位，特别是开发社区保洁、保安、保绿、车辆看管等社区公益性就业岗位；三是便民利民服务类。社区以居民为主体，凡是与居民吃、穿、住、行、娱乐、健身等方面有关的服务，都可以为居民提供便利，当前要大力开发托幼托老、配送快递、修理维护等便民利民服务岗位，特别是面对居民家庭和个人的家政服务岗位；四是后勤保障服务类。除社区居民外，驻在社区内的各类单位所需要的服务也是多种多样的，随着国有企业逐渐剥离社会职能、机关事业单位和高校后勤保障社会化等改革步伐的加快，后勤保障类的服务需求将会大幅度增加，需要大力开发物业管理、卫生保洁、商品递送等社会化服务岗位。②

社区就业服务组织是劳动者自发或者自愿组成的。上海市把它分为两类：一类是有能力的个人或多人组织起来从事非正规就业的，叫非正规劳动组织；

①　中国劳动咨询网：《上海市社区就业服务体系及政策》，http://www.51labour.com/labour-law/show-4501.html。

②　劳动和社会保障部、国家发展计划委员会、国家经济贸易委员会、财政部、民政部、建设部、中国人民银行、国家工商总局、国家税务总局："关于推动社区就业工作的若干意见"（劳社部发〔2001〕7 号，2001 年 5 月 8 日）。

另一类是由政府资助、具有托底性质的生产自救机构，叫公益性劳动组织，主要为再就业竞争中的弱者提供就业岗位①。社区就业服务一般是由政府统筹安排，劳动部门牵头，社会各方支持的一种新的就业促进形式。政府要促进社区服务就业组织的建立，实行优惠政策和规范管理。要运用市场机制，推动建立各种社区就业组织，通过组织的建立促进就业，尽可能地降低社区服务组织注册的门槛，简化手续，提供优惠。同时要加强管理，减少社区就业组织的非正规性和临时性。

（二）社区照顾

社区照顾是社区服务的最主要内容，它最能体现社区服务的福利性和公益性。社区照顾最早于20世纪50年代兴起于英国，是指在政府的推动和支持下，动员社会资源，使社会弱势人群（主要是指老弱病残者及儿童）能在自己生活和熟悉的社区内获得各种照顾和支持。在这里，照顾与支持包括了行动照顾、物质支援、心理支持和社会关怀等不同层面的含义。仅就老年人照顾而言，英国社区照顾已成为区别于传统养老的一种新型模式。在社区内对老年人提供服务和供养，使他们在自己的家或"像家似的"环境中得到帮助。

社区照顾包含"社区内的照顾"和"社区性的照顾"。"社区内的照顾"是在社区内由专业工作人员进行的照顾。如利用社区中的服务设施，对孤老及生活不能自理的老年人进行开放式的院舍照顾。"社区性的照顾"就是由家人、朋友、邻居及社区志愿者提供的照顾。如为有各种需要的老年人提供家庭服务，这样，老年人便不用脱离他们所熟悉的社区，继续过习惯的生活。

社区照顾与传统的家庭养老和集中院舍养老相比，具有很大的优越性，它把传统的家庭养老和集中院舍养老的优点结合起来，既便于体现对老年人心理和情感上的关怀，又能够提高老年人的生活质量，是一种深受老年人欢迎的新型养老模式。

社区照顾是社区服务中的日常工作，也是最基本的社会福利项目。它是从以人为本的观念出发的，基本理念是丧失能力的人有权获得援助，有权过上有尊严的生活。在社区层面开展社会服务，有利于节省资源，有利于增进社区成员的互助互爱关系。动员和组织社会成员参与社区照顾，让受助人感受到人间温暖，从而感觉到自己仍是社会的一员，仍有社会成员的自尊，可以同时激发

---

① 中国劳动咨询网：《上海市社区就业服务体系及政策》，http://www.51labour.com/labour-law/show-4501.html。

施助和受助双方的社会责任，有利于促进社区和谐。

社区照顾的参与者是全体社会成员，包括政府工作人员、专业人士和受助者的亲人等，其中最主要的是志愿者队伍。而老年人既是受助对象，也可能是施助者、志愿者。一个社会如果把老年人同社会中的大多数人隔离开来，那么它就不是一个包容性的社会。老年不应当被看成是一个只享受权利而不承担责任的阶段。随着社会的发展和进步，"老年期"已经变得越来越长；老年人在总人口中所占比例越来越大，因此老年人也越来越成为社会中的一股不可忽视的力量；老年人越来越多地参与工作和社区活动，这使得他们有更多的机会与年轻人建立联系。① 现在，很多人担心老龄化社会，把老年人纯粹视为社会的负担，其实，老年人也是社会的资源、社会的财富，既然能够高寿，至少其中一部分老年人也有承担社会责任的能力。老年人参与社区照顾，低龄的照顾高龄的、身体好的照顾身体差的、心情好的劝慰心情不好的，不论对于施助者还是受助者，效果都很好。广州市逢源街道的经验就是生动的证明，这些经验同时也证明社区照顾在中国是有灿烂的发展前景的。

（三）社区教育

社区是生活场所，也应该是教育场所，要把生活与教育结合起来，实现大众化的生活化的普遍教育，使社区教育成为提高全民族素质、形成高素质的人力资源的重要途径。提高全民族素质，让每一个人都有机会提高自己、发展自己，这是一个持续的、终身的学习和教育过程，必须把正规教育与非正规教育衔接起来，把工作的、职业的培训与社区教育结合起来。社区具有最方便的条件，可以随时随地开展或接受教育，这是社区的独特优势。教育要普及、高等教育要实现大众化，必须大力发展社区教育，使教育生活化，生活教育化。

美国、加拿大、澳大利亚等国是世界社区教育最发达的国家。在 2001～2002 学年，美国共有社区学院 1151 所，在校学生 1040 万人，其中，540 万为学历教育的学生，500 万为非学历教育的学生；63％为部分时间制学生，37％为全日制学生。美国大学生的 44％是在社区学院学习的。② 美国、加拿大的社区学院提供高中后非大学本科教育和各种形式、各种领域的培训。社区学院不仅承担学历教育、职业教育、继续教育，同时发挥社区服务功能；社区学院可以为本社区的政治、经济、文化发展提供各种服务，例如，开展科普活动、举

---

① 安东尼·吉登斯：《第三条道路：社会民主主义的复兴》，125 页。

② 杨进：《美国加拿大社区教育与社区学院印象》，《职教论坛》（南昌），2003（4）。

办文体活动、进行咨询论证、召开各类会议等，从而成为本社区的文化教育活动中心。

社区学院向社区居民提供具有开放性和公平性的高等教育机会，它不分贫富、财产状况及学历程度，敞开大门，为一切有志向的学习者提供收费低、学制短、灵活实用的学习条件。社区学院设在社区内，相当一批学生不用住校，可节省吃、住方面的费用。学院所需经费，大部分由政府财政拨付，政府对社区学院支持的力度明显大于对大学的支持力度，所以，向学生收取的学费、杂费一般低于对学生的培养成本。学院课时安排一般较灵活，双休日、假期、晚上都可适当安排一些课程，方便了一部分在职学员。社区学院可以开设相当于普通大学一、二年级的某些课程，也可以开设各种短训性质的或文化娱乐性质的、面向青壮年甚至老年人的各种培训、补习、研修课程等。学生毕业后可转入大学，继续学习大学三、四年级及以上课程，也可以就业。社区教育不但为企业培养了所需要的人才，而且打破了经济与社会障碍，使所有居民都有满足其学习需要的机会。[①]

澳大利亚政府积极支持社区教育，鼓励所有离开学校的人员参加一项培训课程，帮助他们尽快就业。目前提供社区教育的主要机构包括技术及继续教育学院、高等教育机构、省属各种教育委员会、社区组织、图书馆、博物馆等。目前澳大利亚的社区教育影响面很宽，每 10 个成年人就有 6 人参加过社区教育[②]。

我国社区教育是从 20 世纪 80 年代中期兴起的。社区教育从作为学校教育的延伸，逐步拓展为以提高社区全体成员的素质和生活质量为宗旨的全民教育。进入 21 世纪以来，建设学习型城市、学习型组织、学习型社区、学习型家庭的活动，已在我国特别是一些发达地区广泛兴起。截至 2008 年，全国已经确定了四批社区教育实验区，在把社区教育与学校教育相结合、正规教育与非正规教育相结合、专职和兼职教育工作队伍相结合、打造覆盖全民的终身教育体系等方面创造了许多适合中国国情的好经验。各地还探索建立社区教育的经费保障机制，采取"政府投入、部门分担、社会捐助、受教育者支付"等办法，多渠道筹措社区教育经费，并且成立专户或专账，专款专用。一些先进地区把社区教育推广到农村，建设农民教育培训平台。一些地区的村、居委会建立了社区学校分校，对广大农民开展技术技能、文化、法律、政治思想和道德教育。

---

① 黎熙元、童晓频、蒋廉雄：《社区建设——理念、实践与模式比较》，50～51 页。

② 管正：《简谈澳大利亚的社区教育》，《首都师范大学学报》，1999 年增刊。

尽管我国社区教育还处于起步阶段，但已经展现出非常广阔的发展空间，它对于我国从人口大国变成人才大国必将起到难以估量的作用。

（四）社区安全

为居民提供安全的生活环境，是社区服务的重要内容。和谐社区建设，首先是解决社区安全问题。目前，大量社会矛盾沉淀在社区，集中在社区，如果一个社区一边是富豪、一边是穷汉，在这样的社区，违法犯罪都相对严重。我国当前正处在矛盾凸显的时期，社会治安也就最困难、最艰巨。最近几年，全国各地大力开展的"平安社区"建设，取得了明显的成效。

流动人口犯罪，是社会治安的一个突出问题，在加强流动人口管理方面社区可以发挥重要作用。各地社区普遍建立了流动人口信息化管理平台，及时掌握和交流流动人口的基本情况和动态信息，同时加强对流动人口的各项服务，帮助他们了解政策法规、熟悉城市环境，增强融入社会的能力；开展对出租屋分类管理，各地创造了"以房管人"的新经验，大部分社区在推行以来，刑事案件明显下降，居民安全感普遍提高。

由于当前普遍存在工作单位和生活社区相脱节的情况，城市主要社会成员（职业群体）的主要社会活动不在城市社区之中，这就给社区管理带来许多难题。社区本应该是生活共同体，但社区成员却互不往来、实际上使社区成了"陌生人世界"。社区成员对社区安全只有需求，不尽责任。因此，在社区安全治理方面，必须加强宣传教育，使广大居民增强社会治安主人翁意识，自觉投身社区安全防范。社区组织居民因地制宜开展各种形式的治安防范活动，不断实现社区安全的自我防范和自我监督，许多社区由志愿者组成了义务巡逻队，社区还设立了治安网络公示栏，将各楼座的治安责任人和租房户情况一一明示，从而形成居民共同维护平安又共同享受平安环境的局面。[①]

为了创建"发案少、秩序好、社会稳定、群众满意"的安全社区，大连等城市实现巡警、刑警、外勤民警"三警联勤"，并且积极探索警民联动、警民互助的社区治安防控网络。民警在社区走访中了解到，许多居民都对本区曾发生过哪些案件、应该采取什么防范措施十分关注，他们希望警方能以适当方式做出预警或提醒。大连市实行"治安预报"以后，抢劫、诈骗、盗窃案等可防性案件大幅下降，群众根据"预报"提示及时发现线索并进行举报，从而为公安

---

① 戴谦、王人栋：《创新治安网络推进安全自治 李沧夯实社区平安工程基石》，《青岛日报》，2004-11-23。

机关破获案件提供很大帮助。①

第三节　社区福利发展模式

社区福利的发展必然受到当时当地具体条件的制约，因而最具有"本土化"的特点。在中国社区福利的发展过程中，各地依据实际情况创造了不同的模式。判断和评价不同模式的标准应该看它能否满足社区群众的福利需求。我们侧重从促进社区福利发展的主体和方式的角度，总结出几种有中国特色的模式。同时，由于社会福利建设是最贴近生活、贴近基层、贴近群众的具体实践，因此，我们对所谓"模式"的总结也要依据具体的范例。

一、山东：党建带动模式②

总的说来，社区建设的中国特色主要体现在党委领导、政府负责、社会协同、公众参与的格局中，这符合中国的实际，实践效果也是好的。社区基层党组织是最成熟、最有力量的社会组织，它以为人民服务为宗旨，自然在社区福利建设中处于核心地位。基层共产党员就生活在群众中，参与社区福利事业，为社区居民排忧解难，既是党员应尽的责任，又是群众的要求。所以，以加强基层党组织建设带动社区建设是顺理成章的。在学术上，曾经讨论基层党组织建设与社区建设是什么关系；从各地的经验看，党建带动社区建设的效果是肯定的。山东省的实践就是很好的证明。

山东省是全国最早开展社区建设的省份之一，工作基础较好，基层党的建设基础也好，在以基层党的建设带动社区建设，推动社区福利事业发展方面创造了许多经验。特别是山东省的 A 型社区管理模式对于探索有中国特色的社区发展道路具有重要意义。

(一) A 型社区管理模式的结构和含义

和谐社区建设的关键，是协调好社区内各种机构、各种组织、各种社会力

---

① 张鑫垚、赵华：《治安预报进社区 大连市民应对安全问题有办法》，新华社大连2002 年 9 月 26 日电，新华网（2002-09-26）。

② 2008 年 6 月 16—25 日笔者参加全国政协"和谐社区建设"考察组到山东调研，受到山东省委、省政府和济南、德州、潍坊、青岛市委、市政府以及调查所到城乡社区工作人员和群众的热情接待，本节内容来自他们的介绍和提供的资料，特此致谢！

量之间的关系，照顾各方关切，兼顾各方利益，形成共识，形成合力。谁来协调，如何协调？谁来整合，如何整合？A型社区管理模式对此做出了明确的回答：核心（中间一横）是党的领导，以直选产生的社区居委会为一翼，以街、居聘任的社区工作者组成的社区服务站为另一翼，实现党的领导、居民自治和社区服务的有机统一。

山东省在所有社区建立党组织，加强党对社区工作的领导。在社区建党（委）支部、楼院建党小组，在楼栋建党员联系点，形成多维辐射的社区党组织网络。

社区居委会主要采取直选方式产生，完善社区居民大会，居民代表会议、社区民主协商议事会等民主管理制度，凡是涉及居民利益的重大事项必须由居民大会或居民代表会议讨论决定。在管理方式上更多地通过民主性、自治性原则推进社区化管理。

社区服务站由3～5人组成，在社区党组织、社区居委会的领导下开展工作，主要承担党委、政府交办的行政性事务，落实社区居民代表会议决定事项和居委会部署的服务性工作，使社区居委会得以从烦琐的行政事务中脱离出来，摆脱行政化倾向，集中时间和精力考虑如何做好社区居民自治和社区事业的发展。

在政府部门与社区的关系上，积极探索"权利下放、重心下移，权随责走、费随事转"的基层管理体制，政府部门将权利、职责、人员、经费同步下放到社区，面对面为群众解决最关心、最迫切需要解决的问题，缩短办事流程，提高办事效率，为居民提供更加方便快捷的服务，同时也便于接受社区居民的监督和评议。

A型模式坚持了党的核心地位，便于理顺党、政、民、企等的相互关系，便于整合社区资源，做到"有人办事、有钱办事、有地方办事"，而且管理有序，群众是满意的。

（二）A型社区管理模式的特色和意义

A型社区管理模式不同于西方社区模式，但却符合中国国情，凸显了中国特色。

首先，西方社区的发育过程，是先有民间组织，然后在此基础上形成社区。我国民间组织不发达，需要有一个逐步发展和规范的过程，显然不能等各种社会组织发展起来以后再建设社区。为了满足群众生活和社会管理的需要，我们的社区建设是在党和政府领导下进行的，所以，基层党的建设和社区建设自然就结合在一起了。

其次，社会服务是社区建设的主题。与西方政党为选举服务不同，共产党强调为人民服务，这正好回应了基层群众的迫切需求。山东各地积极创建"党建示范社区"、"党员示范岗"、"党员联系户"（有条件的党员帮扶困难群众）、"党员一帮三"（一名党员帮助一名孤寡老人、一名个体户、一名下岗职工）。强调以人为本，以满足社区居民的需求为出发点，以社区居民满意为评价标准。"党员十大员"——文明风尚宣传员、社区自治议事员、环境绿化监督员、社区安全协管员、未成年人辅导员、社区民事调解员、文化活动教育员、健康心理咨询员、法律法规指导员、日间家庭托管员，带动了社区志愿者队伍的形成，增强了社区居民的参与意识，推动了社区服务和各项活动的开展。从实践效果看，这不但没有妨碍而是有利于实现居民自治。

（三）党的建设带动社区建设要以解决民生问题为重点

山东省逐步建立覆盖社区全体成员、服务主体多元、服务功能完善、服务质量较高的社区服务体系。一是全面开展社会保障和社会救助服务。推进社会保险社会化服务，全省街道、乡镇普遍建立了劳动保障工作机构，企业离退休人员实行社区管理。开展分类施保，对城市低保对象中的重病、重残、孤老等特殊困难家庭，适当提高救助额度，进一步缓解了特殊困难家庭的实际困难。建立城市医疗救助制度，全省 140 个县（市、区）全部建立起城市医疗救助制度。加快社区慈善超市建设，全省已建立慈善超市 210 个，使近 50 万困难群众直接受益。二是积极开展社区养老服务。组织实施"社区老年福利服务星光计划"，探索开展社区养老服务，构建居家养老、机构养老等社区养老服务形式，对"三无老人"、困难家庭老人由政府财政出资购买养老服务；对有子女或有收入的"空巢"老人实行低偿服务；对经济收入相对稳定的老人实行有偿服务；对有一定生活能力的老人实行家庭互助服务。三是深入开展社区医疗卫生服务。2007 年、2008 年省财政对东、中、西部地区分别按不同标准补助社区公共卫生服务经费。全省 17 市中心城区全部开展城市社区卫生服务，并逐步向县级市和较大的县城辐射。全省所有社区卫生服务中心和服务站都开展了建立社区居民健康档案工作。社区卫生服务机构提供的家庭出诊、家庭病床、社区巡诊等服务业很受居民欢迎。[①]

---

① 山东省人民政府：《全省和谐社区建设工作情况的汇报》，2008-06-16。

二、广州逢源街道：志愿服务推动模式[①]

(一) 社区福利模式的形成和特色

逢源街位于广州市荔湾老城区，老年人特别是孤寡老人多、特困残疾人士多。2008 年 60 岁以上老年人占街总人口的 27％（全国这一比例为 11％），随着许多离退休老人由"单位人"转变为"社区人"，对社区照顾的需求越来越大。

从 20 世纪 90 年代开始，逢源街就广泛开展志愿者服务，吸收香港义务工作经验，先后成立了青年志愿者队伍、长者义工联队、侨心义工队、廉政监督义工队、国防教育宣传义工队、少年义工队、社区矫正义工队等多支志愿者和义工队伍，吸引来自机关、企事业单位、消防中队、广州大学、护士学校、社区群众 6600 多人加入义务工作队伍，开展一系列有特色的活动，扶贫济困、帮老助残、互助友爱，在社区建设和社区服务中发挥了重要作用。

1996 年逢源街道成立了广州市第一个街道慈善会。发动社会各界热心人士共襄善举，有钱出钱、有力出力、有物出物；街道领导和干部、居委会骨干和积极分子带头捐款；区属有关部门和辖区内单位以及辖区内外的个体户、私营企业和居民积极捐助；同时吸纳外地善款，特别是香港文昌邻舍辅导会和香港居民的慷慨捐赠。

街道党工委和办事处十分重视老龄工作，投入项目经费，配备 25 名专职人员，与香港邻舍辅导会合办康龄中心，学习借鉴香港老人服务经验，创办穗港两地合办社区福利事业的模式。

逢源街道的社区福利模式，因其在活动经费方面以民间办的慈善会和政府的项目经费投入相结合、活动主体以基层党政部门的有力领导与社区居民的广泛参与相结合，以及采取穗港两地合办的活动方式，曾有学者将之概括为"准自治的社区老年人服务模式"[②]。我们侧重从促进社区福利发展的主体和方式的角度，而不是从自治程度总结社区福利模式，考虑到健全优良的志愿服务是逢源街道社区服务的突出特色，所以将之称为志愿服务推动福利发展的模式。

---

① 2008 年 12 月，笔者到广州市荔湾区逢源街道调查，得到办事处毕美玉副主任、穗港综合服务中心李伯平副主任以及康龄中心工作人员和老年朋友的热情接待，本节文字也主要来自他们的介绍和提供的文字资料，特此致谢！

② 黎熙元、童晓频、蒋廉雄：《社区建设——理念、实践与模式比较》，215～217 页，北京，商务印书馆，2006。

（二）老年人参与社区服务的成功实践

逢源街道老年服务的一大特色，是引导老人从单纯接受福利服务转变为积极参与社区服务，老年人既是服务受益者又是（对有一定服务能力者而言）服务提供者，鼓励老人发挥个人潜能，参与力所能及的公益活动，既服务他人，又使自己晚年生活丰富多彩。为此，逢源街道成立了广州市第一支长者义工队，凡热心社会公益服务的长者均可自愿申请参加，目前社区长者义工已有350多名。他们根据各自的兴趣和专长编成7个开展特色活动的小组："爱心大使组"服务社区内孤老和残疾人，"亲善大使组"探访病人或发生变故的家庭，"关怀义工组"策划和表演文娱节目，"康龄探射灯"担当义务记者、采访各项活动，"园丁组"编订课程、教授知识和技能，"乐善组"协助和支援中心各项活动，"万能组"负责健康体检和设备维修等。许多七八十岁甚至92岁高龄的长者义工，活跃在社区，探访病人，安慰丧偶者，与孤独老人聊天解闷，代不识字的老人写信，宣传计划生育，表演文艺节目，以独特的服务，赢得了社会各界的赞誉。长者空余时间多，人生阅历丰富，参与义工服务，本来是被服务者却转变成为服务者，改变了社会上那种认为老年人只是"负担"的偏见；长者义工在服务他人的同时，自己也学习了新鲜知识，增强了自尊感，改变了消极情绪，积极地度过晚年。

逢源街道老年服务经验，对于中国解决日益繁重的老年服务问题具有重要的启发意义。我国现有的退休人员，有很大一部分年龄不到50岁，身体很好，也愿意从事社会活动，希望得到社会的肯定；即使相当一部分年龄在60～70岁的老人，身体也很健康，现在北京、上海等大城市的平均寿命都超过了80岁，而其中，60～70岁的"年轻"老年人占大多数，通过社区志愿者组织，把这些人发动起来，对于解决社区老年服务问题是一支不应忽视的重要力量。老年服务的一项重要内容是精神慰藉，消除孤独感、恐惧感，而老年人之间，经历相近，感同身受，共同语言很多，沟通容易，效果很好，老年人之间的相互服务具有特殊的优势。

（三）服务老人，青年争先

老年服务是多方面的，任务繁重，老年人的相互服务虽有特殊优势，但毕竟能力有限，主力军还是青年人。另外，老年服务问题本质上就不仅仅是狭义上的"服务"，而是一个社会公正、社会道德问题，这是任何一个"好社会"都必须认真对待的问题。在这个意义上说，青年人尊老敬老，为老年人服务，是良好的社会秩序的基本标志，也是社会健康发展的基本条件。

青年志愿者对老人特别是孤老和特困老人开展以慰问探访、精神慰藉、家务助理为主的结对子上门服务。广州市护士学校数百名学生坚持利用课余时间到残疾人康复中心提供康复服务，上门护理有病的孤老；区街机关、医院、企事业单位的团员青年为老人提供了周到体贴的服务。从事老年服务，对青年人来说，既是对社会的奉献，又是一项必不可少的学习和训练，学习和体验对社会的责任，训练与人沟通的能力和技巧，了解社会与人情，提升道德和文明素质。因而，逢源街道的康龄中心被青年人当作一所学校，不仅吸引辖区内的学生和青年经常参与老年服务，辖区外的广州大学、培英中学等多所学校的学生甚至香港青少年也愿意到逢源街道康龄中心为老年人服务。

（四）干部带头，人人参与

为保障辖区内 130 多位独居老人的生活，街道进一步开展"认养"活动，区委书记、区长和街道党委书记、办事处主任带头签订"认养协议书"，每人认养一位孤老或特困老人。区、街道的机关团体、企事业单位也集体认养了 43 名孤老。110 多位居民积极参与认养，志愿承担孤老和特困老人的生活费用。

为实现社区"老有所养"，街道慈善会发动开展助养活动，除按照原来的政策提供最低生活保障外，每月发给这些老人 50 元至 219 元助养费，不定期发给粮油、衣物和生活用品。辖内的个体户商业点档和私营企业业主，发出了 6000多个慈善卡，长期无偿地为孤老、特困老人提供粮油、餐饮、肉菜、日用品和理发、洗衣等服务。对丧失生活自理能力的 10 位孤老，街道办事处实行家庭敬老院式的护理，有专人上门照顾老人的起居饮食；对 6 名自理能力和家居环境较差的孤老，则送到街道托老中心集中供养和护理。

为解决社区老人的医疗问题，逢源社区建立社区卫生服务站，由街道提供场地和拨款装修，由区卫生局派出医务人员和配置医疗设备，采用合作形式兴办。社区卫生服务站为 3000 多位老人建立医疗档案，设立家庭病床和慈善病床；开设慈善门诊，邀请市、区多家医院的医生和专家定期或不定期为老人和社区居民义诊；慈善会为享受慈善门诊的孤老和特困老人每人每月支付 50 元医疗费用，并发放诊病慈善卡，持卡到辖内医疗单位诊病免收挂号费，优惠药费；街道定期组织孤老体检，发现病症及时治疗，小病治疗不出社区。[①]

---

① 黎熙元、童晓频、蒋廉雄：《社区建设——理念、实践与模式比较》，221～223 页，北京，商务印书馆，2006。

三、武汉百步亭花园社区：社企合作模式[①]

（一）社企合作模式的由来

百步亭花园社区发端于武汉安居工程发展有限公司的房地产投资项目。在投资和建设过程中，该项目拓宽了企业的发展空间，进入社区建设和管理领域，把作为经济组织的企业和作为社会组织的社区有机结合起来，将房地产的开发建设、政府对社区的公共管理和社区的物业服务三者结合起来，从而形成了企业与社区合作的运作模式。[②] 百步亭社区公共服务的特点是，政府主导、社区兴办、市场运作、企业投资。政府的公共服务、企业的市场服务和社区互助服务相互补充，实现了社区公共服务的社会化和市场化，形成了独具特色的百步亭社区公共服务体系及其运行机制。

百步亭社区房地产开发商结合社区开发初期遇到的实际问题，积极承担起企业的社会责任，按照安居工程的产权归政府，政府又将经营权授予企业的运营方式，由企业为社区提供公共服务。政府部门也将部分国家、集体、单位资产转化为社区公共资产，由社区服务中心负责管理。社区服务中心是为社区居民提供公共服务的非营利性社区法人组织，它坚持以居民需求为导向，探索社区公共服务项目、内容及实现形式，形成了涉及社区教育、就业、福利、体育、文化各个方面的"五大体系"。

（二）社企合作的特点

1. 企业：社会责任高于营利目标。一个好企业，一定要有强烈的社会责任意识。诚然，既然是企业，就是营利性经济组织，能营利既是企业的目标，又是好企业、强企业的标志。但是，对于所谓"市场化经营"不能片面地甚至歪曲地理解，好像"市场化"就是不顾一切地赚钱，能赚多少赚多少，甚至昧着良心去赚钱。中国历来讲"儒商"，以仁为本，西方市场经济讲法治，也是生财有道。道是道理，也是道德，有道才能"德"（得）。当一个企业打算涉足社会服务、社区福利领域时，虽然不能要求企业亏本经营，可以微利，可以适当赢

① 本节文字主要来自武汉市百步亭集团董事局主席茅永红的介绍和提供的资料，特此致谢！

② 李光、周运清、张秀生、王树义：《中国城市社区建设新探索——百步亭花园社区研究》，37页，武汉出版社，2002。

利，如果服务得好，群众高兴，并且有支付能力（例如在富人社区），企业也可以有可观的收益。但是，一定不能唯利是图，在这个领域，"社会责任高于营利目标"。不然，企业可以不涉足这个领域，在其他领域以不同的形式尽到应尽的社会责任。

百步亭社区房地产开发商是有强烈社会责任感的企业。在房地产开发的同时，企业主动履行了公共服务的职能，投巨资于社区公共服务事业，仅建成的社区公共服务设施已是原规划的数倍，保证了百步亭业主在入住时即可享受到优良的社区公共服务。百步亭集团首倡"理性利润"观念，追求"长远利润"和"共赢效应"的义利观，以企业发展促进社会进步。

百步亭集团将房地产开发转变为"建设社区"，由"建设住宅"拓展到"服务社区"，做到"居民需要什么，企业提供什么"，为居民提供了周到便捷的生活服务产品。集团将自己的物业公司交给社区，由社区支配和管理，800多名物业人员全部作为社区工作者服务在社区，利润一分钱不上缴集团，全部留在社区。集团每年支持社区管理资金达400多万元。为了切实解决好与人民群众生活密切相关的具体问题，百步亭社区实施"亲情管理、用心服务、从小事做起、从好事做起"的服务宗旨，建立了一套完整的服务网络体系，服务做到"三全"：全方位、全天候、全过程。做到小事不过夜，大事不过天，件件有记录，事事有回音。[①]

2. 政府：改变行政主导，坚守为民责任。百步亭社区建设的实践突破了我国传统社区管理的行政化模式。在社区管理中，政府主要提供政策、法律等支持；企业作为经营服务社区的主导者，在社区为居民提供服务。这种社区建设体制，依靠利益共同体实现社会资源的合理配置。社区管委会和物业管理公司协调整合社区事务；业主委员会、社区居委会等群众自治组织独立开展活动；物业公司不以营利为目的，变成准公益性质的组织。从而探索并形成一种"小政府、大社会、强管理、优服务"的管理体制。[②]

但是，在新的管理体制中，对政府服务的要求不是减弱了，而是更高了：转变作风、贴近群众。派出所、城管执法队、交通会所、工商站、流动法庭等政府职能部门进驻社区，政务前移；社会保障、计划生育等部门进驻社区服务

---

① 武汉百步亭花园社区：《以人为本 以德为魂 以文为美 以和为贵，创建具有中国特色的百步亭和谐社区》（2008年5月）。

② 李光、易晓波、黄涛、李明传：《中国和谐社区建设——百步亭花园社区研究Ⅱ》，118～119页，武汉出版社，2007。

中心，实行"一站式"服务。派出所把"知民情、解民忧、创无盗、保民安、零投诉"作为目标，承诺为居民提供全天 24 小时服务。所有进驻社区的公务员工作怎么样，要由社区居民评判。他们主动上门服务，"不收居民一分钱，不吃居民一顿饭"，每年要向居民述职，接受居民质询和考核。

3. 社区服务组织：以追求社会效益最大化为目标。百步亭社区公共服务，注重发挥社区服务组织的作用，通过市场化运作，增强社区服务能力建设。社区服务组织与企业组织的区别在于非营利性，即不以追求利益最大化为目标，而以追求社会效益、提供公益性服务为目标；它与传统社区公共服务的区别在于，百步亭社区服务组织具有独立的法人地位，而不是隶属于政府部门的一级行政组织，高效率的市场运作机制代替了政府包办的低效率的运作方式。社区服务社会化的实现形式，理顺了社区公共服务设施的所有权、经营权和业主使用权益的关系，体现了国家引导、企业投资与业主共建的和谐性。①

居民自觉参与是搞好社区服务的最有效途径。居委会、业委会等居民自治组织都由居民选举产生，他们按照"自我管理、自我教育、自我服务、自我监督"的原则，"走千家门，解千家难，暖千家心"做好社区服务工作。广大志愿者在社区服务中发挥重要作用，他们结对帮困、化解矛盾，做到"小事不出楼栋、大事不出小区"，实现了无一起越级上访、无一起集体上访、无一个上访老户的和谐局面。②

4. 解决民生问题是社区服务的根本所在。安居乐业是社区群众的头等大事。百步亭社区积极采取多种途径帮助失业人员再就业，一是将社区内的物业保洁、饮食服务等岗位优先安排给他们；二是将商业门点一律不卖，低价出租给他们经营；三是成立巾帼家政服务中心，组织妇女开展家政服务；四是居委会组织就业到家庭，引进手工艺品加工厂，让残疾人和有家务的居民可以把工作领回家，在家中实现再就业。社区推行"感情再就业"工程，动员富裕家庭多请钟点工，动员失业人员做钟点工，家庭互帮互助，很多家庭由此成了亲戚。社区还发出号召，只要有劳动能力的人，都要自食其力，自立自强，不吃国家低保。在百步亭社区，只要不挑不拣，都能实现再就业。

百步亭集团投巨资办学，建成 5 所幼儿园、4 所小学、2 所中学、1 所老年

---

① 于燕燕：《社区公共服务模式的思考——百步亭社区公共服务的启示》，《学习与实践》，2007（7）。

② 武汉百步亭花园社区：《以人为本 以德为魂 以文为美 以和为贵，创建具有中国特色的百步亭和谐社区》（2008 年 5 月）。

大学，还兴办党校、市民学校、家庭教育学校等，形成了配套的学校教育体系。社区实施"爱心工程"，捐款 200 万元作为基金，在社区内成立武汉安居教育援助会和武汉安居慈善援助会，为家庭困难的孩子上学提供帮助，对社区弱势群体给予救助。

为了解决居民"看病难、看病贵"问题，百步亭集团投资 400 万元建起了 6000 多平方米的社区中心医院，并与市中心医院联合，借鉴国外的管理办法，让医疗保健进家庭，让居民能拥有自己的保健医生。

百步亭社区居民入住十多年了，社区做到了"十个没有"：没有一户居民家中被盗、没有一辆自行车被盗、没有一起刑事案件、没有一起交通事故、没有一桩大的邻里纠纷、没有一个越级上访、没有一起"黄赌毒"、没有一起未成年人犯罪、没有一起火灾、没有一名法轮功活动者。居民拥有安全感、幸福感，这对于一个已经占地 2.5 平方千米，入住 10 万人的居民新城来说，实属不易！

四、江阴：区域发展战略模式

江苏省江阴市是全国著名的百强县（市），并于 2005 年率先达到江苏全面小康市指标。在巩固提升全面小康建设成果的基础上，江阴市对自身的发展理念和目标进行了冷静的审视，又一次开风气之先，提出了建设"幸福江阴"的新构想，果敢地超越多年来紧紧围绕 GDP 增长的路径依赖，把改善民生更多地纳入政府考核和社会协调发展体系中，实现由富裕江阴到幸福江阴的转型和跨越。顺应人民渴求幸福的愿望，激发人民创造幸福的热情，共建共享幸福生活。

建设"幸福江阴"，就是制定区域发展战略，整合各种社会力量，促进区域福利发展，增加人民福祉，提高全社会幸福感。江阴市在全国率先打破以 GDP "说话"的考核体系，突出"民生考核指标"，成功地做到了幸福指数与 GDP 同步攀升。2006 年，财政用于惠民保障的各项支出占到可用财力的 15%（全国的这一比例不到 12%），社会事业全面提升，实现了城市社会保障、农村社会保障、被征地农民社会保障覆盖率三个 100%，社区卫生服务覆盖率 100%，全面落实城乡低保全覆盖。高质量地推进发展教育和体育事业，做到了村村体育设施健身点全覆盖。在大力推进社会建设的同时，经济持续健康发展，全市人均 GDP 突破 1 万美元，已接近世界上中等收入国家的平均水平；实现地区生产总值 980 亿元，预算内财政收入 140 亿元，同比增长 29%、25%。江阴的实践证明，在经济发展的同时，通过不断改进民生福祉、促进社会发展，完全可以实现幸福指数与 GDP 的同步攀升。在 2006 年 6 月对全市各类人口、各个行业、各个年龄段的 1200 名市民抽样调查中，有 97.23% 的人为自己是一个江阴人感到自豪和幸福，对自己"幸福感"的打分平均达到 86.29 分。①

江阴经验启发我们思考，在从温饱到小康、再到全面小康的不同阶段，经济增长和社会发展相互关系变化的规律性。在全面建设小康社会、提升小康水平的阶段，大力发展教育，就是效益最大的投资；关注健康，就是最富于远见的投资；改善民生，增强人民的幸福感，并不是纯粹的消费，也是投资，而且是最合理的投资。政府和社会资源，投向以改善民生、提高人民幸福感为主的社会建设，是符合经济社会发展的客观规律的。

"幸福江阴"建设实践坚持以民生为本，力求"个个都有好工作"；以民富为纲，力求"家家都有好收入"；以民享为先，力求"处处都有好环境"；以民安为基，力求"天天都有好心情"；以民强为重，力求"人人都有好身体"。

1. 民生：让每一个江阴人都有就业机会。力求人人都有好工作，解决的是民生问题，就是要让每一个人都有公正平等的就业机会，让无业者有业、就业者乐业、有志者创业。江阴市积极推进就业服务体制创新，通过政府补贴形式，在全市各行政村设立劳动保障专职管理员，形成了以市职业介绍中心为龙头、乡镇职业介绍所为依托、村级劳动保障专职管理员和社区再就业服务站为基础的多层次、全覆盖的就业服务体系。同时，政府出台各类创业政策，充分发挥"培训促进创业，创业带动就业"的就业倍增效应，创业培训成为促进就业的"助推器"，全市在职职工培训率达到 55% 以上。在农村，大力实施新型农民科技培训工程，开展实用技术、经营管理等培训，培育了一批有文化、懂技术、会经营的新型现代农民。

2. 民富：让发展成果更多体现在百姓生活宽裕上。江阴坚持富民优先方针，促进人民生活从宽裕走向富裕。广开增收渠道，鼓励更多的群众有股份、有物业，资产性收入成为居民新的致富途径。加大农村合作组织建设，让农民享受到集体资产的收益分配，严格执行最低工资规定，规范企业工资支付行为。社会保障既突出全面覆盖，更注重提升水平。江阴建立、健全以社会养老保险、医疗保险、失业保险、被征地农民基本生活保障、最低生活保障为主的"五道保障线"。全面实施的"城乡扩面"制度让所有城乡企业职工纳入"城保网"，60 万新市民也将全部入网，越来越多的城乡居民正从日益完善的社会保障政策

---

① 中共江阴市委办公室、研究室：《巩固提升全面小康成果，加快推进"幸福江阴"建设》，《调查与研究》（中共江苏省委研究室）第 60 期（2007-09-19）。

中受益。①

3. 民享：让环境保护成为发展的重要内容。江阴发挥有山有水、有江有河的独特自然生态环境优势，坚持从源头上保护环境，从生态上修复环境，"生态江阴"已成为全市上下的共同追求。截至 2006 年，全市森林覆盖率达到43.5％，地表水水质达到功能区水质要求，饮用水源水质达标为 100％，空气优良率达到 90％以上。

4. 民安：让平安和谐更加贴近百姓生活。平安是群众最大的心愿。江阴把法制建设作为幸福江阴建设的重要基础。严格落实维护稳定工作责任制，坚持领导接访、下访蹲点和信访稳定工作包线包片等制度，切实加大社会矛盾纠纷排查和调处力度，努力使矛盾纠纷化解在萌芽状态，切实增强人民群众的安全感。

5. 民强：让社会事业不断满足群众的需求。江阴把"强民智、健民身"放在突出位置，全力推进全民教育、医疗卫生、体育锻炼等社会事业服务体系的城乡全覆盖。在发展普通教育上，江阴从改革办学体制入手，保证所有学生都有学可上，上得起学，让更多的学生享受教育发展和教育改革成果。同时，大力发展职业教育、成人教育，为人民群众创造多层次、多样化的学习机会。在医疗卫生方面，江阴在全国率先实施以大病统筹为主的农民住院医疗保险，建立完善了政府推动、专业保险机构运作、卫生行政部门监管、群众积极参与的新型农村合作医疗体系，创造了农村医疗保险工作的"江阴模式"。在强身健体方面，大力推进"村村体育健身工程"，全市 220 个行政村都建成了以篮球场、乒乓球室为主体的健身设施，节假日的长假体育、周末体育、日常体育生活圈已经形成。②

以上侧重从促进社区福利发展的主体和方式的角度，总结出几种有中国特色的模式：以基层党建带动社区福利发展、以志愿服务推动社区福利发展、企业和社区合作实现福利发展、通过区域战略规划整体促进社区福利发展。毫无疑问，在社区建设的丰富实践中，各地已经并将继续创造许多好经验，从不同角度也一定能够总结出更多的新模式。

---

① 中共江阴市委办公室、研究室：《江阴展露幸福新表情——科学发展观在江阴的实践与探索》。

② 中共江阴市委办公室、研究室：《江阴展露幸福新表情——科学发展观在江阴的实践与探索》；《巩固提升全面小康成果，加快推进《幸福江阴》建设》。

思考题

1. 怎样理解加强社区建设对于现代社会福利发展的意义？
2. 什么是社会福利社区化？
3. 社区福利服务有哪些主要内容？
4. 我国各地社区福利发展有哪些不同特色？

第十一章
社会福利指标

内容提要:

社会福利指标既可以了解特殊群体的福利需求,也可以测量一个国家、社区和居民的福利水平,还可以预警和监控社会福利体系的运行,评估社会福利制度的效率和公平程度,确定今后的改革方向。现实的发展需要我们构建系统的社会福利指标体系。本章以社会福利内容为主线,从社会福利的供给和需求入手,构造了社会福利指标体系的框架。在此基础上,我们还从微观和宏观两个层面构建了社会福利的评估指标体系,用来对现实运行的社会福利体系进行效率和业绩评估。

学习目标:

1. 掌握社会福利指标的概念、特点和功能
2. 理解社会福利指标的分类
3. 学习和探讨各类社会福利领域的指标设计
4. 学习和探讨社会福利评估指标的设计

第一节　社会福利指标内涵

社会福利指标是社会指标的一种。在 20 世纪 60 年代早期，西方国家因对以国内生产总值（GDP）为中心的经济指标不满，曾经发起了一场"社会指标"运动。社会指标的历史使命就是用更广泛的内容来衡量社会发展水平。其内容包括了营养、住房、教育、健康和预期寿命、环境质量、犯罪和贫困线，有时也包括一些像政治自由、人权指数、言论自由等方面的指标。这些社会指标虽然不能直接测量社会福利，但为后来的研究提供了坚实的基础。近年来，人们系统地梳理了与社会福利有关的各种要素，如预期寿命、收入水平、犯罪、伦理关系、社会歧视、政治压迫、家庭结构、精神健康、自杀、教育、工作质量、职业安全感、健康服务和公共交通等，分析了这些要素之间的相互联系，以及它们对于社会福利水平和社会福利制度的影响。随着研究的深入，人们发现社会福利的内涵越来越丰富，对社会福利水平的测算也越来越难，用现有的任何单一的方法或指标都无法准确测算社会福利的真实状况或水平。因此，社会福利指标还需要进一步研究。

一、社会福利指标概念

社会福利指标是人们用来测量社会福利水平高低的量化工具。由于社会福利的内容复杂多变，加上某一个社会福利事物拥有多种社会指标，因此，社会福利指标的选择和界定成为一项艰巨的任务。它既要符合科学论证的逻辑，又要符合人们的价值取向，兼具规范性和实证性的双重要求。为了正确把握和判断社会福利指标，首先我们需要了解社会福利指标的一些特点。作为社会指标的一种，社会福利指标自然需要满足其一般特点，如信度、效度、可操作性以及可获得性等。除此之外，社会福利指标还有以下几个特点。

（一）社会福利指标具有非商品化性质

对于任何社会主体来说，社会福利指标一般不遵循市场经济中的等价交换原则，不具有严格的投入和产出对应关系。因为社会福利是共同体内部合作行为而不是竞争行为的产物。它的本质是共同防御生存或发展的风险或困难，而不是追求投入之后所能产生的回报。当然，这并不排斥社会福利制度需要核算。为了制度的可持续性，社会福利制度同样必须遵守预算平衡。由于不同的社会福利制度其公平和效率程度不尽相同，通过核算可以评估某一项或者整个社会福利体系的投入和产出关系，比较各种不同制度的优劣。可是，这里的社会福利投入和社会福利产出并不是针对某一个社会主体的，而是社会全体，因此，对于任何社会福利制度的参与主体来说，它仍然不具有商品化的性质。

(二) 社会福利指标具有价值取向

一般地说，社会指标反映了某种社会价值或目标，有助于社会主体对社会现实进行综合判断，使人们明确什么事情正在发生变化以及变化的程度。同样，社会福利指标也是对社会福利水平的直接测度，具有明确的社会价值取向。任何社会福利指标都可以区分为正向指标和负向指标。正向指标就是指它的数值越大就越符合人们的利益，负向指标正好相反。前者如经济收入、预期寿命、精神健康、教育水平、工作质量、职业安全感等，人们希望这方面的指标值越大越好。后者如犯罪率、自杀率、失业率等，人们希望这方面的指标值越小越好。

(三) 社会福利指标反映群体之间的利益结构

社会福利指标虽然只是一个测量社会福利水平的工具，但是，福利并不来自于社会之外，而是社会成员内部之间的利益再分配。因此，从社会福利的供求角度看，社会福利指标直接反映社会福利供给者转移给社会福利需求者的数量，虽然中间还有福利的损失。应该说明的是，社会福利的供求关系并不是固定的，今天的社会福利供给者可能就是明天的社会福利需求者，比如养老福利。社会福利的供给者也可能是全体公民，而福利的接受者是非特定的人员，如社会保险或社会救助对象等。社会福利既可能是强势群体向弱势群体的转移，也可能是弱势群体向强势群体转移。社会福利的不同流向可以通过社会福利指标刻画出来。

(四) 社会福利指标具有综合性

单个的社会福利指标难以反映社会福利的发展水平。虽然从定义上看，社会福利指标是反映人们社会福利水平高低的工具，但是人们享有的社会福利是一个整体概念，单个福利项目的提高虽然有助于其社会福利水平的提高，但是其效果是不确定的。因为社会福利项目之间具有关联性，有的社会福利项目之间具有联动效应，有的福利项目具有延后效应，所以，它的最终效果需要与其他相关的社会福利指标综合分析之后才能明确判断。只有社会福利指标体系是从多角度准确、敏感地反映社会福利的整体面貌，既要求各个福利指标之间具有一定的关联性，又要求具有相互独立性，还要求体现逻辑自洽性原则，如指标之间的因果关系、约束关系，等等。为了便于综合分析，一个完整的指标体系还需要确定指标之间的相互结构、分类和等级判别规则以及临界阈值等①。

需要指出的是，社会福利指标的最大功能是清楚地表达人们的社会福利需求，衡量自己的社会福利水平，可以优化个人对自己资源、财富的规划，也可以为社会设定更理性的社会福利目标。有的社会福利概念难以采用定距层次的测量工具，只能采用定类层次或者定序层次的测量工具。它们一样可以被视为社会福利指标。比如幸福观念，在中国传统社会可以操作化为福、禄、寿、财、禧等。现代社会的幸福概念可以在上述基础上进行保留和增减。

二、社会福利指标分类

社会福利的内容十分广泛，作为其数量指针的社会福利指标自然拥有多种形式。这些数目繁多、内容复杂的社会福利指标如果不进行科学的分类，必然导致指标之间的相互关系难以刻画清楚，不同社会之间或者同一社会不同时间的社会福利指标难以比较。根据不同的标准，社会福利指标可以形成不同的分类：从福利内容角度，可以分为公共福利指标、就业福利指标、收入福利指标、健康福利指标、教育福利指标和住房福利指标；从主客体角度，可以分为社会福利需求指标和供给指标；从核算范围角度，可以分为宏观指标和微观指标；从福利形态角度，可以分为客观指标和主观指标；从数据形式角度，可分为相对指标和绝对指标；从福利涵盖面角度，可以分为普遍型福利指标和特殊型福利指标；从指标功能角度，可以分为社会福利预警指标、监控指标和效益评估指标等。另外，社会福利指标还可以根据福利供给者和福利需求者的特征进行分类，如残疾人福利指标、儿童福利指标、老年福利指标、妇女福利指标和少数民族福利指标。本章第二节解析社会福利指标时采用的是福利内容分类标准。为了方便理解，我们这里先简单介绍几组相关的社会指标概念。

(一) 客观指标和主观指标

社会指标的主观和客观区分是一种常见方法。客观指标是以客观事实为基础而收集到的各种数据，它反映某种既定的事实，即不以人的主观愿望为转移

---

① 周志田、王海燕、杨多贵：《中国适宜人居城市研究与评价》，《中国人口·资源与环境》，2004 (1)。

的客观条件、问题或某种过程①。比如方便残疾人的各种无障碍设施数量、老年公寓、儿童福利院等有关数据。客观指标的优点是：与政府部门的统计资料较为相近，容易借用统计资料，因此，所需成本也较低；可以广泛地作国际间、地区间或不同时期的数据比较分析。但是，客观指标不能准确地反映人们对幸福的主观体验，不能反映生活质量的重要方面，如政府环境、犯罪水平和公民的主观幸福感②。主观指标是指人们对其生活状况或周围环境的感觉进行自我评价而得到的资料③。它可以在一定程度上反映客观事物的状态，因为主观评价与客观现实之间的联系是很复杂的，而不是简单的对应关系。主观评价除了受到外在的客观事实的影响外，还受到评价者自身的各种状态的影响，如其社会地位、生活经历、个性特征等。主观指标虽然可以直接反映公众的福利观点，但是它的缺点是必须进行实际调查，成本较高；在比较研究中受到很大的局限。因此，社会福利指标大都以客观指标为主。如联合国的人类发展指标体系（HDI）就是由预期寿命、成人识字率、人均国内生产总值等客观指标所组成。

（二）需求指标和供给指标

任何社会福利制度都是一种社会财富或者服务的再分配。作为一种再分配制度，它必然涉及两个方面，即社会福利的需求和社会福利的供给。相应的，社会福利指标也可以分为社会福利的需求指标和社会福利的供给指标。除非是公共福利，如环境质量、粮食安全、公共卫生以及公共设施等，是所有社会成员都需求并由所有社会成员供给的。对其他社会福利来说，需求指标是特殊群体的福利需求或者福利计划的指标体系，而供给指标反映社会所能提供的路径和数量，两者联合起来可以测量社会福利的满足程度。社会福利供给水平可能与社会福利需求相一致，也可能低于需求水平。如果是前者，说明社会福利制度有效运转，社会公众满足于福利现状；如果是后者，说明社会福利需求并没有得到满足，有些群体可能不满于福利现状。从供给和需求两个方面反映社会福利制度可以突破传统的主观福利和客观福利的界限。社会福利需求既有物质的一面，也有精神的一面，社会福利供给也是如此。这样，既有利于社会福利需求的精神方面，如服务、情感的需求，又有利于真实判断社会福利供给状况。

---

① 苗兴壮：《论以人为本的残疾人救助指标体系的建构》，《开放时代》，2006年增刊。
② 周长城等：《全面小康：生活质量与测量——国际视野下的质量指标》，6～7页，北京，社会科学文献出版社，2003。
③ 苗兴壮：《论以人为本的残疾人救助指标体系的建构》。

（三）宏观指标和微观指标

宏观指标反映一个国家、社区或某群体范围内的社会福利水平。微观指标反映社会个体获得的社会福利水平。前者与一个群体相关，反映面上的福利状况。典型的福利项目是公共投入、公共设施、环境质量，它们不可再分或者再分之后就会显著降低质量或效率。后者指的是个体收入、生活必需品、环境安全、归属感、自尊和文化精神需要。严格地讲，所有的福利都是个体可以得到或者感知到的，宏观福利指标适用于比较各个国家、社区、群体之间的福利水平和不平等程度，分析社会各维度（如经济、文化、社会）之间的和谐发展程度。

（四）预警指标和评估指标

预警是人们根据现实存在的信息对未来可能发生的事件进行风险评估和判断。人们根据社会运行规律和社会结构需求，确定一些影响社会稳定和正常运行的预警指标，然后通过预警指标收集警情信息，并借以建立预警机制。这里的关键是预警指标和预警机制。预警指标是指有助于分析和判断未来危机的指标；预警机制是借助一定的推理方法找出对警情分析影响较大的关键警兆因子，建立起它们之间的关联程度，然后跟踪警兆因素的变化，依据警兆开展警情判断[①]。前者为后者提供条件，后者也可以检验前者的测量效力。在社会福利指标中，老龄化是养老保险的预警指标之一，失业率是失业保险的预警指标之一，森林覆盖率是公共福利的预警指标之一。预警指标的信息在事件发生之前生成，可以在危机事件发生之前收集。与之不同的是，评估指标是人们对于社会制度或公共工程进行效益评估的工具。它要求事件已经发生完毕，是一种事后收集信息的分析工具。评估指标采用主观和客观区分的情况较为常见。主观评估指标反映人们对于社会福利制度或者公共福利设施的态度，客观评估指标反映社会福利制度或公共福利设施的投入、产出和运行效率。

三、社会福利指标功能

社会福利指标的功能反映在多个层面。从微观上说，社会福利指标可以帮助个体或团体明白自己所处的位置，正在选择哪条路线以及与目标之间的距离。

[①]　何坪华、聂凤英：《食品安全预警系统功能、结构及运行机制研究》，《商业时代》，2007（33）。

从宏观上说，社会福利指标可以帮助政府制定更为准确和操作化的社会政策，监测社会福利水平的变迁，也可以形成新的统计指标。自 20 世纪 60 年代起，社会指标被认定为直接测定社会福祉及社会成果的工具，可以用来评估整个社会的价值取向，判断社会之主要层面是否向正向发展。社会福利指标具有以下四个方面的功能。

（一）测量功能

社会福利指标可以从多个层面测量和反映国家、社区和居民的社会福利水平。结合社会福利的供给和需求结构，社会福利指标还可以测量社会福利的覆盖面、质量和强度、保障资源供给、保障目标与管理等问题。同时，社会福利评估指标还可以客观地反映政府社会保障决策效果、执法力度、管理和服务的质量，使人们对政府社会福利绩效有一个条理化、精确化的认识。应该说明的是，我们这里设计的社会福利指标只是学术上的理解，与政府机构的统计指标或官方纪录有一定的差别。

（二）评价功能

有了科学的社会福利指标，社会福利相关机构可以记录、总结、考核、监督、预测社会福利事业的运行状况。有了社会福利指标，我们还可以借以评价社会福利系统内的各种关系，如投入和产出关系，子系统之间的运行和协调关系，社会福利水平与社会发展之间的关系，社会福利水平和公众满意度之间的关系等问题。社会福利指标有助于及时发现和揭示社会中存在的矛盾问题，分析矛盾和问题产生的原因，以便及时提供给政府部门，制定相应的对策，促进民生净福利的发展。有了较为明确的社会福利指标，既便于政府在社会福利事务中规划具体方案，还方便各种新闻媒体宣传，提高公众的支持与参与力度。科学、系统的社会福利评估指标体系可以对政府社会福利的决策、执行、管理、监督所产生的效果进行比较和分析，为评价政府的社会福利建设提供量化指标。社会福利指标的发展既反映社会福利理论研究的发展水平，也是社会发展水平的评价标志。

（三）比较功能

社会福利指标的另一个功能就是有助于实现社会福利体系的比较分析。社会福利指标体系具有两个方面的应用：一是横向比较，主要应用在国际间比较和各部门（如人力资源与社会保障部和民政部等）之间的可比性，国际间比较可以借鉴他国经验，应对全球化挑战，部门间比较可以完善指标（包括数据）的完整性和统一性；二是纵向比较，主要是国家和地区在社会福利事务中的动态比较，可以从中分析制度或者政策的效应，或者与其他社会变量之间的关系。

（四）预警功能

在社会福利指标体系中，我们可以筛选出具有预警功能的社会福利指标，构成社会福利系统的预警系统。在理论分析和经验分析的基础上，借助指标体系的建构技巧，我们可以得到较为科学的预警指标体系。利用它，我们可以监测和跟踪社会福利的运行过程，将各项指标与标准值进行比较，对社会福利运行状况作出预测，找出偏差指标，进行分析，从中发现产生偏差的原因或存在的问题，保证政府决策的正确性和高效性。有了全面的社会福利预警指标体系，我们还可以准确测定社会福利系统的警戒级别，预测今后一段时间的社会福利运行状况，寻找尽力避免潜在的社会风险和消除危机的办法。因此，社会福利指标的预警系统也有助于判断社会的稳定程度。

第二节　社会福利指标解析

社会福利指标虽然有多种分类方法，但是为了清楚解析其中的指标构成，我们选择分类明确的指标方法。相比较而言，按福利内容分类更为恰当，即公共福利、就业福利、收入福利、健康福利、教育福利、住房福利六个方面。这种分法部分受到美国学者米基利的启发。他把社会福利制度划分为三类：（1）非正式的社会福利制度，包括个人、家庭、邻里和社区为履行道德责任所承担的各种活动；（2）正式的社会福利制度，指有组织的宗教和非宗教的慈善活动组成的志愿性的社会福利活动，它又被称为第三部门；（3）国家的社会福利制度，包括收入保障服务（由社会保险和社会救助组成）、医疗服务、教育、住房、就业、个人社会服务六大服务[①]。很明显，他主要是根据社会福利供给主体进行分类的，但是，第三部分的具体指标却是按照内容区分的，而且这些内容也可以由第一部分和第二部分提供，因此，容易引起混乱。我们设计的社会福利指标首先突出福利内容，其次在具体设计某一项社会福利时再分辨福利供给的主体，将两者较好地结合起来。我们构造的社会福利指标遵循三个逻辑

---

① 转引自蔡秀云：《论"可持续性"社会福利制度——对社会福利制度构建的经济学思考》，《中国民政》，2008（2）。

层次：一是社会福利的需求体系；二是社会福利的供给体系；三是社会福利的评估体系。社会福利的需求体系是从需求者角度，反映哪些群体存在这一维度的需要，什么样的需要，程度如何。社会福利的供给体系是从供给者角度，反映社会中存在哪些供给主体，提供什么样的福利供给，数量如何。两者也可能存在对应关系。社会福利的评估体系是个体获得社会福利的水平以及对社会福利制度的态度和对社会福利体系的运行效率、业绩的评估。这既可以监督社会福利体系的运行，也有利于完善社会福利体系的制度设计。

一、公共福利指标

公共福利是社会福利的重要项目，它是国家和社会为满足全体社会成员的物质及精神生活基本需要而兴办的公益性设施和提供的相关福利服务，如残疾人服务组织和设施、卫生福利、文化康乐福利等。公共福利一般面向所有人开放，比如文化体育设施、环境质量，这些设施或资源可能为所有人所必需或享用，也可能是为特定群体提供的，如残疾人设施、老年服务设施等。公共福利设施即使是面向特定群体设计的，也必须保持必要的开放性。由于各个阶层、地区和家庭均面临产生特定群体的可能性，因此，建设面向特定群体的福利设施也是为了满足社会公众的需要。公共福利项目有的是大自然的恩赐，如自然环境，但也需要人们维护；有的是人工设计或者加工的产物。公共福利指标可以分为四个二级指标：福利组织、福利设施、福利制度和公共安全。福利组织是指直接面向社会提供的改善民生福利服务的各类组织或机构，它主要体现社会福利事业中的人力资源因素，如残疾人保护、慈善、妇女保护、儿童保护、法律援助、老年服务、青少年服务和防治家庭暴力等组织。福利设施是指社会福利服务提供中所依托的物质设备，如文化、体育、卫生设施和残疾人设施等。当然，有些福利组织既有人力资源，也有物质设备，如养老院。社会福利制度是指社会保险制度、社会救助制度、社会捐赠制度和社会优抚制度等。公共安全包括自然环境安全（主要是水环境和大气环境）、粮食安全、意外事故和社会治安等。

表 11.1 公共福利指标的构成

二级指标	内　涵	三　级　指　标
福利组织	妇女保护组织 儿童保护组织 老年服务组织 青少年服务组织 残疾人保护组织 法律援助组织 防治家庭暴力组织 养老院 孤儿院 康复、矫治机构 慈善组织 社区服务组织 卫生服务组织 社会保险管理组织 志愿者组织 老年银行①	1. 福利供给主体 2. 福利供给渠道 3. 福利供给形式：服务 4. 福利供给数量： 　　社会福利组织数量 　　社会福利专职从业人员 　　社会福利兼职从业人员 　　社会福利组织年服务量 5. 福利供给成本：社会福利组织管理经费 6. 福利供给对象：社会福利服务覆盖人口 7. 福利需求人口 8. 福利需求程度 　　是否必须 　　满足程度
福利设施	文化设施 体育设施 卫生设施 残疾人设施 养老院设施 孤儿院设施 康复、矫治机构	1. 福利供给主体 2. 福利供给渠道 3. 福利供给形式：物质设备 4. 福利供给数量： 　　公共福利设施数量（床位、土地使用面积、建筑面积或者轨道面积等） 　　公共福利设施质量（技术水平、硬件老化程度等） 5. 福利供给成本：公共福利设施经费 6. 福利供给对象：公共福利设施覆盖人口 7. 福利需求人口：公共福利设施潜在使用人口 8. 福利需求程度：公共福利设施需求量
福利制度	社会保险制度 社会救助制度 社会捐赠制度 社会优抚制度	1. 制度供给：已有制度 2. 制度需求：修订制度、制定制度、细化制度

---

① 1998 年，上海虹口区晋阳居委会开设"老年银行"，其做法是在居民间倡导为老人义务服务的同时，把服务时间储存起来，待服务者年老时便可支取同样的服务。见秦岭、张秋秋：《借鉴日本老年福利制度提高中国老年福利水平》，《日本研究》，2002（3）。

二级指标	内　涵	三级指标
公共安全	环境安全 粮食安全 意外事故 社会治安	1. 福利供给主体：自然、政府、民间组织 2. 福利供给渠道 3. 福利供给形式：服务、物质 4. 福利供给数量： 环境质量（如水问题导致的死亡人数、城市水功能区水质达标率，空气Ⅰ级和Ⅱ级天数） 粮食产量（自给率） 社会安全 5. 福利供给成本： 　　公共安全相关机构经费 　　公共安全投入（人力、物力、财力） 6. 福利供给对象：全体人口 7. 福利需求人口：全体人口 8. 福利需求程度：必须

　　三级指标主要是由两部分构成，一是社会福利供给，二是社会福利需求。前者包括六个要素：福利供给主体、福利供给渠道、福利供给形式、福利供给数量、福利供给成本、福利供给对象。福利供给主体一般是指政府、社区、单位、家庭、民间组织、志愿者。福利供给渠道指所提供的福利是通过行政机构渠道，还是非营利性组织，或者营利性组织（企业、公司）。福利供给形式是指社会福利的提供形式，如服务、货币、物质、机会等。福利供给数量是指提供某一个具体福利项目的数量。福利供给成本是指为了提供这些社会福利所花费或者损耗的人力、物力和财力等资源。福利供给对象是指所提供的社会福利所覆盖的对象范围。如果将社会福利供给的六个方面整合起来理解的话，那么就是"谁通过什么渠道以什么福利形式提供给谁以多少的福利，其中损耗了多少资源"。

　　社会福利需求包括福利需求人口和福利需求程度两个部分。福利需求人口是指社会中需要此种福利的人口数量。福利需求程度是指社会福利需求者对于此项福利的必要性以及满足程度。将两者结合起来理解的话，就是"多少人对于社会福利项目期望获得多少福利"。需要指出的是，社会福利供给者和社会福利需求者既可能是同一的，也可能是分离的，这主要取决于社会福利制度的设计。从这个变量框架看，我们的社会福利指标只是承担描述功能，没有核算，也没有评价。如果研究者希望核算和评价社会主体或者社会福利制度，那么，他就需要结合其他变量进行计算，这是社会福利评价指标的内容。我们将在第三节中详述。

（一）福利组织的指标

此项福利的供给形式主要是服务。其供给主体既有政府机构，也有社区、民间组织。福利供给渠道也是多样的，有政府，也有民间组织。福利供给数量可以从社会福利组织数量、社会福利专职从业人员、社会福利兼职从业人员、社会福利组织年服务量等方面衡量。福利供给成本可以使用"社会福利组织管理经费"指标。福利供给对象主要是看"现有的社会福利组织提供的服务所能覆盖的人口"。福利组织的需求人口可以说是全体居民，因为每个人都或多或少地需要一些社会福利服务。福利组织的需求程度可以用"是否必须、满足程度"等来衡量。

（二）福利设施的指标

此项福利的供给形式主要是物质设备。其供给主体既有政府机构，也有社区、企业、民间组织。福利供给渠道既可以是政府运作，也可以是民间的营利性或非营利性组织。福利供给数量可以从公共福利设施数量（床位、土地使用面积、建筑面积或者轨道面积等）、公共福利设施质量（技术水平、硬件老化程度等）衡量。福利供给成本可以使用"社会福利设施管理经费"指标。福利供给对象主要是看"现有的社会福利设施所能覆盖的人口"。福利组织的需求人口是"公共福利设施潜在使用人口"，它可以根据设施的具体使用群体特征计算社会的需求量。福利设施是必须的，它满足社会需求的程度往往成为社会福利水平的主要标志。

（三）福利制度的指标

制度化一直是我国社会福利事业的发展目标，也是社会福利事业稳定发展的根本保证。从目前我国的福利制度看，它主要包括社会保险制度、社会救助制度、社会捐赠制度、社会优抚制度等。作为指标的"制度供给"是指我国已经有了哪些社会福利制度，他们满足人们的需求如何等。"制度需求"是指哪些社会福利制度需要修订，哪些需要制定新规则，哪些需要出台具体细则等。

（四）公共安全的指标

公共安全是一个大概念。我们集中挑选了与社会福利相关的四项内容：环境安全、粮食安全、意外事故和社会治安。公共安全的供给主体有自然、政府、民间组织。福利供给渠道既有政府的，也有民间组织，还可以是双方的合作。福利供给形式的有服务、物质。公共安全的供给指标有：环境质量（如水问题导致的死亡人数、城市水功能区水质达标率、空气Ⅰ级和Ⅱ级天数）、粮食产量（自给率）、社会安全。福利供给成本的指标有"公共安全相关机构经费、公共安全投入（人力、物力、财力）"。公共安全的供给和需求对象是全体人口。公共安全的需求程度是"必须"。

二、就业福利指标

就业福利是社会福利中的重要内容，它是获得其他福利的基础，因而对其他社会福利项目影响巨大。福利国家的一个重要特征就是要努力实现"充分就业"[①]。就业福利是指社会在就业方面给予劳动者的帮助，包括就业安置、就业服务、失业保险三个方面。就业安置是指免费安排就业岗位，它并不否定劳动力市场在提供就业岗位中的基础性地位，而是针对难以被劳动力市场正常吸收或者在劳动力市场难以获得就业岗位的劳动者（统称为就业弱势群体）提供的帮助，如残疾人、大龄下岗工人、失地农民等。就业服务是针对失业人员和新加入劳动力市场的人员进行职业培训、创业培训、职业介绍、就业咨询等服务。失业保险是现代福利制度的重要内容，它可以通过提供失业救济金和就业扶助，避免或缓冲劳动者因失业引发的生活冲击。

表 11.2　就业福利指标

福利项目	内　涵	三　级　指　标
就业安置	残疾人就业 再就业工程	1. 福利供给主体：政府、企业、民间组织 2. 福利供给渠道 3. 福利供给形式：就业岗位 4. 福利供给数量： 　福利企业就业人数 　公益岗位就业人数 　分散安置人数 　创业优惠政策 　残疾人就业保障基金 5. 福利供给成本：相关机构经费 6. 福利供给对象：残疾人、零就业家庭 7. 福利需求人口：就业弱势群体 8. 福利需求程度

---

① 向文华、李雪梅：《20世纪90年代瑞典、英国的社会福利制度改革》，《国际论坛》，2002（4）。

福利项目	内 涵	三 级 指 标
就业服务	职业培训 创业培训 职业介绍 就业咨询	1. 福利供给主体：政府、企业、民间组织 2. 福利供给渠道 3. 福利供给形式：服务 4. 福利供给数量： 　　就业服务组织数量 　　就业服务人员数量 　　就业服务人员质量（专职或兼职，专业技术水平） 　　年就业服务人数 5. 福利供给成本：相关机构经费 6. 福利供给对象：就业服务覆盖人口 7. 福利需求人口：失业者或待就业者 8. 福利需求程度：就业服务内容需求
失业保险	失业保险收支 失业保险管理	1. 福利供给主体：政府、雇主、雇员 2. 福利供给渠道：政府 3. 福利供给形式：货币 4. 福利供给数量（筹资水平）： 　　政府责任、雇主和雇员缴费水平 　　失业保险参保人数 　　失业保险年收入 　　失业保险年支出 5. 福利供给成本： 　　管理机构数、管理人员数量、管理费用 6. 福利供给对象： 　　统筹范围内参加失业保险又符合享受条件的失业者 7. 福利需求人口：所有劳动者 8. 福利需求程度：是否必须、享受条件以及享受待遇

（一）就业安置的指标

就业安置的供给主体是政府、社区、企业和民间组织。福利供给渠道主要是劳动力市场和政府指令。福利供给形式是提供就业岗位。就业安置的供给数量指标包括福利企业就业人数、公益岗位就业人数、分散安置人数、创业优惠政策、残疾人就业保障基金。为什么将残疾人就业保障基金视为就业安置的供给数量指标？是因为根据我国 2007 年 5 月 1 日实施的《残疾人就业条例》第九条规定：达不到比例（指用人单位安排残疾人就业不得低于本地在职职工总数的 1.5％）的单位应当缴纳残疾人就业保障金。该基金越多，政府购买岗位的数量也会越多。就业安置的供给成本主要是相关机构的运行经费。根据目前的政策，就业安置的供给对象主要是残疾人、失地农民和零就业家庭成员。我国的残疾人就业安置工作已经取得很大成绩，但是，残疾人失业率还远远高于总体失业率。根据《第二次全国残疾人抽样调查主要数据公报》，截至 2006 年 4 月 1 日，全国各类残疾人为 8296 万人，占全国人口的 6.34％；城镇残疾人口为 2071 万人，占 24.96％，其中 15～59 岁的人口为 767 万人，占 37.03％；全国城镇残疾人口中，在业的残疾人为 297 万人，不在业的残疾人为 470 万人，就业率为 38.72％，失业率为 61.28％[①]。同期，2006 年城镇登记失业率为 4.1％。零就业家庭的就业安置工作基本实现。到 2007 年年末，全国已有 86.9 万户零就业家庭实现每户至少一人就业，占零就业家庭总数的 99.9％[②]。就业安置的需求人口并不只有残疾人，还有新生劳动力，女性劳动力，以及教育程度低、家庭困难的劳动力。当然，让这些就业弱势群体全部就业也是不可能的，因此，就业安置的需求程度并不是必须的，不能实现就业的人群将被纳入社会救助或者其他渠道，但要求"残疾人就业率达到或超过整体就业率"是可能的[③]。

（二）就业服务的指标

就业服务的供给主体主要是政府、企业和民间组织。供给渠道一般是企业或者劳动力市场中介。据人力资源和社会保障部与国家统计局发布的《2007 年

---

① 国家统计局、第二次全国残疾人抽样调查领导小组：《第二次全国残疾人抽样调查主要数据公报》（第二号），2007-05-28。

② 人力资源和社会保障部、国家统计局：《2007 年度劳动和社会保障事业发展统计公报》，2008-05-21。

③ 这个目标是可以实现的。1996 年，加拿大修订《平等就业法》，规定残疾人的就业比例不得低于残疾人的人口比例。当时，在联邦公务员中残疾人的比例是 3.1％，低于残疾人在劳动力市场存在的比例 4.8％。为了提高残疾人和其他弱势族群的代表性，1998—2002 年间，政府每年拨款 1000 万加元促进平等就业，直接用于残疾人项目的经费约占全部经费的 12％～14％。经过几年的努力，残疾人公务员的比例在 2001 年达到了 4.8％的指标。此后，代表性比例继续攀升，至 2005 年 3 月底，增加到 5.8％，超过了残疾人在劳动力市场的比例指数。见沈培建：《加拿大的残疾人平等就业实践及其启示》，《中国残疾人》，2007（3）。

劳动和社会保障事业发展统计公报》显示，2007 年年末全国共有各类职业介绍机构 37 897 所，全年公共职业介绍机构介绍成功 1981 万人次，比上年增长 7.4%①。福利供给形式主要是提供服务。福利供给数量的指标有"就业服务组织数量、就业服务人员数量、就业服务人员质量（专职或兼职，专业技术水平）、年就业服务人数"等。2007 年年末全国共有就业训练中心 3173 所，民办培训机构 21 811 所，全年共开展培训 1960 万人次，全年共有 643 万失业人员和下岗职工参加了再就业培训，64 万人参加了创业培训。同时，2007 年年末全国共有职业技能鉴定机构 7794 个，职业技能鉴定考评人员 15.8 万人，全年共有 1223 万人参加了职业技能鉴定②。福利供给成本的指标是相关机构经费。福利供给对象是各种就业服务组织所能覆盖的人口。就业服务的需求人口是失业者或待就业者。就业服务的需求程度主要是对就业服务内容的需求。

（三）失业保险的指标

失业保险的供给主体主要有雇主、雇员和政府。福利供给渠道是政府。福利供给形式是货币。失业保险的供给数量指标有"政府责任（是弥补失业保险收支差额，还是承担部分开支或者其他责任）、雇主和雇员缴费水平、失业保险参保人数、失业保险年收入、失业保险年支出"。根据人力资源和社会保障部 2007 年的统计公报，一方面，我国失业保险参保人员和经费收入增长迅速，1997—2006 年，全国参加失业保险的人数年均增长 4%，失业保险基金收入年均增长 27%。到 2006 年年底，参加失业保险的人数 11 187 万人，全国失业保险基金收入 385 亿元。1998 年至 2006 年，共为 2400 多万失业人员提供了失业保险待遇和再就业服务。另一方面，我国政府用于失业保险金的经费偏少，与 GDP 的规模极不相称。2006 年，全国有 327 万人领取失业保险金，另有 86 万名劳动合同期满未续订或者提前解除劳动合同的农民合同制工人领取了一次性生活补助，但是失业保险基金支出仅为 193 亿元（不到当年 GDP 的 0.1%），到 2006 年年底失业保险基金已累计结存 708 亿元（约为当年 GDP 的 0.35%）③。不仅政府没有补贴进来，而且失业保险的支出仅为失业保险基金收入的一半

---

① 人力资源和社会保障部、国家统计局：《2007 年度劳动和社会保障事业发展统计公报》，2008-05-21。

② 同上。

③ 劳动和社会保障部、国家统计局：《2006 年劳动和社会保障事业发展统计公报》。据 2007 年公报，2007 年失业保险基金收入 472 亿元，支出 218 亿元，年末失业保险基金累计结存 979 亿元。基本结构没有变化。

（50.13％）。这与养老保险的入不敷出形成强烈的反差。福利供给成本的指标有"管理机构数、管理人员数量、管理费用"。目前，我国的失业保险管理体制较为混乱，条块管理、分级保险和行业保险等现象并存，导致业务交叉、成本上升，失业保险资金支出结构不合理等结果①。失业保险的供给对象与统筹的范围有密切关系，它主要针对统筹范围内失业保险参保人员。现在大部分地区是以市或县为统筹单位，层次较低，如果条件成熟上升到省或国家层次将更能发挥失业保险的作用②。福利需求人口是所有劳动者。福利需求程度的指标有"是否必须、享受条件以及享受待遇"。

三、收入福利指标

收入福利指标主要是指养老保险、货币类的社会救助和社会优抚等福利措施。对于收入类的社会福利制度，最主要的自然是社会保险，包括养老、失业、生育、医疗、工伤等保险类型。对于失业保险，我们已经将它放到了就业福利之中。生育、医疗、工伤等保险与健康有关，因此我们将它们放入健康福利之中。社会保险中，只有养老保险归入收入福利之中。养老保险的内容主要是养老保险收支、养老保险管理中的重要指标。社会救助是指国家和社会对依靠自身努力难以满足其生存基本需求的公民给予的物质帮助和服务。它以居民最低生活保障为基本内容，并根据实际情况实施专项救助、自然灾害救助、临时救助以及国家确定的其他救助，如最低生活水平保障、子女抚养津贴和各类抚恤金等③。社会优抚是对军人、烈属、见义勇为等对社会做出特殊工作的人士或者家庭提供的经济补助④。最低工资虽然也是保障类的收入概念，但它不是一种社会福利，而是一种商品交换，只是得到法律的保障。这里也体现社会福利和社会保障之间的差别。

---

① 杨勇：《中英失业保险制度比较分析》，《兰州大学》（社会科学版），2006（6）。
② 目前，养老保险有向全国统筹发展的趋势，并计划将农民工纳入城镇养老保险体系中去。作为五大社会保险之一的失业保险也需要及时向全国统筹的方向迈进，以利于劳动力流动。
③ 见《中华人民共和国社会救助法（征求意见稿）》，2008-09。
④ 社会保障研究中心：《社会保障知识读本》，161页，北京，中国致公出版社，2008。

表 11.3 收入福利指标

福利项目	内 涵	三 级 指 标
养老保险	养老保险收支 养老保险管理	1. 福利供给主体：政府、雇主、雇员 2. 福利供给渠道：政府 3. 福利供给形式：货币 4. 福利供给数量（筹资水平）： 　政府责任、雇主和雇员缴费水平 　养老保险年收入 　养老保险参保人数 　养老保险年支出 5. 福利供给成本： 　管理机构数 　管理人员数量 　管理费用 6. 福利供给对象（统筹范围）： 　国家、省、市或县范围内参保人员 7. 福利需求人口：所有居民 8. 福利需求程度：是否必须、享受条件和享受待遇
社会救助	最低生活水平保障 子女抚养津贴 抚恤金	1. 福利供给主体：政府、社区、企业、慈善组织或个人 2. 福利供给渠道：政府、非营利组织 3. 福利供给形式：货币或物质 4. 福利供给数量： 　社会救助经费 　慈善资金 　社会救助物资 5. 福利供给成本： 　管理机构数 　管理人员数量 　管理费用 6. 福利供给对象： 　社会救助条件 　社会救助人数 7. 福利需求人口： 　生活困难群体 8. 福利需求程度： 　期望社会救助条件 　期望社会救助标准

福利项目	内　涵	三　级　指　标
社会优抚	军人、烈属、见义勇为者等	1. 福利供给主体：政府、社区、企业 2. 福利供给渠道：政府 3. 福利供给形式：货币或物质 4. 福利供给数量： 　社会优抚经费 　社会优抚物资 5. 福利供给成本： 　管理机构数 　管理人员数量 　管理费用 6. 福利供给对象： 　符合社会优抚条件人数 　实际获得社会优抚人数 7. 福利需求人口： 　潜在需要社会优抚的人数 8. 福利需求程度： 　期望社会优抚条件 　期望社会优抚待遇

（一）养老保险的指标

养老保险的供给主体是雇主、雇员和政府。供给渠道是政府，确切地说主要是地方政府。福利供给形式是货币。供给数量指标有"政府责任、雇主和雇员缴费水平、养老保险年收入、养老保险参保人数、养老保险年支出"。目前，政府主要承担在养老金收不抵支时兜底的任务。福利供给成本的指标有"管理机构数、管理人员数量、管理费用"。福利供给对象是统筹范围的养老保险参保人员。根据国务院白皮书的阐述，1997 年，中国政府统一了全国城镇企业职工基本养老保险制度，实行社会统筹与个人账户相结合。中国的基本养老保险最初只覆盖国有企业和城镇集体企业及其职工。1999 年，中国把基本养老保险的覆盖范围扩大到外商投资企业、城镇私营企业和其他城镇企业及其职工；省、自治区、直辖市根据当地实际情况，可以规定将城镇个体工商户纳入基本养老保险。2002 年，中国把基本养老保险覆盖范围扩大到城镇灵活就业人员①。到 2007 年年末，全国参加城镇基本养老保险人数为 20 137 万人，其中，参保职工 15 183 万人，参保离退休人员 4954 万人，农民工人数为 1846 万人。全年城镇基本养老保险基金总收入 7834 亿元，其中征缴收入 6494 亿元，各级财政补贴基本养老保险基金 1157 亿元，全年基金总支出 5965 亿元，年末基本养老保险基金累计结存 7391 亿元②。现在的养老保险统筹层次也较低，以致出现有的地区有大量结余，而有的地区必须财政兜底。目前的养老保险并没有全覆盖，不仅农村居民大部分没有纳入，而且公务员和事业单位从业人员也没有纳入。养老保险的需求人口是所有居民。福利需求程度的指标有"是否必须、享受条件和享受待遇"。

（二）社会救助的指标

根据当前的社会救助制度，社会救助的对象包括三类：一是因自然灾害、意外事故导致不接受紧急救助就无法维持生活的人，如灾民；二是由于先天或后天的因素失去劳动能力的人，如农村无依靠老人、残疾人；三是虽有劳动能力，但因客观因素导致失业、收入中断或减少，而且无法获得社会保险给付的人，如贫困者。社会救助水平限于最低生活保障水平，理论上低于社会保险水平（如养老金、失业金等）。社会救助的供给主体是政府、社区、企业、慈善组织以及家庭或个人。最低生活保障是最重要的社会救助手段。供给渠道有政府、非营利组织等。供给形式主要是货币或物质。福利供给数量指标有"社会救助经费、慈善资金、社会救助物资"。社会救助的供给成本指标有"管理机构数、管理人员数量、管理费用"。福利供给对象根据社会救助条件而定，此处是实际获得社会救助的人数。社会救助的需求人口是生活困难群体。福利需求程度指标是对"社会救助条件和待遇标准"的期望。

（三）社会优抚的指标

社会优抚是社会保障中一种较为特殊的保障方式。它的内容包括优待军人

---

① 国务院新闻办公室：《中国的社会保障状况和政策》白皮书，2004-09。
② 人力资源和社会保障部、国家统计局：《2007 年度劳动和社会保障事业发展统计公报》。

及军人家属、抚恤伤亡将士、褒扬阵亡将士等，后来，社会优抚的范围扩大到非军人，如对一些因公或为保卫人民生命财产而有特殊贡献的非军人也实行抚恤和褒扬。社会优抚的供给主体是政府、社区和企业。供给渠道主要是政府。供给形式主要是货币或服务，供给数量指标是"社会优抚经费、社会优抚物资"。福利供给成本指标是"管理机构数、管理人员数量、管理费用"。福利供给对象是"实际享受社会优抚人数"。福利需求人口是符合社会优抚条件人数和潜在需要社会优抚的人数。福利需求程度指标是对"社会优抚条件和待遇标准"的期望。

四、健康福利指标

身体健康是人们生产和生活的基本条件。健康福利也是社会福利中的一个重要项目。在各类社会保险中，医疗保险成为仅次于养老保险的最大保险类型。在我国广大农村，因病致贫和因病返贫也是非常突出的现象。健康福利指标包括工伤保险、医疗保险（生育保险）、健康预防。工伤保险的社会福利指标主要涉及工伤保险收支和工伤保险管理两个方面。医疗保险的社会福利指标也类似。生育保险的性质与医疗保险类似，我们不再单列，而是将之纳入医疗保险。健康预防指标的内涵有体检、疾病预防与控制、妇幼保健、卫生监测、康复工程。这里特别要指出的是，康复工程是专门面向残疾人提供的福利。康复是帮助残疾人恢复和补偿功能，增强他们的生活自理和社会适应能力，使他们能平等参与社会生活。20 世纪 80 年代开始，国家每年拨专款有组织开展大规模的抢救性康复工作。早期的主要康复项目有白内障复明手术、聋哑儿童语言听力训练以及肢残矫治手术三种[1]。此后，我国残疾人康复工作又扩展到"低视力康复""精神病防治康复""智力残疾康复"以及社区康复工作、残疾人用品用具供应服务等，全国已建成各级各类残疾人康复训练服务机构 19 000 多个，"十五"期间，我国通过实施一批重点康复工程，使 642 万残疾人得到不同程度的康复。[2]

---

[1]　彭宅文：《中国残疾人人权保障三十年》，《中国社会科学院报》，2008-12-18。
[2]　许琳、张艳妮：《我国残疾人社会保障的现状与问题研究》，《西北大学学报》（哲学社会科学版），2007（6）。

表 11.4　健康福利指标

福利项目	内　涵	三　级　指　标
工伤保险	工伤保险收支 工伤保险管理	1. 福利供给主体：雇主 2. 福利供给渠道：政府 3. 福利供给形式：货币 4. 福利供给数量（筹资水平）： 　雇主缴费水平 　工伤保险年收入 　工伤保险参保人数 　工伤保险年支出 5. 福利供给成本： 　管理机构数 　管理人员数量 　管理费用 6. 福利供给对象（统筹范围）： 　参保人员 7. 福利需求人口： 　所有劳动者 8. 福利需求程度
医疗保险 （含生育 保险）	医疗保险收支 医疗保险管理	1. 福利供给主体：政府、雇主、雇员 2. 福利供给渠道：政府 3. 福利供给形式：货币 4. 福利供给数量（筹资水平）： 　政府责任、雇主和雇员缴费水平 　城镇职工医疗保险参保率 　新型农村合作医疗参合率 　医疗保险年收入 　医疗保险年支出 5. 福利供给成本： 　管理机构数 　管理人员数量 　管理费用 6. 福利供给对象：参保人员 7. 福利需求人口： 　所有居民 8. 福利需求程度：是否必须、享受条件和享受待遇

续 表

福利项目	内 涵	三 级 指 标
健康预防	体检 疾病预防与控制 妇幼保健 卫生监测 康复工程	1. 福利供给主体：政府、社区、单位 2. 福利供给渠道：民间组织 3. 福利供给形式：服务 4. 福利供给数量： 　体检频次 　疾病预防与控制范围 　妇幼保健服务 　卫生监测服务 　康复工程参与人数 5. 福利供给成本： 　管理机构数 　管理人员数量 　管理费用 6. 福利供给对象：获得相应服务的人口 7. 福利需求人口：所有居民 8. 福利需求程度： 　是否必须 　政府或单位提供的服务数量或经费

（一）工伤保险的指标

工伤保险的供给主体是雇主，供给渠道是政府，供给形式是货币。供给数量的指标有"雇主缴费水平、工伤保险年收入、工伤保险参保人数、工伤保险年支出"。福利供给成本指标有"管理机构数、管理人员数量、管理费用"等。供给对象是参加工伤保险的人员。工伤保险的需求人口是所有劳动者。工伤保险的需求程度"是否必须、享受条件和享受待遇"。

（二）医疗保险（含生育保险）的指标

医疗保险的供给主体是雇主、雇员和政府。供给渠道是政府。供给形式是货币。供给数量方面的指标有"政府责任、雇主和雇员缴费水平、城镇职工医疗保险参保率；新型农村合作医疗参合率；医疗保险年收入、医疗保险年支出"等。福利供给成本指标有"管理机构数、管理人员数量、管理费用"。供给对象统筹范围内的医疗保险参保人员。医疗保险的需求人口是所有居民，但是目前并不能做到。医疗保险的需求程度"是否必须、享受条件和享受待遇"。

（三）健康预防的指标

健康预防的供给主体主要是政府、社区和单位。供给渠道主要是民间组织。供给形式是服务。供给数量方面的指标有"体检频次、疾病预防与控制范围、妇幼保健服务、卫生监测服务"。供给成本的指标有"管理机构数、管理人员数量、管理费用"。健康预防的供给对象主要是获得相应服务的人口。健康预防的需求人口是所有居民。福利需求程度指标是"是否必须（有无法律保证）、政府或单位提供的服务数量或经费"。

五、教育福利指标

教育是提高生活质量的关键因素，同时也是检验一个社会发展程度和文明程度的综合指标之一。美国经济学家明瑟认为，受过更多教育的劳动者在劳动力市场上至少有三大优势：更高的收入；更强的就业稳定性；更多的升迁机会[1]。我国也提出了"科教兴国"的发展战略。在计划经济时代，城镇教育体系包括普通学历教育与职工技能培训，均属于国家公共福利范畴，即使是企业单位举办的学校，也因国有经济一统天下并与国家财政紧密关联而事实上属于国家福利教育；乡村教育体系则是在国家支持下由乡村集体举办的一项集体福利[2]。改革开放以后，中国的教育已经从过去的福利教育走向了混合型的多元教育体系，其特征是教育投资主体多元化、教育机构多元化、受教育者需求多元化[3]。在多元化的时代中，如何衡量现阶段的教育福利水平成为一个问题。我们认为，教育福利指标的内涵主要有：学历教育（义务教育、非义务教育如高中及高校）、职业教育（职业学校、就业培训）和业余教育（如文艺培训、体育训练、函授教育）。

---

[1]　Jacob Mincer, *Education and Unemployment*, Studies in Human Capital, Cambridge，1993：p. 212.

[2]　郑功成：《从福利教育走向混合型的多元教育体系——中国的教育福利与人力资本投资》，《清华大学教育研究》，2004（5）。

[3]　同上。

表 11.5 教育福利指标

福利项目	内　涵	三　级　指　标
教育福利	学历教育 职业教育 业余教育	1. 福利供给主体：政府、社区、单位 2. 福利供给渠道：民间组织 3. 福利供给形式：服务、货币 4. 福利供给数量： 　　财政投入教育经费 　　助学金、奖学金 　　公共教育机构数 　　公共教育机构学生数 　　免费教育年数 5. 福利供给成本： 　　管理费用 6. 福利供给对象： 7. 福利需求人口：所有居民 8. 福利需求程度： 　　是否必须（有无法律保证） 　　政府或单位投入经费

　　教育福利的供给主体有政府、社区或单位、慈善组织。教育投资主体多元化，包括政府投入、企业投入、社会投入，以及教育机构通过兴办营利性机构创收自我投入和依靠国内外贷款。企业投资力度不大。据调查，在国有企业中，有30％以上的企业人力资本投资只是象征性地拨一点教育培训费，年人均在10元以下；20％左右国有企业在教育、培训费方面年人均在10~30元之间；大多数亏损企业已经基本停止了人力资本的投资；而部分有能力的企业也已经放弃或准备放弃岗前与中长期的教育培训①。供给渠道是各级教育机构，属于民间组织。供给形式是服务、货币（如奖学金、助学金）、物质（免费书本、食品）。供给数量指标有"财政投入教育经费、助学金、奖学金、公共教育机构数、公共教育机构学生数、免费教育年数"。供给成本指标有教育机构的管理费用。教育福利的供给对象是接受带有福利性质的教育的人员。教育福利的需求人口是所有居民，当然不同阶段、不同处境的人会有不同的教育需求。教育福利的需求程度指标有"是否必须、政府或单位投入经费"。

---

　　① 郑功成：《从福利教育走向混合型的多元教育体系——中国的教育福利与人力资本投资》。

六、住房福利指标

我国在城乡实施不同的住房制度，农村的住房主要靠自己解决，没有住房福利（灾民安置除外）。因此，这里的住房福利制度主要限于城镇居民。住房福利指标是指通过社会互助或者救助解决城镇居民住房问题的量化指标。住房福利指标可以分为实物住房福利和货币住房福利。前者如单位福利房、单位集资房、廉租房、保障性经济适用房、保障性商品房。后者如住房公积金和住房补贴。

表 11.6　住房福利指标

福利项目	内　涵	三 级 指 标
实物住房福利	单位福利房 单位集资房 廉租房 保障性经济适用房 保障性商品房	1. 福利供给主体：政府、单位 2. 福利供给渠道 3. 福利供给形式：物质 4. 福利供给数量： 　财政投入经费 　各类保障性住房面积和价格 　建筑质量 5. 福利供给成本：管理费用 6. 福利供给对象：获得实物住房的人口 7. 福利需求人口：应受保障家庭比例 8. 福利需求程度：住房面积、住房质量、政府投入经费
货币住房福利	住房公积金 住房补贴	1. 福利供给主体：单位 2. 福利供给渠道：政府和金融机构、单位 3. 福利供给形式：货币 4. 福利供给数量： 　住房公积金年收入 　住房公积金缴费人数 　住房公积金年支出 　住房公积金年贷款额 　住房补贴数量 5. 福利供给成本：管理费用 6. 福利供给对象：获得住房补贴人员、参加住房公积金人员 7. 福利需求人口：所有劳动者 8. 福利需求程度：住房补贴数量、公积金优惠政策

（一） 实物住房福利的指标

实物住房福利的供给主体有政府和单位。在住房福利体制改革以前，供给主体是单位。改革之后，实物住房福利的供给主体就是政府。供给渠道是政府和市场。供给形式是物质（住房）。供给数量指标有"财政投入经费、廉租房面积、经济适用房面积、经济适用房价格、建筑质量"。供给成本是相关机构的管理费用。供给对象是获得实物住房的人口。实物住房福利的需求人口是政策规定范围内的应受保障家庭数。福利需求程度的指标是"住房面积、质量和政府投入经费"。

（二） 货币住房福利的指标

货币住房福利是现在住房福利的主体。货币住房福利的供给主体是单位和政府，政府的职能主要是制定政策，其次也可能提供部分住房补贴（如面向引进人才的优惠政策、房市低迷时的救市政策）。供给渠道是政府和金融机构（主要是公积金）和单位（主要是住房补贴）。供给形式是货币。供给数量指标有"住房公积金年收入、住房公积金缴费人数、住房公积金年支出、住房公积金年贷款额、住房补贴数量"。供给成本指标是相关管理费用。供给对象是获得住房补贴和参加住房公积金的人员。货币住房福利的需求人口是所有劳动者。福利需求程度指标是"住房补贴数量、公积金优惠政策"。

第三节　社会福利评估指标

社会福利评估指标是在社会福利供给指标和社会福利需求指标基础之上，为进一步分析福利制度和福利水平而设计的指标体系，也可以说是它们的应用。我们的评估指标分为两个层次：一是微观评估指标，二是宏观评估指标。微观评估层次比较清楚，一般以个体为核算单位。微观评估指标从个体层次进行测量，不仅能监测社会发展，而且可以分析整个社会不同群体的福利情况。微观评估指标主要有福利供给数量、福利获得数量、福利获得水平、福利满意度等。福利供给数量主要是指微观主体在具体的社会福利项目所作出的贡献，反映该主体的责任或义务。福利获得数量是指微观主体所获得的实际社会福利数量，反映其福利权利和享受程度。福利供给和福利获得之间有一定的平衡关系，否则整个福利体系就不可能持续。福利获得水平主要是指现有的获得水平与其他个体或者其他状况下的获得水平之间的比较，属于福利水平的相对指标。福利满意度是指社会福利接受主体对于现行的社会福利制度或运行方式的满意程度。

对于宏观评估指标，情况稍微复杂些。因为宏观层次可以有多种理解，比如国家、社区、风险共同体（群体），因此，在正式评估之前，首先要明确四个要素：评估主体、评估范围、评估单位和评估项目。评估主体就是谁组织、主持整个评估的工作和过程。社会评估一般会涉及一些社会主体的切身利益，相关主体因为评估结果的好坏而获得不同的利益水平。因此，评估主体的确定必须慎重。一般的评估主体有政策制定者、监督者和研究者，也可能是福利的供给者、需求者或管理者。评估范围是指社会福利运行的空间区域，比如是国家、省、市县、社区或群体（利益共同体）。评估单位是指能够独立进行社会福利效益核算的单位，如个体、家庭、群体、社区或国家。评估单位是比评估范畴更小的单元。评估项目是指具体被评估的福利项目，比如整个社会福利体系、一级福利项目、二级福利项目或者三级福利项目。同一个福利项目可以有不同的评估范畴和评估单位。指标或者宏观评估指标一般要求采用客观指标，它可以避免个人偏好以及因对同一概念产生不同理解而造成的偏差。社会福利的宏观评估指标主要涉及四个方面：效益指标、效率指标、公平指标、预警指标。福利效益是指现有的福利制度达到了哪些效果，一般属于结果性指标。福利效率是指接受者所获得的福利水平与社会福利的供给水平的比值。福利公平是指在社会福利制度的范围内，权利相等的社会主体之间是否享受同等水平的福利，如果是一致的，那么社会福利制度的运行是公平的，如果内部之间的差异性很大，那么该福利制度的运行是不公平的。预警指标，我们前面已经提及，主要是指带有前瞻性、影响重大、有一定风险的指标。当然还有福利误差，它是指福利被错误分配的数量，主要是指不该纳入而被纳入的人口所享受的福利、应该享受而没有享受的人口所该享有的福利数量以及福利计算的差错。由于没有成熟的相关研究，我们这里不加以展开。

社会福利评估的主要目的就是提高社会福利分配的平等性和可及性，让福利资源在微观与宏观层面更有效率地运行，提高人们对于福利制度的满意度，保证社会福利制度的长期健康运行，促进社会的整体福利。

表 11.7 社会福利评估指标

一级指标	二级指标	微观评估指标	宏观评估指标
公共福利	1. 社会福利组织	1. 提供福利服务数量 公民义务、志愿服务 2. 获得福利服务数量 使用服务次数 3. 满意度 对福利服务的满意度	1. 效益指标 每万人口社会福利服务人员数 社会福利服务组织、人员以及专业化程度的地区间比较 2. 效率指标 人均服务提供数量（年） 福利服务等待时间 3. 公平指标 地域之间、群体间的社会福利服务分布
	2. 公共福利设施	1. 提供福利数量 公民义务、捐赠 2. 获得福利数量 使用设施类型和次数 3. 满意度 对于公共设施数量和质量的满意度	1. 效益指标 每万人口公共福利设施数 残疾人、老年人福利设施的地区间比较 2. 效率指标 福利设施利用率 福利设施维护费用 福利设施使用寿命 3. 公平指标 福利设施在地区和群体中的分布
	3. 社会福利制度	公众参与	福利事务的法制化程度

续　表

一级指标	二级指标	微观评估指标	宏观评估指标
公共福利	4. 公共安全	1. 提供福利数量 为维护公共安全付出的努力 2. 获得福利数量 获得环境、食品、药品、交通、生产、居住安全程度 3. 满意度 对于公共安全状况的满意度	1. 效益指标 每万人意外事故发生率（火灾、生产、交通事故） 主要农副食品合格率 粮食自给率 药品安全抽样合格率 每万人犯罪率（刑事案件、治安案件） 达到Ⅰ级和Ⅱ级空气质量天数 安全饮用水的可得率 森林覆盖率 2. 效率指标 公共安全投入/群众安全感 公共安全投入/公共安全事故次数 3. 公平指标 公共安全投入、公共安全事故在地区和人群中的分布
就业福利	5. 就业安置	1. 获得福利数量 是否获得就业机会 2. 满意度 对于就业现状的满意度	1. 效益指标 残疾人就业率 妇女就业率 零就业家庭数 大学生就业率 残疾人就业保障基金 2. 效率指标 安置经费/人 3. 公平指标 就业安置机会的群体比较

一级指标	二级指标	微观评估指标	宏观评估指标
就业福利	6. 就业服务	1. 获得福利数量 是否获得就业服务 2. 获得福利水平 获得就业服务的数量 （小时数） 3. 满意度 对于就业服务的满意度	1. 效益指标 实现再就业比例 2. 效率指标 每实现一个再就业的就业服务投入经费 3. 公平指标 就业服务的群体分布
	7. 失业保险	1. 提供福利数量 失业金缴费额 2. 获得福利数量 获得失业保险金数额 3. 获得福利水平 失业金替代率（≥50%） 4. 满意度 对于失业保险制度的满意度	1. 效益指标 失业保险覆盖率 失业保险拖欠率 失业保险基金增值 2. 效率指标 管理费支出比例 3. 公平指标 失业保险的群体分布 4. 预警指标 失业率 失业保险结余率
收入福利	8. 养老保险	1. 提供福利数量 养老保险累计缴纳金额 2. 获得福利数量 获得失业保险金数额 3. 获得福利水平 养老保险替代率 4. 满意度 对养老保险制度的满意度	1. 效益指标 养老保险覆盖率 养老保险基金增值 养老保险退保率 养老保险拖欠率 2. 效率指标 管理费支出比例 3. 公平指标 养老保险的群体分布 4. 预警指标 老龄化速度 养老保险结余率

一级指标	二级指标	微观评估指标	宏观评估指标
收入福利	9. 社会救助	1. 获得福利数量 获得社会救助数量 2. 获得福利水平 社会救助水平/人均生活水平 3. 满意度 对社会救助制度的满意度	1. 效益指标 社会救助人口 社会救助基金 贫困、灾害人口救助率 2. 效率指标 管理费支出比例 3. 公平指标 社会救助的群体分布 4. 预警指标 贫困人口比例
	10. 社会优抚	1. 获得福利数量 获得社会优抚数量 2. 获得福利水平 社会优抚水平/人均生活水平 3. 满意度 对社会优抚制度的满意度	1. 效益指标 社会优抚人口 社会优抚基金 2. 效率指标 管理费支出比例 3. 公平指标 社会优抚水平与社会贡献比较
健康福利	11. 工伤保险	1. 提供福利数量 工伤保险缴费水平 2. 获得福利数量 获得工伤保险金数额 3. 获得福利水平 工伤保险替代率 4. 满意度 对工伤保险制度的满意度	1. 效益指标 工伤保险覆盖率 养老保险拖欠率 2. 效率指标 管理费支出比例 3. 公平指标 参保比例的群体比较 工伤待遇的群体比较 4. 预警指标 工伤保险结余率

一级指标	二级指标	微观评估指标	宏观评估指标
健康福利	12. 医疗保险（含生育保险）	1. 提供福利数量 医疗保险缴费水平 2. 获得福利数量 获得医疗保险的数额 3. 获得福利水平 每千人口医生数 每千人口床位数 医疗保险支付率 4. 满意度 对医疗保险制度的满意度 对医疗卫生收费的满意度	1. 效益指标 医疗保险覆盖率 人均医疗卫生费用 卫生费用占财政支出的比重 2. 效率指标 管理费支出比例 3. 公平指标 参保比例的群体比较 医疗保险待遇的群体比较 4. 预警指标 医疗保险结余率
	13. 健康预防	1. 提供福利数量 缴费水平 2. 获得福利数量 获得健康、卫生服务数量 3. 获得福利水平 自费承担比例 4. 满意度 对于健康预防服务的满意度	1. 效益 可传染疾病数的变化 两周患病率的变化 婴儿死亡率 预期寿命 弱势群体医疗救助率 2. 效率 管理费用 3. 公平 预防服务的群体分布 4. 预警指标 可传染疾病数 两周患病率

续　表

一级指标	二级指标	微观评估指标	宏观评估指标
教育福利	14. 教育福利	1. 提供福利数量 教育捐赠 2. 获得福利数量 受教育年限 受教育补贴 3. 满意度 对于教育福利制度的 满意度	1. 效益 文盲率 特殊教育入学率 义务教育入学率 义务教育辍学率 助学贷款发放率 人均受教育年数 个人承担学杂费比例 2. 效率 人均受教育年数增长量/公共教育投入 3. 公平 公共教育投入在群体间的分布
住房福利	15. 实物住房	1. 获得福利数量 是否获得实物住房 2. 获得福利水平 福利住房的面积、质量 3. 满意度 对住房福利制度的满意度	1. 效益 廉租房提供率 经济适用房提供率 2. 效率 机构管理经费 3. 公平 实物住房分配的公正程度
	16. 货币住房	1. 提供福利数量 住房公积金缴费水平 2. 获得福利数量 公积金贷款、住房补贴数量 3. 满意度 对货币住房福利制度的满意度	1. 效益 住房公积金覆盖率 住房自有率 居民人均使用面积 人均住房消费支出 廉租房保障覆盖率 2. 效率 机构管理费 3. 公平 住房公积金的群体分布

上面只是根据我们的理论框架结合现有的福利指标研究建构出来的。为了更好地说明这个问题，我们从六个方面再作一些解释。

（一）公共福利的评估指标

公共福利项目很多，其中最主要的就是福利设施、环境和食品安全。福利设施主要是为方便残疾人或老年人参与社会生活而建造的城市道路、建筑物和信息无障碍设施、手语新闻、电视字幕、残疾人康复机构和老人福利院等。粮食预警指标包括粮食库存安全系数、粮食产量波动系数和粮食自给率、人均占有耕地面积等①。环境和食品安全可以用森林覆盖率、达到Ⅰ级和Ⅱ级空气质量的天数、安全饮用水的可得率、粮食自给率、药品安全抽样合格率等来度量。粮食自给率是指一国能够满足国内粮食需求的程度。国际上一般把粮食自给率大于90%定为可以接受的粮食安全水平，大于95%定为基本自给。粮食安全也有采用粮食库存安全系数（结转库存量占年度消费量的百分比）和人均占有耕地面积来衡量的。粮食库存安全系数以17%~18%为安全边际②。人均占有耕地面积以0.053 hm²为最低界限（联合国粮农组织标准）③。

（二）就业福利的评估指标

就业福利最主要的是两个问题，一是残疾人就业率，二是失业保险制度。前者涉及残疾人教育、培训、康复、救助等因素，需要政府、家庭、社区和用人单位共同配合。后者主要是指享受条件太苛刻、管理费用太高、存在侵吞、挪用、浪费等现象。在国外，失业保险基金中的管理费支出一般只占基金总支出的3%~4%，而我国则连续几年都高达30%以上④。据一项全国七个城市的调查，在3024个农民工中，只有36人缴费，平均每人缴费为85元/月，可是没有一个人曾经享受过失业保险待遇；而其他社会保险则或多或少都有人享受过⑤。

---

① 顾海兵、赵林榜：《我国粮食预警指标体系构想》，《开发研究》，1998（4）。
② 程玮：《从几个测度指标看我国粮食安全保障能力》，《合作经济与科技》，2008年7月号（上）。
③ 李植斌、吴绍华：《浙江省耕地资源的安全保障与评价》，《国土资源科技管理》，2005（1）。
④ 杨勇：《中英失业保险制度比较分析》，《兰州大学》（社会科学版），2006（6）。
⑤ 数据来自关信平教授主持的教育部重大攻关课题（《农村劳动力转移就业中的社会政策研究》）的七城市调查，分别是：天津、上海、广州、沈阳、昆明、威海、宜宾。

（三） 收入福利的评估指标

在收入福利指标中，受关注度最高的指标是养老金替代率、低保替代率和老龄化速度。基本养老金替代率是指退休人员基本养老金平均水平与在职职工工资平均水平的比率[1]。早在 1952 年，国际劳工组织就通过了《社会保障最低标准公约》，其中规定了养老金的最低支付水平为退休前收入的 40%～45%，后来又把它提高到 55%[2]。我国不同性质的单位有不同的养老金替代率，公务员最高，事业单位职工其次，企业职工最低。当前的社会养老保险改革目的就是既要让养老保险体系能够可持续运行，又要让参保人员获得大致相同的养老保险收入，从而体现制度的公平性。低保替代率是指最低生活保障收入水平与最低工资收入的比例，国际临界值为 80%[3]。老龄化速度是指 65 岁以上人群在总人口中比率的增长率。这是反映老龄化的指标。在现收现付制下，该指标越高则带来的经济负担越大，公共财政的可持续性越差。

（四） 健康福利的评估指标

健康福利方面，目前主要问题是医疗保险的覆盖率较低、自费率高、婴儿死亡率高、新型农村合作医疗运行效率较低、残疾人康复福利不足。医疗保险覆盖率近年来发展很快，但是总体水平还较低。根据《2007 年度劳动和社会保障事业发展统计公报》，到 2007 年年末，全国参加城镇基本医疗保险人数为 22 311 万人，其中，参加城镇职工基本医疗保险人数 18 020 万人（参保职工 13 420 万人，参保退休人员 4600 万人），参加城镇居民基本医疗保险人数为 4291 万人。城镇在岗职工的参保率为 45.72%，城镇总体人口的参保率为 37.57%[4]。农民工的参保比例更低。2007 年，农民工参加医疗保险人数为 3131 万人，大约占农民工总体的 25%。新型农村合作医疗制度在政府的大力支持和推进下，发展速度很快。到 2007 年年底，全国开展新型农村合作医疗的县

① 北京市劳动和社会保障学会课题组：《北京市企业退休人员基本养老金替代率问题调研报告》，《北京市计划劳动管理干部学院学报》，2005 (1)。

② 转引自北京市劳动和社会保障学会课题组：《北京市企业退休人员基本养老金替代率问题调研报告》，《北京市计划劳动管理干部学院学报》，2005 (1)。

③ 罗小兰：《最低工资、最低生活保障与就业积极性：上海的经验分析》，《南京审计学院学报》，2007 (3)。

④ 人力资源和社会保障部国家统计局：《2007 年度劳动和社会保障事业发展统计公报》，2008-05-21。

（市、区）已达 2451 个，占全国总数的 86％，东部地区覆盖全体农民，中西部地区覆盖 85％。全国参加新农合的农民达到 7.3 亿人，参合率为 86％①。关于自费率，中国居民 1991 年自己承担医药费的比例为 38.8％，1995 年为 50.3％，2001 年上升为 60.5％。与日本相比：2000 年，日本的国民医疗费由个人负担的部分为 14.8％；在婴儿死亡率方面，2000 年中国第五次人口普查，中国婴儿死亡率为 28.4‰，日本同期婴儿（1 岁以内）死亡率为 3.2‰，日本在 20 世纪 60 年代的婴儿死亡率为 30.7‰②。关于新型农村合作医疗，研究者发现，新农合在投入方向上，具有明显的"重治轻防"倾向，从而不能获得良好的投入绩效；医疗机构间缺乏有效竞争，成本软约束导致医疗机构低效率运行；而监管缺位或不力又难以杜绝医疗机构的驱利行为③。关于残疾人康复福利，目前有康复需求的残疾人还有 60％～70％得不到康复服务④。

（五）教育福利的评估指标

当前教育福利的评估应该侧重于弱势群体。因此，我们设计的效益指标主要是文盲率、残疾人受教育年数、农村劳动力受教育年数、流动人口子女教育质量。为了解决弱势群体的教育问题，各级政府应该承担主要责任。因此，与政府有关的指标，如政府各级财政支出、乡村小学生的人均公用经费、欠发工资总额、教育经费占全国 GDP、政府学生贷款、助学金等，均可以作为地方政府在教育福利上的政绩评价指标。对于流动人口子女教育，我国政府于 2003 年秋季明确，"流动人口子女的义务教育由流入地政府统筹解决，流动人口子女可以与市民子女享受同等的教育机会"⑤。但是，到目前为止，还没有专门为流动人口子女教育开设的相应教育机构，也没有进入公办教育机构学习的可操作性的实施细则。残疾人教育方面，据《2007 年中国残疾人事业发展统计公报》，

---

① 杜乐勋主编：《2008 年医疗卫生绿皮书》，118～120 页，北京，社会科学文献出版社，2008。

② 于保荣、高光明、王庆：《中日两国医疗服务利用及效果分析》，《中国卫生质量管理》，2006（4）。

③ 魏来、张星伍：《新型农村合作医疗的运行效率筹资与基层政府行为》《社会保障制度》，2008（8）。

④ 汤小泉：《在全国残联"十一五"康复工作部署会议暨康复业务培训班上中国残联领导同志的讲话》，《中国残疾人联合会工作通报》第 13 期，2008（3）。

⑤ 郑功成：《从福利教育走向混合型的多元教育体系——中国的教育福利与人力资本投资》。

至 2007 年年底，我国共有特殊教育学校 1667 所，在校生 58 万人。但是，农村的残疾人教育相对滞后，16 岁以下的农村残疾人在学校就读的仅占 35％①。教育福利的公平程度也是一个社会关注的热点。选用的指标可以是各级政府在城镇与乡村、重点学校与非重点学校、学历教育与非学历教育等方面的分布。

（六）住房福利的评估指标

单位福利房和单位集资房都属于实物住房福利，都是基于单位的建房方式。即单位提供国有划拨土地，由单位和职工共同集资缴纳建房款，再委托建设单位开发建设。由于一些地区出现部分单位以集资合作建房名义，变相搞住房实物福利分配或商品房开发等问题，故建设部发文，自 2006 年 8 月 14 日起，停止审批党政机关集资合作建房项目；国有企业或事业单位的集资建房政策没有取消，但审查已严格控制②。当前，住房方面的主要问题是廉租房供给不足、经济适用房政策不明确、住房公积金覆盖率低等。廉租住房方面，各地廉租房的建设量均不大。廉租住房制度推行比较好的上海市，保障覆盖面不到 1.5％。廉租住房保障覆盖率反映一定时期内某一城镇实际享受廉租住房保障的户数占应享受廉租住房保障户数的比例③。不明确的政策如经济适用房政策，它只有原则性规定，即中低收入家庭可以享受经济适用住房，但最低收入家庭如何界定，中低收入家庭该享受多大面积的保障性住房，最低收入家庭可以租用多大面积的廉租住房等都缺乏标准④。结果，一方面地方政府消极建设经济适用房，减少经济适用房的供应量，又以保障低收入者住房困难的名义排除中等收入享受优惠政策；另一方面，经济适用房分配环节不透明，导致大量的高收入且住房条件优越的家庭通过各种途径购买了经济适用房。在高房价的时代，中等收入或者说"夹心层"的住房也成为一个社会问题，他们既不够条件申请保障性租赁房和经济适用房，又买不起市场上的商品房。为了解决非低收入无住房人

---

① 陈云英：《特殊需要教育是教育的保障工程》，《现代特殊教育》，2003（12）。

② 建设部、监察部、国土资源部：《关于制止违规集资合作建房的通知》，2007 年 2 月，http：//www.cin.gov.cn/hydt/200804/t20080424＿162807.htm。

③ 余凌志，屠梅曾：《廉租住房保障水平测度指标设置及应用》，《武汉理工大学学报·信息与管理工程版》，2007（7）。

④ 宋春华：《谈住房保障性指标的制定》，《中国房地信息》，2001（3）。

群的住房问题，厦门市推出了保障性商品房政策①。新政策的出台是为了强化政府的住房保障职能，最大程度地实现全体市民"居者有其屋"。

在货币住房福利方面，当前的主要问题是住房公积金覆盖率低。2007 年年末，我国住房公积金实际缴存职工人数为 7187.91 万人②，覆盖率仅为正式职工的 48.33%。现行的公积金制度将四部分人排除在外：一是没有参加公积金制度的集体企业和个体企业的职工；二是相对困难企业的职工（相当一部分下岗职工）；三是没有单位的城市居民（包括个体从业者）；四是在城市工作的农民工③。后三部分人最需要社会的援助，但却被排除在外。住房公积金采取职工和单位分别交纳职工月工资一定水平的比率的办法，因此，职工工资水平越高，他从单位享受到的补贴也就越多。这种补贴方法其实更有利于高收入者。住房真正困难的对象却因无力购房而无法享受到政府的优惠政策，住房公积金对于他们来说，更多的像是储蓄，而且是为高收入者做嫁衣。④

上面是分项目的社会福利指标，有时也需要一些总体性的社会福利指标。比如社会福利支出占 GDP 比重（≥16%）、社会福利支出占财政支出比重（≥30%）、基尼系数（≤0.35）。在福利国家，还采用"完全受到主要社会保障制度覆盖人口比例"（高达 90%~100%）和"只依靠或主要依靠福利救助生活的成年人口在社会总人口中的比重"（在大多数欧洲国家，受福利救助者数量极大，如德国、瑞士，达到甚至超过了选民人口的 50%）等指标⑤。福利国

① 保障性商品房价格由扣除征地拆迁费用后的建设成本加基准地价及相关税费测算而来，据此测定岛内均价 7000 元/平方米以内，岛外均价 5000 元/平方米以内。保障性商品房与经济适用房都是政府提供的社会保障性住房，都属政策性住房，都是有限产权，购房取得产权未满 5 年的不得直接上市交易。不同在于，申请保障性商品房不受收入和资产限制。在价格组成上，保障性商品房售价中包含基准地价，而享受国家优惠政策的经济适用房不含基准地价，保障性商品房价格因此高于经济适用房。在市场转让上，经济适用房原购买价格与相应地段社会保障性住房上市交易指导价差价的 90% 向政府缴交增值收益，而保障性商品房仅须向政府缴交 60% 的增值收益。上市交易指导价由市政府定期制定发布。林粟如：《保障性商品房为"夹心层"解忧》，厦门政府网站，http://www.xm.gov.cn/xmyw/200808/t20080817_272504.htm2008-08-17。

② 中华人民共和国住房和城乡建设部：《2007 年全国住房公积金缴存使用情况》，www.mohurd.gov.cn，2008-03-13。

③ 李斌：《社会排斥理论与中国城市住房改革制度》，《社会科学研究》，2002（3）。

④ 王培刚：《当前我国住房福利政策的问题与政府角色定位探讨》，《重庆社会科学》，2007（8）。

⑤ ［德］曼斯弗莱德·施密特：《福利国家及其社会政策》，《社会观察》，2004（1）。

家除了福利收入和福利支出的高比例，更关键的是他们的福利平等程度以及全覆盖性。后者才是我们更应该关注的社会福利指标内容。同时，我们还忽略了一些能从反面提高社会福利的项目，比如控制离婚率、先天性残疾等，它们也是福利供给的重要方面。这些问题都需要我们作进一步的研究。

思考题

1. 阐述社会福利指标的内涵。
2. 讨论社会福利指标的分类。
3. 从社会福利指标的角度探讨中国社会福利建设的目标和措施。
4. 选择某项社会福利，组织讨论它的指标设计。
5. 选择某项社会福利，运用社会福利评估指标加以合理评估。

第十二章
中国社会福利的路径选择

内容提要：

中国社会福利的路径选择主要涉及改革目标及道路选择。我们既需要借鉴国际经验，也应该正视中国的基本国情。本章首先分析了国际上主要的社会福利体制的特点，并介绍了社会福利制度演变的国际经验；其次分析了中国社会福利制度的变迁历程，包括传统社会福利制度的建立、巩固及存在的问题，现行社会福利制度的改革成绩和有待解决的问题，以及今后的改革思路等内容；最后探讨中国社会福利制度改革的目标及实现路径。

学习目的：

1. 了解社会福利制度的演变历程
2. 掌握中国社会福利制度的变迁历程
3. 理解中国社会福利制度改革的目标和实现途径

第一节 社会福利制度演变的
国际经验

当今世界存在三种典型的社会福利制度①：社会民主福利制度、保守主义福利制度、自由主义福利制度。这三种福利制度分别深受社会民主主义、保守主义、自由主义思想的影响，故而得名。

一、社会民主福利制度及其演变

（一）社会民主福利制度概述

社会民主福利制度主要存在于瑞典、挪威、丹麦、奥地利、荷兰等国家，其基本特点如下：

1. 坚持普惠原则。社会民主福利制度在国家主导下建立，面向全体社会成员，公民身份（或者居住年限条件）是获得福利的唯一必要条件，即，不论性别状况、年龄状况、工作状况、财富状况、家庭状况，只要是本国公民，就可以享受相应的福利，比如老年津贴、育儿津贴、免费教育等。

2. 坚持高福利原则。社会民主福利制度曾经遵循低水平的普救主义原则，但是随着新中产阶级的崛起，这种原则开始面临危机，因为低水平的给付和服务无法满足中产阶级的期望，在此背景下，普遍性资格和高收入等级的给付开始结合，并最终形成了高水平的福利制度。具体说来，在当今的社会民主福利制度下，公民的生老病死都能得到有效保障，是一种"从摇篮到坟墓"的高水平福利制度。

---

① 瑞典学者艾斯平—安德森根据"非商品化"程度将资本主义福利国家划分为三种类型：社会民主福利国家、保守主义福利国家、自由主义福利国家，虽然这种划分存在一些争议，但却也得到了大部分人的认可（见艾斯平—安德森：《福利资本主义的三个世界》，郑秉文译，北京，法律出版社，2003）。同时，社会主义国家的社会福利制度大致有两种，一种是中国转型期的社会福利制度；另一种是古巴、朝鲜式的国家保障型福利制度。中国的社会福利制度尚未定型，因此难成一类；而古巴、朝鲜式的社会福利制度一方面与社会民主福利制度存在诸多相同之处；另一方面这种福利制度仅在计划经济制度下具有生存空间，因此不具有典型性，对中国的借鉴意义也非常小（中国传统的社会福利制度就属此类），因此本文不将其作为一个类型专门论述。为保证语言的统一性和连贯性，本章在引用时对于部分词汇的用法进行了适当的调整，特此说明。

3. 需要极高的税负作支撑。社会民主福利制度下的高福利建立在高税收的基础之上，以瑞典为例，为"福利国家"服务是该国税收政策的重要目标，一方面，瑞典通过立法建立了社会福利费提取制度，对雇主按照雇员工资总额的34％提取社会福利费，同时征收2％的工资税，以建立社会保险基金；另一方面，对个人征收个人所得税，采取累进税率，既可以调节收入分配，又对建设福利国家有利。①

（二）社会民主福利制度的形成和演变

社会民主福利制度的形成和演变深受社会民主主义思想及实践的影响。社会民主主义是当今世界（特别是欧洲各国）的主要政治思潮之一，是各国社会党（社会民主党、工党）及其国际组织——社会党国际的思想体系的总和②，其基本价值观是自由、公正、互助。

瑞典是社会民主福利制度的代表国家之一，下面以瑞典为例介绍社会民主福利制度的形成和演变。

在瑞典社会民主福利制度的形成和发展过程中，瑞典社会民主工人党（简称社会民主党）和工会作出了主要贡献。信奉社会民主主义的瑞典社会民主党始终坚持以"福利国家"为党纲，在瑞典，只要是以社会民主党为主导的内阁，就会不遗余力地贯彻该党的方针、政策，并在实践中不断探索福利制度建立、完善与改革之路③；而瑞典工会是世界上最强有力的利益集团组织之一，其在集体谈判中的主导作用也对该国社会民主福利制度的形成起了极大的促进作用④。

"二战"之后，在凯恩斯主义的影响下，瑞典社会民主党一手建立了"雷恩—迈德纳"模式，不仅促进了经济的高速发展，而且实现了长期的充分就业，瑞典的社会民主主义福利制度在该模式下也得以确立并不断得到巩固。

20世纪70年代之后，"雷恩—迈德纳"模式开始遭遇危机并最终退出历史舞台；当前瑞典走的是所谓"第三条道路"，这是一条不同于传统社会民主主义，也不同于自由主义的发展道路，实际上却是两者的混合体。在"第三条道

---

① 陈永良：《外国税制》，178～185页，广州，暨南大学出版社，2004。
② 王学东：《〈欧洲社会民主主义暨欧洲社会党译丛〉总序》，见《瑞典与"第三条道路"：一种宏观经济学的评价》，2～5页，重庆，重庆出版社，2008。
③ 杨玲：《美国、瑞典社会保障制度比较研究》，85～86页，武汉，武汉大学出版社，2006。
④ 同上书，96页。

路"下，控制通货膨胀取代充分就业是成就宏观经济的首要目标，但是也许是因为社会民主党人和大多数瑞典人都支持福利国家和全民性原则，瑞典近几年的福利开支不仅没有减少，反而在不断增加①；从公共社会支出占 GDP 的比重来看，1980—2003 年，瑞典的该指标一直保持在 30％上下，其中 20 世纪 90 年代的前几年，由于经济增长放缓，该指标值还达到过 35％以上②。

不过从制度结构上来看，瑞典社会福利制度中个人主义的影响得到了扩大，养老保障制度中 NDC 模式的引入即是一个明显的例子。此外，一个值得注意的趋势是，1980 年以来，瑞典私人部门负担的社会支出占 GDP 的比重呈不断增加的趋势：从 1980 年的略高于 1％达到了 2003 年的 3％；私人部门负担的社会支出在总社会支出中所占的比重也提高到 8.7％③。但是即便如此，瑞典社会福利制度的核心内容并没有发生变化，社会民主福利制度的实质也没有发生变化。

二、保守主义福利制度及其演变

（一）保守主义福利制度概述

保守主义福利制度主要存在于德国、法国、英国、加拿大、日本等国家，其基本特点如下：

1. 家庭化。保守主义福利制度下，传统的家庭关系得到刻意的保护，社会福利不仅没有将无工作的妇女排除在外，而且通过制度安排鼓励她们在家庭中克尽妇道；家庭成员的福利程度不仅取决于男性劳动力的社会权利，而且取决于妇女照料儿童和老人的程度。以德国为例，1986 年 1 月 1 日以来所有的从 1986 年 1 月 1 日起成为母亲（或者父亲）的人，在满 65 岁和养育过一个子女（或者多个子女）的情况下，在年金保险中每养育一个子女记入一个保险年；

① 参见如下文献：［瑞典］夏洛特·斯文松：《瑞典社会民主主义与第三条道路——艰难的选择》，马志良译，《国外社会科学》，2004 年第 6 期；［英］菲利普·怀曼：《瑞典与"第三条道路"：一种宏观经济学的评价》，227 页，刘庸安等译，重庆，重庆出版社，2008。
② 在瑞典，公共社会支出主要包括四项内容：用于工作年龄人口支持的现金支出、用于老年遗属支持的现金支出、用于提供健康服务的支出、用于提供其他社会服务的支出。2003 年，四项支出占 GDP 的比重分别为 7.4％、8％、7.1％、7.4％，共计 29.6％，当年公共社会支出占 GDP 的比重是 31.3％。OECD 2007, *The Social Expenditure database: An Interpretive Guide* (SOCX 1980—2003), p. 18, p20.
③ OECD 2007, *The Social Expenditure database: An Interpretive Guide* (SOCX 1980—2003), p. 23.

1992 年年金改革法生效以后，每养育一个子女记入 3 个保险年。[1]

2. 家长式。保守主义福利制度关注对既有阶级分化的保护，不同社会阶层和地位的社会群体拥有本质不同的福利计划，每一项计划都带有明显而独特的权利和特权，这样做的目的在于把人们固定在恰如其分的社会生活位置上，束缚在家长式的国家权威下。同时，保守主义福利制度下的国家也充分体现着对社会成员"家长式"的照顾，比如该制度下的社会救助通常都非常慷慨。

3. 福利享受与贡献相关联。社会保险计划是保守主义福利制度的重要内容，该种保险强调权利与义务的统一、福利享受与贡献的关联。具体地说，福利的享受需要以参与劳动力市场和筹资缴费记录为前提条件，并从属于保险精算逻辑[2]。但是在不同的保守主义福利制度国家，福利享受与贡献关联的程度不同。

（二）保守主义福利制度的形成

保守主义福利制度的形成演变深受保守主义思想及实践的影响。保守主义思想观念的特征是将人的商品化视为道德堕落、社会秩序的腐败、涣散和紊乱；个人不应去竞争和奋斗，而应将个人利益服从于公认的权威和主流制度[3]。

保守主义思想观念的特点决定了保守主义福利制度的"家庭化"和"家长式"特点，而保守主义福利制度中的社会保险计划，则很大程度上是对俾斯麦社会保障思想的继承。事实上，保守主义福利制度正是在俾斯麦所建立的社会保险制度的基础之上建立起来的，它首先形成于德国，并扩展至"欧洲大陆国家"。下面以德国为例介绍保守主义福利制度的形成。

俾斯麦所建立的社会保险制度，不仅体现了当时德国统治阶级"国家主义"的思想观念，更在很大程度上体现了当时德国国内严峻的社会形势，事实上，如果没有工人运动的兴起和工人阶级政党的成长，没有因此而产生的外在压力，俾斯麦的"家长式"观念再重，也不会采取"釜底抽薪"的办法建立一个能够极大地维护工人阶级利益的社会保险制度。

而社会保险制度一旦建立，便具有了自身的特点；不过即便如此，德国统治阶级的主流思想观念对于该制度的发展仍然起着牵引作用，特别是在德国独特的文化传统的影响下，社会保险制度不仅没有失去保守主义的传统，反而离

---

① 刘翠霄：《德国社会保障制度》，《环球法律评论》，423～434 页，2001 年冬季号。

② 艾斯平—安德森：《福利资本主义的三个世界》，54 页，北京，法律出版社，2003。

③ 同上书，42 页。

保守主义目标越来越近，并最终形成了保守主义福利制度。具体地，不管是威廉二世，还是魏玛政府，甚至希特勒政府，都非常重视社会福利制度建设，虽然他们的具体政策及政策实施的成效存在很大差别，但是制度中所体现出的保守主义观念却一直非常强烈。"二战"之后，德国社会民主党长期执政，虽然该党信奉社会民主主义，但是德国却不具备建立社会民主福利制度的传统和国内条件，因此社会民主党只能退而求其次，一方面继续维持社会福利领域的保守主义传统和社会福利制度的既有发展路径；另一方面不断提高福利水平，特别是与保守主义观念具有一致性的社会救助的水平。

德国社会福利制度的福利程度虽然达不到社会民主福利国家的水平，却远高于自由主义福利国家的水平，特别是从社会福利支出的绝对数量上来看，同样堪称"福利国家"。20世纪70年代之后，德国同样面临着所谓"福利危机"，并且采取了很多措施限制福利支出，但是这些措施都是一些小修小补，德国保守主义福利制度的根基相当牢固，远未受到哪怕一点点动摇；而且，1980—2003年，德国公共社会支出占GDP的比重不仅没有减少，反而不断提高：1980年约为23%，2003年达到28%①，这既反映了福利支出的刚性，也反映了德国社会福利制度的稳定性。

三、自由主义福利制度及其演变

（一）自由主义福利制度概述

自由主义福利制度主要存在于美国、意大利、爱尔兰、新西兰、澳大利亚等国家，其基本特点如下：

1. 强调市场机制的作用。在自由主义福利制度下，市场机制的作用得到了充分发挥，一方面，劳动者能够利用完善的市场机制尽可能地发挥自身的潜能获取财富；另一方面，劳动者可以通过市场机制购买保险并获得分散风险的机会。这种格局的形成，主要是受到自由主义的影响，因为自由主义认为，市场有利于劳动力的解放，是自力者和勤劳者的最佳保护壳；只要不受干扰，它的

---

① 德国公共社会支出主要包括三项内容：用于工作年龄人口支持的现金支出、用于老年遗属支持的现金支出、用于提供健康服务的支出、用于提供其他社会服务的支出。2003年，四项支出占GDP的比重分别为4.8%、11.5%、8%，共计24.3%，当年公共社会支出占GDP的比重是27.3%。OECD 2007，*The Social Expenditure database：An Interpretive Guide*（SOCX 1980—2003），p.18，p.20.

自我调节机制将确保所有愿意工作的人被雇用，由此保证了他们自身的福利①。

2. 公共福利主要针对穷人。在自由主义福利制度下，国家虽然也提供一些公共保障制度，但是通常都是低水平、广覆盖，大部分人的福利需求远远难以通过这些制度得到满足。不过，在对穷人的救助方面，自由主义福利制度却体现着"特有的"重视：救助制度不仅结构完善，而且内容丰富。这实际上仍然是自由主义思想的反映，因为保障穷人的基本生活是帮助其脱离商品化困境、获得自由竞争的机会的必要条件；而且，为了让有限的支出发挥出最大的效率，该制度非常重视社会福利支出的"针对性"，比如，为确保社会福利支出确实流向最需要的人群，美国采取了非常严格的资格审查制度，同时尽可能采用非现金开支形式，避免社会福利资源的浪费。

3. 慈善事业发达。自由主义福利制度的一个重要特点是慈善事业发达，这一点在美国表现得尤为明显。目前，美国慈善公益团体掌控的资源高达美国GDP 的 $8\% \sim 9\%$，即使纯粹的个人捐献也相当于 GDP 的 2%②，而根据联邦税法注册为慈善组织的非营利机构有将近一百万个③；在构架上，美国与慈善相关的组织可以分为两大类：基金组织和社会服务组织，前者实施社会服务，后者筹集善款；政府不直接参与慈善行为，其作用主要是实施立法和税收优惠政策来保护、监督和促进慈善组织的发展。

（二）自由主义福利制度的形成和发展趋势

自由主义福利制度的形成和发展深受自由主义思想和实践的影响。自由主义是西方资产阶级的主流意识形态，强调个人自由、平等、政府干涉的有限性，核心理念是私有权与宪政自由。

美国是自由主义的代表国家，也是自由主义福利制度的代表国家，下面以美国为例说明自由主义福利制度的形成和演变。

美国的自由主义福利制度起源于 1935 年的《社会保障法案》，这是世界上第一部综合性的社会保障法律，涉及社会保险、公共补助、儿童保健、福利服务四个方面，其中社会保险包括失业保险、老年保险、伤残保险。根据该法案，以及后来的几次修订和补充，美国建立了完善的自由主义福利制度。客观地说，

---

① 艾斯平—安德森：《福利资本主义的三个世界》，46 页。
② 郑功成：《构建和谐社会——郑功成教授演讲录》，北京，人民出版社，2005。
③ ［美］Neil Gilbert、Paul Terrell：《社会福利政策导论》，上海，华东理工大学出版社，2003。

建立社会福利制度本身就是与自由主义思想格格不入的，但是迫于大危机所带来的严峻形势，自由主义势力不得不接受建立社会福利制度的事实。不过，从制度建立之初，自由主义的影响就无处不在；而到了 20 世纪 70 年代，因为石油危机而引起的经济增长放缓，使得自由主义重新取得主导地位，这也带来了美国削减福利支出的福利制度改革。

20 世纪 90 年代克林顿上台之后，同时也是在美国经济重新出现较高速度增长的情况下，美国削减福利支出的改革步伐放缓。同时，美国出现了两个看似会从相反方向影响自由主义福利制度的改革呼声：一是，在未来可能出现的老龄化危机的影响下，美国社会保障制度私有化改革的呼声日益高涨，如果这种改革得以实施，则自由主义福利制度必将"更加自由主义"；二是，关于美国医疗卫生制度一体化和非市场化的呼声日益高涨，如果这种呼声能够在政策领域得到实质性的回应，则有可能动摇自由主义福利制度的根基。

四、不同福利制度下国家、社会与个人的关系

在不同的社会福利制度下，国家、社会与个人的关系存在很大不同，这些不同在很大程度上体现了各种制度的不同特点；在制度演变的过程中，每一制度下国家、社会与个人的关系都出现了一定程度的变化，但是到目前为止，这些变化都没有突破所属制度的既有框架。

（一）社会民主主义福利制度下国家、社会与个人的关系

在社会民主主义福利制度下，国家被认为有责任保护个人（特别是弱者）获得收入的权利，比如国家有责任为个人建立一种有效的互助共济制度，保障其不受疾病、工伤事故、失业或老年等所导致的贫困的威胁，从而保护其有能力和机会去获得收入。同时，国家还有通过制度安排保障个人获得社会权利的责任，比如通过福利性的教育制度，保障个人获得学习文化、接受教育的权利。

但是个人对于国家的责任，在该种制度下却很少被强调。虽然个人事实上承担着极高的税负，而且也有部分高收入的社会成员抱怨税负太重，但是这种看法却一直不成气候；反而，大部分人认为，个人应该承担税负以支撑福利制度并从中受益是一种社会共识而没有讨论的必要。

社会民主主义福利制度不提倡市场的福利供给机制，市场在福利供给方面的影响几乎不存在。同时，该种制度还在相当长的时期内否定了社区、非营利性组织等社会力量在社会福利制度中的重要作用，这实际上混淆了国家与社会的概念；不过这种状况正在得到改变，比如瑞典，已经开始将社会力量更多地

引入到社会福利的供给中来，吸引私人资本投资养老机构就是一个明显的例子。

（二）保守主义福利制度下国家、社会与个人的关系

在保守主义福利制度下，国家被视为社会成员共同的"家长"，国家有责任和义务对个人提供保护，有责任保障个人"过体面生活"，同时也有责任充当诸多社会福利项目的提供者或供给者；而对于个人来说，若想获得国家的庇护，就必须遵守国家制定的规则，他们被束缚在国家的权威制下，被固定在国家所认为的"最合适"的岗位和阶层之上，并使用国家"最认可"的方式体现着自己的忠诚。保守主义福利制度下国家与个人之间的关系深刻体现了该种制度的"家长式"国家主义的特点。

保守主义福利制度下，社会保险的管理通常是社会化管理方式，因此与社会民主主义福利制度相比，社会在保守主义福利制度下作用要大得多。比如，德国的保险营运机构是自治的公法人组织，由受保险人和雇主各推选出一半代表组成代表大会或者管理委员会，代表大会选举董事会和业务领导人，其中医疗保险机构按地区和行业可以划分为近 900 个经办机构，在财政和组织机构上都是独立的[①]。而且相对于社会民主主义福利制度，保守主义福利制度下市场机制得到了一定程度的利用，但是市场的力量仍然很弱。

（三）自由主义福利制度下国家、社会与个人的关系

在自由主义福利制度下，国家与个人的关系主要体现在两个方面：第一，国家致力于完善市场机制的建立，致力于个人自由的实现，国家为个人创造自我奋斗并获取财富的机会；第二，国家具有保障失业者、无劳动能力者、老弱者基本生活的职能，具有保障有劳动能力的社会成员获得公平竞争机会的职能，即，对于无力或暂时无力应对生活风险的社会成员，国家应承担起救助责任。

事实上，自由主义福利制度下，国家对个人的责任主要体现在对自由的保护上，而不是福利的提供上；市场在福利供给方面发挥主要作用，即通过提供各种各样的商业保险，为具有购买能力的劳动者分散风险提供机会，而劳动者自行决定是否购买。

同时，个人对国家的责任也远远低于社会民主福利制度和保守主义福利制度，比如税收负担，该福利制度国家的税收负担远低于另外两种制度下的国家。

---

① 刘翠霄：《德国社会保障制度》，《环球法律评论》，423～434 页，2001 年冬季号。

五、不同福利制度与公平、效率的关系

不同的福利制度具有不同的指导思想，遵循着不同的公平效率观；从公平程度来看，社会民主福利制度最强，保守主义福利制度次之，自由主义福利制度最弱。

（一）社会民主福利制度与公平、效率的关系

在社会民主福利制度下，公平得到了充分的重视，这主要体现在两个方面，第一，不论生活状况、家庭财产、个人缴税情况如何，所有公民均被纳入到福利制度中，而不是针对某些特殊群体给予保障；第二，国家在从个人和雇主那里收入了高额税收后，向所有的公民都提供同等水平的保障资金或服务。需要指出的是，在该制度下，也存在权利与义务相统一的社会保险，比如瑞典，在给所有老年人和残疾人支付平均年金的基础上，还会有与其原来的工资收入挂钩的保险，这一部分需要通过个人缴费的方式来获得。但是从整体上看，社会福利是社会民主福利制度主体内容，社会福利政策更多地遵循着再分配原则而不是保险原则。

但是对于公平的过度重视，却不可避免的损害了效率，社会民主福利制度下的所谓"福利病"也因此而产生，这主要表现在三个方面：第一，日益膨胀的福利支出使得国家不堪重负；第二，高税收增加了企业的成本、影响了其竞争力，资本的投资积极性降低；第三，劳动者的积极性不足，税前收入高的劳动者劳动时间减少，不少社会成员滋生了懒惰心理。在经济增长较快的时期，福利制度对于效率的损害并不明显，但是当经济放缓时，这种损害便显露无遗，并且在诸如全球化、老龄化、管理政策失当等因素下被放大。

（二）保守主义福利制度与公平、效率的关系

相比于社会民主福利制度，保守主义福利制度对于公平与效率的把握更为适当，一方面，该制度下的社会福利非常注重公平，比如德国在推行企业年金时，国家不仅补贴参加者，而且对未参加者也有同等标准的补贴；另一方面，该制度对于效率也比较注重，比如在该制度中占主导地位的社会保险，就是遵循着权利与义务相对应的原则，劳动者从制度中获得的与其对制度的贡献高度相关。

但是整体上看，保守主义福利制度是偏重于公平的，而保守主义福利制度也存在很大程度的效率损失，比如德国的医疗保险制度的筹资，近年来已经达到了极限，企业个人和政府均不堪重负，从而形成了对经济发展的严重掣肘；

具有强制性的法定缴费率不断提高，个别法定医保机构的缴费率已达 16.7％；作为非直接工资支出，和其他社会保障缴费一起提高了德国的劳动力成本①。

（三）自由主义福利制度与公平、效率的关系

自由主义福利制度深受自由主义思想观念的影响，该种制度是作为市场机制的配套制度出现的，而不是一种实现公平的手段。具体来说，在自由主义看来，由市场带来的资源分配和财富分配是最为公平和有效的，任何人为的财富分配要求都会导致社会失去前进的动力；公平只能是机会平等，而非财富分配上的平等，任何缩小贫富差距的行为，都会对个人自由造成极大的危害。因此，福利制度存在的唯一意义就在于弥补市场失灵，为自由竞争做好后勤保障工作，保证每位社会成员都能够公平的获得自由竞争的机会，同时对于确实无力通过个人努力获取财富的个人给予人道上的救助。

这就决定了自由主义福利制度对于公平的极端忽视和对于效率的极度推崇，比如，美国商业保险的规模远大于社会保险的规模，而商业保险是以保险精算下的缴费为条件，仅具有互助共济风险而不具有任何财富再分配的功能。不过，在自由主义福利制度下，也不是没有任何促进公平的因素，但是这种对公平的促进要么是基于道义上的考虑，要么是基于保证个人具有平等竞争机会的考虑，前者比如对没有保障的老人、失明或因其他原因丧失工作能力者提供的补偿保障收入、对低收入家庭提供的医疗援助和实物援助；后者比如失业保险。

第二节　中国社会福利制度的变迁

到目前为止，中国社会福利制度的变迁可以大致划分为两个阶段，第一个阶段是从新中国成立之初到 1985 年，在这个阶段，中国建立并巩固了以国家—单位为重心的传统社会福利制度；第二个阶段是 1985 年至今，在这个阶段，中国对传统社会福利制度进行了颠覆性的改革，但是新型社会福利制度尚未确立。

一、传统社会福利制度

（一）传统社会福利制度的建立和巩固

1. 传统社会福利制度的建立。中国传统社会福利制度的建立始于 1951 年，

---

① 丁纯：《德国医疗保障制度：现状、问题与改革》，《欧洲研究》，2007（6）。

标志性事件是《中华人民共和国劳动保险条例》的出台，根据该条例（以及后来的两次修订），中国建立了面向城镇企业职工的劳动保险制度；1952—1955年，中国又出台了《国家机关工作人员退休处理暂行办法》等一系列文件，建立了机关、事业单位职工的养老保障制度。

加上后来出台的关于"五保制度"、"职工福利"的一系列文件，到1956年时，中国已经初步建立了以国家（通过中央政府）为主要责任主体、城乡单位担负共同责任的较为完整的国家—单位保障型的社会福利制度[①]。

2. 传统社会福利制度的调整和巩固。在全面进行社会主义经济建设时期，国家对社会福利制度进行了调整和完善，并且在农村建立了合作医疗制度。

进入"文革"之后，城镇养老保障制度受到了很大程度的破坏；同时，国家—单位保障制的责任重心由国家转向单位，城镇企、事业单位包办社会的现象迅速扩张，社会福利在很大程度上走向自我封闭的单位化[②]。

"文革"结束之后，遭到破坏的城镇养老保障制度得到恢复，并确立了离休制度；但是国家—单位保障制的实质和以单位为重心的格局一直没有得到改变。在这一阶段，传统社会福利制度得到了恢复和巩固。

（二）传统社会福利制度的特点

1. 传统福利制度由国家负责、单位包办。如前所述，中国传统福利制度是一种国家—单位保障制，其实质是国家负责和单位包办，国家主要负责制定社会福利政策、管理社会保障事务、对机关事业单位的保障项目承担资金责任、对城镇企业的社会福利项目承担部分资金责任；城镇企业主要负责在本企业具体执行国家规定的社会福利项目，并承担部分资金责任；农村集体负责在本集体具体执行国家规定的社会福利项目（主要是"五保"、"优抚"、"合作医疗"），并承担资金责任。

2. 传统福利制度板块分割、封闭运行。中国传统福利被分割为国家保障、城镇单位保障和农村集体保障三大板块，三大板块各自独立运行，并具有不同的保障内容和保障水平，其中国家保障内容最为丰富、保障水平最高，城镇单位保障次之，农村集体保障内容最少、保障水平也最低。这种状况的出现既与高度集中的计划经济制度相适应，又在很大程度上强化了计划经济制度。

封闭运行一方面指三大板块之间相互封闭；另一方面也指不同单位之间相

---

① 郑功成：《社会保障学》，68页，北京，中国劳动社会保障出版社，2005。

② 同上书，69页。

互封闭，即各单位仅对本单位成员的福利负责。

3. 传统福利制度强调全面性和福利性。在落后的经济条件下，中国传统福利制度基本上覆盖了全中国的所有人口基本的福利需求；特别是在城镇，就业人口及其所在家庭不仅能够享受到就业、养老、医疗等社会性保障需求，而且还能够享受到一部分非社会性保障需求。需要说明的是，城镇人口所享受到的福利的全面性与就业是高度关联的，城镇就业人口不仅能够获得工资收入，而且可以获得诸如住房、教育、生活福利等方面的福利待遇，而缺乏就业人口的家庭或孤老残幼只能享受最低的福利待遇；不过，由于计划经济制度能够保证用人单位长生不死和城镇适龄劳动人口普遍就业，95％以上的城镇居民都能享受到各种与就业关联的福利。

中国传统福利制度还具有高度的福利性。比如，从保障项目上来看，传统社会福利制度可以划分为三个层次：社会救助、社会保险、公共福利；但是社会保险的权利义务关系却非常模糊，社会保险所需费用通常来自于国家财政拨款、企业划拨费用或者农村集体的支付，社会保险与公共福利之间缺乏清晰的界限。

4. 传统福利制度以城镇为重点。传统福利制度都具有明显的重城镇、轻农村的特点，这主要表现在两个方面：第一，农村人口缺乏有效的养老保险制度，农民通常是"活到老、务农到老"，而城镇职工却能够享受到国家和单位承担费用的养老保险制度；第二，农村人口缺乏基本的公共福利，而城镇人口不仅能够享受到各种公共福利，而且能够享受到各种职业福利。

二、传统社会福利制度的改革

（一）改革传统福利制度的原因

传统福利制度成为改革的对象，既是经济制度改革使其丧失了存在基础的结果，也是这种制度自身存在缺陷并无法自我克服的结果。

1. 与社会化原则相背离。如上文所述，传统福利制度被分割为国家保障、城镇单位保障和农村集体保障三大板块，它们各成体系并且封闭运行，这极大地背离了社会福利的社会化原则，最终不仅导致了单位负担不公平和不堪重负的直接后果，而且造成了社会成员的畸形福利观念，成为阻碍社会经济协调发展的重要因素①。

---

① 郑功成：《社会保障学》，72 页。

2. 与公平性原则相背离。在传统福利制度下，保障对象因身份不同而享受不同的待遇。除城乡居民之间社会福利待遇不公平外，城镇机关事业单位职工与企业单位职工之间、国有企业单位职工与非国有企业单位职工之间、同一单位内部不同职工之间也存在很多不公平。此外，在一些具体项目的设置上也存在着不公平的现象，比如传统教育福利主要面向高校而忽视义务教育，高校能够获得大量财政拨款，中小学教育却经费不足，等等。

3. 政府与用人单位的角色错位。当传统福利制度发展为以单位为重心后，用人单位对职工及其家庭的福利负全部责任，这使得其必须花费大量的人力、物力、财力来举办各种福利事业，企业的生产经营因此受到严重影响，从而只能选择低工资与高福利相混合的分配方式。这种工资与福利相混合的分配方式，导致政府与用人单位的角色严重错位，出现了"企业办社会、政府办企业"的"中国病"，这个问题一直阻碍着国有企业改革的顺利进行，直到今天仍然没有得到彻底解决。

（二）改革的成绩

从 20 世纪 80 年代中期开始，特别是 20 世纪 90 年代以来，中国对传统福利制度展开了大刀阔斧的改革，并且取得了很大的成绩，这些成绩主要表现在三个方面：第一，观念上的突破，即由政府或企业包办福利的传统观念已被打破，社会福利社会办的观念正在得到确立；第二，国家—单位保障制被彻底打破，政府主导的多层次新型社会福利制度正在形成；第三，超越经济发展阶段的社会福利制度被打破，与经济发展水平相适应的、注重效率的新型社会福利制度正在形成，比如社会保险制度开始遵循权利与义务相对应的保险原则，并在社会福利制度中占据主导地位。

（三）转型期的问题

如上文所述，中国新型社会福利制度正在形成，但是新型社会福利制度的方向却尚未完全明确、传统社会福利制度向新型社会福利制度的转型尚未最终完成、新型社会福利制度的确立还需要长期的努力。由于制度尚未定型，因此很难总结其特点，因为特点总是处于变化之中；但是对于转型期存在的一些问题，却必须把握，因为这直接关系到制度转型能否最终取得成功。这些问题包括：

1. 转型成本难以消化。怎样以最小的代价消化转型成本，是任何制度转型都必须面临的问题；而中国社会福利制度的转型是颠覆性的，是推倒一个旧制度，建立一个全新的制度，因此该问题更为棘手。事实上，在没有旧制度的情况下建立一个新制度，通常会带来一种普遍性的收益提高；但是用一个全新的制度去替换另一个制度，则不可避免的会损害到一些群体的利益，即便这种替换带来的总收益大于总成本。

客观地说，当前的中国仍然没有消化社会福利制度的转型成本。比如医疗保险制度，传统的医疗保险制度是高度福利性的，国家和单位承担着绝大部分的医疗费用，即便这种医疗保险制度非常低效，即便社会成员为享受该制度必须付出接受低工资的代价；但是当推倒了这种"与社会主义市场经济制度改革不相适应"的政府主导的医疗保险制度后，半政府主导、半市场化的医疗保险制度却不仅丧失了内部公平性和福利性，而且效率似乎也大幅降低；不管新型社会福利制度确立后，中国的医疗保险制度到底由谁来主导，也不管届时的医疗保险制度是偏向于公平还是侧重于效率，当前的中国社会都必须面对医疗保险制度转型成本难以消化所带来的一系列问题，比如最常见的"看病难"和"看病贵"。

2. 体系不完善。应该说，社会福利制度体系的不完善也是制度转型成本的一种表现，但是考虑到其特殊重要性，这里还是将其单独列出。

转型期的中国社会福利制度体系是很不完善的，在城镇，以最低生活保障为核心的社会救助体系已经初步建立，但是仍然存在救助水平低、救助条件苛刻、救助对象界定难的问题；以养老保险、医疗保险、工伤保险、失业保险、生育保险为内容的城镇职工社会保险体系已经确立，但是五种保险都存在问题，比如养老保险中的个人账户空账、失业保险中的基金闲置，以及五种保险都面临的覆盖面不足的问题，等等；以"补缺"为特点的公共福利本属社会救助，但在中国被勉强归入公共福利范畴，这种救助型的公共福利在混淆了社会救助与公共福利概念的同时，也面临着包括资金来源不足这一核心问题在内的诸多问题，而真正以提高福利水平为目的的公共福利，除发达地区极少数社会成员能够小范围享有外，几乎是一片空白。农村的社会福利制度体系更不健全，这突出地表现在农村社会养老保险制度的建立上；虽然不少地区正在积极试点并取得了一些成绩，但是在大部分地区，社会养老保险制度依然尚未建立。

此外，转型期中国社会福利制度体系不完善还表现在管理体系不完善、监管体系不完善，以及社会化进程缓慢等方面。

3. 制度权威性不足。社会福利制度权威性不足主要体现在立法滞后上。从理论上说，任何制度的权威性，都需要立法机关制定的法律作为保证，社会福利制度也不例外；从实践上来看，绝大多数国家社会福利制度的确立都是以立法机关制定的法律为基础，在这些国家福利制度确立的过程中，立法先行是一条重要的原则。但是在中国，传统社会福利制度虽然存在了几十年，却一直没有高层次法律依据；而在当前社会福利制度转型时期，中国的社会福利制度所依据的仍然是行政机关的法规政策。在这种情况之下，社会福利制度的权威性势必会大打折扣，比如，对于欠缴社会保险费的企业，法院是没有理由将其负责人治罪的，因为"没有依据"。

不过值得欣慰的是，立法滞后的现象正有望得到解决，因为《社会保险法》、《社会救助法》的立法都已经提上日程，虽然现在仍然无法确定具体的颁布日期，但是这起码说明，决策者已经注意到了这个问题。

4. 理念模糊。在 1986 年以来的将近 20 年的时间里，社会福利制度一直被看成是适应市场经济制度改革的需要、为国有企业改革服务的工具，这实际上是一种社会福利工具论；但是中国最近几年的社会福利改革实践，却明显地体现出了一种双重理念的交织状态，在社会福利制度改革中，公平、共享的理念重新受到重视；社会福利工具论受到冲击，但依然很有市场。

一方面，国家的社会福利支出越来越多，以公共福利和社会救助方面的民政事业费为例，2001—2006 年，全国民政事业费支出从不足 300 亿元增加到 900 多亿元，在国家财政支出中所占的比重也增长了约 1 个百分点[1]；同时，以人为本理念、和谐社会目标等也得到高调确立。另一方面，社会福利制度工具论的影响依然深远，比如 2008 年，社会福利制度再次被确定为"拉动内需的重要手段"。

思路不明确的最大不利后果是改革方向的不明确，因为很多问题得不到确切的答案：中国未来的社会福利制度到底应该是怎样的一种制度呢？国家、社会与个人之间应该是怎样的关系？社会福利制度与公平、效率应该是怎样的关系？

三、未来社会福利制度的改革思路

中国社会福利制度转型期的问题只能通过深化改革来解决，而在深化改革的过程中，必须具有明确的改革思路；不明确改革思路，就无法选择最符合思路的制度安排，也无法选择最适合改革思路的技术方法；不明确改革思路，改革就很容易走弯路，这一点已经被中国社会福利制度改革的诸多实践多次证明。

---

① 中华人民共和国民政部编：《2007 年中国民政统计年鉴》，32 页，北京，中国统计出版社，2007。

(一) 改革理念的确定

若要确定改革思路，必先明确改革理念。如前文所述，当前中国社会福利制度改革并没有一个清晰的理念，而这正是中国当前社会福利制度改革思路不明确的根本原因。需要说明的是，理念模糊期也许是理念转换的必经阶段，但是问题的关键在于，对于这种模糊的理念，我们是应该被动的接受？还是在清晰认识的基础上主动去改变？在模糊期之后，哪种理念应该占据主导地位？这是决定中国社会福利制度改革思路的根本问题。

1. 理念必须适合国情。从国际经验来看，社会福利制度比较完善的国家，制度理念都是非常明确的。社会民主福利国家的理念是公平；自由主义国家的理念是效率；保守主义国家的理念整体上说是公平，但是在实现公平的过程中，体现了对效率的重视。受不同理念的影响，不同福利制度国家的保障水平与运行效率存在很大的差别，就保障水平而言，社会民主福利制度的保障水平最高、保守主义福利制度次之、自由主义福利制度最低；就税收负担与需求满足的效率而言，自由主义福利制度最为有效、保守主义福利制度次之、社会民主福利制度最低。

但是，不管是保障水平，还是效率高低，都不能说明制度的优劣程度，也不能说明理念的优劣程度。事实上，上述各种制度理念都是长期历史演变的结果，是经济、政治、社会、文化等因素共同作用的产物，它们之间并无优劣之分。对于某个国家来说，如果要推行自上而下的社会福利制度变迁，那么存在理念适用性的问题，适合本国国情的理念有助于降低制度变革成本、增加制度变革收益，不适合本国国情的理念则会带来相反的影响。

2. 基本国情。当前，中国（与社会福利制度相关）的基本国情包括四个方面：

(1) 经济方面，中国经济已经实现了长达30年的高速增长，社会积累了大量的财富；中国经济发展水平距发达国家还有很大的差距；中国经济仍然在继续高速增长，但其可持续性需要释放国内需求作支撑。

(2) 政治方面，中国是一个社会主义国家，党代表中国最广大人民群众的根本利益；中国以人为本的执政理念得到确立，建设社会主义和谐社会成为中国未来的奋斗目标；中国特色的政党制度使党的执政路线在可以接受的限度内，会更注重长远。

(3) 社会方面，中国社会整体上非常稳定，但是由于中国社会处于急剧转型期，一些社会问题没能得到有效解决，因此存在隐患。

(4) 文化方面，在外来文化的冲击下，个人主义、民主、自由等思想观念为不少人所接纳；但是中国自古以来"互助"、"大同"的文化传统，以及"家长式"的国家主义观念仍然占据统治地位。

3. 理念的确定。中国的社会主义性质决定了中国未来的社会福利制度应该遵循公平与共享的原则，社会福利制度应该是目标而不是工具，从长远看，中国应该实现社会福利理念从"效率优先"向"公平优先"的转换。同时，转型期的一系列社会问题也提出了理念转换的要求，而中国经济良好的发展前景提供了理念转换的物质基础，中国的传统文化则提供了理念转换的思想基础。

但是，中国当前经济发展水平不高的现状（以及制度自身的路径依赖）决定了理念转换的艰难性和长期性；即便是在理念转换的目标得到明确确定的情况下，中国的社会福利制度仍然会在相当长的时间内具有工具色彩。

（二）改革思路的确定

在上述理念的指导下，结合本国国情，中国未来社会福利制度的改革思路如下：

1. 在国家、社会、个人关系的处理上，进一步落实国家在提供和供给社会福利方面的重要责任，同时注重推动社会力量在社会福利事业中的重要作用。

2. 在公平与效率问题上，注重两者之间的协调；在当前的形势下，应增加社会福利支出（其中尤其应该增加社会救助和公共福利方面的支出）、提高社会福利水平。

第三节　中国社会福利的目标与实现途径

中国社会福利事业正面临着很好的发展契机，中国社会福利制度改革很可能借此契机而实现重大突破。那么，中国社会福利制度改革的具体目标是什么呢？这些目标的实现应该通过怎样的路径实现呢？这是本节将要分析的内容。

一、社会福利发展契机

（一）科学发展观——理念的更新

1. 科学发展观。党中央提出的科学发展观，是对我党自身发展规律、社会主义建设规律、人类社会发展规律在新时期的新认识，对中国各行业发展、各部门工作都具有极为重要的指导意义。党的十七大明确了科学发展观的内涵，即第一要义是发展，核心是以人为本，基本要求是全面协调可持续，根本方法是统筹兼顾①。显而易见，科学发展观，是对党的三代中央领导集体关于发展的重要思想的继承和发展，是马克思主义关于发展的世界观和方法论的集中体现，是同马克思列宁主义、毛泽东思想、邓小平理论和"三个代表"重要思想既一脉相承又与时俱进的科学理论，是我国经济社会发展的重要指导方针，是发展中国特色社会主义必须坚持和贯彻的重大战略思想。②

2. 科学发展观对社会福利事业的影响。科学发展观对中国社会福利工作提出了更高的要求，这主要体现在对更新理念的要求上，具体包括两个方面：

一方面，要以科学发展观为指导，具有大局意识，即社会福利工作要服从大局。如同只有汇入江河大海的水滴才能成为奔腾不息的浪花一样，社会福利工作只有投入到党和国家的中心工作中来，只有投入到构建和谐社会工作中来，只有投入到中华民族复兴大业中来，才能焕发出蓬勃的生机和无限的活力；另一方面，要以科学发展观为指导，坚持以人为本，即社会福利工作要树立以人为本的理念。我国社会福利工作的服务对象常常是弱势群体——老年人、残疾人、流浪儿童、孤残儿童、丧葬当事人、流浪乞讨人员，因此社会福利工作天然具有以人为本的内在要求，而这种要求在科学发展观的指导下得到进一步强化。具体说来，在科学发展观的指导下，社会福利工作必须树立以人为本的理念、谨记以人为本的原则、践行以人为本的思想。

理念的更新必然带来实践的突破。相信在科学发展观及其所促进的全局理念和以人为本理念的影响下，中国社会福利事业将面临一个千载难逢的发展契机。

（二）和谐社会目标——执政的承诺

1. 社会主义和谐社会。不管是马克思主义经典作家，还是为中国社会主义理论与实践作出具体贡献的我党理论家，都对社会主义和谐社会有着深刻的理解。马克思讲道，社会主义和谐社会应当"结束牺牲一些人的利益来满足另一些人需要的状况"，应当"使所有人共同享受大家创造出来的福利，通过城乡融

---

① 《十七大报告》，新华网，http://www.xinhuanet.com/。
② 同上。

合，使社会全体成员的才能得到全面的发展"。① 邓小平讲道，"经济发展到一定程度，必须搞共同富裕。我们要的是共同富裕，这样社会就稳定了；中国情况是非常特殊的，即使百分之五十一的人先富裕起来了，还有百分之四十九的人仍处于贫困之中，也不会稳定。中国搞资本主义行不通，只有搞社会主义，实现共同富裕，社会才能稳定，才能发展。社会主义的一个含义就是共同富裕。"② 胡锦涛也讲道，"全心全意为人民服务是党的根本宗旨，党的一切奋斗和工作都是为了造福人民。要始终把实现好、维护好、发展好最广大人民的根本利益作为党和国家一切工作的出发点和落脚点，尊重人民主体地位，发挥人民首创精神，保障人民各项权益，走共同富裕道路，促进人的全面发展，做到发展为了人民、发展依靠人民、发展成果由人民共享"。

事实上，社会主义和谐社会体现着社会主义本质，是人民群众通过自己辛勤劳动最终走向共同富裕的社会。和谐社会要靠全社会共同建设。我们要紧紧依靠人民，调动一切积极因素，努力形成社会和谐人人有责、和谐社会人人共享的生动局面。③

2. 和谐社会目标对社会福利事业的影响。如今，我党明确提出了建立社会主义和谐社会的奋斗目标，而这个目标的实现，具有极其重要的意义，如同邓小平所指出，"到一定程度后，一定要考虑分配问题。如果仅仅是少数人富有，那就会落到资本主义中去了。要研究分配这个问题和它的意义。到本世纪末就应该考虑这个问题了。我们的政策应该是既不能鼓励懒汉，又不能造成打'内仗'"④，"要利用各种手段、各种方法、各种方案来解决这些问题"⑤。

显然，构建社会主义和谐社会的实质是实现社会公平，而分配公平是其核心。社会福利是一种强有力的再分配手段，是促进公平分配的重要工具，对于化解社会矛盾，解决社会成员之间的利益失衡，维护社会公平具有重要的作用。因此，构建社会主义和谐社会，客观上提出了发展社会福利的要求，发展社会福利是构建社会主义和谐社会的题中之义；同时，大力发展社会福利，是实现和谐社会目标的有效手段，只有大力发展社会福利，才能花最少的钱、办最多

---

① 中共中央马克思恩格斯列宁斯大林著作编译局：《马克思恩格斯全集》(4)，371页，北京，人民出版社，1958。

② 中共中央文献研究室：《邓小平年谱（1975—1997）》（下卷），1312页，北京，中央文献出版社，2004。

③ 同上书，1364页。

④ 同上书，1356～1357页。

⑤ 同上书，1364页。

的事，才能少走弯路。

所以，和谐社会目标的提出，建设社会主义和谐社会承诺的做出，也为中国社会福利事业的发展提供了一个很好的契机。

二、中国社会福利制度改革的目标

根据中国未来社会福利制度的改革思路，以及中国社会福利制度的现状，可以确定如下若干具体目标。

（一）法制化

社会福利法制是调整一个国家或地区的社会福利关系的法律规范的总和，它包括立法机关制定的社会福利法律和国家行政机关颁布的社会福利法规、命令和条例等。① 社会福利制度涉及的利益群体众多，包括国家、政府、个人、社会、雇主以及社会团体等，如果没有法制的硬约束和政府的强势规范，社会福利制度的健康发展和稳定运行势必会受到影响。同时，社会福利法调整的是社会福利各主体在社会福利各子项目上权利、义务等方面的关系，而这种关系是不能被别的法律部门所涵盖和完全包容的，因此应把社会福利法律制度作为一个独立的法律部门。

但是正如本章第二节所指出的那样，中国社会福利制度的立法却仍然非常滞后，中国社会福利制度的运行是以行政机关的法规政策为基础的，立法层次低，社会福利制度缺乏稳定性、持续性和权威性。为改变这种状况，必须提高社会福利制度的立法层次至人大一级。但这并非不再需要低层次的政策规章，而是强调在统一的法律指导下各个层次的法律相互协调，促进中国社会福利制度的建设。需要注意的是，在建立社会福利法律法规时，不仅仅要出台社会福利实体法，如社会保险法、社会福利法等，还要相关的社会保障程序法、管理法的配套出台。只有完善的社会福利法制才能为社会福利制度的实施提供有效的保证。

（二）系统化

从结构上看，社会福利制度应包括社会救助、社会保险、社会福利和补充保障等若干具体制度安排，这些制度安排之间如能相互协调，则会构成没有遗

---

① 郑功成：《社会保障学——理念、制度、实践与思辨》，372页，北京，商务印书馆，2004。

漏的社会福利系统；从管理上看，社会福利管理包括行政管理和社会服务管理，即管理机构和经办机构分工明确。某一部分的疏漏都会造成社会福利体系的重大漏洞，影响社会福利制度整体功能的发挥。因此，社会福利是一个系统工程。

但是我国社会福利制度结构虽然基本定型，但却很不完善，尤其是社会福利仍强调弱势群体和劳动者的社会福利权利，缺少覆盖全民的普惠的社会福利制度。同时，社会福利管理上和社会福利监管上也存在诸多问题。为改变这种状况，实现社会福利的全面系统化，应该促进社会福利各项目的系统化，使得社会福利各项目及各项目下子项目的保障对象和保障水平相互协调，相互配合，共同构成完整的社会福利项目系统；同时促进社会福利管理和监管的系统化，在社会福利行政管理和服务管理在自成系统的同时，完善监督体制。

（三）社会化

社会福利作为面向全民的制度安排，并非封闭的，而是面向整个社会的开放系统，在未来的发展中，要坚持社会福利社会化的目标选择。当前，中国社会福利制度改革应主要注重两个方面的社会化。

1. 筹资社会化。社会福利是用经济手段或服务手段等来解决社会问题，归根结底需要相应的资金来源的支持，而社会福利利益群体具有广泛性，因此，社会福利资金的筹集是需要社会化的，而且也只有社会化的多渠道筹资才能保证社会福利发展的稳定性。

2. 管理和服务社会化。社会福利管理的社会化是指国家把一些社会福利事务委托给非政府组织等来管理，国家主要承担监督责任；社会福利服务社会化是指动员全社会的力量提供社会服务，比如养老保险金的缴纳和领取通常需要利用银行或邮局等网点，医疗保险的实施则需要各类医疗服务机构的参与，而社会救助的实施则离不开村民委员会或居民委员会的配合。

（四）多层次化

社会福利制度的多层次化包括丰富的内容，比如保障结构、保障项目的多层次，保障方式的多层次，保障待遇水平的多层次，等等。建立多层次的社会福利体系，对于保持社会稳定，顺利建立社会主义市场经济体制具有重大意义。现阶段我国多层次化的社会福利体系的制度框架已经初步建立，但还未定型。在构建多层次的社会福利体系中，尤其需要注意的两点是：

1. 重视社会救助的基础性地位。社会救助作为解决最弱势群体生存危机的制度安排，是保障国民安全和社会稳定的"最后一道防线"，因此社会救助在中国社会福利制度中应占据基础性的地位。

2. 大力发展补充保障，满足国民多元的社会福利需求。补充保障如企业年金、慈善福利事业和商业保险的发展不仅能够满足社会成员不同的社会福利需求，而且在一定程度上还可以减轻政府责任。现阶段我国的补充保障发展水平还很低，缺乏长远的制度规划，因此在未来的发展中，国家要完善补充保障的法律、法规，这才是补充保障长远发展的制度保证。

（五）平等化

此处的平等并非计划经济时代的平均，而是享有权利平等和机会的平等，即国民都能够享受到平等的社会福利权益。我国长期存在的城乡二元社会结构，使得社会福利结构城乡差别巨大，农民社会福利缺失，还不能享受到与城市居民平等的社会福利，与此同时，城市居民的社会福利也不平等，国家公务人员、事业单位和企业员工的福利安排不仅项目还未统一，而且保障水平差距巨大。社会福利上的不平等，是造成社会矛盾多发的重要原因之一。

但是社会福利的平等性特征，并非以否定效率为前提。宏观上，社会福利只是社会结构的一个系统，它的公平性需要以社会产品按生产要素分配为基础，是以其他系统的效率为基础的；微观上，社会福利本身也是讲究效率的，只有最大限度地发挥社会福利资源的效率，才能更好地实现社会平等并促使社会进步。

三、中国社会福利的实现途径

中国要想实现社会福利制度改革的上述目标，建立健全完备、可持续发展的社会福利制度，必须坚持与国情相适应的原则，必须采取适合中国国情的重大措施，这些措施包括：

（一）提高公共财政支付能力

社会福利是通过相应的经济手段来解决特定的社会问题，进而实现特定的政治与社会目标的制度安排，因此必须有强有力的资金支持。而社会福利具有公共产品或准公共产品的性质，具有很强的外部性，是难以采取市场调节的社会公共领域，国家的财政支持和财政扶持往往是其生存和发展的必要条件。但是，当前中国对于社会福利事业的财政支持力度却显然太低。2006年，中国全口径社会福利支出约为 1.1 万亿元，仅占 GDP 比重的 5.2%①。这显然无法满足中国社会福利制度发展的需要。

近年来，中国经济的高速增长带来了财政收入的大量增加，但是与发达国家相比，中国财政收入的规模仍然很小，而财政支出项目却又很多，因此在效率优先理念的主导下，中国财政对于社会福利支持力度有限的状况也就不难理解了。但是正如本章第二节所指出的那样，不管是把社会福利作为一种目标，还是作为一种促进经济发展的工具，当前提高公共财政对于社会福利的支持力度都是一种必然的选择。因此，政府在进行规划决策时，要注意两个方面的问题：一是制定社会福利政策和福利开支预算时，要与经济发展相适应，GDP 和财政收入提高了，社会福利的支出也应该得到相应的提高，不能落后于经济发展。二是要注意社会福利刚性增长法则，不要形成超过现有水平的高的制度项目和待遇水平，否则，欲速则不达。

（二）培育多元社会福利主体

社会福利主体是在社会福利活动中依法享受权利和义务的当事人，主要包括国家或政府、社会福利实施机构、企业、社会团体及官方机构、城乡居民及家庭等，他们的主体资格是由法律规定的，同时也是社会福利运行过程中客观存在的。培育多元社会福利主体主要表现在两个方面：一是明确国家在社会福利中的责任；二是发动社会力量投入到社会福利中来。

1. 明确国家责任。在社会福利责任体系中，国家主要承担制度设计、财政支持、监管、组织实施等义务和责任。在不同的社会福利项目中，国家承担责任的程度和范围是不同的，在社会救助制度中，国家承担最主要的责任；社会保险制度中，国家更多地担任政策的制定和监管责任；公共福利制度中，国家应根据经济发展状况，提供与财政负担能力相适应的福利保障。

2. 发动社会力量。要完善立法，培育和完善非政府组织作为参与社会福利事业的责任主体资格和条件，应放宽非政府组织的准入标准，实现由审批制向核准制的转变，规范和保障非政府组织的合法权益；同时要合理定位非政府组织发展空间，明确其与国家在社会福利责任上的责任分担。对政府职能转变以后，从政府机构转移、下放或还给非政府组织的职责及其如何行使和管理等，应通过法律加以规定。

---

① 中华人民共和国国家统计局编：《2007 年中国统计年鉴》，75、276 页，北京，中国统计出版社，2007。

（三）完善法律、法规体系

社会福利制度需要完善的法律、法规体系，因为法律的制定通常都是对某一制度理性思考的结果，会顾及各个社会阶层的利益，同时法律所具有的强制性、稳定性和连续性可以确保社会福利制度具有稳定性和连续性。法律的强制规范为社会福利提供行为准则，政府也只能根据法律的规范与授权并在法律允许的范围内对社会保障制度进行干预，就算是由民间举办的社会福利事业，也需要在相应的法律、法规的规范下才能健康发展。

中国的社会福利法制建设已经走过了半个多世纪的历程，制定了多部社会福利方面法律、法规，但是正如前文所指出的，中国的社会福利立法仍然十分滞后，因此在发展社会福利的进程中，必须完善社会福利法律、法规体系。具体建议包括两个方面[①]：

1. 地方立法向中央立法发展。现阶段，我国的社会福利立法主要以地方立法为主，立法层次低，无法保证社会福利制度的稳定性和持续性，因此在进入社会福利制度总体设计和整体推进阶段，必须提高立法层次，尽快实现地方立法向中央立法发展。

2. 行政立法向人大立法发展。社会福利事业的兴办是群体社会成员的意志，而非仅是政府的一项制度安排，因此应该由代表全民利益的全国人民代表大会进行立法，并以此指导行政法规的构建，这样可以避免部门利益分割对社会福利事业发展的制约。

（四）创造和谐的文化氛围

在建构我国的社会福利体系的过程中，必须重视对社会福利文化的研究和建设，创造和谐的文化氛围，发挥文化对社会福利发展的积极作用。

1. 重视传统文化。我国有着悠久灿烂的文明历史，思想文化一直绵延不断，其中不乏能够有力影响中国社会福利制度发展的思想，比如孔子的大同社会论和孟子的社会互助论；在中国社会福利制度改革中，必须大力发扬互助共济、责任分担和尊老爱幼的传统文化，鼓励社会成员之间的和谐相处，这对于发展慈善事业和社区保障等都有重要的意义。

2. 增强全体国民的社会福利意识，创造关注民生、重视民生的和谐文化氛围。社会福利关系到每个国民的切身利益，国民社会福利意识的觉醒和提高可

---

① 郑功成：《社会保障学》，242～243 页。

以形成重视民生、关注民生的和谐文化氛围，对于完善社会福利体系有重要作用。

思考题

1. 社会福利制度演变的国际经验有哪些？
2. 中国社会福利制度的演变轨迹是什么？
3. 中国社会福利发展的方向是什么？
4. 如何提高中国的社会福利事业？

参考文献

一、中文文献

1. 马克思.《马克思恩格斯选集》(第 1 卷). 北京：人民出版社，1995

2. 马克思.《马克思恩格斯选集》(第 2 卷). 北京：人民出版社，1995

3. 马克思.《马克思恩格斯选集》(第 3 卷). 北京：人民出版社，1995

4. 马克思.《马克思恩格斯选集》(第 4 卷). 北京：人民出版社，1995

5. 毛泽东.《湖南农民运动考察报告》,《毛泽东选集》(第一卷), 北京, 人民出版社，1968

6. 阿瑟·高尔德.《资本主义福利体系：日本、英国与瑞典之比较》, 吴明儒, 赖雨阳译, 台北：巨流图书公司，1997

7. 安东尼·吉登斯.《第三条道路：社会民主主义的复兴》, 郑戈译, 北京：北京大学出版社，2005

8. 艾斯平—安德森.《福利资本主义的三个世界》, 郑秉文译, 北京：法律出版社，2004

9. 保罗·皮尔逊.《福利制度的新政治学》, 汪淳波, 苗正民译, 北京：商务印书馆，2004

10. 边沁.《道德与立法原理导论》, 时殷弘译, 北京：商务印书馆，2000

11. 大卫·李嘉图.《政治经济学及赋税原理》, 郭大力, 王亚南译, 北京：商务印书馆，1962

12. 戴安娜·M. 迪尼托.《社会福利：政治与公共政策》(第五版), 何敬, 葛其伟译, 北京：中国人民大学出版社，2007

13. 迪帕·纳拉扬等.《谁倾听我们的声音》, 付岩梅等译, 北京：中国人民大学出版社，2001

14. 迪特尔·拉夫.《德意志史：从古老帝国到第二共和国》(中文版), 波恩：Inter nationes 出版社，1985

15. 弗兰茨—科萨韦尔·考夫曼.《社会福利国家的挑战》, 王学东译, 北京：商务印书馆，2004

16. 弗里德里希·冯·哈耶克.《自由秩序原理》, 邓正来译, 北京：三联书店，1997

17. 霍布豪斯.《自由主义》, 朱曾汶译, 北京：商务印书馆，1996

18. Hobart A. Burch.《社会福利政策分析与选择》，库少雄译，武汉：华中科技大学出版社，2006

19. 黄黎若莲.《中国社会主义的社会福利——民政福利研究》，唐钧等译，北京：中国社会科学出版社，1995

20. 莱恩·多亚尔和伊恩·高夫.《人的需要理论》，汪淳波，张宝莹译，北京：商务印书馆，2008

21. 路易斯·卡普洛，斯蒂文·沙维尔.《公平与福利》，冯玉军，涂永前译，北京：法律出版社，2007

22. T. H. 马歇尔.《公民权和社会阶级》，《国外社会学》，2003 年第 1 期

23. 曼斯弗莱德·施密特.《福利国家及其社会政策》，《社会观察》，2004(1)

24. 迈克尔·希尔.《理解社会政策》，刘升华译，北京：商务印书馆，2003

25. 米什拉.《资本主义社会的福利国家》，郑秉文译，北京：法律出版社，2003

26. 穆罕默德·尤努斯.《穷人的银行家》，吴士宏译，北京：三联书店，2006

27. Nei Gilbert, Paul Terrell.《社会福利政策导论》，黄晨熹，周烨，刘红译，上海：华东理工大学出版社，2003

28. 诺曼·巴里.《福利》，储建国译，长春：吉林人民出版社，2005

29. 托马斯·亚诺斯基.《公民与文明社会》，柯雄译，沈阳：辽宁教育出版社，2000

30. 威廉姆·H·怀特科，罗纳德·C·费德里科.《当今世界的社会福利》，解俊杰译，北京：法律出版社，2003

31. 亚当·斯密.《国民财富的性质和原因的研究》，郭大力，王亚南译，北京：商务印书馆，1972

32. 约翰·穆勒.《政治经济学原理及其在社会哲学上的若干应用》，胡企林，朱泱译，北京：商务印书馆，1991

33. 约翰·梅纳德·凯恩斯.《就业、利息和货币通论（重译本）》，高鸿业译，北京：商务印书馆，2005

34. 毕天云.《社会福利场域的惯习：福利文化民族性的实证研究》，北京：中国社会科学出版社，2004

35. 陈银娥.《社会福利》，北京：中国人民大学出版社，2004

36. 丁建定.《从济贫到社会保险：英国现代社会保障制度的建立（1870—1914）》，北京：中国社会科学出版社，2000

37. 范斌.《福利社会学》，北京：社会科学文献出版社，2006

38. 范为桥.《心理福利的结构研究》，《应用心理学》，1999 年第 2 期

39. 韩克庆.《经济全球化、社会分层和社会保障》，北京：中国劳动社会保障出版社，2005

40. 何建章等.《中国社会指标理论与实践》，北京：中国统计出版社，1989

41. 黄安年.《当代美国的社会保障政策 1945—1996》，北京：中国社会科学出版社，1998

42. 景天魁.《基础整合的社会保障体系》，北京：华夏出版社，2001

43. 景天魁等.《社会公正理论与政策》，北京：社会科学文献出版社，2004

44. 菊青.《中国流浪儿童研究报告》，北京：人民出版社，2008

45. 李培林，李强，孙立平等.《中国社会分层》，北京：社会科学文献出版社，2004

46. 李强.《社会分层十讲》，北京：社会科学文献出版社，2008

47. 李友梅等.《中国社会生活的变迁》，北京：中国大百科全书出版社，2008

48. 李真.《工殇者》，北京：社会科学文献出版社，2005

49. 林娟芬.《妇女晚年丧偶后的适应》，上海：世纪出版集团、上海人民出版社，2007

50. 林万亿.《福利国家：历史比较的分析》，台北：巨流图书公司，1994

51. 刘志英.《社会保障与贫富差距研究》，北京：中国劳动社会保障出版社，2006

52. 吕学静.《日本社会保障制度》，北京：经济管理出版社，2000

53. 孟令君.《中国慈善工作概论》，北京：北京大学出版社，2008

54. 彭华民.《社会福利与需要满足》，北京：社会科学文献出版社，2008

55. 钱宁.《现代社会福利思想》，北京：高等教育出版社，2006

56. 尚晓援.《"社会福利"与"社会保障"再认识》，《中国社会科学》，2001(3)

57. 王处辉.《中国社会思想史》，北京：中国人民大学出版社，2002

58. 萧新煌，林国明.《台湾的社会福利运动》，台北：巨流图书公司，2000

59. 徐大同.《现代西方政治思潮》，北京：人民出版社，2003

60. 杨伟民.《论个人福利与国家和社会的责任》，《社会学研究》，2008(1)

61. 杨团，关信平.《当代社会政策研究》，天津：天津人民出版社，2006

62. 袁方.《社会指标与社会发展评价》，北京：中国劳动出版社，1995

63. 赵鼎新.《社会与政治运动讲义》，北京：社会科学文献出版社，2006

64. 郑功成.《构建和谐社会——郑功成教授演讲录》，北京：人民出版社，2005

65. 郑功成.《社会保障学》，北京：中国劳动社会保障出版社，2005

66. 郑功成.《从福利教育走向混合型的多元教育体系——中国的教育福利与人力资本投资》，《清华大学教育研究》，2004(5)

67. 周弘.《福利国家向何处去》，北京：社会科学文献出版社，2006

68. 周弘.《国外社会福利制度》，北京：中国社会出版社，2005

69. 周弘.《福利的解析——来自欧美的启示》，上海：上海远东出版社，1998

70. 周长城等.《全面小康：生活质量与测量——国际视野下的质量指标》，北京：社会科学文献出版社，2003

71. 朱庆芳，吴寒光.《社会指标体系》，北京：中国社会科学出版社，2001

72. 朱庆芳.《社会保障指标体系》，北京：中国社会科学出版社，1993

73. 周永新.《社会福利的观念和制度》，香港：中华书局有限公司，1990

74. 周良才.《中国社会福利》，北京：北京大学出版社，2008

75. 周沛.《社会福利体系研究》，北京：中国劳动社会保障出版社，2007

76. 周秋光，曾桂林.《中国慈善简史》，北京：人民出版社，2006

二、英文文献

1. Diener Ed. *Subjective wellbeing*. Psychological Bulletin，1984，Vol. 95(3):542~575

2. George Victor & Paul Wilding. *Ideology and Social Welfare*，Routledge & Kegan Paul plc. 1985

3. Hacker, Jacob S. 2005. "*Bringing the Welfare State Back In: The Promise(and Perils) of the New Social Welfare History.*" The Journal of Policy History，17(1)：125~154

4. Herbert Kitschelt. *The Transformation of European Social Democra-*

cy. Cambridge University Press. 1994

5. J. Wilson. *Introduction to Social Movement.* New York: Basic Books, 1973

6. John Dixon & Hyung Shik Kim. *Social Welfare in Asia*, Croom Helm Ltd. 1985

7. Lin Ka. *Confucian Welfare Cluster: A Cultural Interpretation of Social Welfare*, University of Tampere, 1999

8. MacGregor, Susanne. 1999. *"Welfare, Neo—Liberalism and New Paternalism: Three Ways for Social Policy in Late Capitalist Societies."*Capital & Class, ♯67(Spring), 91~118

9. Malcolm Harrison & Kesia Reeve. *social welfare movements and collective Action: Lessons from two UK Housing Cases*, Housing Studies, 2002, 17(5): 755~771

10. Prue Chamberlayne, Andrew Cooper, Richard Freeman & Michael Rustin. *Welfare and Culture in Europe: Toward a New Paradigm in Social Policy*, Jessica Kingsley Publisher Ltd. 1999

11. Ralph Dolgoff. *Understanding Social Welfare*, New York: Longman, 1997

12. Rodger, John . *From a Welfare State to a Welfare Society*. NewYork: Martin Press, 2000

13. R. Goodman, G. White and Huck-ju Kwon. *The East Asian Welfare Model Welfare Orientalism and the State*, London: Routledge, 1998

14. T. H. Marshall. *Social Policy in Twentieth Century.* London: Hutchinson, 1985

15. Tim Tilton. *The Political Theory of Swedish Social Democracy: Through the Welfare State to Socialism*, Oxford, 1990